KB131114

독재자가 되는 법

독재자가 되는 법

히틀러부터 김일성까지, 20세기의 개인숭배

프랑크 디쾨터 지음 고기탁 옮김

일러두기
• 이 책의 각주는 모두 옮긴이주이다.

이 책은 실로 꿰매어 제본하는 정통적인 사철 방식으로 만들어졌습니다.
사철 방식으로 제본된 책은 오랫동안 보관해도 손상되지 않습니다.

그러므로 첫째로 내가 모든 인류의 보편적인 경향으로 드는 것은 권력을 얻을수록 더욱 권력을 추구하려는 영속적이고 부단한 욕망이다. 이 욕망은 죽음만이 멈춰 세울 수 있다. 인간이 이미 얻은 것보다 더 격렬한 기쁨을 바란다거나 혹은 보통의 권력에 만족할 수 없기 때문만은 아니다. 그보다는 보다 많은 권력을 획득하지 않고는 현재 보유한, 유복하게 지낼 권력과 수단을 보장할 수 없기 때문이다.

토머스 홉스, 『리바이어던』

공포의 대상이 되기보다 애정의 대상이 되는 것이 더 나을까? 아니면 그 반대일까? 둘 다 되고 싶다고 하는 것이 정답이겠지만 그 둘이 함께 가기는 쉽지 않다. 그러므로 만일 선택해야 한다면 사랑받기보다는 두려움의 대상이 되는 편이 훨씬 더 안전하다. 인간은 스스로를 두려움의 대상으로 만든 사람보다 애정의 대상으로 만든 사람을 실망시킬 때 두려움이 덜하다. 감사함을 느낄 때 사랑은 구속력이 있지만 인간은 한심한 존재라서 귀찮아지는 순간 감사한 마음을 잊는다. 공포는 처벌에 대한 두려움을 뜻하고 이것이야말로 사람들이 절대로 잊지 않는 것이다.

니콜로 마키아벨리, 『군주론』

윌리엄 메이크피스 새커리, 『파리 스케치북』, 1840년

서문

    상류 계급을 비꼬기로 유명했던 영국의 풍자 소설가 윌리엄 메이크피스 새커리는 1840년에 루이 14세의 풍자화를 선보였다. 그림 왼쪽에는 마네킹처럼 생긴 옷걸이가 있다. 마네킹 옷걸이는 흰 담비 털 위에 백합 문양을 수놓은 예복과 머리카락을 길게 늘어뜨린 가발을 걸친 채 한 손에는 왕의 검을 들고 귀족적인 굽이 달린 신발을 신고 있다. 그림 중앙에는 속옷 차림에 가발도 쓰지 않은 민머리의 루이 14세 본인이 막대기처럼 가느다란 다리와 볼록한 아랫배, 이가 빠진 애처로운 모습으로 서 있다. 마지막으로 그림 오른쪽에는 의상과 왕의 온갖 휘장을 모두 갖춘 위풍당당한 루이 14세가 있다. 새커리는 권력이라는 장식이 없는 노쇠하고 초라한 인간 자체를 보여 주고자 왕 중의 왕의 옷을 벗긴 것이다. 〈보다시피 우리가 숭배하는 신은 이발사와 구두장이가 만든다.〉[1]

이 17세기 왕은 〈L'État, c'est moi〉 즉 〈짐이 국가다〉라고 말한 것으로 전해진다. 루이 14세는 오직 자신만이 신에게 답할 수 있다고 믿었다. 그는 절대 군주였고 70년이 넘도록 자신의 전제 권력을 이용해 귀족을 약화시키고 국가를 중앙 집권화하고 무력으로 영토를 확장했다. 또한 절대적으로 옳은 태양왕을 자처하면서 주변의 모든 것이 자신을 중심으로 돌아간다고 주장했다. 모든 것을 동원해서 자신을 미화한 까닭에 왕국 전역에 메달과 그림, 흉상, 동상, 오벨리스크, 개선문 등이 등장했다. 시인과 철학자, 공식 역사가 등은 왕의 업적을 찬양하면서 그를 전지전능한 존재로 칭송했다. 그는 파리 남서쪽에 위치한 왕실 사냥터를 넓은 부지에 방이 700개나 되는 기대한 베르사유 궁전으로 바꾸었고 그곳에서 회의를 열어 귀족 신하들이 왕의 총애를 얻고자 서로 경쟁하게 만들었다.[2]

루이 14세가 정치극의 달인이기는 했지만 꼭 그가 아니더라도 모든 정치가는 어느 정도 이미지에 의존한다. 태양왕의 후손인 루이 16세는 1789년 프랑스 혁명 이후에 단두대로 보내졌고, 신권 개념은 그와 함께 묻혔다. 혁명가들은 신이 아닌 국민에게 주권이 있다고 주장했다. 그로부터 두 세기에 걸쳐 점진적으로 출현한 민주주의 국가의 지도자들은 유권자들을 설득해야 한다는 사실을 깨달았다. 그렇게 하지 않으면 그들이 투표를 통해 자신을 제거할 수 있었기 때문이다.

물론 선거 말고도 권력을 잡는 방법이 있었다. 쿠데타를 일으키거나 제도를 조작하는 방법이었다. 1917년에 레닌과 볼셰비키당은 겨울 궁전을 급습하고 새로운 정부를 선언했다. 후에 그들은 이 쿠데타를 1789년 프랑스 혁명에서 영감을 받은 〈혁명〉이라고 주장했다. 몇 년 뒤인 1922년에 무솔리니는 로마로 진군했고 의회로부터 강제로 권력을 넘겨받았다. 하지만 그들을 비롯한 여러 독재자들이 알게 되었듯이 벌거벗은 권력에는 만료 시한이 있다. 폭력으로 얻은 권력은 폭력으로 유지될 수밖에 없지만 폭력이란 부작용이 따르는 수단이다. 독재자는 군대와 비밀 경찰, 근위병, 스파이와 정보원, 신문자, 고문자 등에 의존해야 한다. 그럼에도 최선은 자신의 전제 정치가 사실은 합의된 것처럼 가장하는 것이다. 자국민에게 두려움을 심어 주면서도 그들에게 자신을 칭송하게 만들 수 있다면 독재자로서 아마도 보다 오래 살아남을 수 있을 것이다. 현대 독재자의 역설은 자신이 대중의 지지를 받고 있다는 환상이 필요하다는 사실이다.

실제로 20세기 전반에 걸쳐 수억 명의 사람들이 열광을 강요당했으며 그들은 농노 신분으로 전락하는 순간에도 의무적으로 그들의 지도자를 찬양해야 했다. 세계 곳곳에서 독재자의 얼굴이 광고판과 건물을 장식했고 모든 학교와 사무실과 공장에 그들의 초상화가 걸렸다. 일반인들은 독재자의 초상화에 절을 하고, 독재자의 동상 앞을 지나다니고, 독재자의 저서를 암송하고, 독재자의 이름을 칭송하고, 독재자의 천재성을 칭송해야 했다. 라디오와 텔레비전부터 대량으로 생산되는 포스터와 배지, 흉상에 이르기까지 현대 기술은 루이 14세 시절에는 감히 상상도 하지 못한 수준으로 독재자를 어디에나 존재하도록 만들었다. 아이티 같은 비교적 작은 나라에서도 루이 14세 시절에 베르사유 궁전에서 열린 축하 행사가 무색해질 정도로 수천 명에 이르는 사람들이 주기적으로 대통령 궁 앞을 행진하며 지도자에게 환호해야 했다.

1956년에 니키타 흐루쇼프는 이오시프 스탈린의 공포 정치를 조목조목 비난했다. 흐루쇼프는 자신의 이전 지도자를 둘러싼 〈혐오스러운 아첨〉과 〈위대함에 대한 열광〉이라고 규정한 것에 이름을 붙여 〈개인숭배〉라고 불렀다. 영어로는 〈인격 숭배cult of personality〉라는 말로도 번역되었다. 비록 뛰어난 사회 과학자가 엄격한 개발 과정을 거쳐 제안한 개념은 아니지만 대부분의 역사가들은 매우 적절한 개념으로 여긴다.[3]

루이 14세가 아직 성인이 되기 전에 왕권을 제한하려는 귀족들의 시도로 프랑스는 일련의 반란을 겪었다. 귀족들의 시도는 실패했지만 어린 왕에게 깊은 인상을 남겼고 그는 평생 반란을 걱정하며 살았다. 그는 권력의 중심을 파리에서 베르사유로 옮기고 귀족들에게 의무적으로 궁전에서 시간을 보내도록 하면서 그들이 서로 왕의 총애를 얻으려 애쓰는 동안 그들을 감시했다.

물론 독재자들도 국민을 두려워하는 마음이 있었다. 하지만 그들은 궁전 내부에 있는 측근들을 더욱 두려워했다. 독재자들이란 원래 나약한 존재였다. 그들이 강했더라면 굳이 독재자가 될 필요 없이 다수의 선택을 받아 지도자로 선출되었을 것이다. 그 대신에 그들은 지름길을 선택했고 그 과정에서 보통은 수많은 반대자의 시체를 밟고 넘어가야 했다. 하지만 그들이 그런 식으로 권력을 잡을 수 있었다면 다른 이들도 얼마든지 그럴 수 있을 터였다. 이런 사실은 언제든 그들의 등에 비수가 꽂힐 수 있음을 의미했다. 그들처럼 무자비한 정적들은 언제나 존재했다. 무솔리니는 여러 파시스트 지도자 중 확실하게 자리 잡은 한 명의 지도자에 불과했고, 1922년에 로마로 진군하기 전에 군 지도부 내에서 반란에 직면했다. 스탈린은 트로츠키에 비하면 명함도 못 내밀 수준이었다. 마오쩌둥은 1930년대에 자신보다 강력한 정적들에 의해 수시로 직위에서 해임되었다. 김일성은 1945년 소련에 의해 북한 인민들이 마지못해 받아들인 지도자였고 그는 지하 운동에서 자신보다 훨씬 성공적인 경력을 쌓은 공산주의 지도자들에게 둘러싸여 있었다.

겨우 권력을 잡은 독재자가 자신의 정적들을 제거한 전략은 다양했다. 몇 가지만 예를 들자면 피비린내 나는 숙청이 있었고 교묘한 속임수도 있었으며 각개 격파도 있었다. 하지만 결국에는 개인숭배가 가장 효율적이었다. 개인숭배는 협력자와 경쟁자를 똑같이 약화시켰으며 그들 모두를 복종하고 협력하도록 강제했다. 특히 다른 사람들 앞에서 독재자를 칭송하게 강요함으로써 그들을 거짓말쟁이로 만들었다. 모두가 거짓을 말하면 누가 거짓말을 하는지 알 수 없기 때문에 공모자를 찾아서 쿠데타를 일으키기가 더욱 어려워질 터였다.

누가 개인숭배를 조장했을까? 바로 칭송 일색의 전기를 쓴 전기 작가, 사진작가, 희곡 작가, 작곡가, 시인, 편집가, 안무가 등이었다. 선전부를 이끄는 강력한 장관과 때로는 산업의 모든 분야도 나름의 역할을 수행했다. 하지만 최종적인 책임은 독재자 자신에게 있었다. 마오쩌둥의 주치의는 그의 유명한 회고록에서 다음과 같이 말했다. 〈독재 정치는 독재자의 인격에서 비롯된다.〉[4]

이 책에 등장하는 여덟 명의 독재자는 매우 상이한 인격을 지녔음에도 자신을 미화하는 문제와 관련해서는 하나같이 직접 모든 중요한 결정을 내렸다. 몇몇은 다른 독재자들보다 훨씬 더 자주 개입했다. 예컨대 무솔리니는 여섯 개의 부서를 이끄는 중에도 주어진 시간의 절반을 할애해서 자신을 전지전능하고 없어서는 안 될 이탈리아의 지배자처럼 포장했다. 스탈린은 마치 가지치기를 하듯이 스스로 생각하기에 과도한 찬양은 잘라 내면서 자신에 대한 숭배를 지속적으로 억눌렀고 몇 년 뒤에 마침내 때가 무르익었다고 판단되자 비로소 자신에 대한 숭배를 허락했다. 차우셰스쿠는 강박적으로 자신의 인격을 홍보했다. 히틀러의 경우에는 나중에야 다른 독재자들보다 더 홍보에 열을 올렸지만 경력 초반에는 꼼꼼하게 자신의 이미지를 관리했다. 그들 모두는 자신을 홍보하기 위해 국가의 자원을 최대한 이용했다. 그들이 곧 국가였기 때문이다.

모든 역사가가 독재자에게 주목한 것은 아니다. 가장 유명하게는 이언 커쇼가 있는데, 커쇼는 히틀러에 대해 설명하면서 어떻게 그런 대중적인 인기를 누렸는지 이해할 수 없을 정도로 히틀러는 평범한 〈범인(凡人)〉에 불과하다고 주장했다. 그는 〈독일 국민〉을 비롯해서 히틀러에 대한 그들의 인식을 집중 조명할 필요가 있다고 생각했다.[5] 하지만 언제나 언론의 자유가 독재의 최초 피해자로 전락하는 현실에서 국민들이 지도자를 어떻게 생각하는지 어떻게 알 수 있을까? 히틀러는 다수의 지지를 받아 선출된 것도 아니었고 권력을 잡은 지 1년도 지나지 않아서 나치 당원들을 동원해 무려 10만 명에 이르는 일반인을 강제 수용소에 집어넣었다. 나치 친위대와 나치 돌격대와 법원은 지도자를 적절하게 찬양하지 못하는 사람들을 가두는 데 일말의 주저함도 없었다.

때로는 독재자를 향한 헌신의 표현이 너무 자발적으로

보여서 외부의 관찰자들에게—그리고 이후의 역사가들에게도—진심이 담긴 표현으로 오해를 받기도 했다. 한 소련 역사가는 스탈린에 대한 숭배가 〈계급이나 나이, 직업에 상관없이 특히 도시에서 수백만 명의 소련 사람들에게 널리 수용되고 깊이 신봉되었다〉라고 이야기한다.[6] 이런 주장은 모호하고 실체가 없는 진술일 뿐이다. 정확히 반대되는 진술과 마찬가지로, 즉 특히 시골 사람들을 비롯해서 수백만 명의 온갖 배경을 가진 소련 사람들이 스탈린에 대한 숭배를 믿지 않았다고 이야기하는 것과 마찬가지로 진실도 거짓도 아니다. 아무리 열렬한 지지자라도 지도자의 마음을 읽기란 불가능하고 정권에 의해 획일적으로 규격화된 수백만 명의 생각을 알아내는 것은 더더욱 불가능한 일이다.

오래도록 집권한 독재자들은 다양한 기술을 선보였다. 무엇보다 그들 대다수는 자신의 감정을 숨기는 데 뛰어났다. 무솔리니는 자신을 이탈리아에서 가장 뛰어난 배우라고 여겼다. 히틀러도 얼떨결에 유럽 최고의 연기자를 자처했다. 독재 정권 아래서 연기하는 법을 배우기는 일반인들도 마찬가지였다. 그들은 명령에 따라 미소를 짓고, 앵무새처럼 당 노선을 되풀이해서 말하고, 표어를 외치고, 지도자에게 경의를 표해야 했다. 요컨대 그들은 거짓 동의를 표하도록 요구되었다. 동조하는 연기에 실패한 사람들은 벌금형에 처해지거나 투옥되었고 때로는 총살당하기도 했다.

　요점은 국민들이 진심으로 독재자를 숭배하지 않았다는 것이 아니라 누가 무엇을 믿는지 아무도 확실하게 몰랐다는 것이다. 개인숭배의 목적은 확신을 주거나 설득하는 것이 아니라 혼란을 주고, 상식을 파괴하고, 복종을 강요하고, 개인을 고립시키고, 개인의 존엄성을 짓밟기 위함이었다. 사람들은 스스로 자기 검열을 해야 했고 다른 사람을 감시하면서 지도자에 대한 헌신을 표현할 때 충분히 진실되게 보이지 않는 이들을 비난해야 했다. 만연한 획일성이라는 겉모습 아래에는 소위 넓은 스펙트럼이 존재했다. 그 안에는 진심으로 지도자를 이상화하는, 예컨대 진실한 신도나 기회주의자, 깡패 같은 사람들부터 지도자에게 냉담하거나 심지어 적대적인 사람들까지 존재했다.

　독재자들은 자국에서도 인기를 누렸지만 외국에 있는 유명한 지식인이나 저명한 정치가의 존경을 받기도 했다. 20세기의 위대한 지성 중 몇몇은 공익이라는 이름으로 전제 정치를 묵인하거나 심지어 두둔하기를 주저하지 않았고 그들이 좋아하는 독재자들의 자격을 증명하고자 협조했다. 그들은 이 책에 아주 잠깐 등장하는데 이미 그들을 주제로 다룬 훌륭한 저서들이, 특히 폴 홀랜더의 저작이 있기 때문이다.[7]

　추종은 진정으로 대중적이고 사람들의 마음에서 우러

나는 것처럼 보여야 했기 때문에 언제나 미신이나 마법적인 분위기를 풍겼다. 일부 국가에서는 종교적인 색채가 매우 두드러져 추종을 세속적인 숭배의 특수한 형태로 보려는 움직임까지 생길 정도였다. 하지만 이런 인상은 하나같이 위로부터 의도적으로 조작된 것이었다. 히틀러는 신비주의적인 유사 종교에 기초한 유대를 강조하면서 자신을 대중과 하나로 연결된 메시아처럼 포장했다. 프랑수아 뒤발리에는 부두교 사제 같은 분위기를 연출하려고 갖은 노력을 기울였고, 자신이 초자연적인 힘을 가졌다는 소문을 부추겼다.

특히 공산주의 정권에서는 추가로 일종의 전통적인 공명이 필요했다. 이유는 간단했다. 러시아와 중국, 북한, 에티오피아와 같이 대부분이 농촌 지역인 국가에서는 마르크스 레닌주의를 이해하는 사람이 거의 없었기 때문이다. 대다수가 글을 읽거나 쓸 줄 모르는 시골 주민들에게는 이해하기 어려운 변증법적 유물론 같은 추상적인 정치철학을 설파하는 것보다 지도자를 특정한 성스러운 존재로 둔갑시켜 공감을 조장하는 편이 훨씬 효과적이었다.

독재 정권에서는 한 개인에 대한 충성이 무엇보다 중요했다. 심지어 이데올로기에 충성하는 것보다 더 중요했다. 이데올로기는 어쨌든 불화를 일으킬 수 있었기 때문이다. 단 한 권의 저작이라도 다양한 시각으로 해석될 수 있었고 잠재적으로 여러 파벌을 낳을 수 있었다. 볼셰비키의 최대 적은 멘셰비키였지만 그들은 둘 다 마르크스를 신봉한 터였다. 무솔리니는 아예 이데올로기를 경멸했으며 파시즘을 고의적으로 모호하게 유지했다. 애초에 그는 엄격하고 틀에 짜인 사상에 구속될 사람이 아니었다. 자신이 직관적이라는 사실에 자부심을 느꼈고 일관된 세계관을 신봉하기보다 자신의 본능에 따랐다. 무솔리니와 마찬가지로 히틀러는 민족주의와 반유대주의에 더해서 자기 자신을 제외하면 내세울 것이 아무것도 없었다.

공산주의 정권인 경우에는 문제가 조금 더 복잡했는데 원칙적으로 그들이 마르크스주의자여야 했기 때문이다. 하지만 이 부분에서도 요컨대 일반인이든 아니면 당원이든 카를 마르크스의 저작들에 대해 깊이 고민하면서 너무 많은 시간을 보내는 것은 경솔한 행동이었다. 그들은 스탈린 치하에서 스탈린주의자일 뿐이었고 마오쩌둥 치하에서는 마오쩌둥주의자일 뿐이었으며 김일성 치하에서는 김일성주의자일 뿐이었기 때문이다.

멩기스투의 경우에도 의무적인 붉은 별과 깃발을 제외하면 사회주의 이념에 대한 헌신은 그야말로 얄팍했다. 에티오피아 전역에는 이른바 삼위일체, 즉 마르크스와 엥겔스, 레닌의 포스터가 붙어 있었다. 이들 중에서 멩기스투가 매력을 느낀 대상은 마르크스가 아닌 레닌이었다. 마르크스가 평등이라는 미래상을 제시했다면 레닌은 권력을 쟁취할 도구를 고안해 냈기 때문이다. 바로 혁명 전위대였다. 엄격한 군대 노선을 따라 조직된 일단의 전문적인 혁명가들인 혁명 전위대는 마르크스의 제안대로 노동자들이 계급의식을 각성해서 자본주의를 전복할 때까지 기다리는 대신에 직접 혁명을 주도했다. 그들은 프롤레타리아 독재를 수립하고 그들의 앞을 가로막는 모든 적을 무자비하게 제거함으로써 위로부터 자본주의에서 공산주의로의 전환을 꾀하려 했다. 멩기스투에게 농촌 집산화는 농촌에서 보다 많은 곡물을 거두어들여 자신의 군대를 구축할 수 있게 해준 수단이었다. 물론 마르크스주의를 따른 행보일 수도 있었지만 그것은 부차적인 문제였다.

공산주의 독재자들은 마르크스주의를 거의 알아볼 수 없을 정도로 변형시켰다. 마르크스는 전 세계 노동자들에게 프롤레타리아 혁명을 통해 일치단결할 것을 제안했지만 스탈린은 먼저 소련이 강해진 다음 외국으로 혁명을 수출해야 한다고 주장하면서 〈일국 사회주의〉 개념을 제시했다. 마오쩌둥도 마르크스를 읽었지만 노동자가 아닌 농민을 혁명의 선봉에 세움으로써 마르크스주의를 근본적으로 뒤엎었다. 김일성은 물질적인 조건이 역사를 변화시키는 주된 힘이라는 주장 대신에 자립정신으로 진정한 사회주의를 이룩할 수 있다고 주장함으로써 정확히 반대되는 개념을 내놓았다. 1972년에 이르러 위대한 지도자의 철학은 당헌에 정식으로 기록되었고 마르크스는 북한에서 완전히 사라졌다. 그럼에도 대개 모든 경우에 레닌의 혁명 전위대 개념은 거의 변하지 않은 채 유지되었다.

대부분의 경우에 이데올로기는 독재자 본인의 믿음을 보여 주는 행위이자 충성 시험이었다. 그들에게 어떠한 세계관이나 체계적인 신조도 없었다고 이야기하려는 것이 아니다. 무솔리니는 경제적 자급자족을 신봉했으며 이 문제를 마치 주문처럼 들먹였다. 멩기스투는 반항적인 에리트레아 지역에 병적으로 집착했고 무자비한 전쟁이 유일한 해결책이라고 확신했다. 궁극적으로는 독재자가 이데올로기라고 부르면 그것이 이데올로기가 되었고 독재자의 뜻은 시간이 흐름에 따라 얼마든지 달라질 수 있었다. 독재자는 권력을 자신의 전유물로 만들었을 뿐 아니라 자신의 말을 법으로 만들기도 했다.

독재자들은 국민에게도 거짓말을 했지만 자기 자신에게도 거짓말을 했다. 몇몇 독재자는 자신만의 세계에 갇혀서 자신의 천재성을 확신했다. 어떤 독재자는 자신의 측근들을 병적으로 불신했다. 그들 모두는 하나같이 아첨꾼에게 둘러싸여 있었다. 자만심과 편집증 사이에서 방황했으며 결과적으로 수백만 명의 목숨을 앗아 가며 지극히 파괴적인 결과를 불러온 중요한 사안을 자기 마음대로 결정했다. 현실과 완전히 괴리된 모습을 보여 준

이들도 있었는데 차우셰스쿠는 말할 것도 없었고 히틀러도 말기에 비슷한 모습을 보였다. 그럼에도 많은 독재자가 끝까지 승승장구했다. 스탈린과 마오쩌둥은 자연사했고 이후로도 수십 년 동안 숭배의 대상이 되었다. 뒤발리에는 아들에게 권력을 물려주면서 자신에 대한 숭배를 12년 더 연장했다. 유례를 찾아볼 수 없는 가장 화려한 숭배의 경우인 북한의 김일성 일가는 3대째 독재를 이어 오고 있다.

대체로 현대의 독재자들로 간주되는 지도자들의 명단은 100명이 훌쩍 넘는다. 누군가는 불과 몇 개월 동안 권좌를 차지했고 누군가는 수십 년간 권력을 유지했다. 이 책에 포함될 수도 있었던 사람들 중에 몇 명을 특별한 순서 없이 나열해 보면 프랑코, 티토, 호자, 수카르노, 카스트로, 모부투, 보카사, 카다피, 사담 후세인, 아사드 부자(父子), 호메이니, 무가베 등이 있다.

독재자들 대부분은 공통 주제를 바탕으로 변주를 만들면서 다양한 형태로 개인숭배를 부추겼다. 그러지 않은 사람들도 몇 명 있었는데 폴 포트도 그중 한 명이다. 그는 정권을 잡은 뒤로 2년 동안 정확한 정체조차 밝혀지지 않았다. 캄보디아 사람들은 앙카르Angkar, 즉 〈조직〉을 따랐다. 그러나 역사학자 앙리 로카르의 지적에 따르면 개인숭배 정책을 실시하지 않기로 한 결정은 폴 포트의 크메르 루주에게 비참한 결과를 가져왔다. 반대자를 모조리 제거하고 익명의 조직 뒤에 숨은 그의 행동이 곧 역효과를 불러왔기 때문이다. 〈아첨과 복종을 이끌어 내지 못한 앙카르는 오직 증오만을 양산했다.〉[8] 조지 오웰의 『1984』에서 모든 길목에서 사람들을 노려보는 빅브라더조차 얼굴이 있었다.

　살아남은 독재자들은 대체로 두 개의 권력 수단에 의존했다. 숭배와 공포였다. 그리고 너무나 많은 경우에 숭배는 단순한 일탈 행동으로, 혐오감을 주기는 하지만 부차적인 문제로 취급되어 왔다. 이 책은 개인숭배를 원래 그것이 있어야 할 곳에, 바로 전제 정치의 한가운데에 가져다 놓을 것이다.

차례

지아니 카미나다의 사진을 바탕으로 한 무솔리니의 우편엽서, 1921년

빌라 토를로니아에서 말을 타고 있는 무솔리니, 1930년 9월

1935년 10월 2일, 에티오피아를 상대로 전쟁을 선포한 뒤 로마의 베네치아 궁전 발코니에 선 무솔리니. 전 세계 언론을 통해 널리 공개된 이 사진은 사실 군중을 찍은 사진과 1931~1933년 사이에 찍은 무솔리니의 사진을 짜깁기한 것이다.

밀라노 대성당에 걸린 〈두체〉 무솔리니의 거대 초상화, 1933년 11월

라디오를 통해 에티오피아에 전쟁을 선포하는 무솔리니,
1935년 10월 2일

에티오피아 아두와 계곡에 군인들이 만
든 무솔리니상(像), 1936년 2월

자신의 연설 녹음을 들으며 리허설을 하고 있는 히틀러. 1925년. 이 사진을 본 히틀러가 하인리히 호프만에게 원판을 없애라고 명령했지만 그는 거역했다.

히틀러의 선거 포스터, 1932년

베를린에서 자신을 우러르는 젊은 투사들에 둘러싸인 히틀러, 1933년 하인리히 호프만 촬영

1933년, 뉘른베르크에서 지지자들에게 환영받는 히틀러

하인리히 호프만의 사진 사업소, 1939년 7월 뒤 셀도르프

에바 브라운의 어린 시절 친한 친구인 헤르타 슈 나이더의 딸 우쉬 슈나이더와 히틀러, 1942년 베르히테스가덴 베르크호프에서 촬영

크렘린의 책상 앞에 앉은 이오시프 스탈린, 1935년   스탈린과 겔리아 마르키조바, 1936년 6월

스탈린 초상화를 달아맨 들판 위의 트랙터, 1940년경

ДА ЗДРАВСТВУЕТ ВЕЛИКИЙ ВОЖДЬ И УЧИТЕЛЬ
КОММУНИСТИЧЕСКОЙ ПАРТИИ И СОВЕТСКОГО НАРОДА
ТОВАРИЩ И. В. СТАЛИН !

스탈린에게 환호하는 독일인들, 1951년 8월 14일 동독

해군의 날을 기념하며 스탈린 초상화를 들고 수영하는
소련 해병들, 1950년 7월 세바스토폴

스탈린 기념물 앞에 선 일단의 개척자들,
1940년경 우즈베키스탄

『중국의 붉은 별』 표지에 실린 마오쩌둥, 1937년

학생들에 둘러싸인 마오쩌둥, 1959년 사오산(韶山)

상하이 외곽의 인민 공사, 1964년

차량에 탄 서점 직원이 『마오쩌둥 선집』을 베이징 교외 지역 농민들에게 전달하고 있다. 1966년경

베이징의 가두 행진, 1970년경

문화 대혁명 기간에 작은 붉은 책(『마오쩌둥 어록』)을 읽는 제복 차림의 학생들, 1968년경

기계 공장에서 〈현지 지도〉를 내리는 김일성,
1967년경

인민 문화 궁전에서 김일성 초상화를 배경으로 노
래하는 합창단, 1981년경 평양

김일성과 아들 김정일, 1992년

거대한 김일성 동상 앞에서 바닥을 쓸고 있는 노동자들, 1994년 평양

김일성 사망 1년 뒤에 개최된 조선 노동당 창건 50주년 기념식, 1995년

겸손한 표정의 뒤발리에, 1963년경

총을 휴대하고 수도 포르토프랭스를 둘러보는 뒤발리에, 1963년경

뒤발리에를 찬양하는 포르토프랭
스의 가두 행진, 1968년

〈파파독〉 뒤발리에의 초상화 아래 누워 있는 노숙자, 1974년

대통령 홀을 받는 차우셰스쿠, 1974년 3월

전통 의상을 입은 어린이들에 둘러싸인 차우셰스쿠 부부, 1979년 12월

부쿠레슈티에서 차우셰스쿠를 찬양하는 대규모 군중, 1988년

차우셰스쿠가 1989년 크리스마스에 총살당하고 며칠 뒤에 촬영된 인민 궁전

차우셰스쿠 부부를 환영하는 어린이들, 1989년 11월

왼쪽부터 브레즈네프, 멩기스투, 카스트로의 초상화가 걸린 하라르시(市)의 입구 정문, 1981년경

대중 집회를 이끄는 멩기스투, 1977년 6월

아디스아바바에서 혁명 4주년을 기념하는 멩기스투와 카스트로, 1978년 9월

김일성과 악수하는 멩기스투, 1986년 2월

1
무솔리니

Benito Mussolini, 1883~1945

역사적인 도심의 변두리에 위치한 에우르EUR는 로마에서 가장 엄숙한 지구 중 하나이다. 다수의 넓은 직선대로와 콜로세움에 사용된 것과 동일한 자재인 반짝이는 새하얀 트래버틴 대리석으로 덮인 인상적인 건물들이 혼재해 있는 로마의 주거 및 상업 지구이다. 원래 에우르는 로마 만국 박람회, 즉 무솔리니가 로마 진군 20주년을 기념하기 위해 1942년에 계획한 대규모 국제 박람회를 가리키는 말이었다. 에우르의 수석 건축가 마르첼로 피아첸티니의 설명에 따르면 해당 프로젝트는 새롭고 영원할 〈파시스트 문명〉을 세계에 선보이는 무대가 될 터였다. 제2차 세계 대전이 발발하는 바람에 박람회는 결국 열리지 못했지만 상당수의 건물이 1950년대에 완성되었다. 그리고 마치 고대 로마 신전처럼 높이 북돋운 단(壇) 위에 지어진 채 위풍당당한 왜금송으로 둘러싸인 에우르의

가장 상징적인 건물 중 하나에는 국가 기록 보관소가 들어서 있다.[1]

우뚝 솟은 기둥이 웅장함을 자아내는 한 열람실에서는 두체Duce, 즉 무솔리니에게 배달된 먼지투성이의 색 바랜 편지들을 볼 수 있다. 한창 잘나가던 시절 그는 하루에 거의 1,500통에 달하는 편지를 받았다. 편지는 모두 개인 비서실을 거쳤으며 비서실에서는 약 쉰 명의 직원을 고용해 무솔리니가 개인적으로 관심을 가질 만한 편지를 수백 통 추려 냈다. 무솔리니가 권좌에서 밀려나는 1943년 여름에 이르러서는 기록 보관소에 무려 50만 통에 달하는 편지가 쌓여 있었다.[2]

1940년에 파시스트 달력의 첫날인 10월 28일을 맞이하여 전국 각지에서 축전이 도착했다. 〈그의 지고함과 눈부신 탁월함〉을 찬양하는 찬가들이 등장한 가운데 살루스트리 조베는 그를 〈전 세계의 온갖 공격을 물리친 최고의 천재〉라고 찬양했다. 조금 더 예를 들자면 1919년에 이탈리아에 병합된 이후로 슬라브계 주민과 이탈리아계 주민이 섞여 사는 트리에스테의 시장은 트리에스테의 모두가 그의 천재성을 칭송한다고 말했으며 피에몬테주의 도시 알레산드리아에서는 공식적으로 그를 위대한 창조자로 환영했다.[3]

두체의 숭배자들은 다른 무엇보다 두체의 서명이 되어 있는 사진을 원했다. 크리스마스 카드를 보낸 어린 학생들부터 군인 아들의 전사 소식에 슬퍼하는 어머니들까지 사회 각계각층의 모든 사람이 그의 사진을 원했다. 그리고 무솔리니는 이들의 요구에 자주 의무적으로 응대했다. 그럼에도 예컨대 95세의 베네치아 연금 생활자 프란체스카 코르네가 답장을 받았을 때 해당 과정을 충실하게 지켜본 이 지역 시장의 표현에 따르면 그녀는 〈엄청난 감동을 주체하지 못하고〉 압도되었다.[4]

대다수 독재자들이 그렇듯이 무솔리니는 자신이 보통 사람들의 편이며 누구나 쉽게 다가갈 수 있는 사람이라는 인식을 조장했다. 1929년 3월, 다수의 지도자들이 모인 앞에서 그는 자신이 개인 비서실을 통해 관심을 갖게 된 188만 7,112건의 개별적인 편지에 답장했다고 자랑스럽게 말했다. 〈아무리 먼 시골의 시민이라도 개인적으로 내게 연락을 해오면 나는 늘 답장을 해주었다.〉[5] 매우 뻔뻔한 주장이었지만 기록을 보면 완전한 허튼소리도 아니었다. 한 기록에 의하면 그는 자신의 시간 중 절반 이상을 이미지 관리에 할애했다.[6] 그는 배우이자 무대 감독이면서 연설가이며 뛰어난 자기 홍보가인 궁극적인 선전의 달인이었다.

누구도 그가 권좌에 오를 것으로 예상하지 못했다. 젊은 무솔리니는 이탈리아 사회당의 기관지에 글을 쓰며 언론에도 잠깐 몸담았지만 이탈리아의 제1차 세계 대전 참전을 지지하면서 동료들의 눈 밖에 났다. 결국 군대에 징집된 그는 박격포탄 폭발 사고로 1917년에 부상을 당했다.

유럽의 다른 곳과 마찬가지로 종전은 이탈리아의 산업 현장에 불안을 야기했다. 수년에 걸친 전쟁터에서의 학살과 작업 현장에서의 통제로 노동자들은 파업에 가담했고 그 결과 경제가 마비되었다. 1917년에 러시아에서 레닌이 집권한 것에 영감을 받은 지방 자치 단체들은 하나같이 사회주의를 표방하게 되었고 프롤레타리아 독재를 지지하면서 붉은 깃발을 들기 시작했다. 이른바 붉은 물결의 시대였다. 1920년에 이르러 이탈리아 사회당원의 수가 20만을 넘어선 가운데 노동 총동맹은 200만 명이 넘는 지지자를 자랑했다.[7]

1919년에 무솔리니는 파시스트당의 모태가 되는 운동을 전개했다. 이 운동의 강령은 막연한 자유와 애국을 부르짖었고 교권주의에 반대했다. 무솔리니는 자신의 신문인 『일 포폴로 디탈리아 *Il Popolo d'Italia*』의 여기저기에서 집요할 만큼 그 강령을 홍보했다. 그럼에도 파시즘은 총선거에서 단 하나의 의석도 차지하지 못한 채 패배했다. 당원들의 탈당이 봇물을 이루었고 전국적으로 헌신적인 추종자는 4,000명도 남지 않았다. 정적들의 비웃음 속에서 무솔리니는 〈파시즘이 막다른 길에 봉착했다〉라고 씁쓸히 선언하면서 공개적으로 자신이 정치판을 완전히 떠나 배우의 길을 갈 수도 있음을 암시했다.[8]

그의 신경 쇠약증은 오래가지 않았다. 1919년 9월에 시인 가브리엘레 단눈치오가 186명의 반란자들을 이끌고 피우메를 습격했다. 피우메는 1년 전 오스트리아-헝가리의 군주제가 무너지면서 이탈리아가 영유권을 주장해 온 도시였다. 무솔리니는 자신이 자유선거를 통해 장악하는 데 실패한 권력이 폭력을 통해서 얻어질 수 있음을 깨달았다. 여기에 더해 단눈치오는 다른 방식으로도 무솔리니에게 영감을 주었다. 이 대담한 시인은 피우메에서 자신을 두체Duce라고 선언했는데 두체란 영도자를 의미하는 라틴어 〈둑스dux〉에서 가져온 단어였다. 단눈치오는 군대에 의해 제거되기 전까지 15개월 동안 이스트리아의 항구 도시에서 절대자로 군림하면서 정기적으로 발코니에 올라 추종자들에게 연설을 했다. 추종자들은 검정 셔츠를 갖추어 입은 채 자신들의 지도자를 향해 한 팔을 쭉 펴 경의를 표했다. 매일같이 행진이 열렸고 팡파르가 울렸으며 메달이 배포되고 구호를 외치는 소리가 끊이지 않았다. 한 역사가의 표현처럼 파시즘은 단눈치오에게서 정치적 신념보다 정치하는 방식을 가져왔다. 무솔리니는 선동적인 글보다 겉치레와 화려한 행사가 군중에게 훨씬 잘 먹힌다는 사실을 깨달았다.[9]

이데올로기로서 파시즘은 여전히 모호한 면이 있었지만 무솔리니는 파시즘이 어떻게 나아가야 할지 이제 깨달았다. 요컨대 자신은 이탈리아의 부를 되살리기 위해 운명의 신이 보낸 지도자가 될 터였다. 그는 1920년에 비행 수업을 듣기 시작했고 혁명을 완수할 비전과 투지를 가진 새로운 인물로 자신을 포장해 나갔다. 이미 노련한 언론인이었던 그는 진정성과 결의를 전달하기 위해 있는 그대로 간단명료하고 직접적인 방식을 사용할 줄 알았다. 이제는 한 명의 배우로서 연기를 하면서 짧고 날카로운 문장을 구사하고, 고개를 뒤로 당긴 채 턱을 앞으로 내밀고 양손을 허리에 두는 등 빈약한 체구에도 불구하고 고압적인 몸짓을 통해 자신을 불굴의 지도자처럼 포장했다.[10]

1921년에 이탈리아 정부는 공개적으로 파시스트들에게 구애하기 시작했다. 그들을 이용해 좌익 성향의 야당들을 무력화하고자 한 것이다. 군부 역시 그들에게 호의적이었다. 지방 정부의 비호 아래 파시스트 대원들이 거리를 활보하면서 반대자를 폭행하거나 노동조합 본부와 사회주의 정당의 핵심 인물을 공격하는 경우도 있었다. 이탈리아가 내전으로 치닫자 무솔리니는 볼셰비키의 위험성을 상기시키면서 파시즘을 사회주의의 파멸을 위해 헌신하는 정당으로 변모시켰다. 그는 이탈리아에 공산주의가 발흥하지 못하도록 막아 줄 독재자가 필요하다고 주장했다. 파시스트 대원들이 전국적으로 많은 지역을 장악할 만큼 강해진 1922년 가을, 무솔리니는 약 30만 명에 달하는 무장한 파시스트들을 수도로 진군시키겠다고 위협했다. 실제로는 3만 명이 채 되지 않는 검은 셔츠단이 준비되어 있었을 뿐이었고 그마저도 대다수는 무장 상태가 너무 열악해 로마 수비대에 상대가 되지 않을 정도였다. 그럼에도 엄포는 통했다. 파시스트들이 10월 27일 밤과 28일 사이에 밀라노를 비롯한 여러 지역의 관공서를 점령하기 시작하자 1917년을 기점으로 몰락한 로마노프 왕가의 운명을 의식한 비토리오 에마누엘레 3세는 무솔리니를 로마로 불러 수상에 임명했다.[11]

왕실의 인정과 대중에게 보여지는 이미지는 별개 문제였다. 무솔리니는 여전히 밀라노에 머물렀고 로마 진군의 신화를 만들고 싶었다. 자신이 직접 말에 올라 군대를 이끌고 루비콘강을 건너가서 무력한 의회를 상대로 자신의 의지를 강요하고 싶었다. 하지만 그가 왕실로부터 내각을 조직해 달라는 요구를 받은 이후에도 수도에는 파시스트가 겨우 수천 명에 불과했다. 허울에 불과한 로마 진군을 서둘러 검은 셔츠단이 수도에 입성했다. 그들의 최우선 과제는 반대 목소리를 내는 신문사들의 인쇄기를 파괴해 파시스트 버전의 행사가 성공할 수 있도록 하는 것이었다. 무솔리니는 10월 30일 아침에 기차를 타고 도착했다. 승리한 그의 군대는 왕의 사열을 받았고 이튿날 고향으로 돌아갔다. 7년 뒤 로마 진군일을 기념하기 위해 볼로냐에는 5미터 높이의 기마상이 세워졌다. 말 위의 두체는 미래를 내다보는 듯한 눈으로 한 손에는 고삐

를, 다른 한 손에는 깃발을 들고 있었다.[12]

무솔리니는 겨우 서른아홉 살이었다. 체구는 작지만 늘 꼿꼿하고 반듯한 자세를 유지함으로써 실제보다 큰 것 같은 인상을 주었다. 〈그는 안색이 약간 누렇고, 검은 머리카락이 툭 튀어나온 이마에서부터 급격하게 숱이 줄어들었고, 입이 크고 표정이 풍부했으며 하관이 발달했는데, 얼굴 가운데의 크고 새카맣고 날카로운 두 눈은 금방이라도 얼굴에서 튀어나올 것처럼 보였다.〉 무엇보다 그의 말투와 과장된 몸짓 —고개를 뒤로 반쯤 기울이거나 턱을 앞으로 쭉 내밀거나 눈알을 굴리는 등— 은 정력적이고 활력 있는 인상을 주려는 계산된 행동이었다. 사적인 자리에서의 그는 예의 바르고 더할 나위 없이 매력적인 모습을 보여 주기도 했다. 1922년에 무솔리니를 만난 영국 기자 조지 슬로콤은 그의 대중적인 모습이 만나는 사람에 따라 (근육의 긴장이 풀리거나 굳게 다문 턱이 느슨해지거나 목소리가 따뜻하게 변하는 등) 극적으로 변한다고 기술했다. 슬로콤은 무솔리니가 평생토록 매우 방어적인 태도를 취해 왔음에 주목했다. 〈이제는 공격자의 입장이 되었음에도 그는 타인을 믿지 못하는 본능을 쉽게 떨쳐내지 못했다.〉[13]

자신의 각료들과 당 지도부를 포함한 타인에 대한 그의 경계심은 그가 생을 마감하는 순간까지 계속되었다.

영국 대사관에서 일한 예리한 관찰자 이본 커크패트릭의 표현에 따르면 〈그는 모든 잠재적인 경쟁자의 등장에 예민하게 반응했으며 마치 세상에 어두운 농부처럼 모든 사람을 의심했다〉.[14]

무솔리니가 신경을 써야 할 경쟁자는 차고 넘쳤다. 그가 철의 지도자 같은 모습을 보여 준 것과 달리 여러 지역 출신의 단장들이 느슨하게 결합된 파시즘은 그다지 단결된 조직이 아니었다. 불과 1년 전 무솔리니는 이탈로 발보, 로베르토 파리나치, 디노 그란디 등 가장 인정받는 몇몇 고위급 파시스트들이 일으킨 반란을 경험한 터였다. 그들은 무솔리니가 로마의 국회의원들과 너무 가깝게 지낸다고 비난했다. 과격하기로 유명한 볼로냐의 파시스트 지도자 그란디는 무솔리니의 퇴진 운동을 주도했다. 마르고 헝클어진 머리가 특징이던 젊은 발보는 엄청난 인기를 구가하면서 장차 수십 년 동안 무솔리니의 강력한 경쟁자로 남을 터였다. 무솔리니의 대응은 유력한 파시스트들을 모두 배제한 채 연립 정부를 구성하는 것이었다. 수상으로서 처음 모습을 나타낸 그는 자신에게 적대적이던 하원에 위협을 가하는 한편 우호적이던 상원에는 아첨을 늘어놓았다. 특히 자신은 헌법을 준수할 거라며 그들을 안심시켰다. 이에 안심한 의원들 과반수가 무솔리니에게 전권을 주는 데 찬성했고 몇몇 의원들은 그에게 독재 정치를 해달라고 요청하기까지 했다.[15]

무솔리니는 잠재적인 협력자들의 환심을 사기 위해 스위스 로잔과 런던을 여행하면서 국제 사회에 잠깐 모습을 드러냈다. 런던 빅토리아 역에서 그와 그의 수행원들은 〈눈을 뜨지 못할 정도로 카메라 플래시 세례를 받으면서 환호하는 군중을 헤치고 나아가야 했을 만큼〉 대대적인 환영을 받았다. 로마 진군의 영광을 통해 유명해진 그를 언론은 이탈리아의 크롬웰, 이탈리아의 나폴레옹, 검은 셔츠를 입은 새로운 가리발디라며 칭송했다. 국제 사회에 계속 승승장구하는 모습을 보여 줄 그였지만 그가 다시 이탈리아 국경을 넘기까지는 무려 16년이라는 세월이 걸릴 터였다.[16]

이탈리아 안에서도 두체를 본 적이 있는 사람은 극소수에 불과했다. 무솔리니는 정신없이 바쁘게 전국 방방곡곡을 순회하고, 예고 없이 수시로 농촌을 방문하고, 노동자와 함께 대중 집회를 열고, 다양한 공공사업을 추진함으로써 국민들의 호감을 얻고자 노력했다. 얼마 후 전용 기차를 갖게 된 그는 군중이 많이 모였을 때는 기차의 속도를 줄이라고 지시했으며 그런 경우 늘 창가에 모습을 드러냈다. 그는 〈모든 사람이 나를 볼 수 있어야 한다〉고 수발드는 직원에게 설명했다. 그 직원의 임무는 선로의 어느 쪽에 군중이 모여 있는지를 파악하는 것이었다. 처음에 정치적인 필요에 의해 시작된 일은 시간이 지나면서 강박으로 변해 갔다.[17]

무솔리니는 경쟁자들을 경계하는 동시에 곧 가장 신뢰할 수 있는 협력자 중 한 명을 자신이 직접 지휘하는 내무부의 언론 담당자로 임명했다. 체사레 로시의 임무는 비밀 자금을 이용해 무솔리니에게 호의적인 출판사에 자금을 대주거나 독립된 신문사들을 정부의 세력권 안으로 포섭해 언론을 통해 파시즘을 고취하는 것이었다. 로시는 정적 제거 임무를 수행하는 파시스트 투사들의 비밀 단체에도 자금을 지원했다. 그들 중 한 명이 〈두체의 암살자〉로 알려진 젊은 용병 아메리고 두미니였다. 1924년 6월에 그를 비롯한 공범 몇 명은 무솔리니에게 공개적으로 비판적인 입장을 보인 사회주의 지도자, 국회의원 자코모 마테오티를 납치해 목수용 줄칼로 수차례 찔러 살해한 다음 로마 외곽의 작은 배수로에 매장했다.[18]

이 살인 사건은 대대적인 반감을 불러일으켰다. 여론은 무솔리니에게서 등을 돌렸고 그는 이제 어느 때보다 더욱 고립되었다. 그는 여론을 달래기 위한 연설을 했는데 이 연설로 이번에는 추종자들과 사이가 벌어졌고 추종자들은 의회와 언론으로부터 공격을 받았다. 그들이 자신에게 등을 돌릴 수도 있음을 우려한 무솔리니는 1925년 1월 3일 하원을 상대로 한 격정적인 연설과 함께 마침내 독재의 길로 뛰어들었다. 무솔리니는 연립 정부를 구성하려는 노력은 쓸데없으며 자신은 이제 배타적인 파시스트 지배의 길을 가겠다고 공개적으로 선언했다.

그동안 일어난 모든 일에 대해 자신이 전적으로 책임지겠다고 당당히 말했다. 〈만일 파시즘이 범죄 단체라면 나는 그 범죄 단체의 수장이다.〉 그리고 자신이 단독으로—필요하다면 개인 독재를 통해 강제로—일을 바로잡겠다고 주장했다.[19]

그 뒤에 이어진 것은 시민의 자유를 억압하는 전방위적 위협 작전이었다. 며칠 만에 경찰은 파시스트 민병대의 도움을 받아 수백 가구의 집을 수색했고 반대파를 체포했다.

언론에는 재갈이 채워졌다. 무솔리니의 1925년 1월 3일 연설 이전에도 1924년 7월에 발표된 법령은 이탈리아의 지방 장관들에게 아무런 경고 없이 간행물 발간을 중단시킬 수 있는 권한을 준 터였다. 그럼에도 자유민주주의 언론은 하루에 400만 부를 찍어 낼 정도로 여전히 파시스트 신문사들보다 열두 배나 많은 판매량을 기록하고 있었다. 하지만 이제는 많은 언론사들이 문을 닫았고 유독 비판적인 목소리를 낸 기자들은 박해를 피할 수 없었다. 아직 영업이 가능한 인쇄소에는 국가가 선전하는 내용이 모든 사람에게 확실히 전달될 수 있도록 경찰 국장들이 배정되었다. 야권의 목소리를 대변하는 가장 유력한 신문사 중 하나였던 『코리에레 델라 세라*Corriere della Sera*』는 파시스트의 기관지로 변했다. 1926년 11월 당시의 지극히 엄격한 공안법은 〈국가나 정부의 위신에 해를 끼친〉 기사들을 포함하여 경찰이 해당 신문사를 즉각 몰수한 이유에 대해 상세하게 설명했다. 비밀의 장막이 전국에 드리웠다. 전화 통화와 편지가 감시당했고 검은 셔츠단과 비밀경찰이 거리를 감시했다.[20]

무솔리니의 목숨을 노린 몇 번의 시도를 계기로 혁명은 더욱 가속되었다. 1926년 4월 7일, 아일랜드 귀족 바이올렛 깁슨은 두체를 향해 총을 쏘아 코에 찰과상을 입혔다. 6개월 뒤에는 열다섯 살 소년이 로마 진군을 기념하여 행진 중이던 그에게 총을 발사했다. 소년은 현장에서 파시스트들에게 린치를 당했다. 해당 사건은 정치적인 목적에서 일부러 꾸며졌다는 의혹을 불러일으켰다. 1925년 11월부터 1926년 12월까지 모든 시민 단체와 정당이 정부의 감시 아래 놓이게 되었다. 서너 명으로 이루어진 소규모 단체를 비롯하여 모든 단체 결사의 자유가 유보되었다. 무솔리니는 〈모든 것은 국가 안에 존재하며 국가를 벗어나거나 제외하고는 아무것도 존재할 수 없다〉라고 선언했다.[21]

1925년 크리스마스 전날 무솔리니는 정부 수반이라는 새로운 직함 아래 행정 전권을 위임받았고 의회의 간섭도 받지 않게 되었다. 한 외국인 방문객의 표현에 따르면, 그는 이제 〈마치 교도소의 교도관 같았다. 모든 열쇠를 허리띠에 매달고 손에는 리볼버 권총을 든 채 어떠한 의

심도 받지 않으면서 거대한 교도소의 적막하고 음침한 복도를 걸어 다니듯이 이탈리아를 누비고 다닐 수 있었다).[22]

무솔리니는 파시스트들에게도 의심을 품었다. 1925년 2월에 그는 로베르토 파리나치를 이탈리아에서 유일하게 합법적으로 허가된 조직인 파시스트당의 서기로 임명했다. 그리고 파리나치는 파시스트들의 권한을 제한하고 당 조직을 무너뜨리기 시작하면서 무솔리니의 독제 체제로 나아가기 위한 길을 열었다. 보다 급진적인 수천 명의 당원이 숙청되었다. 두체는 앞서 1922년에 파시스트 지도자들을 연립 정부에 들이기를 거부하기도 했지만 이제는 이탈리아의 치안 유지 문제와 관련하여 국가가 직접 지명한 지방 장관들에게 의지했다. 무솔리니는 자신이 실질적인 권력을 계속 장악한 채 당 간부들과 정부 관리들이 서로를 감시하도록 하기 위해서 분할 통치 방식을 즐겨 사용했다.[23]

일부 당원들이 숙청을 당하자 남은 당원들은 그들의 지도자에게 아첨하기 시작했다. 파리나치는 자기 나름대로 착실하게 보스에 대한 개인숭배 작업을 진행했다. 1923년에 무솔리니가 고향인 프레다피오를 방문하자 이 지역의 지도자들은 청동 명판을 설치해 그의 생가를 기념하자고 제안했다. 2년 뒤 파리나치는 해당 기념물을 세상에 공개하는 자리에서 모든 당원들이 프레다피오로

성지 순례를 시작하고 두체에게 〈충성과 헌신을 맹세〉해야 한다고 선언했다.[24]

　자신들의 생존이 이제 위대한 독재자의 신화에 달려 있음을 깨달은 당내 다른 지도자들은 하나된 목소리에 동참하면서 무솔리니를 〈거의 신에 가까운〉 기적의 일꾼이자 구원자로 묘사했다. 그들의 운명은 파시스트들을 단결시킬 수 있는 유일한 인물인 두체와 연결되어 있었다. 무솔리니는 그란디와 파리나치 같은 다양한 지도자들이 다 같이 복종하면서 협력할 수 있는 구심점이었다.[25]

　당의 고위 간부들에 대한 숙청을 마친 로베르토 파리나치는 1926년에 직위 해제되고, 기자였다가 파시스트 운동 초기에 분대장으로 변신한 아우구스토 투라티가 후임으로 임명되었다. 투라티는 무솔리니를 향한 절대 복종을 담보하기 위해 당원들에게 맹세를 요구하면서 두체의 우상화를 본격화하기 시작했다. 그는 1927년에 『혁명과 지도자』라는 제목을 단 최초의, 이를테면 교리 문답서를 저술했다. 이 책에서 그는 비록 대평의회가 존재하지만 두체야말로 〈단 한 명의 지도자이자 유일무이한 지도자이며 모든 권력은 그에게서 나온다〉라고 설명했다. 그의 표현에 따르면 〈모든 동포들이 서로를 발견하고 스스로를 자각할 수 있는 하나의 정신과 하나의 영혼, 하나의 등불, 하나의 본질적 양심이 존재한다. 바로 베니토 무솔리니의 정신과 선의와 열정이다〉. 1년 뒤에 파시즘의 기원과 발전을 다룬 한 교과서 서문에서 투라티는 혁명과 무솔리니를, 그리고 무솔리니와 국가를 동일시했다. 〈이탈리아 전체가 파시즘의 길을 걸을 때 국가의 얼굴과 정신과 믿음은 두체와 하나가 된다.〉[26]

무솔리니는 때때로 주변 사람들에게 개인숭배를 좋아하지 않는다고 말했지만 사실상 우상화의 주된 설계자가 바로 그였다. 그는 자신의 이미지를 만드는 기술의 대가였으며 특정한 몸짓과 자세를 세심하게 연구했다. 그리고 광활한 부지에 자리 잡은 신고전주의 양식의 대저택이면서 1925년부터 그의 거처가 된 빌라 토를로니아에서 연습하는 시간을 가졌다. 저녁이 되면 개인 영사실의 편안한 의자에 앉아서 공연에 필요한 모든 세부적 기술을 연구했다. 무솔리니는 자신이 이탈리아에서 가장 위대한 배우가 되어야 한다고 생각했다. 몇 년 뒤 영화배우 그레타 가르보가 로마를 방문했을 때 그의 얼굴에는 그늘이 드리웠다. 그는 누구에게도 지고는 못 사는 성격이었기 때문이다.[27]

그의 레퍼토리는 세월이 흐르면서 변해 갔다. 해가 지날수록 사나웠던 표정이 부드러워지면서 한때 비굴한 파리나치가 모방하기도 했던 그 유명한 잔뜩 찌푸린 인상은 1928년을 기점으로 사라졌다. 앙다물었던 턱은 약간 풀어졌고 1922년 당시에 그토록 충격적이던 쏘아보는 듯한 눈빛은 보다 평온해졌다. 적당히 미소도 지었다. 조지 슬로콤의 주장에 따르면 〈스탈린을 제외하고는 유럽의 어떤 지도자도 그와 같이 평온하고 차분하며 자신감 있는 태도를 보이지 못한다. 그와 같은 태도는 다년간 지속적으로 최고의 권위를 누려 온 사람만 보여 줄 수 있기 때문이다〉라고 주장했다.[28]

1914년 이래로 이탈리아 인민이라는 뜻을 가진 『일 포폴로 디탈리아』는 무솔리니 개인의 신문사였고 오랫동안 그는 이 신문의 지면을 이용하여 자신을 타고난 지도자로 포장했다. 1922년에 동생 아르날도에게 편집장 자리를 넘긴 뒤로 해당 신문은 두체를 반신반인으로 묘사했다.[29]

1922년에 언론을 담당했던 체사레 로시는 마테오티 의원 살해 사건 이후에 다른 나라로 망명해야 했지만 그의 부서는 오히려 전성기를 구가했다. 1924년부터 정부의 언론 담당 부서는 어떤 비평가가 무솔리니를 향한 〈메스꺼운 찬미〉라고 부른 내용으로 모든 신문이 채워지도록 철저히 관리했다. 그 결과 무솔리니의 연설은 광범위하게 재생산되었다. 검은 셔츠단의 지도자 중 한 명이던 이탈로 발보의 표현을 빌리자면 〈이탈리아는 무솔리니가 하루도 빠짐없이 1면을 장식하는 신문이다〉.[30]

1925년에 정부의 언론 담당 부서는 영화물을 생산하고 배급하는 〈이스티투토 루체〉라는 회사를 인수했다. 무솔리니는 빌라 토를로니아에 있는 자신의 개인 영사실에서 뉴스 보도 내용을 사전에 검토하거나 편집하면서 운영에 직접 참여했다. 불과 몇 년 뒤 노동자 계급이 모여 사는 동네의 영세한 극장부터 금박을 입힌 가구와 호화로운 양탄자를 갖춘 사치스러운 극장에 이르기까지 모든 영화관은 루체에서 제작되고 무솔리니를 주요 소재로 다룬 뉴스 영화를 의무적으로 상영해야 했다.[31]

루체는 두체의 모습을 촬영하고 출력해서 앨범에 끼워 그의 승인을 받기 위해 제출하기도 했다. 마테오티 살해 사건으로 온갖 부정적인 평판을 얻은 그의 이미지를 개선하기 위해서는 사진술이 매우 중요해진 까닭이었다. 예컨대 두체와 그의 가족들이 빌라 토를로니아에서 찍은 사진들이 있었다. 저택 정원은 두체가 아침에 말을 타고 달리거나 나무 장애물을 뛰어넘으면서 안장에 앉아 있는 사진을 찍기 위한 배경이 되었다. 그가 경주용 자동차를 운전하거나 새끼 사자들과 장난을 치거나 대중 앞에서 연설을 하거나 밀을 탈곡하거나 바이올린을 켜는 사진도 있었다. 그는 펜싱 선수이자 요트 선수이며 수영 선수인 동시에 비행기 조종사처럼 보였다. 1929년 프랑스 기자 앙리 베로는 이렇게 논평했다. 〈어디를 보고 어디를 가든지 당신은 계속해서 그리고 언제나 무솔리니를 발견하게 될 것이다.〉 초상화는 물론 메달과 동판화에도 그가 있었고 심지어 비누에도 그가 있었다. 신문과 책과 벽과 담장은 그의 이름으로 도배되었다. 〈무솔리니는 어디에나 존

재하며 마치 신과 같다. 그는 사방에서 당신을 지켜보며 당신도 도처에서 그를 발견한다.)[32]

1925년에 영어로 처음 출간된 무솔리니의 전기도 그의 평판을 개선하는 데 도움이 되었다. 『베니토 무솔리니의 일생』이라는 제목이었고 이탈리아에서는 이듬해에 『둑스*Dux*』라는 제목으로 출간되었다. 책은 총 17쇄가 인쇄되었고 열여덟 개의 언어로 번역되었다. 저자이자 한때 그의 정부였던 마르게리타 사르파티는 이 책에서 그의 어린 시절을 신화화했다. 그는 대장장이의 아들로 〈태양이 사자자리에 진입한 지 정확히 8일째인〉 일요일 오후 2시 정각에 태어났다. 〈작은 체구에 말썽꾸러기이자 사고뭉치〉였던 그는 걸음마를 떼기 전부터도 다른 소년들에 비해 두드러졌다. 〈주위의 모든 사람이 탄복하고 사랑하지 않을 수 없는〉 그런 남자였고 사람들은 〈그의 매력과 인품에 푹 빠졌다〉. 그가 1917년에 당했던 부상에 관한 설명은 그를 거의 종교적인 숭배의 대상으로 탈바꿈시켰다. 그는 〈여러 발의 화살에 몸이 꿰뚫리고 상처투성이에 피로 목욕한 듯했음에도〉 주변 사람들에게 부드러운 미소를 지어 보였다.[33]

자신이 직접 『둑스』의 원고를 교정했음에도 정작 무솔리니 본인은 너무 뻔뻔스럽게 무비판적인 입장을 취해서 1939년에야 비로소 영어로 번역된 조르조 피니의 공식 전기를 더 좋아했다. 피니의 『무솔리니 전기』는 학교에 무료로 배부되었다. 사르파티가 쓴 전기도 수업 시간에 상당 부분이 발췌되어 읽혔다. 특별히 어린 학생들에게 맞춘 파시스트 교과서도 선보였는데, 이런 교과서들은 하나같이 지칠 줄 모르는 일꾼이 국민을 위해 헌신한다면서 두체의 전설을 영속화했다. 1927년에 교육부 장관 승인을 받은 빈첸초 데 가에타노의 『어린 파시스트를 위한 책』은 파시즘 운동을 무솔리니 개인과 동일시했다. 〈사람들은 파시즘을 이야기할 때 그에 대해서 이야기한다. 파시즘은 그의 대의(大義)다. 그는 파시즘을 창조했고 파시즘에 자신의 신념을 불어넣었으며 생명을 주었다.〉 어떤 소년들은 그의 일대기를 외웠다. 첫 문장으로 전체 분위기가 정해졌다. 〈나는 검은 셔츠단을 설립한 위대한 두체와 그의 유일한 후원자인 예수 그리스도를 믿는다.〉 모든 학교 벽에는 〈무솔리니부터 이탈리아의 어린아이들까지〉라는 슬로건이 적혀 있었고 학생들이 사용하는 습자책의 표지에는 두체 초상화가 담겨 있었다.[34]

무솔리니는 항상 자신의 이미지를 세심하게 조율했다. 국민들이 듣기로 그는 조국을 위해 새벽까지 일하느라 잠을 거의 자지 않았고 그래서 15세기 교황들에 의해서 지어진 역사적인 건물 베네치아 궁전에 있는 집무실을 밤에도 불을 밝혀 놓는다고 했다. 이탈리아에서 일어난 수많은 일의 진원지이자 그가 집무실로 사용한 살라 델 마파몬도는 가로 18미터와 세로 15미터에 이르는 거대한 공간이었다. 가구는 별로 없었고 두체의 책상이 창을 등진 채 한쪽 구석에 덩그러니 위치했다. 방문객들은 일단 그의 방으로 안내되면 방을 가로질러 그에게 다가가야 했고 그와 눈을 마주치기 전부터 겁을 먹었다.

집무실에는 작은 발코니가 연결되어 있었고 그는 군중을 내려다보면서 연설하기 위해 이 발코니를 이용했다. 그는 꼼꼼하게 연설을 준비했다. 때로는 연설할 내용을 암기했고 경우에 따라서는 적어 놓기도 했으며 살라 델 마파몬도 안을 천천히 걸으면서 예행연습도 했다. 물론 즉흥적으로 군중의 분위기에 맞추어 대본을 바꾸거나 몸짓 언어를 조정하는 경우도 있었다. 그는 카랑카랑한 금속성 목소리로 짧고 간결한 문장을 마치 망치로 때리듯이 힘 있게 전달했다. 명성을 유지하기 위해서 사전에 질문을 짜 맞추거나 백과사전에 있는 내용을 그대로 반복하는 등 다른 여러 가지 전략을 사용했음에도 그의 기억력만큼은 진짜였다.[35]

무솔리니는 빌라 토를로니아나 살라 델 마파몬도에서 수많은 숭배자들에게 청중의 자리를 허락했다. 청중의 숫자는 그날그날 달랐다. 〈호주의 교사들부터 영국 귀족들의 먼 친척, 미국인 사업가들, 헝가리에서 온 보이 스카우트들, 극동 지역에서 온 시인들을 비롯하여 존엄한 존재를 알현하고자 하는 이들은 누구든 따뜻한 환영을 받았다.〉 보다 날카로운 통찰력을 바탕으로 한 AP통신 기자 퍼시 위너의 논평에 따르면, 무솔리니가 이런 식으로 끝없이 이어진 아첨꾼들의 방문을 수년 동안 게다가 겉보기에 전혀 귀찮아하는 기색도 없이 허락했다는 사실이야말로 그가 아첨을 정말 좋아했다는 단적인 증거였다.[36]

이와 같은 방문에는 다른 전략적인 목적도 있었다. 이른바 세계적인 독재자로서 자신의 명성을 공고히 하기 위함이었다. 국제 사회의 존중은 자국 내의 비판을 침묵시켰다. 그는 자신의 매력을 이용해서 외국 언론과 기자들을 속이기 위해 노력했고 이런 노력은 넘쳐나는 찬양 기사와 책으로 보상받았다. 당연하지만 파시스트 언론은 해당 기사나 책을 집중적으로 조명했다. 비판적인 외국인 기자들도 있었는데 그들은 두 번 다시 초대받지 못했다.

웅장한 집무실에 압도되었다가 그의 진심 어린 환대와 차분한 몸가짐에 안도한 많은 사람들은 집무실을 나서면서 자신이 예언자를 만났다고 생각했다. 불안한 방문자의 무장을 해제하는 데는 으레 미소만으로 충분했다. 프랑스에서 가장 유명한 문학상인 공쿠르상(賞)을 수상한 프랑스 작가 르네 벵자맹은 무솔리니를 만나는 자리에서 너무 겁에 질린 나머지 문을 지나 그의 책상에 이르기까지 결코 짧지 않은 거리를 그야말로 겨우 걸어갔지만 책상 앞에 도착하자마자 크고 환한 미소와 마주쳤다. 1927년에 마찬가지로 공쿠르상을 수상한 동료 작가 모리스 베델은 한 장(章)을 전부 할애하여 두체의 미소를 다루었다. 그러면서 〈그가 과연 폭력적인 운명이 선택한 반신(半神)이기를 잠깐이라도 포기한 적이 있을까?〉라고 의문을 드러냈다. 그의 눈에 매료된 사람들도 있었다. 시인 아다 네그리는 무솔리니의 눈이 〈사람의 마음을 잡아 끄는〉 힘을 가졌다고 생각했으며 그의 손에도 주목했다. 〈그는 세상에서 가장 멋지고 초자연적인 손을 가졌으며 손을 펼치면 마치 날개 같다.〉[37]

위대한 지도자들도 무솔리니에게 경의를 표했다. 그의 집무실을 두 번이나 방문한 모한다스 간디는 그를 가리켜 〈당대의 가장 위대한 정치가 중 한 명〉이라고 말했으며 윈스턴 처칠은 1933년에 그를 〈로마의 천재〉로 추켜세우면서 〈살아 있는 이들 가운데 가장 위대한 입법자〉라고 설명했다. 무솔리니는 미국 한 나라에서만 신문 경영자 윌리엄 랜돌프 허스트를 비롯해 뉴욕 주지사 엘 스미스와 은행가 토머스 W. 러몬트, 나중에 부통령 후보가 되는 프랭크 녹스 대령, 보스턴 대주교 윌리엄 카디널 오코넬 등의 방문을 받았다. 토머스 에디슨은 무솔리니를 잠깐 만난 뒤 그를 〈현 시대 최고의 천재〉라고 불렀다.[38]

늘 다른 사람을 의심한 무솔리니는 자기 주변을 그저 그런 범재들로 채웠고 그들마저도 수시로 갈아 치웠다. 대다수의 평가에 따르면 그들 중 최악은 유머 감각이라고는 없는 아첨꾼이자 1931년 12월에 아우구스토 투라티의 뒤를 이어 파시스트당 서기에 오른 아킬레 스타라체였다. 한 추종자가 〈스타라체는 천치다〉라고 하면서 반대하자 무솔리니는 〈알고 있다. 그럼에도 그는 순종적인 천치다〉라고 대답했다.[39]

스타라체는 광신자였으며 그의 첫 임무는 당을 한층 더 무솔리니의 뜻에 따르도록 만드는 것이었다. 그는 초반에는 말을 듣지 않는 파시스트 지도자들을 제거함으로써, 그다음에는 당원 숫자를 늘림으로써 자신의 임무를 수행했다. 그 결과 1931년에 82만 5,000명이었던 당원은 1936년에 200만 명 이상으로 두 배 넘게 늘어났다. 새로 가입한 당원들은 상당수가 이데올로기 신봉자라기보다 기회주의자였고 파시즘이라는 이데올로기보다 자신의 경력에 더욱 관심을 가졌다. 1939년에 한 비평가가 지적한 대로 이처럼 많은 일반인을 당원으로 받아들인 결과는 당이 정치색을 잃는 것으로 나타났다. 그는 〈파시즘이 반파시즘과 파시즘을 죽였다〉라고 지적하며 이어서 다음과 같이 말했다. 〈파시즘의 강점은 파시스트들의 부재(不在)에 있다.〉 파시즘에 대한 믿음보다 지도자에 대한 충성심이 중요해졌고 당원이든 아니든 모든 사람에게 지도자에 대한 충성심이 강요되었다. 스타라체 체제 아래서는 매우 높은 확률로 많은 당원들이 파시스트가 아닐 수도 있었지만 무솔리니 추종자가 아닌 경우는 극히 드물었다.[40]

이 같은 방식은 무솔리니에게 잘 맞았다. 그는 자신이 단순한 지적 능력보다 직관과 본능, 순수한 의지력에 의존한다는 사실을 자랑으로 여겼으며 이데올로기적으로 일관성 있는 세계관을 자주 비웃었다. 〈우리는 교조적인 프로그램을, 융통성 없는 계획을 옳다고 생각하지 않는다. 모든 것은 복잡하고 불확실하며 변화하는 현실을 반영해야 한다.〉 무솔리니 본인의 경력을 살펴보아도 그는 필요할 경우 노선을 바꾸는 데 전혀 주저함이 없었다. 자신만의 정치 철학을 개발할 능력이 부족했던 그는 어떤 경우에든 특정한 원칙이나 윤리나 이데올로기를 비롯한 그 무엇에도 얽매이기를 거부했다. 〈행동하고, 행동하고, 또 행동하라 — 이것이야말로 그의 유일한 신조였다〉라고 그의 전기 작가 중 한 명은 말했다.[41]

정치는 한 개인을 향한 대대적인 찬양이 되었다. 정권은 〈무솔리니는 늘 옳다〉라는 말을 모토처럼 내세웠다. 무솔리니는 단순히 신의 대리자가 아니라 화신 그 자체였다. 이제는 모든 이탈리아 국민에게 맹목적인 복종이 강요되었다. 전국이 건물과 벽에 검은색으로 길게 칠하거나 등사한 〈믿고 복종하고 싸워라〉라는 글귀로 도배되었다.

스타라체에 의해 장려된 이른바 파시스트 방식은 일상생활의 모든 측면에 영향을 미쳤다. 이제 모든 회의는 〈두체 만세〉라는 외침으로 시작되었고 오른팔을 쭉 뻗는 로마식 인사법이 악수를 대신했다. 전 국민이 제복을 착용했고 심지어 어린아이들도 검은 셔츠를 입고 포즈를 취하며 사진을 찍었다. 학생들은 토요일마다 ── 1935년에 대평의회에 의해 〈파시스트의 토요일〉로 선언되었다 ── 검은 제복 차림으로 지역 사령부에 출석해서 가짜 소총을 어깨에 메고 보조를 맞추어 행진하는 연습을 했다.[42]

체사레 로시가 몇 년 전에 설립한 언론 담당 부서는 대중 문화부로 바뀌었다. 이 새로운 기구는 갈레아초 치아노가 운영을 맡았다. 그는 두체의 사위이자 재능 있는 젊은이였고 독일의 선전부를 모방했다. 독일의 선전부와 마찬가지로 대중 문화부는 편집장들에게 무엇을 언급하고 무엇을 언급하지 말아야 하는지와 관련하여 매일 세부적인 지침을 내렸다. 언론 담당 부서에 지원했던 비밀 자금이 급격히 불어나면서 채찍에 이어 당근도 제공되었다. 1933년부터 1943년까지 당시 기준으로 약 2000만 달러에 상당하는 4억 1000만 리라 이상이 신문을 통해 전국에 정권과 정권의 지도자를 홍보하는 데 사용되었다. 심지어 1939년에는 이렇게 매수된 일간지들의 발행인란에 두체의 모토가 실리기도 했다. 『크로나카 프레알피나Cronaca prealpina』는 〈소중한 우정과 인정사정없는 적대 중 하나를 선택하라〉라고 선언하면서 무솔리니가 1930년 5월에 피렌체에서 행했던 연설을 상기시켰고 『라 보체 디 베르가모La Voce di Bergamo』는 〈승리의 비결은 복종〉이라고 공포했다. 일부 외국 언론에도 보조금이 지원되었다. 프랑스에서 네 번째로 인기가 많은 일간지 『르프티 주르날Le petit Journal』역시 2만 리라의 비밀 기부금을 받았다.[43]

예술가와 학자와 작가를 포섭하는 데도 비밀 자금이 사용되었다. 한 추산에 따르면 이들에게 지원된 보조금은 1934년 150만 리라에서 1942년 1억 6200만 리라로 증가했다. 초기부터 무솔리니의 오랜 추종자이자 1938년에 출간된 칭송 일색의 전기 『무솔리니에 대한 영적 해석』을 쓴 아스베로 그라벨리도 그런 수혜자 중 한 명이었다. 그는 〈신과 역사는 무솔리니를 대변하는 단어이다〉라는 뻔뻔스러운 주장을 펼쳤다. 그럼에도 무솔리니를 나폴레옹에 비유하는 우를 범하지는 않았다. 〈무솔리니를 닮은 자가 있는가? 아무도 없다. 무솔리니를 다른 혈통의 정치가들에 비유하는 짓은 그를 깎아내릴 뿐이다. 무솔리니는 지금까지 없던 완전히 새로운 이탈리아인이다.〉 작가는 수고비로 7만 9,500리라를 받았다.[44]

아우구스토 투라티는 1926년부터 선전 도구로 라디오에 집중하기 시작했다. 전파를 통해 정기적으로 그의 목소리는 물론 아르날도 무솔리니를 비롯한 다른 파시스트 지도자들의 목소리가 울려 퍼졌다. 두체 본인은 비록 전송 과정에서 기술적인 문제를 겪기는 했지만 1925년 11월 4일에 처음 방송을 탔다. 아직 가난하고 대체로 농경 사회에 머물러 있던 1920년대의 이탈리아에서 라디오 수신기는 대다수 일반인이 쉽게 접할 수 있는 물건이 아니었다. 1931년 기준 이탈리아의 라디오 청취자는 17만 6,000명이었는데 그들 중 대다수가 도시 거주자였다. 어린 학생들이 무솔리니의 목소리를 들을 수 없다며 교사들이 애석해하자 스타라체는 1933년부터 1938년까지 약 4만 대의 라디오를 확보해 초등학교에 무료로 설치해 주었다. 정부 보조금 덕분에 라디오 청취자 수는 제2차 세계 대전이 발발하기 전까지 총 80만 명으로 치솟았다. 그럼에도 숫자만으로 라디오에 대한 접근성을 설명할 수는 없었는데 마을마다 광장에 확성기를 설치한 결과 1930년대 중반에 이르러서는 전국에 무솔리니의 연설이 울려 퍼졌다.[45]

무솔리니 본인은 무소부재(無所不在)한 재능을 보여주었다. 1929년에 베네치아 궁전에서 대규모 회의가 열렸을 때 궁전의 대강당인 로열 홀에 처음 들어가 본 그는 마치 안무가처럼 강당을 두루 살피면서 연단을 확인했고 무대가 너무 낮다고 판단했다. 그는 〈강당 뒤쪽에 위치한 사람들에게 내가 잘 보이지 않을 것〉이라고 지적하면서 연단을 높이도록 지시했다. 지시는 그의 아랫사람들이 주인의 마음에 들기까지 몇 번이나 연단을 수정했는지 횟수를 기억할 수 없을 지경까지 몇 번이고 반복되었다.[46]

1932년에는 4차선 대로가 콜로세움에서 베네치아 궁

전까지 도심을 가로지르면서 무솔리니가 발코니 연설을 하기에 알맞은 거대한 야외 공간이 만들어졌다. 그 어느 때보다 많은 군중이 그의 연설을 듣고자 모여들었다. 이탈리아인이라면 누구나 로마를 방문해서 직접 두체를 만나고 그의 연설을 들을 수 있게 한다는 발상은 그를 둘러싼 수많은 전설 중 하나가 되었다. 보르토로 펠란다라는 일흔한 살의 농부는 무솔리니의 연설을 직접 듣고 싶다는 꿈을 이루기 위해 벨루노 베로네세에서 로마까지 약 500킬로미터를 걸어왔다. 아르투로 리치라는 사람은 두 대의 자전거로 완전히 새로운 기계 장치를 만들어 여덟 식구를 태우고 토리노에서 로마로 왔다. 적어도 신문들은 그렇게 보도했다.[47]

로마 진군 이후에 무솔리니는 전국을 순방하기 시작했다. 그의 순방은 관례처럼 굳어졌으며 시간이 지날수록 그리고 특히 1932년에 그의 〈민중 속으로〉 정책이 발표된 다음부터는 빈도가 더욱 잦아졌다. 모든 상황은 꼼꼼하게 연출되었다. 순방일에는 학교와 가게가 문을 닫았고 인근 지역에서 모집돼 전세 버스를 타고 온 파시스트 청년들과 당원들이 광장으로 몰려들었다. 그들은 명령에 따라 환호하거나 구호를 외치거나 박수를 치면서 분위기를 조성했다. 일반 시민들에게는 그날 행사에 참가하라는 지시가 담긴 분홍색 카드가 오전에 우편으로 배달되었다. 지시에 불응할 경우 벌금이나 심지어 징역형이 선

고될 수 있었다. 군중 속에 섞인 경찰은 아무도 문제를 일으키지 못하도록 철저히 감시했다.[48]

무엇보다도 군중은 때로는 몇 시간씩 계속해서, 한낮부터 해 질 녘까지 대기해야 했다. 심지어 무솔리니가 아직은 멀리 떨어진 곳에 있을 때조차 수천 명이 서로 밀집한 채 목을 빼고 그가 나타나기를 간절히 기다렸다. 두체는 석양이 진 다음에야 연설에 나서는 경우가 잦았다. 그러면 거대한 탐조등에 전원이 들어와 발코니를 비추었고 군중은 횃불을 꺼내 들었으며 가까운 건물로부터 모닥불이 점화되었다. 이 같은 극적인 분위기 속에서 제복을 입은 두 명의 경호원이 나와 발코니 양쪽 끝에 각각 자리를 잡으면 군중은 박수를 치기 시작했다. 그리고 나팔이 울리는 순간 현지의 당 서기가 발코니 앞으로 나와 〈파시스트 여러분! 두체에게 인사하시오!〉라고 외쳤다. 마침내 두체가 모습을 드러내면서 미소를 지으면 군중은 극도의 흥분에 휩싸였고 기쁨을 표출하면서 기다리느라 지친 몸과 마음을 달랬다.[49]

모든 방문은 열광적인 언론에 의해 보도되었으며 중요한 연설은 루체를 통해 촬영된 뒤 전국에 있는 극장에서 상영되었다. 이미 신중하게 선발된 군중은 앞서 극장에서 해당 의식이 어떻게 진행되는지 보았기 때문에 그때그때 어떻게 대처해야 하는지 정확히 알았다. 각각의 도시들은 정권의 환심을 사기 위해서 다른 누구보다 뜨겁고 열광적인 환대를 제공하려 경쟁했다. 두체가 가장 좋아한 도시 밀라노에서는 그의 공개 연설을 위해 임시로 거대한 발코니를 설치하고 지점토로 만든 다수의 독수리로 장식하기도 했다.[50]

무솔리니 정권을 둘러싼 찬양이 절정을 보인 것은 아마도 로마 진군 10주년을 기념하여 1932년 10월 28일에 혁명 전시장이 문을 열었을 때일 것이다. 당원에게는 입장료가 할인된 가운데 1932년부터 1934년까지 약 400만 명에 달하는 방문객이 팔라초 델레 에스포지치오네 전시장을 방문했다. 전시장은 무솔리니에게 모든 초점이 맞추어졌고 그와 관련된 물건이 연대순으로 배치되어 파시스트 혁명 중에 발생한 가장 극적인 사건들을 보여 주었다. 큐레이터인 디노 알피에리의 설명에 따르면 혁명은 〈무솔리니의 철학과 의지와 밀접한 관련〉이 있었다. 전시장 맨 끝에 위치한 〈T〉라고 적힌 방은 두체에게 봉헌된 공간이었다. 여기에는 1926년 4월 바이올렛 깁슨이 그의 목숨을 노렸던 사건으로 아직도 피가 묻어 있는 그의 손수건을 포함하여 그의 필사본과 개인 소지품이 유리 안에 정성스레 전시되어 있었다. 무솔리니 개인의 신문사나 마찬가지였던 『일 포폴로 디탈리아』에 있는 그의 사무실을 완벽하게 재현해 놓은 방은 방문객들에게 그들의 지도자를 조금 더 친근하게 느낄 수 있도록 해주었다.[51]

〈T〉라고 적힌 방 말고도 또 다른 성지가 있었는데 바로 두체의 생가였다. 1925년에 당 서기인 로베르토 파리나치는 프레다피오를 방문하여 두체에 대한 충성을 맹세했다. 그로부터 7년 뒤인 파시스트 혁명 10주년 기념일에 아킬레 스타라체는 이 중세풍의 작은 마을을 국가적인 성지로 바꾸어 놓았다. 무솔리니에 대한 우상화 과정에서 완전히 새로운 마을이 탄생했다. 〈가장 미천한 신분의 사람부터 한 국가의 군주에 이르기까지〉 온갖 배경을 가진 사람들이 프레다피오를 찾아 지도자에게 존경을 표했다. 하루도 빠짐없이 수천 명의 순례자들이 단체로 또는 개인적으로 버스를 타거나 때로는 걷거나 자전거를 타고서 프레다피오를 찾았다. 그들은 무솔리니의 생가를 조용히 발을 끌면서 걸었고 납골당이 위치한 지하실을 향해 고개를 조아렸다. 무솔리니의 어머니 로사 말토니는 동정녀 마리아에 비유되었으며 산타 로사라는 교회에서 기념되었다. 아버지는 혁명 영웅으로 칭송되었다. 프레다피오에서 한참 떨어진 수많은 학교와 병원, 다리, 교회 등이 무솔리니 부모의 이름을 따서 명명되었다.[52]

무솔리니는 수없이 많은 편지와 방문객을 받았을 뿐 아니라 사회 각계각층의 사람들로부터 선물도 받았다. 이미 1927년 11월부터 아우구스토 투라티는 당원들이 두체에게 기증하는 행위를 금지한 터였지만 당 외부의 추종자들이 기부하는 것까지는 어떻게 할 수가 없었다. 미국에서 가장 부유한 여성 중 한 명이면서 로마에서 평생을 산 헨리에타 타워는 1933년에 숨을 거두면서 도자기와 태피스트리, 옷감과 그림 등 3,000점에 이르는 예술품과 대저택을 기증했다. 그녀가 특별히 이례적인 경우도 아니었다. 1925년부터 1939년까지 두체는 세 개의 성(城)과 일곱 채의 저택을 선물로 받았다(그는 국민을 대신하여 이런 선물을 받았다). 문인과 사진작가, 화가와 조각가도 각자 재능을 발휘해서 파스텔로 그린 초상화와 자수로 만든 가슴 장식 등 두체를 찬양하는 작품들을 보내 왔다. 이들 중 일부는 빌라 토를로니아에 전시되었다. 일반 시민들은 보내지 말라는 정부의 간절한 설득에도 불구하고 매일 신선 식품을 헌상물로 보내 왔다. 그 결과 1934년 8월 2일 하루에만 수십 킬로그램에 달하는 과일과 사탕, 비스킷과 파스타, 토마토 등이 폐기되어야 했다.[53]

콜로세움부터 베네치아 궁전으로 이어지는 비아 데이 포리 임페리알레 대로는 무솔리니의 발코니를 파시스트의 힘을 보여 주는 상징적인 중심지로 바꾸어 놓았다. 거대한 로마 시대 장군의 동상들이 길가에 죽 늘어서 있는 이 길은 도시에서 가장 중요한 유적들을 직선으로 관통함으로써 두체를 직접적으로 고대 로마와 이어 주기도 했다.

파시즘을 상징하는 문양, 즉 도끼를 함께 묶은 속간(束桿, 이탈리아어로는 fasci라고 함)이라고 불리는 막대기다발은 고대 로마에서 비롯된 것이다. 속간은 통합을 통한 힘을 상징할 뿐 아니라 로마 제국이 잃어버린 위엄의 부활을 상징했다. 독일 나치당의 스와스티카, 즉 만(卍)자 문양이 그랬듯이 건물은 물론이고 등잔과 분수, 문간의 계단, 심지어 맨홀 뚜껑에도 파시즘을 상징하는 문양이 새겨졌다. 파시스트 민병대의 계급과 편대도 로마 시대의 모델을 따랐다. 인사법도 로마식을 따랐고 1935년 이후부터는 걸음걸이도 로마식을 따랐다. 무솔리니는 로마 건국 신화에 등장하는 늑대 한 마리를 우리에 넣어서 카피톨리노 언덕에 전시하기도 했다. 노동절은 더 이상 5월 1일이 아니라 로마가 건국된 4월 21일이었다. 무솔리니의 설명에 따르면 〈어떤 하나의 정치적 운동을 지속시키려면 열정이 필요한데 로마식 인사법을 비롯한 로마식 노래와 말투, 기념행사 등은 이런 열정의 불길을 부채질하기 위해 하나같이 꼭 필요한 것들〉이었다.[54]

무솔리니는 수도 로마에 자신의 표식을 새겼을 뿐 아니라 제국주의 시대의 영광을 떠올리게 하는 거대 도시, 즉 〈무솔리니의 로마〉를 건설하기 시작했다. 그는 1926년에 〈로마는 전 세계 국가에 경이로운 모습을 보여야 한다〉라고 주장했다. 〈아우구스투스 제국 시절에 그랬던 것처럼 거대하고 정돈되고 강력한 모습을 보여 주어야 한다.〉 그는 아우구스투스 황제 이후의 수백 년을 〈쇠퇴기〉로 간주했다. 오래된 수도에 남아 있는 중세 시대의 흔적들을 허물고 그 자리에 새로운 제국의 수도에 걸맞은 근대적인 파시스트 건물들을 채워야 한다고 생각했다. 무솔리니는 자신이 〈위대한 파괴자〉로, 로마를 재건한 인물로 기억되기를 원했다. 비록 도시 여기저기에서 열다섯 개의 교회를 포함하여 수백 개의 건물이 허물어졌지만 그의 바람은 끝내 달성되지 못했다.[55]

무솔리니의 로마가 권위와 명성을 갖기 위해서는 도시 규모가 두 배로 늘어나야 했다. 이를 위해서 로마 남쪽에 위치한 약 600제곱킬로미터의 습지가 농지로 간척되어 가난한 사람들에게 넘겨졌다. 도로도 건설되었다. 속간을 가지고 다녔던 릭토르*에서 이름을 딴 리토리아가 마침내 1931년에 두체에 의해 준공되었고 다른 시범 도시들이 그 뒤를 이었다. 이런 도시들은 하나같이 광장을 중심으로 퍼져 나가는 도로를 따라 시청과 교회, 우체국과 파시스트당 당사를 갖추고 있었다.

아우구스투스 시대와 마찬가지로 로마는 바다로 나아가고자 했다. 1942년에 개최될 예정인 로마 만국 박람회와 연계하여 〈로마 제국의 새로운 안식처〉가 될 신도시인 바다로 나아가는 로마가 계획되었다. 계획의 일환으로 에우르의 중심부에는 높이 68미터에 하얀 석재로 마감된 신고전주의 양식의 건물 한 채가 지어졌다. 그 건물

---

* Lictor. 고대 로마에서 죄인을 포박하고 처벌하던 하급 관리.

은 고대 로마 시대의 랜드마크에 경의를 표하는 의미에서 스퀘어 콜로세움으로 불렸다.

그럼에도 새로운 로마 제국은 어떻게 바다 너머로 진출할 수 있었을까? 물론 그들에게는 리비아와 트리폴리, 소말릴란드 같은 식민지가 이미 존재했지만 이들 식민지는 무솔리니가 나약하고 부패했다고 비난했던 이전 정권들에 의해 정복된 터였다. 따라서 새로운 로마 제국을 건설한 지금의 황제가 진정한 황제로 거듭나기 위해서는 제국을 확장할 필요가 있었다. 다른 이유도 있었다. 그는 1933년에 집권한 아돌프 히틀러와 마찬가지로 프랑스와 영국에 대적하고자 했으며 자신의 독일 파트너와 마찬가지로 식민지 강국만 전쟁을 수행하는 데 필요한 원자재를 확보할 수 있다는 믿음이 있었다.

무솔리니는 자신의 명성을 추구하는 과정에서 리비아 반군을 상대로 1929년에 이미 야만적인 전쟁을 주도했다. 이탈리아의 북아프리카 식민지 중 해안 지역에 위치한 키레나이카에서 이탈리아 군대는 화학 무기와 집단 처형으로 현지인을 4분의 1 가까이 몰살하면서 공포 분위기를 조성했다. 또한 약 10만 명에 이르는 베두인족이 이탈리아인 정착민들에게 땅을 내준 채 쫓겨났다. 순종적인 언론에 의해 이탈리아 자국민들에게는 이 같은 전쟁의 공포가 은폐되었고 언론은 무솔리니가 리비아에서 수백 년의 미개 상태에 종지부를 찍고 그들을 문명의 길

로 이끌었다며 환호했다.[56]

1931년부터 무솔리니는 전쟁을 준비하기 시작했다. 휘하의 장군들에게 1935년까지 준비를 완료하도록 지시했다. 이듬해에는 디노 그란디를 해고하고 외무부에 대한 통제권을 넘겨받았다. 히틀러가 1933년 10월에 국제 연맹을 탈퇴하자 두체는 이탈리아를 재무장하는 작업에 박차를 가했다. 그는 이탈로 발보를 제거한 뒤 우선적으로 전쟁부를 장악한 다음 해양부와 항공부를 장악했다. 재무부를 제외하고는 이제 정부의 모든 부처가 그의 손아귀에 들어갔다. 무솔리니는 자신이 운명을 지배하는 사람이며 나폴레옹인 동시에 카이저이고 자신의 손으로 현대의 세계 질서를 재편할 하늘이 내린 지도자라고 스스로 확신했다. 그는 진심으로 정권의 모토를, 즉 〈무솔리니는 늘 옳다〉라는 말을 믿기에 이르렀다. 그를 둘러싼 아첨꾼들은 그의 착각을 더욱 부추겼다.[57]

전쟁에 대비해서 무솔리니는 자급자족 경제를 추구했다. 무수한 기업들이 설립되면서 국민들은 일터로 내몰렸다. 무솔리니가 탈곡기 앞에 서 있는 사진과 함께 수입을 줄이기 위한 이른바 밀 전쟁이 진행되었다. 이외에도 쌀 전쟁과 땅 전쟁, 출산 전쟁을 비롯해서 파리와의 전쟁도 있었고 이들 전쟁의 최전방에는 언제나 두체가 있었다.[58]

이탈리아는 아프리카 대륙 북동부에 이미 두 개의 식민지를 보유하고 있었다. 여기에 에티오피아까지 정복하면 에리트레아와 소말리아 영토가 한 덩어리로 연결될 터였다. 무솔리니는 아프리카 동부에 한 덩어리로 된 이 탈리아 식민지를 건설하고 수백만 명에 달하는 정착민에 게 금과 다이아몬드, 구리, 철, 석탄, 원유를 캐도록 해서 자신이 제국을 건설하고 대륙을 지배하기 위한 원동력으 로 삼겠다는 비전을 가지고 있었다. 또한 그렇게 함으로 써 이탈리아의 명성에 지울 수 없는 얼룩을 남긴 오점도 지울 수 있기를 바랐다. 에티오피아의 메넬리크 황제는 1896년 아두와 전투에서 이탈리아 군대에 치욕스러운 패배를 안긴 터였다. 당시의 패배는 여전히 뼈에 사무 쳤다.

무솔리니는 전쟁을 결정하기까지 왕을 제외한 누구와 도 상의하지 않았다. 국경에서 에티오피아와 1년 동안 수차례 작은 충돌을 빚은 뒤인 1935년 10월 2일에 이탈 리아 국민들은 교회 종과 사이렌 소리에 이끌려 마을 광 장으로 소집되었고, 확성기에서 그들의 지도자가 전쟁을 선포했다는 소식을 듣게 되었다. 소집 명령은 스타라체 에 의해 신중하게 준비된 터였다. 한 추산에 따르면 약 2700만 명에 육박하는 국민들이 인류 역사상 가장 큰 규 모로 계획된 대사건에 동원되었다.[59]

그럼에도 재정적으로나 군사적으로 전쟁 준비는 한심 할 만큼 부족했다. 휘하의 장군들을 제쳐두고 혼자서 모 든 명령권을 거머쥔 두체가 추구한 전략은 한마디로 살인적이었다. 무솔리니는 수백 톤의 머스터드 가스를 군인은 물론이고 민간인에게도 살포하도록 지시했다. 히틀러와 스탈린이라는 이름 아래 도래할 참상을 암시하는 암울한 전조처럼 대량 학살은 극도의 잔인성과 결합되었고, 그 결과 수많은 에티오피아인들이 대충 파 놓은 구덩이 앞에서 참수되거나 처형되었다. 로돌포 그라치아니 장군에 대한 암살 미수 사건이 발생하자 점령군은 보복으로 수도인 아디스아바바에서 불과 사흘 만에 거의 2만 명에 달하는 목숨을 빼앗았다. 어린 아기들을 압살했고 임신부의 배를 갈라 장기를 들어냈으며 일가족을 총으로 쏘거나 불에 태우거나 곤봉으로 때리거나 칼로 찔러 죽였다. 한 신문이 정복자인 그라치아니를 한니발에 비유하자 무솔리니는 불같이 화를 냈다. 오직 무솔리니 자신만 고대 로마의 거인들과 비교될 수 있었기 때문이었다. 이 전쟁으로 1935년 말부터 1938년까지 에티오피아에서 적어도 25만 명이 목숨을 잃었다.[60]

전쟁의 잔인성은 대중에게 철저히 은폐되었다. 선전기구는 해당 전쟁을 에티오피아의 해방을 위한 것으로, 즉 봉건적인 신분제의 희생자들에게 자유를 선물하고 문명 사회로 이끌기 위한 것으로 묘사했다. 그리고 이탈리아 안팎에서 이 같은 시각을 확산시키기 위해 다시 한번 비밀 자금이 동원되었다. 심지어는 외국인 기자들에게도 아디스아바바를 방문해서 우호적인 기사를 써주는 대가

로 수천 달러 상당의 보조금이 지급되었다.[61]

이탈리아 왕국은 이제 제국이었고 매우 왜소한 체구의 비토리오 에마누엘레 3세는 황제로 승격했다. 무솔리니에게는 제국의 창건자라는 칭호가 주어졌다. 로마 시대에도 그랬듯이 새로운 정복지로부터 전리품이 들어왔다. 4세기에 제작된 약 160톤 무게의 거대한 악숨왕국 오벨리스크도 로마로 옮겨져 로마 진군 15주년을 기념하여 1937년 10월 28일에 키르쿠스 막시무스와 가까운 곳에서 대중에 공개되었다. 마치 황제처럼 무솔리니는 자신의 이름을 딴 포럼, 즉 공공 광장(公共廣場)도 갖게 되었다. 포로 무솔리니로 불린 이 광장은 에티오피아 정복을 기념하기 위해 건설되었고 탱크와 전투기를 묘사한 모자이크 프리즈로 장식되었다. 이외에도 제국 곳곳에 다양한 기념물들이 등장했다. 〈미래의 후손들에게 제국의 창건자를 보여 주기 위해〉 이탈리아 중부의 푸를로 협곡을 내려다보는 산의 바위에는 150미터 크기로 두체의 옆모습이 조각되기도 했다.[62]

1936년 5월 9일 무솔리니가 발코니에서 에티오피아 합병을 공표하자 군중은 열광했다. 한 예리한 관찰자의 증언에 따르면 〈그는 자신이 이탈리아의 모든 국민으로부터 아마도 처음으로 전폭적인 존경과 지지를 받고 있음을 알았다〉. 그에게는 이날이 마지막 영광의 날이기도 했다. 바야흐로 그의 운이 다하고 있었기 때문이다.[63]

자국 내에서야 인기를 끌었을지 몰라도 제국의 지위는 프랑스에 더해서 영국과의 관계에 악영향을 미쳤다. 국제연맹은 이탈리아를 비난하면서 무솔리니를 더욱 고립시켰고 그에게 독일과 친교를 모색하도록 몰아붙였다. 무솔리니는 경쟁자로서 위협을 느끼며 처음에는 히틀러를 의심스럽게 보았다. 문제의 독일 총통이 첫 만남을 위해 1934년 6월에 베네치아를 방문했을 때 두체는 산 마르코 광장에서 환호하는 군중에게 연설을 하는 자리에서 훈장이 주렁주렁 달린 군복을 완벽하게 차려입은 채 보란 듯이 자신의 인기를 과시했다. 헐렁한 노란색 코트에 에나멜가죽 구두를 신은 창백하고 불안정한 모습의 히틀러는 자국민에게 열렬한 숭배를 받는 한 남자에게 매료된 채 근처의 공관 발코니에서 그 모습을 지켜보았다. 〈그는 무솔리니에 대한 열광이 진짜라고 생각했다〉라고 나치당의 이론적 지도자 알프레트 로젠베르크는 말했다. 이때가 히틀러의 첫 해외 여행이었고 그는 자신이 무솔리니에게 그다지 좋은 인상을 주지 못했음을 알았다.[64]

에티오피아 전쟁을 둘러싸고 국제적인 비난이 빗발치던 1937년 9월에 두체는 베를린을 방문했다. 그리고 이번에는 그가 독일의 총통에게 경외감을 느꼈다. 총통은 동맹으로 삼을 가치가 있는 이 손님의 체면을 세워 주고자 노력을 아끼지 않았다. 지방에서 특별 기차로 동원한 거의 백만 명에 가까운 사람들이 충실하게 수도의 거리를 메운 채 무솔리니를 응원했다. 군중 속에는 수많은 비밀경찰이 경찰견을 데리고 있는 듯 없는 듯 잠복해 있었다. 두체는 주최자인 총통의 마법에 빠졌다. 〈그토록 엄청난 권력의 현장을 직접 목격하고서 명백히 들떠 있었고 그 같은 권력을 행사하는 데 전혀 주저함이 없는 남자에게 매료되었다.〉 무솔리니는 더 이상 베네치아에서 총통에게 강력한 인상을 주었던 정력적이고 씩씩한 사람이 아니었다. 베를린 주재 영국 대사관 1등 서기관의 평가처럼 그의 용모도 빛을 잃었다. 〈그는 뚱뚱한 대머리였고 쇠락하던 로마 시대의 무절제한 황제 같은 얼굴이었다.〉[65]

무솔리니와 검은 셔츠단의 혁명은 히틀러에게 영감의 원천이었지만 이제는 도리어 스승이 제자를 따라 하기 시작했다. 베를린에서 돌아온 몇 개월 뒤에 그는 공산주의에 대항해서 독일, 일본과 삼국 동맹 조약을 체결했다. 심지어 대평의회와 논의도 하지 않은 채였다. 삼국 동맹은 무솔리니에게 1938년 3월 히틀러의 침략을 받은 오스트리아를 배신하도록 강요했다. 두체를 포함해서 모든 이에게 단 한 명의 체코인도 무력으로 합병하지 않겠다고 약속했던 히틀러는 이후에 체코슬로바키아로 군대를 보냈고, 각료들에게 합병은 없을 거라고 확신에 차서 이야기했던 무솔리니의 명성에 타격을 입혔다. 그는 자국민의 비우호적인 반응을 확실하게 인지하고 〈히틀러는 다른 나라를 침략할 때마다 나에게 전언을 보낸다〉라고

외쳤으며 자신이 이탈리아 지구 지도자 즉 단지 총통의 부하일 뿐이라는 조롱에 불같이 화를 냈다.[66]

무솔리니는 이내 냉정을 되찾고 자신의 동맹국과 보조를 맞추기 위해서 알바니아를 침략하기로 결정했다. 총통이 이끄는 독일은 이제 이탈리아 국경까지 남하한 상태였다. 비록 알바니아가 명목상 이미 이탈리아의 지배를 받는 소수 민족 거주지에 불과하다지만 이 또한 그의 실수였다. 히틀러의 성공 비결이 그의 장군들이 아닌 그가 직접 전략을 지시하기 때문이라고 믿었던 무솔리니는 원정군 사령관에게 굳이 작전을 설명하지 않았다. 총통에게서 영감을 받은 전격적인 공격 대신에 혼란스러운 침략은 단지 그의 군대가 얼마나 준비가 부족하고 무장이 열악한지를 보여 줄 뿐이었다.[67]

두 열강이 비밀리에 유럽에서 전쟁을 일으키기로 합의했기 때문에 독일과의 동맹은 1939년 5월 체결된 강철 조약으로 더욱 확대되었다. 히틀러는 무솔리니에게 다가올 전쟁을 준비할 시간을 주기 위해서 3년 동안은 개전을 피하겠다고 약속했다. 3개월 뒤 독일은 폴란드를 침략했다. 이제는 외무 장관인 갈레아초 치아노도 무솔리니가 이탈리아를 나락으로 이끌고 있음을 깨달은 수많은 사람 중 한 명이었다. 〈나는 끝까지 싸워야 한다. 그러지 않으면 이탈리아는 물론이고 파시즘과 두체 본인의 멸망뿐이다.〉[68]

무솔리니는 이제 곤경에 빠졌다. 그는 전면전에 대비해 이탈리아를 준비시키지 못했을 뿐 아니라 자신의 운명을 히틀러에게 맡긴 터였다. 그는 베를린의 히틀러에게 자신이 150개 사단을 보유했으며 1200만 명의 예비군이 그 뒤를 받치고 있다고 자랑했다. 하지만 실제로는 시대에 뒤떨어진 무장을 갖춘 열 개의 사단만이 싸울 준비가 된 상태였다. 무한한 자신감과 의지 뒤에 놀라울 만큼 우유부단한 성격을 숨기고 있던 무솔리니는 고뇌가 깊어지면서 수차례 우울증을 겪었고 수시로 마음이 바뀌었으며 심지어 자신이 독일의 패배를 은근히 바라고 있다고 인정하기까지 했다. 하지만 1940년 초에 이르러 그는 히틀러의 승리를 확신하게 되었다. 〈최근 들어서 그는 총통에게 부쩍 매료되었다. 원인은 히틀러의 군사적인 성공, 즉 무솔리니가 진심으로 가치를 두고 바라 마지않는 유일한 성공 때문이다〉라고 치아노는 일기에 썼다. 무솔리니는 1940년 6월 10일에 연합국을 상대로 전쟁을 선포했다.[69]

거의 20년에 걸쳐 무솔리니는 오직 자신만이 믿을 수 있는 사람이며 실수를 범하지 않는다는 인식을 조장해 온 터였다. 그는 자신을 우상화함으로써 경쟁자들을 평가절하하고 파시스트당 내의 모든 잠재적인 경쟁자들을 대중의 관심 밖으로 밀어냈다. 남은 사람은 두체에게 헌신하려는 마음으로 뭉친 아첨꾼들이었고 그들은 서로 앞다투어 그의 천재성을 찬양하는 데 주저함이 없었다. 그들이 무솔리니를 속이듯이 그 또한 그들을 속이고 있었다. 무엇보다 그는 자기 자신까지 속였다. 그는 자기 자신만의 세계관에 갇혀 있었다. 그의 전기를 쓴 작가 렌초 데 펠리체의 표현에 따르면 그는 〈바로 자신의 신화에 종속된 노예〉였다. 그는 자기 주변에 있는 사람들이 혹시라도 그의 분노를 자극할 수 있는 정보들을 차단하는 아첨꾼이라는 사실을 알고 있었다. 무솔리니는 아무도 믿지 않았고 진정한 친구도 없었으며 솔직한 대화를 나눌 믿을 만한 동료도 없었다. 시간이 흐를수록 사람들로부터 고립되어 사실상 베네치아 궁전의 벽에 갇힌 죄수나 다름없었다.[70]

무솔리니는 모든 중요한 결정을 직접 내리는 데 만족하지 못하고 명백한 우선순위도 없이 만사를 자신의 통제 아래 두고자 했다. 무솔리니의 시중을 들었던 한 가신이 쓴 글에 따르면 그의 독재는 〈자동차에 넣는 연료부터 싸구려 가구와 자전거 바퀴의 테, 라틴어를 번역한 책을 비롯해서 카메라와 거울, 전등, 미네랄 물〉 같은 자질구레한 부분까지 확대되었다. 모든 것에 그의 손길이 미쳤다. 전쟁이 한창이던 와중에도 귀한 시간을 들여 한 여성 잡지의 표지 색깔을 보라색에서 갈색으로 바꾸었다. 유럽 전체가 전쟁으로 치닫던 1939년 1월에 무솔리니의 사위는 베네치아 궁전 앞에서 행진을 연습 중인 부대를 발견했다. 〈두체는 자신의 집무실 창문 앞에서 파란 커튼 뒤에 숨은 채 다양한 부대들이 행진을 연습하는 모습을 무려 30분이나 지켜본다. 북과 나팔을 동시에 사용하도록 한 것은 그의 지시였다. 밴드의 지휘봉을 고른 사람도 바로 그이며 자신이 직접 지휘하는 법을 가르치고 지휘봉의 비율과 디자인을 변경하기도 한다. 그는 외형이 군대의 본질을 결정한다는 절대적인 믿음을 가지고 있다.〉[71]

결과적으로 이탈리아의 전쟁 준비는 끔찍할 정도로 부족했다. 무솔리니가 진두지휘한 경제 자립 운동은 선전 운동 측면에서는 성공적이었지만 해마다 수백만 톤의 석탄을 수입해야 하는 이탈리아에 본격적인 전쟁을 시작하기도 전부터 강철 생산량이 감소하는 결과를 초래했다. 게다가 밀 전쟁은 곡물 산출량을 늘렸지만 이탈리아를 수입 비료에 더욱 의존하게 만들었다. 스타라체는 전 국민에게 군복을 입으라고 지시했지만 당장 군인들이 입기에도 군복은 턱없이 부족했으며 군인들은 상당수가 시대에 뒤떨어진 무기로 무장하고 있었다. 스타라체 본인은 무솔리니에게 쏟아지는 비난을 돌리기 위한 희생양이 되었고, 군 고위 장교를 비롯한 다른 수많은 희생양과 마찬가지로 해고되었다. 두체가 보유한 다양한 직함 중에는 항공 장관이라는 직함도 있었지만 그는 자국이 보유한 항공기 중 얼마나 많은 기체가 노후되었는지 알지 못했다. 군 예산도 없었고 적당한 참모도 없었다.[72]

무솔리니에 대한 찬양이 절정에 달했던 1930년대 중반에 그는 진짜로 인기가 있는 것 같았다. 외국인 방문객들 ─ 그 후에 방문한 일부 역사학자들은 말할 것도 없이 ─ 은 그가 국민에게 주문을 건 듯 보이는 마법에 깊은 인상을 받았고 충분히 그럴 만했다. 개인숭배는 개별적인 정치적 공약에 대한 신뢰보다 지도자에 대한 충성심을 요구했다. 아울러 가능한 한 많은 사람들을 아우를 수 있도록 의도적으로 피상적인 방식으로 진행되었다. 국민들은 두체를 위한 박수 부대로 주기적으로 공공 광장에 동원되었다.[73]

자기 지역의 파시스트들이 저지르는 악폐를 비난하기 위한 목적에서 지도자를 반기는 사람들도 많았다. 〈두체가 알기만 하면!〉이라는 정형화된 표현이 등장할 정도였다. 파시스트당에 대한 좌절과 분노가 커질수록 사람들은 아랫사람들이 일부러 사실을 알리지 않았거나 거짓 보고를 했을 뿐 무솔리니는 나무랄 데 없는 지도자라고 생각했다.[74]

개인숭배에 미신이나 마법의 색채가 더해지기도 했다. 종교적인 뿌리가 깊은 이탈리아 국민은 기독교 신앙의 특징인 헌신과 숭배와 같은 감정을 무솔리니에게 투사했다. 그와 관련된 성역과 성화는 물론이고 성지 순례도 존재했고 심지어 그에게 치유의 손길을 기대하는 이들도 있었다. 행운을 가져다주기를 바라는 마음에 그의 사진을 부적처럼 가지고 다니는 사람들도 있었다. 다른 무엇보다 파시즘이라는 이데올로기에 대한 믿음보다는 신의 대리인을 향한 절대적인 믿음이 존재했다.[75]

그들에게는 결정적으로 다른 선택의 여지가 없었다. 열성적인 반파시스트 에밀리오 루수가 1936년에 지적했듯이 무솔리니 정권은 국민적인 합의를 요구했는데 검은셔츠단은 손에 곤봉을 들고 그들로부터 합의를 이끌어냈다. 두체가 연설을 할 때면 경찰의 지시로 사람들이 동원되었고 그들은 〈기자들이 공공장소의 가장자리까지 가득 메운 환호하는 사람들의 사진을 찍을 수 있도록 마치 수천 명의 엑스트라들처럼〉 경찰의 지시에 따라 두체에게 환호를 보냈다.[76]

겉으로만 지도자에 대한 충성심을 표현하면 되었다. 그렇게 몇 년이 지나자 국민 대다수는 이 게임의 달인이 되었다. 뛰어난 배우였던 무솔리니에 그의 수하들 역시 훌륭한 배우였지만 이탈리아 전체가 잘 준비된 한 편의 연극을 공연했다. 주어진 배역을 제대로 연기하지 못한 데 따른 처벌은 가혹했다. 1925년 마테오티 납치 사건 이후에 현실화된 전체주의 경찰국가는 1930년대 중반에 이르러 막대한 권한을 휘두르며 국민을 감시하는 데 열을 올렸다. 폴리틸린 폴리티세이로 알려진 정치 경찰은 반파시스트를 단속하는 비밀경찰인 일명 오브라Ovra와 연계해서 임무를 수행했으며 널리 촉수를 뻗친다는 의미로 간단히 〈피오브라Pióvra〉, 즉 문어로 불렸다. 당연히 국가 정규 경찰과 지방 경찰도 있었는데 그들은 군 소속이었다. 아울러 다섯 개의 민병대가 별도로 철도, 도로, 우편, 전보와 전화 업무, 항구와 숲을 담당했다. 수도 로마에서는 약 1만 2,000명의 수도 민병대가 사복 차림으로 24시간 내내 순찰을 했다. 질투에 눈먼 이웃이나 시샘하는 동료, 심지어 불만을 품은 가족 구성원들은 의심스러운 대화를 신고하곤 했다. 그 결과 세 사람 이상이 모인 자리에서는 누구도 감히 속내를 털어놓으려 하지 않았다. 한 목격자의 증언에 따르면 이탈리아는 〈열정이라는 형벌을 받는 죄수들의 나라〉였다.[77]

경찰국가의 지대한 위력(威力)에도 불구하고 지도자를 향한 열정은 1939년을 기점으로 시들었다. 지하신문의 유통이 증가했는데 그중 일부는 다름 아닌 『일 포폴로 디 탈리아』에서 인쇄된 것이 분명했다. 지도자의 신뢰성이 공격을 받았다. 한 파시스트 추종자는 무솔리니 정권이 기껏해야 고작 3만 명 정도의 국민을 대표한다는 의견을 내놓았다. 한 로마발(發) 기사는 더 이상 화려한 퍼레이드에 의미를 두는 사람은 아무도 없으며 국제연맹을 통해 내려진 경제 제재로 텅 빈 가게 선반을 보면서 우울해하는 사람들만 있다고 주장했다. 극장에서 상영되는 상투적인 뉴스 영화도 더 이상 경건한 침묵을 이끌어 내지 못했고 관객들은 오히려 어둠을 이용해서 야유를 하거나 불손한 웃음을 터뜨렸다. 사람들은 무솔리니에게 경의를 표하는 의미로 곳곳에 새겨져 있는 알파벳 〈M〉이 재난을 의미하는 〈misery〉의 첫 글자라고 비꼬았다.[78]

첩보 기관을 통해 대중의 불만이 점점 높아지고 있음을 인지한 무솔리니는 전쟁에서 서둘러 일련의 성과를 내 자신의 운이 아직 다하지 않았음을 보여 주어야 한다고 생각했다. 1940년 6월 마침내 그는 프랑스와 영국을 상대로 전쟁을 선포함으로써 자신과 이탈리아의 운명을 걸 준비를 마쳤다. 그의 사위는 〈신이여, 이탈리아를 도와주소서〉라고 썼다.[79]

1940년 10월 28일 새벽에 이탈리아 군대가 그리스를 침공하기 위해 알바니아 국경을 넘었다. 앞서 독일이 폴란드와 네덜란드, 프랑스를 공격하면서 자신들의 계획을 사전에 무솔리니에게 알리지 않은 일을 내내 마음에 담아 두었던 두체는 이번에야말로 자신이 히틀러를 놀라게 할 기회라고 생각했다. 무솔리니의 부하들도 전혀 몰랐다. 이제는 육군 참모총장이 된 로돌포 그라치아노도 라디오를 통해 침공 소식을 들었다. 전격적인 전쟁을 치르는 대신 이탈리아 군대는 날씨가 궂어 진창에 시달렸고 불과 몇 주 만에 다시 알바니아로 밀려났다. 영국이 그리스를 편들고 나서서 이탈리아의 전함 절반을 파괴했다.

〈우리는 그리스의 등골을 부러뜨릴 것이다.〉 군중이

베네치아 궁전 밖에서 의무적으로 환호하는 가운데 무솔리니는 11월 18일에 도발적으로 선언했다. 이 연설은 대중 문화부에 의해 널리 퍼져 나갔고 전파를 이용해 일곱 개의 언어로 전송되었다. 하지만 이탈리아인 중 상당수는 자국의 지도자를 믿지 않았다. 자국에서 일어나는 일을 확인하기 위해 영국 라디오 방송에 주파수를 맞추었다. 이후로 3년 동안 영국의 은밀한 라디오 방송과 싸우기 위해 약 6000만 리라의 비용이 투입되었지만 효과는 별로 없었다.[80]

무솔리니는 히틀러에게 도움을 청하는 수밖에 없었다. 1941년 4월 마침내 히틀러가 그를 돕기 위해 나섰다. 불과 몇 주 만에 독일군은 발칸 지역을 관통해 그리스의 수도인 아테네에 도착했다. 그리고 대가가 뒤따랐다. 이제는 독일의 군사 전문가들과 경제 고문들, 비밀 요원들이 이탈리아에 잔뜩 모여들었고 이탈리아의 일에 사사건건 개입했다. 철권을 휘둘러 온 독재자는 한낱 가신에 불과한 듯 보였다. 〈우리는 단 한순간도 동료로서 대우받지 못했다. 항상 노예와 같은 취급을 당했다〉라고 치아노는 자신의 일기에 비통한 심정을 털어놓았다.[81]

두체는 자국 병사들을 계속해서 전장에 투입했다. 그들은 번번이 패배했다. 1940년 9월에는 제10군이 리비아 사막을 건너 이집트를 침공했지만 불과 몇 개월 만에 영국군에게 격퇴당했다. 이탈리아군은 1941년 11월에 고대 에티오피아 제국의 수도였던 곤다르에서 마지막 항전에 나섰으나 에티오피아 비정규군과 손잡은 연합군에 패배했다. 게다가 무솔리니가 대(對)소련전을 지원하기 위해 1개 군단을 파견한 동부 전선에서도 엄청난 타격을 입었다. 1942년 7월에 이르자 무솔리니는 좌절에 빠졌다. 이런저런 질병에 시달렸고 고립되었으며 자신의 운이 다해 감에 환멸을 느꼈다. 한 측근은 그가 〈머리가 세었고 볼이 홀쭉해진 채 눈빛이 불안정하고 피곤해 보였으며 입가에 비통함이 묻어났다〉라고 설명했다.[82]

한때 하늘과 바다, 육지를 통틀어 언제나 가장 주목받았던 남자는 대중을 피하고 시야에서 사라지기 시작했다. 앞서 〈세상에서 가장 많이 사진을 찍는 남자〉로 묘사되던 무솔리니였지만 무려 6개월 동안 새로운 사진이 전혀 없었다. 그는 1941년 6월 10일 이탈리아의 참전 1주년을 기념하는 자리에 잠깐 모습을 나타냈지만 이후로 18개월 동안 어떠한 목소리도 내지 않았다.[83]

무솔리니는 그동안의 침묵을 깨고 1942년 12월 2일에 자신이 아직 건재함을 증명했다. 하지만 파급력도 미미했을 뿐더러 너무 늦은 터였다. 대중은 그의 목소리가 변했다고 수군거렸다. 연설도 피상적이었다. 현실과 동떨어진 듯한 연설은 자만심에 눈먼 지도자가 이탈리아를 몰락의 길로 몰아가고 있다는 인상을 굳혔을 뿐이었다. 결국 이 연설은 적에 대한 증오심을 자극하는 대신에 대

중으로 하여금 그에게 등을 돌리도록 만들었다.[84]

이탈리아 국민의 충성심을 얻고자 하는 과정에서 무솔리니는 처음부터 국왕과 교황과 경쟁해야 했다. 무솔리니의 사진은 어디에나 있었지만 정작 우표와 동전에는 국왕의 얼굴이 있었다. 국왕이 국가의 원수라면 무솔리니는 행정부의 우두머리일 뿐이었다. 게다가 파시즘은 종교를 모방하고자 했지만 이탈리아의 수백만에 이르는 로마 가톨릭교도를 이끈 인물은 교황이었다.

무솔리니가 1940년에 전쟁을 선포하고 열흘 뒤부터 연합군은 이탈리아를 폭격하기 시작했다. 거의 모든 도시가 표적이 되었다. 처음에는 영국 비행기가, 그리고 나중에는 미국 비행기가 공격을 이어 갔다. 1943년 7월 19일 연합군 비행기가 처음으로 수도 로마를 공격했을 때 피해 지역을 방문해서 더러워진 하얀 사제복 차림으로 경건한 표정의 주민들에게 둘러싸여 있던 교황 비오 12세와 달리 무솔리니는 꼼짝하지 않고 자신의 궁전에 숨어 있었다.[85]

사람들은 이탈리아를 황폐하고 불행하게 만들었다며 몇 개월에 걸쳐 무솔리니를 비난했다. 그들은 두체가 이탈리아를 배신했다고 말했다. 그는 범죄자, 살인자인 동시에 피에 굶주린 폭군이었다. 누군가는 남이 들을세라 작은 소리로 그를 욕했고 누군가는 노골적으로 그가 죽기를 바랐다.[86]

그런 그에게 국왕이 결정타를 날렸다. 매캐한 연기가 로마에서 채 가시기도 전에 파시스트 대평의회는 그들의 지도자에게 반대투표를 했다. 그리고 하루 뒤인 1943년 7월 25일 비토리오 에마누엘레 3세가 무솔리니에 대한 체포령을 내렸다. 죽을 때까지 무솔리니를 보호하겠다고 엄숙히 서약했음에도 단 한 명의 당원도 저항하지 않았다. 한편 아킬레 스타라체는 다른 파시스트 지도자들처럼 곧장 아디스아바바의 초대 부왕(副王)이자 새로운 행정부 수반이 된 피에트로 바돌리오의 환심을 사기 위해 움직였다.[87]

수십 년 전에 역사가 에밀리오 젠틸레는 이를테면 자신도 틀릴 수 있음이 드러난 신이 〈자신의 충실한 지지자에 의해, 그리고 한때는 자신을 숭배하는 데 동원되었던 바로 그 열정에 의해 권좌에서 밀려나 모독을 당하는 운명에 처했다〉라고 지적했다. 무솔리니가 체포된 바로 그날 이탈리아 곳곳에서는 성난 군중이 그들 지역의 파시스트당 당사를 공격했고 실각한 독재자의 조각상과 흉상과 초상화를 창문 밖으로 내던졌다.[88]

그럼에도 무솔리니에게는 아직 한 명의 친구가 남아 있었다. 가까운 동맹자의 굴욕적인 종말은 무소불위의 권력을 휘두르는 거룩한 지도자 이미지에 해를 끼칠 수 있다고 판단한 히틀러는 무솔리니를 구출하고자 일단의 특공대를 파견하는 과감한 구조 작전을 벌였다. 바로 일

주일 전인 1943년 9월 3일에 휴전 협정을 체결한 이탈리
아의 행보도 독일군에게 이탈리아를 도모하도록 부추겼
다. 이제 전쟁이 이탈리아를 분열시키자 독일군은 살로
에서 무솔리니를 새로운 정권, 즉 이탈리아 사회 공화국
의 수장에 임명했다. 그리고 무솔리니가 주로 한 일은 지
난 대평의회에서 자신에게 반대표를 던졌던 파시스트 지
도자들을 연달아 처형하는 것이었다. 그의 사위 갈레아
초 치아노는 의자에 묶인 채 등에 총을 맞았다.

1945년 1월 독일 대사관 공보 담당관의 아내 마들렌
몰리에르와의 인터뷰에서 자신이 〈시체나 다름없다〉라
고 밝힌 무솔리니는 이미 죽음을 각오한 듯 보였다. 계속
해서 그는 〈맞소. 나는 끝났소. 운이 다했소〉라고 말했다.
〈나는 이 비극의 종말을 기다리는 중이며 — 이상하리만
치 초탈한 태도로 — 더 이상은 내가 배우라는 생각이 들
지 않아요. 오히려 내가 최후의 관객처럼 느껴집니다.〉
종말은 몇 달 뒤 그가 반파시스트 유격대원들에게 체포
되면서 찾아왔다. 그의 정부(情婦)인 클라라 페타치가 포
함된 추종자들 몇 명과 그는 현장에서 총살되었고 그들
의 시체는 소형 트럭에 실려 밀라노로 보내졌다. 그들은
죽어서도 대들보에 거꾸로 매달렸다. 직후에 체포된 아
킬레 스타라체도 두체의 시체 앞으로 끌려가서 처형되었
고 자신이 그토록 신으로 받들던 남자의 옆에 매달렸다.[89]

이후 수개월 동안 이탈리아 국민들은 전국에 있는 건

물과 산에서 지난 독재의 상징물을 도려내고 이전 지도자의 동상을 박살내면서 노골적인 비꼼의 의미로 파시스트 찬가를 불렀다. 그들은 오직 무솔리니 한 사람만 비난했는데 이 같은 시각은 역설적이게도 개인숭배를 통해 설득력을 갖게 된 터였다. 처칠은 1940년 12월에 혹시라도 책임이 있을 수 있는 모든 파시스트들에게 면책권을 주면서 〈한 사람이, 그리고 그 한 사람 혼자서〉라는 유명한 말을 남겼다.[90]

2
히틀러

Adolf Hitler, 1889~1945

독일 공군이 모스크바를 폭격하는 중이던 1941년 7월 21일에 히틀러는 만찬회를 열고 손님들에게 말했다. 〈나는 그와 함께 로마의 보르게세 공원을 걸으면서 옆에서 본 그의 얼굴을 로마 시대의 흉상들과 손쉽게 비교할 수 있었고 그가 로마 황제들과 같은 인물임을 알아보았다.〉 그의 설명에 따르면 두체의 로마 진군은 역사적인 전환점이었다. 〈검은 셔츠단이 없었다면 어쩌면 나치 돌격대도 없었을 것이다.〉[1]

그로부터 20년 전에 당원이 1만 명에도 못 미치던 초기의 나치당은 무솔리니의 로마 진군에 자극을 받아 1922년 11월 3일에 아돌프 히틀러를 〈독일의 무솔리니〉라고 묘사했다. 무솔리니가 국민들에게 자신을 두체라고 소개했듯이 이제 나치당의 당원들은 히틀러를 지도자라는 의미를 담아서 독일어로 〈총통〉이라고 부르기 시작했다.[2]

불과 3년 전 히틀러가 뮌헨의 한 비어홀에서 첫 정치 연설을 했을 때만 하더라도 그의 집권을 예견한 이는 아무도 없었다. 젊은 시절의 히틀러는 빈에서 예술가가 되기를 꿈꾸었지만 빈 미술 아카데미로부터 두 번이나 입학을 거절당했다. 그는 다양한 책을 읽고 오페라와 건축에 대한 열정을 좇아 자유분방한 생활 방식을 즐겼다.

1914년에 오스트리아-헝가리 제국군에서 복무하기에 부적합하다는 판정을 받은 그는 대신 바이에른 육군에 입대했다. 이후 제1차 세계 대전 기간 중 가장 치열했던 몇몇 전투에 참가했으며 1918년 10월 영국군의 독가스탄에 맞아 일시적으로 시력을 잃었다. 병원에서 독일 군대가 붕괴된 사실을 알게 된 그는 절망에 빠졌고 절망은 하룻밤 사이에 증오로 바뀌었다. 다른 많은 민족주의자들이 그랬듯이 그는 호엔촐레른 왕가를 전복시키고 바이마르 공화국을 세운 뒤 11월 혁명을 통해 휴전 협정을 체결한 민간인 지도자들에게 독일군이 뒤통수를 맞았다고, 즉 배신을 당했다고 믿었다.

뮌헨으로 돌아온 히틀러는 전쟁이 일어나기 전까지 그곳에서 살았다. 그는 사회주의자인 쿠르트 아이스너 총리가 1918년 11월에 비텔스바흐 왕가의 군주제를 폐지하고 바이에른 자유주를 설립했을 때 붉은 깃발로 뒤덮인 도시의 한복판에 있었다. 몇 개월 뒤 발생한 아이스너 암살 사건은 일부 노동자들 사이에서 폭동을 유발했으며 폭도들은 서둘러 바이에른 평의회 공화국을 선포했다. 하지만 공화국은 오래가지 못했고 정부군과 자발적으로 참여한 불법 무장 단체의 단원들에게 무참하게 박살났다. 혁명이 실패로 끝난 뒤 히틀러는 전선에서 복귀한 군인들에게 공산주의의 위험성을 강연하는 직업을 구하게 되었다. 그는 잘나갔고 자신에게 재능이 있음을 깨달았다. 〈그동안 확신하지는 못했지만 내가 늘 그럴 거라고 추측했던 일이 실제로 일어났다. 나는 《연설》을 잘했다.〉[3]

그의 웅변술은 독일 노동자당을 설립한 안톤 드렉슬러의 관심을 끌었다. 당시의 독일 노동자당은 보다 많은 계층의 국민들에게 어필하고자 민족주의와 반자본주의를 결합한 보수주의자들로 구성된 느슨한 집단이었다. 히틀러는 1919년 9월에 독일 노동자당에 가입했다. 그의 연설을 듣기 위해 사람들이 모이면서 그는 순식간에 당에서 가장 유력한 웅변가가 되었다. 한 초기 추종자는 무거운 부츠와 가죽 외투 차림에 특이한 작은 콧수염을 기른, 예컨대 〈기차역 식당에서 일하는 웨이터〉처럼 보이는 남자에게 별다른 인상을 받지 못했다고 기억했다. 하지만 일단 연설을 시작하면 히틀러는 청중을 열광시켰다. 〈젊은 나이임에도 그는 누구도 따르지 못할 만큼 언변과 문장력, 연출 능력이 뛰어났고 언제나 최고의 모습을 보여 주었다.〉 시작은 으레 차분하고 신중했지만 일반인도 이해할 수 있는 간단명료한 용어를 쓰면서 차츰 탄력을 붙여 나갔다. 그는 자신의 주제에 열중할수록 유대인을 헐뜯었고, 카이저(황제)를 비난했으며, 전쟁을 틈타 부당 이득을 취하는 자들을 큰 소리로 규탄했다. 과장된 손짓에 더해 이따금씩 손가락으로 허공을 찌르면서 점점 말을 빨리했다. 그는 청중이 증오하거나 희망하는 부분을 알아주면서 그들에게 맞추어 자신의 메시지를 조정할 줄 알았다. 〈그가 마지막으로 모든 열정을 쏟아 내면 청중은 광적인 환호와 박수로 화답했다.〉 1921년에 이르러 히틀러는 뮌헨의 서커스 크로네처럼 큰 극장을 6,000명이 넘는 추종자들로 가득 채울 정도가 되었다.[4]

1920년 2월에 독일 노동자당은 당명을 국가 사회주의 독일 노동자당, 즉 나치당으로 바꾸었다. 곧이어 막대한 부채에 시달리던 『푈키셔 베오바흐터*Völkischer Beobachter*』라는 신문사를 사들였다. 원래는 스와스티카를 자신들의 상징으로 사용하면서 독일인 구세주가 나타나서 자국을 구원해 줄 것으로 믿던 신비주의자들이 조직한 비밀 단체인 툴레 협회에서 운영하던 신문사였다. 『푈키셔 베오바흐터』의 새로운 편집장 디트리히 에크하르트는 볼프강 카프라는 한 언론인에게 자신의 모든 희망을 걸었다. 그리고 1920년 3월에 카프는 약 6,000명의 지지자들과 함께 베를린의 바이마르 공화국을 전복시키기 위한 쿠데타를 시도했지만 바이마르 공화국 시민들이 동맹 파업에 들어가면서 결국 실패했다. 이제 에크하르트는 히틀러에게 눈을 돌렸고 그를 〈조국의 구원자〉로 생각했다. 히틀러보다 스무 살이 많은 에크하르트는 그의 멘토가 되었다. 『푈키셔 베오바흐터』를 이용해 그를 독일의 차세대 위인으로 묘사함으로써 그가 자신의 이미지를 구축하도록 도왔다.[5]

1921년 여름에 나치당 지도부는 또 다른 〈대중적이고 강력한 웅변가〉의 출현을 반겼다. 바로 독일 노동자 협회라는 경쟁 조직의 지도자였다. 지도부는 합병을 제안했다. 히틀러는 지도부의 제안을 자신의 자리에 대한 위협으로 받아들여 홧김에 사의를 표명하는 도박을 벌였다. 모든 것은 에크하르트에게 달려 있었고 그는 중재에 나섰다. 그들이 보유한 최고의 스타를 잃을까 봐 걱정된 지도부는 한발 물러났다. 하지만 히틀러는 이제 〈독재적 권력을 지닌 의장〉 자리를 요구했다. 몇 달 뒤 에크하르트는 『푈키셔 베오바흐터』의 많은 지면을 할애해서 그 누구도 당의 파멸적인 운명을 막기 위해 〈철권〉을 휘두르며 개입한 히틀러보다 더 이타적이거나 고결하거나 헌신적이지 않다는 이야기를 쏟아 냈다.[6]

나치당 안에서 권력을 잡자마자 히틀러는 돌격대를 의미하는 SA라는 준군사 조직을 창설했다. 히틀러의 충실한 추종자인 에른스트 룀은 그들에게 공개 석상에서 히틀러를 비난하는 반대자들을 확실하게 때려잡도록 지시했다. 돌격대는 또 뮌헨 거리를 활보하면서 그들의 적을 폭행하거나 정적들이 준비한 행사를 방해하기도 했다.

나치당은 이제 총통의 당이었고 히틀러는 부단히 이같은 체제를 굳혀 나갔다. 그는 과할 정도로 화려한 빨간 전단지를 도안해서 새로운 당원을 모집했으며 각종 퍼레이드와 깃발, 현수막, 그 어느 때보다 많은 군중을 동원한 행진 악대와 음악을 감독했다. 히틀러는 모든 세부적인 부분까지 일일이 챙기는 꼼꼼한 안무가였다. 1921년 9월 17일에는 만(卍) 자 무늬 스와스티카 완장의 정확한 치수와 색채 조합을 규정하는 지침이 발표되었다. 무솔리니의 로마 진격을 계기로 갈색 셔츠단, 즉 나치 돌격대도 도입되었다.[7]

무솔리니와 마찬가지로 히틀러도 어떻게 하면 자신을 외부 세계에 가장 잘 알릴 수 있을지를 두고 신중하게 고민했다. 한 초기 추종자가 그에게 콧수염을 완전하게 기르든지 아니면 깎으라고 제안했지만 그는 요지부동이었다. 〈걱정하지 마시오.〉 그가 말했다. 〈나는 유행을 만들고 있소. 시간이 지나면 사람들은 기꺼이 나를 따라 할 것이오.〉 실제로 그의 콧수염은 갈색 셔츠만큼이나 트레이드마크가 되었다. 히틀러는 근시인 것도 무솔리니와 똑같았지만 절대로 자신이 안경 쓴 모습을 대중에게 보여 주지 않았다. 게다가 무솔리니와 달리 경찰이 자신을 쉽게 알아볼 것을 경계하여 사진사를 기피했다. 그의 명성이 높아질수록 그의 외모를 둘러싸고 온갖 추측이 난

무하면서 신비한 분위기가 더해졌다. 히틀러는 1923년 가을에 이르러서야 하인리히 호프만에게 자신의 사진을 찍도록 허락했고 그는 곧 당의 공식 사진사가 되었다. 초기에 찍은 사진들은 그의 엄격한 표정과 짙은 눈썹, 꽉 다문 입술, 단호하게 팔짱을 낀 자세 등에서 불굴의 결단력과 광적인 의지를 보여 주었다. 사진은 언론을 통해 널리 유포되었고 우편엽서나 초상화 형태로 판매되었다.[8]

아돌프 히틀러가 1923년 4월 20일을 기점으로 서른네 살이 되자 그에 대한 숭배가 시작되었다. 당 기관지는 1면 머리기사에서 그를 〈독일의 총통〉으로 묘사했다. 또 다른 초기 협력자 중 한 명인 알프레트 로젠베르크는 뮌헨의 한 남자가 어떻게 자신의 수많은 추종자들과 〈신비로운 교감〉을 쌓았는지 설명하면서 히틀러를 〈독일 국민의 지도자〉라고 추켜세웠다. 한편 히틀러는 적들이 자신을 선동 정치가, 폭군, 과대망상에 빠진 〈아돌프 1세 폐하〉라고 부르는 것을 잘 알고 있었기에 자신이 〈북을 치며 사람들을 불러 모으는 고수(鼓手)〉에 불과하며 그리스도를 기다리는 사도일 뿐이라고 주장했다.[9]

물론 모두 새빨간 거짓말이었다. 에크하르트 본인이 기사에 썼듯이 성격이 조급한 히틀러는 걸핏하면 마당을 왔다 갔다 하면서 〈그리스도가 예루살렘 성전에 든 것처럼 나도 베를린에 입성해서 고리대금업자들을 징벌해야 한다〉라고 소리를 질렀다. 무솔리니에게 지기 싫었던 그는 나치 돌격대를 동원해서 1923년 11월 8일에 뮌헨의 한 비어홀을 급습하며 쿠데타를 일으켰고, 제1차 세계 대전 기간에 독일군을 이끈 에리히 루덴도르프 장군과 함께 새로운 정부의 수립을 선포했다. 독일 군대는 반란 세력에 가담하지 않았다. 이튿날 경찰은 쿠데타를 간단 히 진압했고 히틀러는 체포되었다.[10]

비어홀 폭동은 결국 실패했다. 철창 속에서 히틀러는 우울증에 빠졌지만 금방 냉정을 되찾았고 자신이 순교자 가 되었음을 깨달았다. 대대적인 언론 보도로 그는 독일 안팎에서 악명을 얻은 터였다. 전국 각지에서 선물이 답 지했다. 심지어 그를 담당한 몇몇 교도관은 그가 독방으 로 사용하던 몇 개의 방으로 된 공간을 들어설 때 〈히틀 러 만세!〉라고 속삭이기도 했다. 재판을 맡은 판사들도 호의적이었고 히틀러에게 법정을 선전의 장으로 사용하 도록 허락했다. 그의 발언은 모든 언론을 통해 보도되었 다. 그는 피고가 아닌 원고와 같은 태도로 법정에 나서 바이마르 공화국을 진정한 범죄 집단으로 규정했다. 아 울러 반란에 대해서는 단독 책임을 주장했다. 그는 〈전적 으로 나 혼자의 책임이다〉라고 인정했다. 〈내가 오늘 이 자리에 선 이유가 혁명가이기 때문이라면 실상은 내가 혁명에 반대한 혁명가이기 때문이다. 1918년에 이미 배 신한 자들에 대한 반역죄 같은 것은 존재하지 않는다.〉 이제는 자신이 그저 그런 애국 운동에서 북을 치는 고수일 뿐이라던 기존 발언도 번복했다. 〈나의 목표는 애당초 1,000배는 더 높다…… 나는 마르크스주의를 파괴하는 사람이 될 것이다.〉[11]

그의 반역죄에는 겨우 5년이라는 놀라울 만큼 가벼운 형량이 선고되었다. 그 뒤 13개월로 감형되었지만 히틀러가 정치적 자서전을 쓰기에는 충분히 긴 시간이었다. 1924년 크리스마스를 며칠 앞두고 그가 석방될 즈음에는 『나의 투쟁』이라는 제목으로 원고 대부분이 완성된 터였다. 그의 자서전은 1925년 여름에 출간되었지만 1933년에 이르러서야 베스트셀러가 되었다.

『나의 투쟁』에는 히틀러가 비어홀 연설에서 이야기했던 대부분의 내용이 요약되어 있었다. 독일이 겪는 모든 문제의 뒤에는 부패한 의회 제도나 공산주의의 위협, 유대인의 손길이 뻗쳐 있었다. 그리고 그의 계획은 명백했다. 베르사유 조약을 파기하고 유대인을 제거하고 프랑스를 벌하고 더욱 위대한 독일을 건설하고 소련을 침공해서 레벤스라움, 즉 생활권(生活圈)을 확장하는 것이었다. 『나의 투쟁』은 히틀러의 전설에 관련된 내용들도 담고 있었다. 예컨대 그는 천재 소년에 독서광이었고 타고난 웅변가였으며 한 민족의 불운을 바꿀 운명을 짊어진 인정받지 못한 예술가였다. 그 무엇과도 다른 열정에 압도된 남자였으며 그런 열정 덕분에 그가 하는 연설은 〈마치 망치질을 하듯이 국민을 감동시켰고 그들의 마음을 열었다〉. 게다가 그는 신이 자신의 의지를 전달할 전령으로 선택한 남자였다. 그와 가까웠던 한 추종자의 표현에 따르면 히틀러는 신탁을 전하는 사제였으며 꿈속에서 계시를 받는 예언자였다.[12]

　그럼에도 사제는 침묵해야 했다. 히틀러가 감옥에서 풀려나자 바이에른 자유주 정부가 그에게 대중 앞에서 이야기하는 것을 금지했기 때문이었다. 『푈키셔 베오바흐터』도 발행이 금지되었고 그의 당도 폐쇄되었다. 주 정부의 제재는 1925년 2월에 대부분 철회되었지만 선전 포스터에 따르면 1927년까지도 총통에게는 〈연설이 금지된〉이라는 말과 함께 재갈이 채워져 있었다. 히틀러는 자신을 박해받는 애국자로 묘사했다.[13]

　히틀러는 징으로 보강된 란츠베르크 교도소의 철문을 통과하는 순간 적극적으로 사진술의 도움을 받기 시작했다. 교도소 밖에서는 그의 출소 모습을 후대에 남기기 위해 하인리히 호프만이 대기하고 있었는데 교도관이 카메라를 압수하겠다며 호프만을 위협했다. 하는 수 없이 히틀러는 란츠베르크 암 레흐의 오래된 성문 앞에서 포즈를 취했다. 콧수염을 깔끔하게 밀고 머리카락을 매끈하게 뒤로 넘긴 그가 다임러 벤츠의 발판 옆에서 결연한 표정으로 카메라를 바라보았다. 이 사진은 전 세계에 공개되었다.[14]

비록 히틀러의 목소리는 들을 수 없었지만 이제 누구나 그의 모습을 볼 수 있었다. 호프만이 1924년부터 1926년 사이에 세 편의 사진집을 출간한 까닭이었다. 세 편 중 마지막으로 출간된 『말과 이미지를 통한 독일의 각성』이라는 제목의 사진집은 히틀러를 구원자로 묘사했다. 〈한 남자가 애국심에 관한 신조를 전파하면서 무리들 가운데서 일어섰다.〉 그리고 포스터가 나와 있었는데 개중에는 기대에 차서 구원자가 모습을 나타내길 기다리는 청중을 보여 주는 것도 있었다.[15]

민헨으로 돌아오는 길에 이제 무엇을 할 생각인지 호프만이 히틀러에게 물었다. 〈나는 처음부터 다시 시작할 것이오.〉 나치당이 부활해서 브리에너가(街)에 새롭게 터전을 잡았다. 이곳은 머지않아 〈갈색 집〉이라는 이름으로 불렸다. 히틀러는 자신이 모든 것을 기획했다. 고대로마를 흉내 낸, 뒷면에 최고 권력을 상징하는 독수리 문장이 부조되어 있는 빨간 가죽 의자들도 그중 한 가지였다. 출입구 양쪽에 배치된 두 개의 청동 명판에는 비어홀 폭동 당시에 목숨을 잃은 사람들의 이름이 새겨졌다. 이제 그들은 〈순교자〉로 여겨졌다.[16]

하지만 당원 수는 좀처럼 늘어나지 않았다. 1927년에 이르러서야 폭동을 일으키기 전과 동일한 5만 7,000명 수준으로 올라섰을 뿐이었다. 이 시기는 화폐 개혁을 통해 인플레이션이 억제되고 미국 자본이 대거 투입된 덕분에 경제가 회복하면서 국민들이 정치에 무관심하던 시기였다. 정부도 안정을 되찾았다. 1926년에 국제연맹에 가입하면서 독일은 다시 국제 사회의 일원이 되었다. 역사가들은 뒤늦게 깨닫고 나서 이 시기를 〈바이마르의 황금기〉라고 부를 터였다.

국가 사회주의 독일 노동자당, 즉 나치당에 대한 지지가 너무 미온적이자 1927년 3월을 기점으로 연설 금지령도 철회되었다. 하지만 음악을 요란하게 틀고, 깃발을 휘두르고, 현수막을 걸고, 추종자들이 팔을 쭉 뻗어 총통에게 경례를 하는 등의 온갖 연출에도 불구하고 히틀러가 공개 석상에 모습을 나타내는 현장에는 여전히 빈자리가 많이 남아 있었다. 수사적인 능력은 예전 그대로였지만 그가 던지는 메시지는 더 이상 예전 같은 호소력을 갖지 못했다. 히틀러의 정치 행보가 침체에 빠졌다.[17]

그의 대중적인 인기가 멈추어 있는 순간에도 추종자들 사이에서는 신과 같은 인물로서 그의 이미지가 확산되었다. 태어날 때부터 오른발에 장애가 있었지만 야심만만하고 총명한 요제프 괴벨스는 입당하고 얼마 지나지 않은 1925년 10월에 의문을 느꼈다. 〈이 남자는 뭐지? 반은 사람이고 반은 신인가? 정말 예수 그리스도이거나 아니면 세례 요한인가?〉 이런 생각을 한 사람은 비단 괴벨스만이 아니었다. 1927년 여름 뉘른베르크에서 열린 1차 전당 대회의 참석률이 기대보다 저조했음에도 특유의 갈색 셔츠를 입은 나치 돌격대는 대회의 모든 것을 계획한 그들의 지도자를 열광적으로 칭송했다. 히틀러는 대회에 모인 군중을 향해 〈덩치만 불린 나약한 조직이 되기보다 총통에 대한 믿음이 중요하다〉라고 선언했다. 당원들 사이에서는 〈히틀러 만세〉를 외치는 인사법이 의무인 동시에 총통과의 개인적인 연결 고리를 나타내는 상징이 되었다.[18]

히틀러 본인은 사람을 보는 예리한 눈이 있었다. 한 초기 신봉자의 회상에 따르면 그는 척 보기만 해도 거의 동물적인 감각으로 그 사람을 판단해서 〈무한한 신뢰와 거의 종교적인 믿음〉을 가진 사람들과, 비판적인 시각으로 거리를 유지하는 사람들을 분류했다. 그런 다음 전자는 그들끼리 서로 경쟁하도록 부추겼고 후자는 쓸모가 없어지는 즉시 저버렸다.[19]

히틀러의 자서전 『나의 투쟁』은 정적들에게 비웃음의 대상이었지만 추종자들 사이에서는 성경처럼 취급되었다. 히틀러는 이 자서전에서 일반적인 선거로는 천재를 발굴할 수 없다고 거듭 주장했다. 〈선거를 통해 훌륭한 인재를 찾는 것보다 낙타가 바늘구멍을 통과하는 것이 빠를 것이다.〉 추종자들은 불신자들이 눈먼 장님과 같다면 자신들은 밝은 눈을 가진 사도라고 생각했다. 1928년에 히틀러에게 지도력의 개념을 묻는 공개서한에서 괴벨스 역시 〈선거로는 위대한 지도자를 뽑을 수 없다. 그러한 인재는 진작부터 자신이 있어야 할 자리에 있기 때문이다〉라고 강조하면서 이 같은 시각을 반복적으로 드러냈다. 지도자는 대중에게 선택되는 존재가 아닌, 대중을 해방시키는 존재였다. 깊은 불신의 시대에 믿음을 향해 나아가도록 길을 제시하는 존재였다. 그는 계속해서 〈당신은 미래를 위한 진투에서 가장 중요한 종복이다〉라고 말하면서 지도자는 절망에 빠진 사람들에게 믿음을 전도하기 위해 전국을 종횡하는 소수의 진실한 사람들로 자신의 주변을 채워야 한다고 제안했다. 1년 뒤인 1929년 4월에 히틀러가 마흔 살이 되자 괴벨스는 이상적인 지도자라면 인격과 의지, 능력과 행운을 두루 갖추어야 한다고 주장했다. 히틀러는 이 중에 이미 세 가지 덕목을 가지고 있었다. 괴벨스는 히틀러가 가진 행운의 별 또한 곧 빛을 발할 거라고 예상했다.[20]

실제로 그해가 다 가기 전에 나치당의 운이 바뀌었다. 1929년 10월 3일, 바이마르 민주주의의 한 축을 떠받치던 구스타프 슈트레제만이 사망했다. 몇 주 뒤에는 월 스트리트가 붕괴되면서 공황 매도의 물결이 전 세계를 덮쳤다. 실업률이 치솟아 실업자 수는 몇 개월 만에 300만 명을 넘어서더니 1932년에 600만 명으로 최고치를 기록했다. 민주주의에 대한 믿음이 사라졌고 인플레이션이 걷잡을 수 없는 지경에 이르렀으며 절망감이 확산되었다. 그리고 히틀러는 가장 주목받는 인물로 부상했다.[21]

대대적인 선전 운동이 시작되었다. 다른 당들이 우편 홍보물이나 신문 광고에 만족할 때 나치당은 적극적으로 지속적인 행동에 나섰다. 히틀러가 말로 직접 전달하는 방식의 중요성을 늘 강조했기 때문에 1930년에 1,000명의 전문적인 훈련을 받은 연설가들은 작은 촌락까지 일일이 찾아다니면서 직접 메시지를 전파했다. 정치 집회가 조직되고 회합이 열렸으며 포스터와 전단지가 배포되었고 스와스티카가 인도를 장식했다.

하지만 나치당은 이미 개종한 사람들에게 전도를 하고 있는 형국이었다. 상당수의 독일 국민들에게는 그들이 선전으로 허물 수 없는 저항의 벽이 존재했다. 나치당은 그들 자신을 〈히틀러 운동 조직〉이라고 소개하고 다녔는데 총통이라는 인물이 다수의 불만을 품은 소매상인과 개신교도 농부, 참전 용사 등에게 실질적인 효과를 발휘하는 유일한 선전 요소였기 때문이다. 1928년 5월부터 1930년 9월 사이에 나치당의 선거 점유율은 2.6퍼센트에서 18.3퍼센트까지 급등했지만 그들과 경쟁하던 정당들의 지지자 수는 역사가 리하르트 베셀의 표현에 따르면 〈히틀러를 둘러싼 우상화에 놀라울 만큼 영향을 받지 않는 상태를 유지했다〉.[22]

1931년 9월 히틀러의 이복 조카인 겔리 라우발*이 히

---

* 이복 누나 앙겔라 히틀러의 딸.

틀러의 발터 권총으로 자신의 가슴을 쏘고 자살했다. 그녀가 뮌헨의 삼촌 집으로 거처를 옮긴 지 2년 만에 일어난 사건이었다. 스물세 살이던 그녀의 자살은 곧장 그녀가 성폭력을 당했으며 아마도 살해되었을 거라는 소문을 양산했다. 여기에 나치 돌격대를 이끄는 에른스트 룀이 동성애자라는 사실까지 언론이 독자들에게 상기시키면서 나치당의 선전 운동은 재난과 같은 상황에 봉착했다. 정적들은 나치당이 가족의 가치를 중시하는 당은 고사하고 성도착자들의 집합소라고 주장했다.[23]

6개월 후에 하인리히 호프만은 『아무도 모르는 히틀러의 모습』이라는 제목으로 사진집을 출간했다. 총통의 인간적인 모습을 부각시킨 사진집이었다. 나치당이 만든 청소년 조직 히틀러 유겐트를 이끌던 발두어 폰 시라흐가 서문을 썼는데 그는 히틀러가 단지 지도자일 뿐 아니라 한 명의 〈위대하고 선한 남자〉라고 설명했다. 히틀러의 생활방식이 간소하고 엄격하며 공공의 이익을 위해 쉼 없이 노력한다는 사실을 아무도 알지 못한다고 주장했다. 〈그의 업무 능력은 놀라울 정도이다.〉 그는 나쁜 습관도 없었다. 〈히틀러가 술을 마시지 않고 담배도 피우지 않으며 채식주의자라는 사실을 아는 사람은 거의 없다.〉 그의 취미는 역사와 건축술이었다. 또한 독서광이기도 했는데 6,000여 권의 장서를 갖춘 서재를 자랑으로 여겼으며 〈모든 장서를 수집하는 데 그치지 않고 전부 읽었다). 히틀러는 어린아이를 좋아했고 동물에게 친절했다. 『아무도 모르는 히틀러의 모습』 표지는 히틀러가 알프스의 목초지에서 셰퍼드 한 마리와 느긋하게 누워 있는 모습을 보여 주었다. 있는 그대로의 솔직한 모습이 담긴 100장의 사진은 아기 때의 히틀러와 예술가로서의 히틀러, 집에서의 히틀러, 일하는 히틀러, 한가할 때의 히틀러, 독서하거나 담소를 나누거나 미소를 짓는 히틀러를 보여 주었다.[24]

사진집이 출간된 1932년 3월은 대통령 선거 운동이 한창이었다. 많은 존경을 받던 여든네 살의 육군 원수 파울 폰 힌덴부르크도 주변의 설득을 받아들여 히틀러의 경쟁자로 출마했다. 공식적인 결선 투표 첫날에 괴벨스는 〈인간 아돌프 히틀러〉라는 제목의 기사를 내보냈다. 이 과정에서 사진집의 모든 주제가 집중 조명되었다. 괴벨스는 〈히틀러가 천성적으로 선한 사람〉이라고 증언했다. 〈다른 누구보다 인간적이고 동료들에게 친구 같은 존재이며 온갖 능력과 재능을 갖춘 유용한 기획자〉라고 주장했다. 히틀러는 친절한 동시에 겸손했고 〈정치적으로뿐만 아니라 개인적으로 그를 아는〉 모든 사람이 그에게 헌신적인 이유도 바로 그 때문이었다. 이와 관련해서 동 시대의 전기 작가 에밀 루트비히는 다음과 같이 논평했다. 〈히틀러 신봉자인 괴벨스가 독일 국민들에게 히틀러의 부족한 면을 상상하게 만들었다.〉[25]

괴벨스의 선한 남자는 수백만 명에게 자신을 드러냈다. 괴벨스는 전세 비행기를 구해 그를 태우고 수십 개 도시를 순회하면서 히틀러에 대한 숭배를 대중화했다. 주요 언론들은 〈독일 전역을 누비는 히틀러〉라며 요란을 떨었다. 청중은 몇 시간씩 기다렸다가 드디어 히틀러가 마치 구세주처럼 비행기에서 짠 하고 내려오면 박수갈채를 보냈다. 어린 소녀들이 그에게 꽃을 바쳤고 지역 대표들이 경의를 표했으며 나치 돌격대 악단이 음악을 연주했다. 군중 사이에서는 함성이 터져 나왔다.[26]

간결하게 〈히틀러〉라고만 적힌 선거 포스터는 그를 순식간에 유명 인사로 만들었다. 포스터 속 그의 얼굴은 짙은 바탕색과 대비되어 환하게 빛나면서 마치 우주에 둥둥 떠 있는 듯했다. 하지만 그 모든 선전에도 불구하고 히틀러는 대통령 선거에서 승리하기에 충분한 지지를 얻는 데 실패했다. 힌덴부르크가 압도적인 승리를 거두고 4월에 독일 대통령, 즉 국가수반이 되었다. 그리고 몇 개월 뒤 총선이 열렸다. 히틀러는 앞선 대선과 마찬가지로 쉴 틈 없는 일정을 소화했다. 그의 진을 뺀 비행기 순회가 마침내 결실을 맺었고 나치당은 37.3퍼센트의 득표율로 1932년 7월에 가장 유력한 정당이 되었다.

힌덴부르크는 그럼에도 히틀러를 정부 수반에 상당하는 지위인 독일 총리로 임명하기를 거부했다. 히틀러는 적당히 타협하기보다 씩씩거리면서 집권 내각에 합류하기를 거절했다. 그리고 전국을 돌아다니며 베를린에서 집권한 〈반동자 무리〉를 비난했다. 하지만 안목 있는 유권자들은 그를 포용하는 대신 마치 이전 상황을 모두 잊기라도 했다는 듯이 1932년 11월에 치러진 또 다른 선거에서 나치당에 전체의 3분의 1도 되지 않는 표를 주었다. 한 신문은 〈영기가 사라졌다······ 마법은 실패했다〉라고 말했다. 또 다른 신문은 〈11월의 혼란 속에서 추락하는 혜성〉이라고 논평했다. 당원들은 환멸을 느꼈고 수만 명이 당을 이탈했다.[27]

1933년 1월 30일에 히틀러는 결국 독일 총리가 되었다. 선거 절차를 통한 것이 아니었다. 그보다는 일련의 지저분하고 은밀한 정치적 거래에 의한 결과였다. 이 거래를 주도한 것은 힌덴부르크였다. 이 고령의 대통령은 히틀러를 신뢰하지 않았지만 그럼에도 히틀러의 경쟁자를 더 싫어했다. 전임 바이마르 공화국 총리였던 쿠르트 폰 슐라이허가 의회의 교착 상태를 해결할 목적으로 사실상의 독재를 건의하자 차라리 히틀러를 총리로 임명한 것이었다.

몇 주 뒤 의회 소집 기간에 제국 의회 의사당에서 화재가 발생했다. 히틀러는 이 사고를 이용해 공산주의자들의 음모가 진행 중이라고 주장했다. 의원 내각제로는 좌익 세력의 위협을 봉쇄하기 어렵다고 생각하던 힌덴부르

크는 결국 히틀러의 설득에 넘어갔고 기본적인 인권을
유예하는 법령을 통과시켰다.

수십만 명의 나치 돌격대가 반대자들을 색출하면서 이
제는 테러와 선전 운동이 서로 손을 맞잡고 나아갔다.
1933년 2월 5일에 사회 민주당 소속이던 슈타스푸르트
의 시장이 총에 맞아 사망했다. 이외에도 셀 수 없이 많
은 반대파 지도자들이 협박을 받거나 폭행을 당했으며
교도소로 이송되는 과정에서 길거리를 끌려다니기도 했
다. 그럼에도 1933년 3월 선거에서 나치당은 절대 다수
를 확보하는 데 실패했다. 겨우 43.9퍼센트의 득표율을
기록했을 뿐이었다. 그리고 같은 달에 전권 위임법이 통
과되었고 히틀러는 4년 동안 무소불위의 권력을 갖게 되
었다.[28]

그리고 훨씬 커다란 테러의 파도가 뒤따랐다. 5월에는
노동조합이 해체되었고 6월 들어서는 나치당을 제외한
모든 정당이 해체되었다. 폭력은 정적이나 사회적 낙오자
를 표적으로 삼았을 뿐 아니라 나치당에 반대하는 모두
에게 행해졌다. 1933년에만 약 10만 명에 이르는 사람들
이 재판도 받지 못한 채 구금되었다. 구금 중에 사망한 사
람도 수백 명이나 됐다. 나중에는 많은 사람이 풀려났지
만 그들에 대한 구금은 바라던 대로 효과를 발휘해서 사
람들에게 두려움은 일상생활의 한 부분이 되었다.[29]

히틀러가 총리에 오르자마자 일부 시 당국은 도로나

광장 또는 대로, 학교, 경기장, 다리 등을 총리의 이름을 따서 바꿈으로써 그들의 열의를 증명하기 시작했다. 하노버의 번화가는 1933년 3월 31일에 아돌프 히틀러 광장으로 이름이 바뀌었고 사흘 뒤 슈투트가르트의 샬로텐 광장에서 빌헬름 궁전까지 이어지는 중앙대로는 아돌프 히틀러가(街)가 되었다. 여기에 더해 같은 도시의 한 중학교는 아돌프 히틀러 중학교로 불리게 되었다. 베를린 샤를로텐부르크에서는 총통의 생일을 맞이하여 1933년 4월 20일에 그에게 경의를 표하는 의미로 해당 지역 이름을 아돌프 히틀러 광장으로 개명했다. 몇 년 후에는 아무리 작은 마을이라도 구내에 의무적으로 히틀러가(街)가 있어야 했다. 수많은 아돌프 히틀러 광장이 존재했음은 물론이다.[30]

일반 국민들도 총통에게 경의를 표하기 위해 그의 이름을 사용하고자 했다. 존더스하우젠에서 커피와 케이크 가게를 운영하는 베버라는 남자는 2월 18일에 가게 이름으로 〈독일 총리 A. 히틀러〉를 사용하고 싶다며 허락을 구했다. 총통은 거절했다. 사흘 뒤에는 한 장미 육종가가 신품종에 〈아돌프 히틀러〉라는 이름을 붙이겠다는 뜻을 밝혔으며 베를린의 어떤 기술자는 풍력 발전용 터빈에 〈아돌프 히틀러 타워〉라는 이름을 붙였다고 알려 왔다. 뒤셀도르프의 한 숭배자는 딸에게 히틀러리네라는 세례명을 지어 주었고 이외에 아돌피네, 히틀러리케, 힐러리

네라는 이름도 인기가 있었다.[31]

그럼에도 아돌프 히틀러의 동상은 없었다. 대다수 다른 독재자와 달리 총통은 동상을 비롯한 각종 기념물을 역사적으로 위대한 과거의 인물을 위해 남겨 두어야 한다고 고집했다. 요컨대 그는 미래의 지도자였다.[32]

모든 정부 기관의 사무실에는 총통의 얼굴 사진이 걸려 있었는데 정부 기관이 아닌 외부에서도 그의 사진 수요가 급증했다. 일부 기업가들은 비누나 담배, 사탕 등에 그의 이름이나 사진을 붙여 판매할 수 있도록 허가해 달라고 요구했다. 또 어떤 기업가들은 정부와 아무런 상의도 없이 스와스티카 모양의 봉봉 캔디나 소시지를 생산하기도 했다. 국가를 상징하는 〈신성한 본질과 가치〉를 보호하고자 1933년 5월 19일에 괴벨스는 당의 승인 없이 무단으로 총통의 이미지를 유통하는 행위를 금지하는 법안을 통과시켰다.[33]

히틀러는 총리일 뿐이었고 따라서 그의 얼굴 사진 옆에는 대통령의 사진이 나란히 위치했다. 그리고 그는 이런 자신의 처지를 십분 활용했다. 힌덴부르크의 분위기에 편승해서 자신을 위대한 독일 지도자들과 같은 반열에 위치시켰다. 1933년 1월 30일에는 이들 두 사람이 빌헬름가(街)의 발코니에 나란히 등장해서 괴벨스의 연출로 횃불을 들고 행진 중이던 약 6만 명의 나치 돌격대를 맞이했다. 두 달 뒤 포츠담에서 열린 의회 개회식에서 히틀러는 힌덴부르크의 승인을 받으며 그에게 정중히 고개를 숙여 인사했다. 이 행사는 모든 영화관에서 방영되었다.[34]

1934년에 이르러 그동안 온갖 지저분한 일을 해온 나치 돌격대는 목소리가 부쩍 커졌으며 자신들을 정규군으로 편입해 달라고 요구했다. 하지만 보수적인 군 지도부는 그들을 폭력배로 여겼다. 히틀러는 군 조직을 적으로 돌리고 싶은 마음이 전혀 없었다. 여기에 더해서 나치 돌격대 사령관인 에른스트 룀의 힘이 너무 커지는 것을 경계했다. 후에 〈긴 칼의 밤〉이라고 불리게 되는 6월 30일에 히틀러는 자신의 정예병인 나치 친위대에 나치 돌격대를 숙청하도록 지시했다. 룀은 체포되어 다른 수십 명의 지휘관들과 함께 총살당했고 수천여 명의 대원들이 투옥되었다. 군 통수권자인 대통령으로서 힌덴부르크가 히틀러를 축하해 주었다.

고령의 육군 원수는 1934년 8월 2일에 사망했다. 1시간 뒤 독일의 대통령직과 총리직이 총통의 형태로 통합되었고 이제는 총통이 군 통수권을 갖게 되었다. 대통령을 향했던 충성 서약도 바뀌어서 명목상으로 모든 군인들이 아돌프 히틀러에게 충성을 맹세했다.[35]

카리스마 있는 지도자로서 이미지를 착실하게 구축해온 히틀러는 이제 국민 투표를 통해 인정받고자 했다. 국민들은 대통령직과 총리직을 통합하는 문제를 두고 8월 19일에 투표를 하게 되었다. 선전이 봇물을 이루었고 사방에 히틀러의 포스터가 나붙었다. 포스터에는 〈찬성〉이라는 오직 한 단어뿐이었다. BMW 공장이 모여 있는 바이에른에서 한 목격자는 다음과 같이 증언했다. 〈모든 게시판마다 히틀러가 보였고 모든 진열창마다 히틀러가 보였다. 사실상 눈에 보이는 모든 창문에 히틀러의 포스터가 붙어 있었다. 모든 트램과 모든 기차 칸의 모든 창문, 모든 자동차 창문을 통해 히틀러가 보였다. 모든 창문을 통해 히틀러가 보였다.〉 몇몇 지역에서는 숙청 이후 대폭 축소된 규모로 활동을 이어 가던 나치 돌격대가 눈에 잘 띄는 곳에 전시하라면서 히틀러의 얼굴 사진을 무상으로 배포했다. 그리고 자신들의 지시대로 이행되지 않으면 몇 시간 안에 다시 방문했다. 깃발도 분배되어 창문에 게양되었다. 드레스덴 도심의 수천 가구에는 그들이 정확히 몇 장의 스와스티카 깃발을 게양해야 하는지 지침이 하달되었다.[36]

투표는 유권자의 90퍼센트가 찬성이었다. 달리 말하면 5백만 명에 달하는 국민들이 무효표를 만들거나 반대표를 던지는 용기를 보여 준 셈이었다. 유대인 학자 빅토르 클렘퍼러는 자신의 일기장에 〈3분의 1은 무서워서 찬성했고 3분의 1은 분위기에 취해서 찬성했으며 3분의 1은 두려움과 분위기 때문에 찬성했다〉라고 털어놓았다.[37]

국민 투표가 끝나자 뒤이어 나치당의 연례 대회가 열렸다. 해당 행사는 1927년 이래로 바이에른주의 소규모

도시이면서 독일 제1제국으로 여겨지는 신성 로마 제국 시대의 요새화된 건물들이 있는 뉘른베르크에서 계속 개최되었다. 세월이 흐를수록 대회 규모는 커졌다. 나중에 〈통합과 힘의 대회〉라는 별칭을 갖게 된 대회는 참가 인원만 70만 명으로 그중에서도 가장 큰 규모를 자랑했다. 개회식에서는 루돌프 헤스가 히틀러의 대리인으로서 〈이번 대회는 국가 사회주의의 완전한 치세하에 치러지는 첫 번째 대회이다. 우리는 독일의 최고 지도자이자 유일한 지도자인 아돌프 히틀러의 기치 아래, 국법으로 구체화된 개념인 《총통》의 기치 아래 이번 대회를 열었다〉라고 선포했다. 대회는 총통을 찬양하는 데 초점을 맞추었다. 나치당의 수석 건축가 알베르트 슈페어는 특별 관람석이 포함된 대규모 대회장을 건설하고 그 주변을 152개의 탐조등으로 둘러쌌다. 이 탐조등은 총통이 그의 모든 말 한마디 한마디에 푹 빠진 다양한 제복 차림의 추종자들에게 연설하는 동안 밤하늘을 향해 수직으로 조명을 투사하면서 숭배자들 사이에서 빛의 성당이라고 불린 효과를 만들었다. 헤스는 〈나치당이 곧 히틀러이며 독일이 히틀러인 것처럼 히틀러가 바로 독일이다!〉라고 한마디로 정리했다.[38]

1924년에 감옥에서 풀려난 뒤로 몇 년 동안 히틀러는 자신의 별을 당의 지침으로 삼았다. 아돌프 히틀러에 대한 믿음이 다른 무엇보다 중요해졌다. 이를테면 그의 본능과 비전과 굳은 의지가 나치당을 앞으로 나아가도록 만드는 원동력이었다. 독일의 국가 사회주의는 전적으로 히틀러를 그 중심에 두었다. 그가 『나의 투쟁』에서 지적했듯이 국민은 한 명의 천재를 숭배할 때 그들 내면의 힘을 이끌어 낼 수 있었다. 오직 유대인만이 위인들에 대한 숭배를 〈개인숭배〉라며 비난할 뿐이었다. 이제 모든 독일 국민은 일치단결해서 한 남자를 숭배하도록 요구되었다.[39]

개인숭배는 히틀러를 제외한 당내의 다른 모든 사람을 격하시켰다. 1934년 8월 19일 국민 투표가 끝나고 열흘 뒤에 나온 나치당의 회람은 당사에서 다른 지도자들은 물론 괴링과 괴벨스의 사진도 모두 내리도록 지시했다. 1년 뒤 역시 뉘른베르크에서 열린 그다음 대회에 추종자들이 모인 자리에서는 앞서 헤스가 제안했던 슬로건이 〈독일이 히틀러, 히틀러가 바로 독일!〉이라고 짧게 바뀌어 있었다.[40]

다른 누구보다 높은 위치에 있다는 것은 장점이 많았다. 폭력적인 나치 돌격대를 싫어한 국민들 대다수는 괴벨스가 철저하게 언론을 통제하는 바람에 얼마나 많은 사람이 죽었는지도 모른 채 〈긴 칼의 밤〉에 자행된 피의 숙청을 환영했다. 많은 사람들이 그들의 총리를 예전 동료보다는 조국을 먼저 생각해서 국가적 위협으로 부상한 강력한 조직을 향해 전광석화처럼 진격한 용감한 남자라고 생각했다. 여기에 더해 숙청 사건을 통해 나치당 내부에 서로 대립하는 세력들이 활동한다는 사실도 알게 되었다. 히틀러는 지극히 다양하고 때로는 적대하기도 하는 당내 파벌들을 하나로 묶을 수 있는 유일한 인물처럼 보였다. 그가 자신에게 유리한 방향으로 그들의 대립 관계를 이용하더라도 그들은 다 같이 그에게 복종해야 했다. 그럼에도 일이 잘못되는 경우에 일반 국민들은 그의 부하들을 탓했다. 그들이 총통을 비난하는 경우는 거의 없었고 그럴수록 무적에 가까운 그의 기세는 더욱 굳어졌다.[41]

의회 화재가 발생한 지 2주 뒤에 괴벨스는 바로 건너편에 총리 공관이 위치한 빌헬름가(街)의 18세기 궁전인 오르덴 궁으로 들어갔다. 그는 독일 선전부 장관으로서 끊임없이 총통의 우상화 작업에 매진했다. 히틀러의 마흔네 번째 생일을 하루 앞둔 1933년 4월 19일, 괴벨스가 대국민 연설에 나섰다. 그리고 이 연설에서 수백만의 평범한 신봉자들이 총통을 멀리서 지켜보기만 하는 동안에도 수많은 숭배자들이 앞다투어 당에 가입했다고 주장했다. 심지어 히틀러를 잘 아는 소수의 몇몇 사람은 마법 같은 그의 인격에 취해 압도되었을 정도라고 했다. 그는 계속해서 이렇게 말했다. 〈그를 오래 알면 알수록 그를 향한 존경심은 더욱 깊어지고 그의 이상을 위해 언제든 자신을 완전히 희생할 수 있는 상태가 된다.〉 이후로 10년 동안 괴벨스는 히틀러의 생일 전날이 되면 연례행사처럼 히틀러를 찬양하는 연설을 했고 그의 생일을 중요한 공휴일로 지정해 각종 행진과 공개 축하 행사를 통해 기념했다.[42]

일상생활의 모든 양상이 일당독재 국가의 통제 아래로 떨어졌다. 통제 또는 획일화라고 불린 과정을 통해 나치당은 교육 시스템부터 지역 스포츠 클럽에 이르기까지 모든 조직을 완전히 장악하거나 바꾸어 놓았다. 모든 조직이 획일적인 나치의 관점을 채택했다. 괴벨스의 감시를 받는 언론은 한목소리로 늘 총통에 대한 지나친 찬양으로 가득 찬 기사를 내놓았다.

총통의 말은 어디에나 있었다. 특히 중요한 연설은 모든 주요 일간지를 통해 공식적으로 기사화되었을 뿐 아니라 나치당의 인쇄소에서 팸플릿으로 인쇄되어 별도로 수백만 부씩 배포되었다. 1937년부터는 전국의 당 사무실과 공공 건물에 전시할 용도로 매주 수십만 부에 달하는 포스터가 제작되었다. 또한 매주 그 주의 모토가 신문에 특별 머리기사로 발표되었다. 늘 그랬던 것은 아니지만 대부분이 히틀러의 발언에서 발췌한 기사였다.[43]

『나의 투쟁』의 판매량도 급증했다. 1933년 11월 브레멘에서 개최된 독일 독서 주간 행사에서 나치당 당원이자 문학 평론가 빌 페스퍼는『나의 투쟁』이 〈독일인이라면 누구나 소장해야 할 국가 사회주의와 새로운 독일의 성서〉라고 공표했다. 그해 말까지 『나의 투쟁』은 1백만 부가 팔려 나갔다. 4년 뒤에는 판매량이 4백만 부를 넘어섰다. 베를린의 한 신문사는 〈한 권의 책이 독일을 정복했다!〉라고 떠들썩하게 보도했다. 히틀러의 자서전은 갓 결혼한 신혼부부에게 탁월한 선물이 되었고 나중에는 최전선에서 싸우는 군인들에게 무료로 배부되었다.[44]

이른바 〈성서〉의 발췌록과 요약집도 등장했다. 〈국가와 인종〉이라는 제목의 장(章)은 1934년에 소책자로 제작되었고 2년 뒤 학교에 배포되었다. 예컨대 『총통의 어록』이나 『히틀러의 발언』 같은 총통의 어록집도 인기를 끌었다. 하지만 불과 몇 년도 지나지 않아 히틀러가 개입에 나섰고 이런 책들이 자신의 철학을 단순화한다는 이유로 출판을 금지할 것을 지시했다. 그는 자신의 말을 전체적으로 읽어야 한다고 주장했다.[45]

히틀러의 목소리도 도처에서 들렸다. 총리가 되고 하루 뒤에 그는 처음으로 라디오를 통해 연설을 했다. 그다지 성공적이지는 않았다. 심지어 그의 목소리가 거칠고 〈독일어 같지 않다〉라며 불만을 제기하는 청취자도 나왔다. 히틀러는 방송 기술을 연마했다. 어쨌거나 그는 능숙한 웅변가였다. 그는 〈내 생각에 목소리는 이미지보다 훨씬 많은 것을 연상시킨다〉라고 말했다. 〈이런 점을 이용해서 우리는 얼마든지 많은 것을 얻을 수 있다.〉[46]

1933년 3월에 치러진 선거 바로 전날에 또다시 히틀러의 목소리가 들렸다. 괴벨스는 득의만면한 표정이었다. 〈그의 목소리가 마치 신성한 노래처럼 라디오를 통해 독일 전역의 창공에 울려 퍼졌다. 4천만 독일 국민들은 전국의 광장이나 길거리에 서서 또는 선술집이나 집에 앉아서 스피커에 귀를 기울였고 역사적으로 커다란 전환점을 맞이했음을 깨달았다.〉[47]

〈우리가 모든 라디오를 점령했다.〉 괴벨스는 열광해서 말했고 곧바로 수백만 대의 라디오를 생산 단가보다 저렴하게 판매하는 계획을 승인했다. 〈모든 독일인이 국민의 라디오를 통해 총통의 말을 듣는다!〉라는 슬로건이 등장했고 1941년에 이르러서는 전국의 약 65퍼센트에 달하는 가정에 라디오가 보급되었다. 하지만 라디오가 없는 사람도 구원자의 목소리는 피할 수 없었다. 도시에는 곳곳에 확성기를 장착한 기둥이 세워졌고 그보다 작은 마을에는 이동식 스피커가 설치되었다. 1936년 3월에 드레스덴을 방문한 빅토르 클램퍼러는 의도치 않게 히틀러의 연설을 듣게 되었다. 〈나는 1시간 동안 그의 연설에서 벗어날 수 없었다. 처음에는 영업 중인 한 가게에서, 그다음에는 은행에서, 나중에는 어떤 가게에서 재차 그의 연설 소리가 들렸다.〉[48]

히틀러는 총리가 되기 전까지 뉴스 영화에 모습을 드러내는 경우가 거의 전무했다. 이번에도 괴벨스는 선전 목적으로 신기술을 이용할 수 있는 가능성을 엿보았다.

1933년 2월 10일, 일단의 촬영 기사들과 그 조수들이 베를린 쇠네베르크 지구에 위치한 거대한 실내 체육관 베를린 스포츠 경기장에서 진행된 히틀러의 33분짜리 연설을 촬영했다. 그럼에도 영상은 연설가와 청중 사이의 유대감을 담아내지 못했다. 괴벨스는 점점 효과를 의심했다. 히틀러가 주간 뉴스 영화에 주기적으로 모습을 드러내는 동안에도 그의 출연 사실은 덧없이 잊혀 갔다.[49]

결국 히틀러가 나섰고 그는 레니 리펜슈탈에게 1934년에 뉘른베르크에서 열린 당 대회를 주제로 호화로운 다큐멘터리 영화 「의지의 승리」 제작을 의뢰했다. 리펜슈탈은 이동식 카메라와 항공 사진술, 동시녹음 기술을 적용해 걸작 선전 영화를 만들어 냈다. 바로 얼마 전 피의 숙청을 단행한 잔혹한 정권은 이 영화에서 이미지를 일신했다. 충성스러운 대중이 신비로운 유대감을 바탕으로 그들의 구원자와 하나가 되는 지극히 매력적이고 유사 종교적인 경험을 한 것으로 그려진 것이다. 주인공은 물론 아돌프 히틀러였다. 첫 장면에서 그는 비행기를 타고 구름 속에서 마치 신처럼 지상에 내려섰다. 「의지의 승리」는 독일과 미국, 프랑스를 비롯한 여러 나라에서 상을 받았다. 「뉘른베르크 1935」와 1936년 베를린 하계 올림픽 다큐멘터리를 비롯해서 많은 영화가 잇달아 제작되었다. 이들 영화는 하나같이 당 수뇌부의 특별 시사회를 거친 다음에 전국 영화관에서 상영되었고 시골에는 이동식

극장이 동원되었다.[50]

괴벨스는 호프만을 영입하고자 했지만 이 궁정 사진사는 〈일개 실업가〉로 남으려는 의지가 단호했다. 그의 사업은 모든 주요 도시에 지점을 보유할 만큼 번창했다. 총통의 초상권이 법적으로 보호를 받아 호프만은 사실상 시장을 독점하고 있었다. 그는 초상화나 우편엽서, 포스터, 달력 등의 용도로 히틀러의 사진을 판매했다. 1932년에 출간된 그의 사진집『아무도 모르는 히틀러의 모습』은 약 40만 부가 판매되었고『히틀러의 청년들』,『이탈리아에서의 히틀러』,『서부에서 히틀러와 함께』,『총통의 얼굴』등 그 이후에 출간된 일련의 사진집도 비슷한 성공을 거두었다. 모든 사진집은 탁상용 대형 호화판부터 군인들이 전장에서 쉽게 주머니에 넣어 가지고 다닐 수 있는 축쇄판에 이르기까지 다양한 판형으로 보급되었다.[51]

화가와 조각가, 사진작가, 출판사 심지어 우체국까지 호프만의 사진을 이용했다. 히틀러가 1937년에 그를 연례행사로 열리는 독일 예술 대박람회의 책임자로 임명한 뒤로 그의 영역은 더욱 확대되었다. 매년 히틀러를 묘사한 수십 개의 예술 작품이 박람회장의 모든 전시실을 채웠고, 그 대부분이 호프만의 사진에서 베껴 온 것이었다.[52]

선전 기관을 이끈 것은 괴벨스였지만 대학을 비롯한 학교들은 아니었다. 그로서는 무척 실망스럽게도 당초 그에게 약속되었던 문화부 장관직은 베른하르트 루스트의 차지가 되었다. 히틀러는 부하들 간의 경쟁을 부추기 거나 그들에게 서로 중첩되는 임무를 부여해 자신의 권력을 강화하는 이른바 분할 통치 방식을 선호했다. 이런 전략은 그를 최고의 중재자로 만들어 주었지만 그의 부하들을 서로 앞서기 위해 끊임없이 경쟁해야 하는 하수 인으로 전락시켰다.

열성적인 나치 당원이던 루스트는 어린 학생들에게 입학 첫날부터 총통에 대한 우상화 교육을 받도록 했다. 1933년 말 즈음에는 히틀러식 인사법이 도입되었다. 모든 교실에 그의 얼굴 사진도 걸렸다. 예전 교과서가 폐기되는 과정에서 일부는 거대한 모닥불 속으로 사라졌으며 새로운 교과서는 끊임없이 똑같은 메시지를 강조했다. 총통을 사랑하고 당에 복종하라는 내용이었다. 학생들은 괴테의 작품을 읽기보다 한스 H. 자이츠가 쓴 「나의 총통」이라는 시를 암송했다. 〈나는 이제 당신을 알았습니다. 그리고 당신의 사진을 가지고 다니겠습니다. 무슨 일이 있어도, 나는 당신의 곁을 지키겠습니다.〉[53]

간략하게 요약된 전기를 통해 학생들은 한낱 무명인으로 시작해서 자국민을 구원한 한 남자의 이야기를 배웠다. 안네마리 슈틸러의 『독일 어린이들에게 들려주는 아돌프 히틀러의 이야기』는 다음과 같은 말로 결말을 맺었다. 〈독일인은 그들이 땅 위를 걷는 한 아돌프 히틀러에게 감사하게 생각할 것이다. 세계 대전 당시에 무명소졸로 싸웠던 그는 결국 총통의 자리에 올랐고 궁지에 몰린 독일을 구했다.〉 몇몇 학교에서는 학생들이 매일 총통을 위해 기도했다. 〈하느님, 하느님께 비옵니다. 제가 독실한 어린이가 될 수 있도록 도와주세요. 매일 히틀러 총통을 지켜 주세요. 그분에게 어떠한 사고도 일어나지 않게 해주세요. 하느님은 우리가 어려울 때 그분을 보내주셨어요. 오, 하느님, 그분을 지켜 주세요.〉[54]

1933년에 출간된 파울 엔리히의 『우리의 히틀러』는 젊은 독자들에게 〈깨어나라 그리고 그를 따르라!〉라고 요구했다. 젊은이들은 발두어 폰 시라흐가 지휘하는 히틀러 유겐트에 가입했다. 유일한 합법적 조직이었던 까닭에 히틀러 유겐트의 회원 수는 1934년 이후로 급증했고, 3년 뒤부터는 모든 독일인이 의무적으로 가입해야 했다. 그들은 총통에 대한 사랑과 충성을 맹세했다. 또한 총통의 이름으로 노래하고 행진하고 기도도 했다. 〈아돌프 히틀러여, 당신은 우리의 위대한 총통입니다. 당신의 이름은 적들을 떨게 합니다.〉[55]

어른이고 어린아이고 할 것 없이 모두 〈총통은 항상 옳다〉라는 말을 들었다. 독일 노동자 전선의 지도자이자 총통의 확고부동한 추종자 로베르트 라이는 1936년에 열린 뉘른베르크 당 대회에서 이 표현을 사용했다. 해당 표현은 전국 곳곳에서 등장했고 각종 현수막과 포스터, 신문에서도 사용되었다.[56]

괴벨스와 리펜슈탈, 호프만, 루스트, 시라흐, 라이는 그들의 지도자를 선전하기 위해 하나같이 지칠 줄 모르고 일했다. 그럼에도 개인숭배를 둘러싼 가장 뛰어난 설계자는 언제나 히틀러 본인이었다. 이를테면 그는 주연 배우이면서 무대 감독이었고 동시에 웅변가였으며 홍보 담당자였다. 그는 자신의 이미지를 조금씩 끊임없이 바꾸어 나갔다. 1932년 이후에는 각종 행진과 대회에서 수백만 명을 향해 인사하면서 자신을 국민과 매우 가까운 지도자로 포장했다. 동시에 세계 무대에서 위대한 정치가이자 선수로 보이고자 하는 욕망도 강렬했다.

그는 총리 공관으로 들어가자마자 실내 장식가를 고용해 내부를 확 바꾸도록 지시했다. 히틀러는 총리 공관 건물을 싫어했는데 그 오래된 건물의 지나친 웅장함이 독일의 정치적 쇠락을 암시한다고 생각했기 때문이었다. 햇빛과 공기가 통하도록 방이 개방되었고 낡은 칸막이벽이 제거되었다. 마룻장이 뜯겨 나갔으며 또렷하고 선명한 직선들이 도입되었다. 민주주의의 신전이 허물어진 자리에 천장에는 스와스티카 모자이크가 선명하고 벽을 따라 청동 램프가 길게 이어진 새로운 영빈관이 세워졌다. 신은 그의 집에 질서를 부여하고 있었다.[57]

몇 년 뒤 히틀러가 가장 좋아하는 건축가 알베르트 슈페어는 새로운 총리 공관을, 즉 보스가(街)의 북쪽 전체를 독차지하는 거대한 건물을 짓는 대가로 백지 수표를 받았다. 히틀러는 베르사유 궁전에 있는 거울의 방보다 두 배나 긴 주(主) 회랑의 번쩍번쩍 윤이 나는 대리석을 매우 마음에 들어 했다. 〈입구에서 영빈관까지 꽤 먼 거리를 걸어오면서 그들은 독일 제국의 힘과 위엄을 살짝 맛보게 될 것이다!〉 그의 집무실은 넓이가 400제곱미터에 달했으며 방문자가 어쩔 수 없이 광활한 공간을 가로질러 그의 책상 앞에 도달할 때마다 총통에게 커다란 즐거움을 선사했다.[58]

뮌헨에 있는 히틀러의 아파트도 새로 꾸며졌는데 문손잡이를 비롯한 모든 소소한 부분까지 세심하게 설계되었다. 실내 장식을 맡은 게르디 트로스트는 책과 예술품을 두드러지게 배치해 절제되면서도 호사스러운 중산층 분위기를 연출해 냈다. 그의 아파트를 구경한 한 방문객은 〈마치 글래스고의 파크 테라스가(街)에 있는 것 같았다〉라고 평했다. 모든 것은 익숙함과 안정감으로 위안을 줄 수 있도록 설계되었다.[59]

하지만 히틀러가 세련되고 신뢰할 수 있는 정치가로서 주로 활동한 무대는 베를린도, 뮌헨도 아니었다. 1933년에 히틀러는 바이에른주에 위치한 오버잘츠베르크의 산장을 구입했고 이를 재단장해 베르크호프(때로는 베르히테스가덴이라는 현지의 마을 이름으로 불리기도 했다)라는 이름의 넓은 복합 주거 단지로 확장했다. 앞서 히틀러의 집과 집무실 공사를 맡았던 게르디 트로스트가 넓은 복도와 침실을 호화로운 천과 값비싼 직물 작품, 현대적인 가구로 채웠다. 베르크호프의 중앙에는 응접실이면서 그 규모가 작은 체육관에 버금가는 대회당이 위치했으며 그 안으로 들어서면 높낮이를 조정해 가면서 저 멀리 눈 덮인 산 정상을 볼 수 있는 거대한 창문이 시선을 압도했다. 바로 그곳에서 히틀러는 왕처럼 행세했다. 그 방의 모든 것은 세세한 부분 하나하나까지 방문객에게 깊은 인상을 주기 위해 의도된 터였다. 방문객들은 대회당의 순전한 규모에 일차로 압도되었고 엄청나게 큰 창문에, 말하자면 그때까지 만들어진 것 가운데 가장 큰 크기의 유리창에 재차 위압감을 느꼈다. 그들과 산봉우리 사이에는 시야를 가로막는 것이 전혀 없었다. 대회당의 가운데 공간은 가구를 벽에 붙여 배치했기 때문에 충분히 여유로웠다. 다만 과하게 큰 소파의 등이 너무 깊은 까닭에 소파에 앉기 위해서는 비스듬히 눕거나 뒤로 기대어 앉거나 가장자리에 걸터앉아야 했다. 히틀러는 자신의 의자에 곧추 앉아서 좌중을 압도했다.[60]

산장 밖에서 히틀러는 하인리히 호프만의 카메라를 향해 포즈를 취했다. 테라스에서 사슴에게 먹이를 주거나 개와 놀아 주거나 아이들과 인사하는 사진을 찍었다. 곧 총통을 잠깐이라도 보길 바라며 수천 명의 지지자들과 관광객들이 찾아왔다. 프랑크푸르트의 한 여성은 〈총통과 그토록 가까이 있을 수 있다는 것이 마치 멋진 꿈을 꾸는 것 같았다〉라고 회상했다. 1936년부터는 외부인의 방문이 금지되었지만 주요 인사들은 아무런 예고 없이 계속해서 방문했다. 2년 뒤에는 그들의 방문도 금지되었다.[61]

히틀러는 산장에서 끊임없이 왕이나 대사부터 종교계 지도자나 장관에 이르기까지 고위 관리들의 방문을 받았다. 그들은 신중하게 선택된 지지자인 경우가 많았으며 대부분은 충분히 깊은 인상을 받았다. 전임 영국 총리 로이드 조지는 1936년에 베르크호프를 방문했다가 귀국하면서 히틀러가 〈독일의 조지 워싱턴〉 같은 인물이며 〈타고난 지도자〉라고 공표했다. 윈저 공작과 공작 부인도 찾아왔고 카메라 앞에서 포즈를 취했다.[62]

이외에도 베르크호프는 잠재적인 반대자들을 위협하는 이상적인 무대를 제공하기도 했다. 쿠르트 슈시니크 오스트리아 총리가 자국의 운명을 협상하기 위해 방문했을 때 히틀러는 인상이 험악한 휘하의 몇몇 장군을 미리 불러 자신의 뒤에 앉혀 놓은 채 오스트리아 총리를 위협적으로 노려보면서 꼬박 2시간 동안 고함을 질렀다.[63]

그럼에도 세계 무대에서 가장 영향력 있는 몇몇 지도자를 구슬리는 데 성공한 독재자 무솔리니와 비교하면 히틀러는 아직 모자람이 있었다. 히틀러의 최고 전술은 상대를 매료시키기보다 무장 해제시키고 사람들을 달래서 거짓 안도감을 느끼도록 하는 것이었다. 히틀러는 위장의 달인이었고 신중하게 쌓아 온 겸손하고 친절하며 단순한 남자라는 이미지 뒤에 자신의 본성을 숨겨 온 터였다. 그는 군중의 감정을 받아들이고 대변할 줄 알았으며 마찬가지로 자신의 의도를 숨기는 동시에 자신이 대표하는 위협을 축소하기 위해서 방문객들을 파악하고 그들에게 맞추어 언행을 조절할 줄 알았다. 미국 언론인 도로시 톰슨이 1932년에 『나는 히틀러를 보았다』라는 책을 출간하면서 그를 장시간 인터뷰한 뒤에 〈형체가 없고 얼굴이 없다〉, 즉 자신의 적 중에서 가장 약한 상대만을 공격하는 〈작은 남자의 전형이다〉라고 묘사했을 때 히틀러는 재미있다는 반응을 보였다. 그녀는 작은 남자가 할 수 있고 하려는 것을 과소평가하는 수많은 사람 중 한 명에 불과했다.[64]

제3제국*의 두 권력 중추인 총리 공관과 베르크호프에서 히틀러는 자신이 『나의 투쟁』에서 언급했던 비전을 추구하기 시작했다. 그리고 이 과정에서 명확한 계획을 고집하기보다 자신의 본능을 따르고 기회가 있을 때 기회를 붙잡는 방식을 선호했다. 독일은 1933년 10월에 국제연맹을 탈퇴했다. 1935년 3월에는 베르사유 조약을 위반하고 징병 제도를 재도입했으며 무장 병력을 허가된 숫자보다 여섯 배나 확충했다. 히틀러는 평화를 약속하는 순간에도 독일을 전쟁에 대비시켰다. 마침내 1936년

* 1933년부터 1945년까지 히틀러 치하의 독일.

3월에 그의 군대가 라인 지방의 비무장 지대로 진군하면서 그는 세계를 상대로 첫 번째 도박을 감행했다. 히틀러의 군사 고문들이 그에게 위험성을 경고했다. 그에 따라 혹시라도 프랑스의 반격에 부닥치면 곧장 후퇴하라는 엄명이 독일군에 하달되었다. 하지만 국제연맹의 소극적인 비난 성명을 제외하면 아무 일도 일어나지 않았다. 국제연맹의 비난에 히틀러는 〈나는 신의 섭리로 내 앞에 펼쳐진 길을 몽유병 환자처럼 확신을 가지고 걷는다〉라고 비꼬았다. 그는 이제 본인 스스로도 자신에게 잘못이 없다고 믿기 시작했다.[65]

라인 지방에 대한 쿠데타는 히틀러의 반대자들을 괴멸시켰다. 그들은 2주 뒤 국민 투표라는 형태로 지도자와 국민의 결속을 보여 준 한 편의 용의주도하게 연출된 쇼에 의해서 더욱 고립되었다. 아주 사소한 잘못만 저질러도 옥에 가두는, 물밀듯이 닥친 공포 정치는 당내에서 비판적인 목소리를 내는 사람들을 확연히 감소시켰다. 평범한 시민 로베르트 자우터는 신문을 못 믿겠다고 했다는 이유로 5개월간 투옥되었다. 루트비히스하펜 주민 파울 글로바니아는 집에서 은밀히 나치 정권에 대한 불신을 드러냈는데 이를 엿들은 다른 사람에게 고발당해 징역 1년을 선고받았다. 〈독일은 침묵하고 불안해하고 억눌려 있다. 작은 소리로 속삭이며 여론도, 반대도, 어떠한 토론도 없다〉라고 1936년에 수개월 동안 독일 곳곳을

여행한 아프리카계 미국인 시민운동가 W. E. B. 두 보이스는 말했다.[66]

공포 정치와 병행된 선전 활동은 그 밖의 사람들에게 찬성표를 던지도록 설득했다. 주민이 1,500명에 불과한 작은 마을에도 담벼락과 집을 비롯한 사방에 히틀러의 거대한 얼굴 사진과 포스터가 나붙었다. 브레슬라우에서는 의무적으로 모든 진열창의 한쪽을 특별히 히틀러 전용 공간으로 할애해야 했다. 이를 거부하는 상점 주인들은 강제 수용소에서 하루를 보내야 했다. 다른 곳에서는 나치 돌격대가 각 가정을 방문해 입주자들에게 몇 장의 포스터를 전시해야 하는지 정해 주기도 했다. 물론 밤사이에 히틀러 사진에 페인트를 칠하거나 사진 자체를 훼손하는 등 저항도 있었다. 그럼에도 국민 투표 결과는 찬성이 99퍼센트였다. 〈여러분이 수없이 많은 사람 중 나를 만난 것은 우리 시대의 기적이다〉라고 히틀러는 1936년 9월에 열린 당 대회에서 열광적인 지지자들을 향해 말했다. 〈그리고 내가 여러분을 만난 것은 독일의 커다란 행운이다.〉[67]

이제 히틀러는 제3제국을 확장하는 데 필요한 대중의 지지를 얻었다. 하지만 그는 전쟁을 수행하려면 자급자족 경제가 선행되어야 한다고 생각했다. 그래서 일찍이 1933년부터 수출을 줄이고 물가를 통제하면서 곡물 저장고를 짓고 소비를 제한했다. 헤르만 괴링은 1936년에 4개년 계획의 책임자로 임명돼 1940년까지 경제적 자립을 달성하기 위한 노력에 박차를 가했다. 그 결과 광범위한 영역에서 많은 것이 부족해졌다. 미국인 기자 윌리엄 쉬러는 고기와 버터, 과일, 식용유가 부족해지면서 시무룩한 표정의 독일 시민들이 식료품점 앞에 길게 줄을 선 채 기다린다고 베를린에서 보도했다. 수입 대체재는 옷가지가 점점 더 나무 펄프로 만들어지고 석탄으로 가솔린이, 석탄과 석회로 고무가 만들어진다는 것을 의미했다. 비용에 민감해진 사람들은 〈국민의 일꾼에 불과한 사람〉을 위한 산장을 짓느라 낭비된 엄청난 돈은 물론 선전 활동에 도대체 얼마나 많은 돈이 낭비되어야 하는지 의문을 나타냈다.[68]

음식과 유희의 중요성을 의미하는 이른바 〈빵과 서커스〉는 근대 독재자들도 잘 아는 오래된 원칙이었지만 나머지 하나인 유흥도 삐걱거리고 있었다. 수많은 퍼레이드와 집회가 다 거기서 거기였고 연설도 마찬가지였다. 한 시사 해설자는 조심스럽게 〈히틀러의 마법적인 힘에 대한 믿음이 사라졌다〉라고 주장했다. 그럼에도 여전히 많은 국민들은 베르사유의 족쇄로부터 독일을 해방시켰다는 점에서 히틀러를 신뢰했다. 요컨대 히틀러는 그들의 독일을 세계 무대에서 정당한 위치로 끌어올렸을 뿐 아니라 독일군에게 예전의 영광을 되찾아 준 인물이었다.[69]

개인숭배는 무엇보다도 기존 체제에 환멸을 느끼지 못하도록 보호막 역할을 해주었다. 국민들은 그들의 지도자가 아닌 당을 비난했다. 환멸감이 커지면 커질수록 그들은 더욱더 히틀러의 부하들이 의도적으로 그의 눈과 귀를 막고 있다고 생각했다. 오로지 국민들이 잘되기만을 바랄 뿐이었다. 〈히틀러가 알기만 하면〉은 지극히 통속적인 표현이 되었다.[70]

자신을 운명의 손에 의해 이끌리는 몽유병 환자라고 표현한 히틀러는 운명이 여전히 상승세임을 스스로 증명해야 한다는 사실을 알았다. 그리고 1938년 3월에 다시 도박을 단행했다. 오스트리아-헝가리 제국이 1918년에 붕괴되기 이전부터도 오스트리아와 독일을 대(大)독일이라는 이름으로 통일할 것을 요구하는 목소리는 이미 존재한 터였다. 하지만 베르사유 조약이 체결되면서 이들 두 나라의 통일은 저지되었고 독일인이 대다수인 주데텐란트 지역은 오스트리아에서 분리되어 체코슬로바키아로 넘어갔다. 1938년 2월, 히틀러는 나치 지지자들을 빈의 핵심 요직에 앉히도록 오스트리아 총리를 협박했다. 자국으로 돌아가던 중에 쿠르트 슈시니크 오스트리아 총리는 차라리 국민 투표로 통일 문제를 결정하기로 했다. 격노한 히틀러는 최후 통첩을 보냈고 3월 12일에 오스트리아를 공격했다. 공격을 감행한 바로 당일에 자동차 행렬을 이끌며 직접 국경을 넘은 히틀러는 환호하는 군중의 환영을 받았다. 오스트리아는 오스트마르크라는 일개 주(州)로 전락했다.

국제 사회의 반응은 조용했고 이에 용기를 얻은 히틀러는 주데텐란트 지역을 주시했다. 많은 도박꾼처럼 그는 자신감과 자기 불신 사이에서 흔들렸고 갈등했다. 1938년 9월, 연례 당 대회에서 그는 큰 소리로 전쟁을 주장했다. 며칠 뒤 영국 총리 네빌 체임벌린이 오버잘츠베르크를 방문했다. 히틀러는 베르크호프의 현관 계단에서 그를 맞이했다. 그리고 3시간에 걸친 대담이 중간쯤 이르렀을 때 히틀러는 갑자기 배역을 바꾸어 전쟁 위협을 늘어놓는 예측 불가능한 과대망상증 환자에서 더할 나위 없이 합리적인 협상 상대로 돌변했다. 그는 체코슬로바키아를 상대로 무력을 사용하지 않겠다고 약속했다. 체임벌린은 주데텐란트의 독일 합병에 동의했고 2주 뒤 뮌헨 조약이 체결되었다. 체임벌린은 누이에게 〈그는 완전히 평범해 보이는 사람〉이라고 인정하면서도 〈자신이 한 말은 지키는 사람〉이라고 주장했다. 체임벌린이 베르크호프를 떠나자마자 히틀러는 너무 좋아서 손뼉을 쳤다. 어쨌거나 단 한 번의 총성도 울리지 않고 주데텐란트를 차지하게 된 그였다.[71]

1939년 4월 20일에 히틀러는 쉰 살이 되었다. 빅토르 클렘퍼러는 〈쉰 번째 생일을 맞은 대(大)독일의 창시자. 각종 깃발과 의식, 신문 특집판, 끝이 없는 신격화로 점철된 이틀〉이라고 적었다. 괴벨스는 몇 주에 걸쳐 축하 행사를 준비했고 4월 19일에는 대국민 라디오 연설을 통해 독일 국민에게 자신과 함께 전능하신 하느님께 열렬한 기도를 드릴 것을 독려했다. 〈독일 국민의 간절한 희망을 이루어 주시고 앞으로도 오랫동안 총통을 건강하고 튼튼하게 보살펴 주시기를!〉 얼마 지나지 않아 당 지도자들도 총리 공관을 방문해 축하 인사를 했다. 밤 9시가 되자 총통이 군중 앞에 모습을 나타냈다. 빌헬름가(街)에서 샤를로텐부르크의 아돌프 히틀러 광장까지 쭉 이어지는 길을 따라 수십만 명이 일종의 의장대를 형성했는데, 새로운 구역의 동서를 연결하며 히틀러가 개통한 이 대로는 〈승리자의 대로〉라고도 불렸다. 10차선 대로는 강렬한 조명으로 환하게 빛났고 대로를 따라 20미터 간격으로 세워진 기둥의 꼭대기에는 금박을 입힌 스와스티카와 제국의 독수리상이 깜깜한 밤하늘과 뚜렷이 대비되고 있었다.[72]

총리 공관의 여러 방에 잔뜩 쌓인 생일 선물은 자정이 되어서야 개봉되었다. 측근들이 이런저런 선물을 보내온 터였다. 승리자의 대로를 건설한 총통의 건축가 알베르트 슈페어는 총리 관저의 한 응접실에 조만간 베를린에 세워질 거대한 개선문을 4미터 높이의 모형으로 제작해 주었다. 작은 청동 주조물과 하얀색 대리석으로 된 나체상, 고화(古畵) 등은 다수의 긴 탁자에 수북하게 쌓였다. 국민들도 이런저런 것들을 보내 주었다. 농부들은 그들이 수확한 농산물을 보내 주었다. 베스트팔리아의 한 여성 단체는 총통의 군인들을 위해 6천 켤레의 양말을 직접 짜서 보내 주었다. 이외에도 길이가 2미터에 달하는 생일 케이크를 만들어 보낸 이들도 있었다.[73]

진정한 축제는 이튿날 열렸다. 세계가 깜짝 놀란 가운데 상병 출신의 전직 군인은 마치 황제처럼 행동하면서 자신의 강력한 전쟁 무기들을 사열했다. 그는 평범한 갈색 군복 차림이었지만 높은 연단에 올라 독수리와 철십자 훈장으로 장식된 커다란 캐노피 아래서 붉은 플러시 천으로 덮인 왕좌처럼 생긴 의자에 앉아 있었다. 162대의 전투기가 밀집 대형으로 머리 위를 비행하는 와중에 탱크와 대포, 장갑차, 완전한 전투복 차림을 한 수만 명의 군인들이 승리자의 대로를 행진하면서 총통을 향해 경례했다.[74]

승리자의 대로는 수도의 심장부를 관통하기도 했지만 동시에 히틀러를 독일의 제국주의 과거와 이어 주기도 했다. 알베르트 슈페어가 설계한 이 대로는 프로이센 왕국 시절에 나폴레옹 전쟁에서 승리한 뒤 또 다른 승리자의 대로로서 개발된 운터덴린덴로(路)의 확장판이었다. 또한 베를린을 천년 제국의 수도로, 예컨대 이집트나 바빌론, 고대 로마에 필적하는 게르마니아라는 이름의 빛나는 도시로 탈바꿈시키려는 원대한 계획의 일부였다. 총통 본인이 직접 초안을 만든 이 계획에는 18만 명까지 수용하도록 설계된 거대한 국민 대회당이 포함되어 있었다. 한편 이른바 게르마니아 개선문은 높이가 무려 117미터에 달할 터였다. 슈페어가 나중에 증언한 바에 따르면 히틀러는 〈자신의 작품을 미화하고 자신의 자존심을 세우기 위해 무엇이든 최대한 크게〉 요구했다.[75]

〈총통은 국민들로부터 다른 누구도 받은 적 없을 만큼의 축하를 받았다〉라고 괴벨스는 열변을 토했다. 히틀러는 불과 6년 전만 하더라도 여전히 첨예하게 분열되어 있던 국민들을 기적적으로 결속시켰다. 나치 정권에 대한 주목할 만한 성찰을 보인 독일 언론인이자 역사가 제바스티안 하프너는 독일 국민의 90퍼센트 이상이 총통의 추종자일 것으로 추산했다.[76]

빅토르 클렘퍼러는 보다 신중한 태도를 보였다. 〈언론은 탄압을 받고 사람들은 하나같이 입을 열기를 두려워하는 마당에 과연 누가 8천만 국민의 속마음을 짐작할 수 있겠는가?〉 히틀러는 자신의 바닥이나 마찬가지인 사방이 탁 트인 뮌헨의 테레지엔비제에서 연설할 때 50만 명의 청중을 기대했지만 기껏 20만 명 정도가 모습을 나타냈을 뿐이었다. 한 목격자의 증언에 따르면 〈사람들은 그의 연설이 자신들과는 아무런 관련이 없다는 듯이 그 자리에 서 있었다〉. 그들 대부분은 인근 회사나 공장에서 억지로 끌려온 사람들이었다. 슈페어 본인의 회상에 따르면 물론 진심으로 열광하는 사람들도 일부 있었지만 1939년에 이

르러 군중의 환호는 전부 조작된 것이었다.[77]

나치 정권에 대한 익명의 비평가는 다음과 같은 글을 남겼다. 〈히틀러의 쉰 번째 생일이 그처럼 호화롭게 치러지는 것을 보면서 누군가는 진심으로 그의 인기가 오름세라고 믿을 수 있을 것이다. 하지만 민심을 제대로 아는 사람은 그런 모습이 결단코 전부는 아니더라도 대부분이 겉치레에 불과하다는 사실을 알고 있다.〉 문제의 행사를 앞두고 2주 동안 사람들은 각자의 집을 장식하라는 숱한 경고를 받았고 경고를 따르지 않은 사람들은 하나같이 고난을 겪어야 했다. 모든 교회에는 행사 당일 어떤 식으로 종을 울려야 하는지와 관련해서 선전부 장관의 특별 지침이 내려졌다.[78]

괴벨스가 공표했듯이 그들은 히틀러를 숭배하든 숭배하지 않든 전쟁의 공포 속에서 살았다. 심지어 광신적인 추종자들조차 오스트리아가 평화적으로 독일에 합병되자 안도의 한숨을 내쉬었다. 그들은 뮌헨 조약을 액면 그대로 믿지 않았다. 한편 체임벌린은 런던에 돌아오자마자 바람에 펄럭이는 엉성한 서류 한 장을 들고서 떠들썩한 환영을 받았다. 그는 자신 있는 목소리로 〈우리 시대는 평화로울 것이다〉라고 선언했다. 유럽의 다른 지역에서도 흥분한 군중의 환호성이 울려 퍼졌는데 독일만 조용했다. 독일 사람들은 뮌헨 조약이 속임수라고 생각했다. 그리고 〈그들은 히틀러를 모른다〉라고 소곤거렸다.[79]

체임벌린은 히틀러가 주데텐란트를 흡수하길 바랄 뿐
이라고 확신했지만 총통은 사실상 체코슬로바키아 전체
를 제거하려고 했다. 그리고 1939년 3월 15일에 이를 실
행에 옮겼다. 체코슬로바키아는 침략을 당했고 독일과
헝가리, 폴란드로 분할 및 병합되었다. 일주일 뒤 미국
대통령 프랭클린 루스벨트는 히틀러에게 전갈을 보내 더
이상 유럽의 다른 나라를 공격하지 않겠다는 약속을 해
달라고 요구했다. 체임벌린은 폴란드의 자주권이 위협받
을 경우 영국이 개입하겠다고 선언했다. 표면상의 군사
력과 단결된 모습에도 불구하고 히틀러의 생일 기념행사
에는 짙은 먹구름이 드리우고 있었다.[80]

전쟁에 대한 우려가 고조되는 가운데 몇 달 뒤 히틀러
는 스탈린과 동맹을 맺음으로써 세상을 깜짝 놀라게 했
다. 최대의 적이었던 두 나라가 이제 동맹국이 되었다는
사실은 양국 국경에서 전쟁이 발생할 일이 사라졌음을
의미했다. 하지만 히틀러는 치명적인 판단 착오를 범하
고 말았다. 소련이 그의 편에 서면 프랑스와 영국이 감히
폴란드에 개입하지 못할 거라고 생각한 것이었다. 엄청
난 도박이었지만 히틀러는 이제까지 한 번도 틀린 적이
없었던 자신의 직감을 믿었다. 그는 운명을 지배하는 남
자라는 이미지를 쌓아 온 터였고 이제는 본인 스스로도
그렇게 믿게 되었다. 그 결과 모든 반대 의견을 묵살했다.
심지어 휘하 장군들이 내놓은 의견도 마음에 들지 않으

면 무시했다. 헤르만 괴링이 모든 것을 걸 필요는 없다고 조언했을 때도 히틀러는 〈인생을 살아오면서 나는 언제나 내가 가진 모든 것을 걸어 왔다〉라고 대답했다. 독일은 9월 1일에 폴란드의 서부를 침략했으며 9월 17일에는 소련이 폴란드의 동부를 공격해 들어왔다.[81]

9월 3일에 영국과 프랑스가 전쟁을 선포했다. 사람들은 충격에 빠졌다. 1914년에 제1차 세계 대전이 시작될 때의 광적인 열광 대신에 이번 전쟁 선언은 하인리히 호프만의 표현에 따르면 〈끝없는 실망〉을 초래했다. 윌리엄 쉬러는 베를린에서 〈오늘은 그 어떤 흥분도, 만세도, 환호도, 꽃도, 전쟁열도, 광란도 없다〉라고 말했다. 〈프랑스와 영국에 대한 증오조차 없다.〉[82]

충격에 빠지기는 히틀러도 마찬가지였다. 호프만은 〈불신과 분해서 어쩔 줄 모르는 표정으로 의자에 파묻혀 깊은 생각에 잠겨 있는〉 그를 발견했다. 그럼에도 폴란드에서 진행된 급격한 진군과 그에 관련된 보고들이 들어오기 시작하자 히틀러는 금방 회복되었다.[83]

침략군은 채 일주일도 되기 전에 바르샤바에 입성했지만 베를린 거리에서는 그 어떤 기쁨의 환호성도 들을 수 없었다. 쉬러는 자신의 수첩에 〈지하철을 타고 라디오 스튜디오로 향하던 중에 중대 뉴스를 대하는 사람들에게서 낯선 무관심을 발견했다〉라고 적었다. 프랑스와 영국 군함은 거의 모든 생필품에 영향을 미치는 경제 봉쇄를 강화했고, 그 결과 면, 주석, 기름, 고무 등의 수입량이 반으로 줄어들면서 배급제가 확대되자 체념이 자리를 잡았다. 제과점과 생선 가게, 식료품점 같은 대다수 상점의 진열창에는 배급품이 있어야 할 자리에 총통의 사진과 깃발용 천, 녹색 군복이 진열되어 있었다. 전쟁 자금 마련을 위해 소득세는 무려 50퍼센트나 증가했다.[84]

10월이 되자 고무 덧신조차 전체 인구의 5퍼센트에게만 공급되었다. 겨우내 기온은 섭씨 0도 밑으로 곤두박질쳤다. 석탄도 부족해서 인구의 절반이 추위에 덜덜 떨어야 했다. 이런 와중에도 로베리트 라이는 라디오를 통해 〈총통은 항상 옳다. 총통에게 복종하라!〉라고 크리스마스 성명을 발표했다.[85]

1940년 4월 20일 히틀러의 생일을 기념할 때는 교회 종소리조차 울리지 않았다. 대부분의 종을 녹여 총알을 만드는 데 사용한 까닭이었다. 그보다 몇 주 전에 침략한 덴마크와 노르웨이에서 승리를 거두었음에도 총리 공관 밖에서는 겨우 일흔다섯 명의 지지자들만 히틀러를 보려고 서서 기다릴 뿐이었다.[86]

히틀러는 자신이 경제 봉쇄를 깨뜨릴 수 없음을 깨달았다. 그러나 그는 또다시 모든 것을 걸고 승리에 도전했다. 그의 군대는 여전히 충분한 물자를 보유하고 있었다. 1940년 5월 10일, 독일군은 네덜란드와 벨기에, 프랑스로 진격해 완벽한 승리를 거두었다. 독일 탱크는 허를 찔러 측면에서 프랑스 요새를 공격했고 6월 14일 결국 파리에 입성했다. 나흘 뒤, 1918년 11월 2일에 프랑스의 페르디낭 포슈 사령관이 독일 대표단에게 자신의 조건을 받아 적도록 했던 장소와 정확히 똑같은 국제 침대차 회사의 객차에서 휴전 협정이 체결되었다.

6주 전 프랑스 침략을 선언했을 때는 많은 사람이 무관심한 반응을 보인 터였다. 윌리엄 쉬러는 〈내가 만난 대다수 독일인은 지극히 의기소침한 상태에 빠져 있다〉라고 평했다. 그들은 이제 히틀러에게 환호했고 히틀러는 〈새로운 유럽의 창시자〉로서 다시 자국민에게 환영받았다. 그는 자신이 직접 개선 행진을 감독했다. 자신의 군대가 달성한 〈역사적인 승리를 제대로 보여 줄 수 있어야 한다〉는 이유였다. 그가 탄 기차가 기차역에 천천히 들어오자 몇 시간째 대기하던 군중이 기쁨의 환호성을 질렀다. 총통은 감격해서 눈물을 흘렸다. 총리 공관으로 돌아가는 길에도 사람들이 몰렸다. 괴벨스는 〈길거리가 꽃으로 뒤덮였고 마치 형형색색의 양탄자처럼 보였다. 도시 전체가 흥분에 휩싸였다〉라고 썼다.[87]

전국 곳곳에서 사람들은 자발적으로 기쁨을 표출하면서 휴전을 기념했다. 전쟁의 불안에서 벗어남으로써 느낀 안도감도 있었지만 히틀러가 얼마나 쉽게 자신의 목표를 달성했는지를 보면서 진정한 희열도 느꼈다. 다시 한번 운명의 손이 총통을 승리로 이끌어 준 듯했다.[88]

히틀러는 독일 의회에서 유창한 연설을 통해 영국에 평화를 제의했다. 영국과 피할 수 없는 일전을 남긴 상황에서 평화를 열망하는 국민을 규합하려는 의도가 담긴 최고의 연설 중 하나였다. 떨리는 몸과 목소리 변화, 단어의 선택, 부릅뜬 눈, 고개를 돌리며 비꼬는 모습, 손짓, 정복자이면서 진정한 국민의 아들로서 자신감과 겸손함이 교묘하게 뒤섞인 태도 등 모든 것이 그를 진지한 평화주의자처럼 보이게 했다. 〈그는 여느 사람처럼 진지한 얼굴로 거짓말을 할 수 있다〉라고 윌리엄 쉬러는 말했다. 특별석에 모여 있던 그의 휘하 장군들도 쇼의 일부였다. 그의 고압적인 손짓 한 번으로 열두 명의 장군이 육군 원수로 승진했다. 헤르만 괴링은 제국 원수가 되었다.[89]

한편 영국은 평화 제의를 거부했다. 매우 놀라기는 했지만 이제 많은 독일 시민들은 전쟁이 금방 끝나지 않을 것임을 깨달았다. 이어서 브리튼 전투가 벌어졌지만 독일 사령관 괴링은 끝내 섬나라인 영국을 폭격해서 항복을 이끌어 내는 데 실패했다. 히틀러는 또 다른 계획을 채택했다. 그가 『나의 투쟁』을 쓸 때부터 내내 생각해 온 계획이었다. 바로 러시아를 정복하는 것이었다. 독일은 러시아에서 수출되는 원유와 곡물에 많이 의존하고 있었다. 러시아는 약해 보였다. 그들 군대는 1939년과 1940년 사이의 겨울에 어설프게 핀란드를 침략했다가 엄청난 병력 손실을 입은 터였다. 히틀러는 단기간에 승리할 수 있을 것으로 확신했다. 또다시 그는 동맹을 배신하는 도박을 감행했다. 1941년 6월에 약 3백만 명의 군인이 러시아 국경을 넘었다.

독일군은 곧 많은 희생을 요구한 소모전의 수렁에 빠져들었다. 1941년 12월 7일 일본이 진주만에 정박 중이던 미군 함대를 공격하자 히틀러는 자신이 한 번도 중요하게 생각해 본 적 없는 국가인 미국에 전쟁을 선포했다. 그는 밀과 석탄, 철강 생산 능력은 물론 엄청난 인적 자원까지 보유한 미국의 저력을 명백히 과소평가하고 있었다. 모두가 걱정하던 두 개의 전선에서 전쟁을 수행하는 것은 이제 현실이 되었다. 자신의 천재성을 확신하는 총통이 최고 사령권을 무시하고 전쟁의 모든 부분에 간섭하면서 하나의 패배가 또 다른 패배로 이어졌다. 그는 자신이 도무지 이길 수 없는 강적의 이름을 딴 도시 스탈린그라드에서 군대를 철수하기를 연거푸 거부했다. 전쟁사를 통틀어 가장 참혹했던 전장 중 한 곳에서 수십만 명의 장병들이 목숨을 잃은 뒤 독일군은 1943년 2월에 항복했다.[90]

독일 사람들은 히틀러가 자국에서 멀리 떨어진 곳에서 수행하는 단기 기습전, 즉 전격전의 달인이라는 이야기를 수년에 걸쳐 들어 온 터였다. 라디오로 방송되고 모든 일간지를 통해 재생산된 1943년 2월 18일 베를린 스포츠 경기장 연설에서 괴벨스는 국민들에게 이제는 총력전

을 피할 수 없다고 말했다.[91]

히틀러는 시야에서 사라졌다. 자신의 건강이 나빠졌다는 소문을 잠재우기 위해 1943년 3월 21일에 짧은 연설을 했을 뿐이었다. 그나마도 지루한 수준이었고 너무 졸속으로 진행되는 바람에 혹시 대역 배우를 쓴 것이 아닌지 의심하는 사람이 생길 정도였다. 그는 수전증을 앓았는데 시간이 지날수록 증상은 악화되었고 확실히 그래서 더욱 대중 앞에 모습을 드러내기 싫어했다. 그를 시중했던 한 비서의 증언에 따르면 그는 강철 같은 의지로 모든 것을 이길 수 있다고 믿었지만 결과적으로 자신의 손 하나도 어쩌지 못하는 신세가 되었다.[92]

1943년 4월 20일인 총통의 생일을 하루 앞두고 괴벨스는 장황한 연례 연설을 통해 뛰어난 재능을 가진 사람은 굳이 세계 무대에서 각광을 받을 필요가 없다고 설명했다. 그의 주장에 따르면 하루 종일 격무에 시달리고 밤에도 깨어 있는 총통은 국민을 대신하여 무거운 짐을 짊어지고 큰 슬픔을 직시하면서 열심히 일하고 있었다.[93]

사람들은 괴벨스를 비웃었다. 극심한 충격에 휩싸인 사람들도 있었다. 많은 사람이 스탈린그라드가 전환점이었으며 독일이 전쟁에서 지고 있음을 알아차렸다. 사람들은 정권을 향해 신랄한 발언을 쏟아 냈다. 그들은 이제 기소를 당하지 않으면서도 자신이 하고 싶은 말을 하는 법을 알았다. 전략적으로 중대한 실수가 있었다면 누가 보더라도 책임을 질 사람은 명백히 단 한 명밖에 없었다. 모든 것이 파괴되도록 쉬지 않고 일한 바로 그 사람일 터였다.[94]

1943년 여름에 무솔리니가 실권하면서 나치 정권을 비판하는 목소리는 더욱 노골적으로 변했다. 사람들은 외국 라디오를 들으면서 승승장구하는 적군에 대해 보다 많은 것을 알아내려고 열중했다. 히틀러식 인사법은 놀라운 속도로 사라지고 있었다. 나치 친위대 산하의 보안 기관에서 나온 한 보고서는 〈많은 당원들이 더 이상 당 배지를 착용하지 않는다〉라고 지적했다. 히틀러에 반대하면서 조국과 소원해진 외교관 울리히 폰 하셀은 〈부디 러시아군보다 영국군이 베를린에 먼저 도착하기를!〉이라고 바라는 말을 그 어느 때보다 자주 듣게 되었다고 말했다.[95]

총력전으로 말미암아 보다 극단적인 배급제가 시행되면서 일반 시민들은 배를 곯아야 했다. 그래도 다른 사람들에 비하면 형편이 나은 편이었다. 폴란드 침공 직후에 유대인과 그 밖의 달갑지 않은 사람들에 대한 조직적인 학살이 시작되었다. 1941년부터 폴란드 점령지에 강제 수용소가 세워졌으며 곧이어 유럽 각지에서 수백만 명의 유대인이 봉인된 화물 열차로 이송되어 가스실에서 목숨을 잃었다. 그들의 소지품은 전쟁 물자로 활용하기 위해 모두 몰수해 목록화한 다음 꼬리표와 함께 독일로 보내졌다.

종이와 마분지 역시 배급을 받아야 하는 품목이었지만 하인리히 호프만의 사진 사업에는 해당되지 않는 이야기였다. 총통의 사진이 〈전략적으로 매우 중요한〉 요소로 간주되었기 때문이다. 호프만의 회사에는 매달 약 4톤에 달하는 종이가 배정되었다.[96]

1944년 6월 6일 연합군이 노르망디에 상륙했다. 두 개의 강력한 군대가 대대적인 양면 협공 작전으로 독일을 향해 움직이면서 포위 공격이라는 악몽이 이제 현실이 되었다. 여전히 자신의 천재성을 확신하던 히틀러는 아무리 휘하 장군들을 괴롭히면서 병적으로 지도를 뚫어지게 쳐다보아도 승산이 보이지 않자 점점 더 주변 사람을 의심하게 되었다. 1944년 7월 20일 프로이센에 있는 지휘 본부인 〈늑대굴〉에서 군 지휘관 몇 명이 서류 가방에 폭탄을 숨겨서 그를 암살하려고 시도했다. 히틀러는 조금 멍이 들었을 뿐 탈출에 성공했다. 이 사건으로 히틀러는 운명이 자신을 선택했다는 믿음이 더욱 굳어졌다. 그는 갑작스러운 운의 변화나 기적적인 무기가 막판에 그와 그의 국민을 구원해 줄 거라고 생각하며 전쟁 의지를 더욱 불태웠다.

이즈음에 그는 완전히 다른 사람이 되어 있었다. 하인리히 호프만은 그를 〈자신의 예전 모습을 흉내 내는 겁에 질린 그림자이자 모든 생명과 열정과 불꽃이 사라진 지

이미 오래인 검게 탄 잔해〉라고 묘사했다. 머리카락이 회색으로 변해 있었고 등이 굽었으며 걸을 때도 발을 질질 끌면서 엉거주춤하게 걸었다. 알베르트 슈페어의 주장에 따르면 측근들도 규율이 느슨해지기 시작했다. 베르크호프에서 그에게 가장 헌신적이었던 추종자들조차 그가 방에 들어와도 누구 하나 자리에서 일어나지 않았고 계속 앉은 채 대화를 이어 갔다. 의자에 앉아서 자는 사람도 있었고 아무런 거리낌 없이 큰 소리로 떠드는 사람도 있었다.[97]

1945년 2월 24일 소련군을 지척에 둔 상황에서 총통이 라디오를 통해 성명을 발표했다. 그는 무운(武運)의 변화를 예고했다. 그리고 대대적으로, 심지어 당원들에게도 비웃음을 샀다. 그들 중 한 명은 〈지도자의 또 다른 예언〉이라며 비꼬아 외쳤다. 군인들은 공개적으로 그의 〈과대망상증〉에 대해 이야기했다. 저 멀리 전선에서 굉음이 울려 퍼지는 가운데 시민들은 지도부가 항복하지 않는 것에 분노하며 공공 건물에서 스와스티카를 떼기 시작했다. 자신의 집 거실에서 히틀러의 사진을 치우는 사람들도 생겨났다. 한 노부인은 〈내가 그를 화장시켰다〉라고 말했다.[98]

전쟁 막바지에 히틀러는 새로운 총리 관저 밑에 마련된 벙커에 몇 달 동안 틀어박혔다. 슈페어는 그곳을 〈그가 보여 준 현실 도피의 종착역〉이라고 썼다. 그 안에서도 히

154

틀러는 계속 싸우라고 명령했고 자신을 가질 자격이 없는 국민들에게 죽음과 파괴를 안겨주기로 결심했다.[99]

히틀러의 쉰여섯 번째 생일인 1945년 4월 20일, 적의 포탄이 처음으로 베를린을 포격했다. 포격은 쉼 없이 이어졌다. 이틀 뒤 선전부는 연기가 모락모락 피어나는 돌무더기 한가운데에 흰색의 건물 전면만을 덩그러니 남겨둔 채 완전히 사라졌다. 하인리히 힘러와 헤르만 괴링을 포함하여 믿었던 오랜 동료들이 침몰하는 배를 버리기 시작했다. 히틀러는 4월 30일에 권총으로 자살했다. 무솔리니의 품위 없는 말로에 대해 들은 그는 자신의 시신을 훼손하지 못하도록 소각할 것을 지시했다. 그의 시신은 오랜 연인이자 자살하기 하루 전에 결혼한 에바 브라운의 시신과 함께 벙커 밖으로 질질 옮겨져서 휘발유에 담겨 화장되었다.

가장 열성적인 나치들 사이에서 자살이 잇따랐으며 괴벨스의 일가족과 하인리히 힘러, 베른하르트 루스트, 로베리트 라이 등도 여기에 합류했다. 일반인도 수천 명이 자살했다. 한 개신교 목사는 적군(赤軍)이 도착하자마자 〈선하고 교회에 다니던 수많은 하느님의 자녀들이 스스로 목숨을 끊었다. 스스로 물에 빠져 죽거나, 손목을 긋거나, 집에 불을 지르고 집과 함께 타 죽었다〉라고 전했다. 그럼에도 자발적으로 총통의 죽음을 애도하는 모습은 전혀 보이지 않았다. 총통의 신봉자들이 완전히 정신을 놓을 정도로 슬픔을 표출하는 모습도 전혀 보이지 않았다. 함부르크에서 라디오를 통해 총통의 사망 소식을 들은 한 여성은 〈이상하게도 사람들이 전혀 눈물을 흘리지 않았고 심지어 슬퍼 보이지도 않았다〉라고 전했다. 총통이 죽으면 독일 국민들이 어떤 반응을 보일지 오랫동안 의문을 가져 왔던 한 젊은 남자는 라디오 발표에 이어진 〈하품이 날 정도의 엄청난 무관심〉에 오히려 충격을 받았을 정도였다. 빅토르 클렘퍼러의 말에 의하면 제3제국은 거의 하룻밤 사이에 사라졌고 거의 잊힌 것이나 다름없었다.[100]

히틀러가 사망하자마자 모든 저항이 무너졌다. 자신들이 자국에서 펼친 치열한 게릴라전을 예상했던 적군(赤軍) 장교들은 독일 국민의 온순한 반응에 오히려 당황했다. 그리고 진홍색 나치 깃발의 중앙에서 스와스티카를 제거한 뒤 공산당 깃발을 만든 사람들에게 한 번 더 놀랐다. 이와 같은 변화를 베를린에서는 〈히틀러 만세!〉에 빗대어 〈스탈린 만세!〉라고 불렀다.[101]

3
스탈린
Joseph Stalin, 1879~1953

〈모스크바의 어디를 가도 온통 레닌밖에 보이지 않는 다〉라고 1924년에 프랑스 기자 앙리 베로가 말했다. 공산주의 혁명가이자 국가 원수가 사망한 지 불과 몇 개월 지나지 않은 시점이었다. 〈레닌 포스터와 레닌 그림, 레닌 모자이크, 레닌 인두화(畵), 레닌 장판, 레닌 잉크병, 레닌 책상과 압지 등 없는 것이 없었다. 모든 가게가 청동과 대리석, 바위, 도자기, 설화 석고에서 소석고에 이르기까지 온갖 다양한 크기와 재질과 가격대의 레닌 반신상을 판매하느라 여념이 없었다. 그리고 이 모든 것과 별개로 예컨대 공식적인 인물 사진부터 생생한 스냅 사진과 뉴스 영화 속 사진까지 레닌의 사진이 있었다.〉 베로는 아마도 레닌이 무솔리니 다음으로 사진을 가장 많이 찍은 국가 지도자일 거라고 조심스럽게 말했다.[1]

레닌이 사망하기도 전부터 그의 동료들은 그를 미화하

기 시작했다. 그에게 환멸을 느낀 또 다른 사회주의 혁명가 파니 카플란은 1918년 8월에 레닌이 모스크바의 야금(冶金) 공장인 〈망치와 낫〉 공장을 떠나는 순간에 그에게 접근했다. 직후에 몇 발의 총성이 울렸다. 총알 하나가 레닌의 목에 박혔고 다른 하나는 그의 왼쪽 어깨를 관통했다. 여러 번 위급한 순간이 있었지만 그는 결국 살아났다. 그를 담당했던 의사는 〈오직 운명의 선택을 받은 사람들만 그런 부상을 당하고도 죽음을 피할 수 있다〉라고 말했다. 위대한 지도자를 찬양하는 글들이 뒤를 이었고 활자화되어 수십만 부가 유포되었다. 적군(赤軍)의 창설자이자 사령관인 레온 트로츠키는 〈인류사의 새로운 시대〉를 위해 〈자연이 창조한 걸작〉, 즉 〈혁명 사상의 화신〉이라고 그를 찬양했다. 당 중앙 기관지인 『프라우다』의 편집장 니콜라이 부하린은 〈세계 혁명을 이끌어 갈 천재적인 지도자〉라고 언급하면서 〈거의 미래를 예측할 수 있는 예언 능력을 갖춘〉 인물로 묘사했다.[2]

레닌은 건강을 회복했고 그를 둘러싼 찬양의 목소리도 잦아들었지만 결국 건강이 악화되면서 1922년에 공개 석상에서 물러날 수밖에 없게 되었다. 그러자 그에 대한 우상화가 다시 부활했다. 볼셰비키, 즉 러시아 공산당은 파시스트당이나 나치당과 마찬가지로 어떤 강령이나 정강으로 유지되기보다 선출된 지도자에 의해서 유지되는 당이었다. 혁명을 이끈 것은 마르크스가 반세기 전에 제안한 공산주의 원칙이 아니라 레닌의 의지와 비전, 그리고 다른 무엇보다 그의 본능이었다. 레닌은 혁명의 화신이었다. 따라서 그가 더 이상 직접 혁명을 이끌 수 없다면 추종자들은 그의 이름을 팔거나 그의 혁명 정신에서 직접 영감을 받았다며 정통성이라도 주장해야 할 터였다.[3]

레닌에 대한 신격화는 국민의 신임을 대체하는 역할도 했다. 볼셰비키당은 그들의 인기가 절정을 구가하던 1917년 11월에도 4분의 1에도 못 미치는 표를 얻었을 뿐이었다. 그들은 폭력으로 권력을 잡았고 권력이 늘어날수록 더욱 격렬하게 폭력을 행사했다. 파니 카플란의 암살 시도는 적색 테러로 이어졌고 볼셰비키 정권은 파업에 참가한 공장 노동자들부터 적군(赤軍)을 저버린 농부들에 이르기까지 모든 집단을 조직적으로 겨냥했다. 공산주의 혁명 이후에 계급의 적으로 규정된 수천 명의 사제와 수녀가 십자가에 못 박히거나, 거세되거나, 산 채로 화장되거나, 타르가 펄펄 끓는 가마솥에 던져져 목숨을 잃었다. 황족은 전부 총살되거나 칼에 맞아 죽었으며 시체는 사지가 절단된 채 불태워져 구덩이에 버려졌다. 폭력이 많은 일반인을 멀어지게 만들었다면 〈계급투쟁〉이나 〈프롤레타리아 독재〉 같은 추상적인 단어들은 그들을 거의 사로잡지 못했다. 특히 대부분이 글을 모르는 시골 사람들에게는 발음하기조차 어려운 외국어에 불과할 뿐이었다. 반면에 지도자를 성스러운 인물로 칭송하는 행위는 적어도 국가와 7천만 명의 국민들 사이에 일종의 유대감이라는 환상을 만들어 내는 데 훨씬 효과적이었다.[4]

레닌은 따로 후계자를 지명하지 않았지만 1922년에 신중하게 스탈린을 새로운 서기장으로 발탁했다. 자신이 진두지휘한 신(新)경제 정책에 반대하는 트로츠키를 견제하기 위함이었다. 신경제 정책은 공산주의 혁명 이후에 도입된, 예컨대 공장 노동자는 법령에 따라 생산 지시를 받고 국가가 생산품을 징발하는 식의 강제 집산화를 사실상 이전 상태로 되돌려 놓았다. 이른바 전시 공산주의로 불린 이 집산화 체제로 소련 경제는 이미 엉망이 되어 있었다. 신경제 정책은 다시 시장 경제로 돌아가 개인이 작은 기업을 운영할 수 있도록 허가해 주었다. 강제적인 곡물 징발도 중단되어 농산물에 대한 세금으로 대체되었다. 트로츠키는 신경제 정책을 자본가와 부농에 대한 항복으로 받아들이고 차라리 경제 영역에서 국가의 역할을 더욱 확대할 것을 요구했다.

스탈린은 서기장으로서 막대한 권력을 거머쥐었지만 여러 가지 단점이 명백한 사람이었다. 다른 무엇보다 심한 그루지야 사투리에 목소리마저 작아서 훌륭한 웅변가와는 아주 거리가 멀었다. 혹시라도 연설을 할 때면 시간 감각이 부족했고 거의 완벽할 만큼 어떠한 손짓이나 몸짓도 하지 않았다. 게다가 그의 동료들과 달리 해외에서 수년간 망명 생활을 한 혁명가의 느낌도 부족했다. 또한 글은 능숙하게 잘 썼지만 공산주의 원칙을 상세히 설명할 수 있을 만큼 탁월한 이론가는 아니었다. 스탈린은 다른 사람들이 끊임없이 세상의 관심을 끌려고 하는 동안에도 자신의 단점을 최대한 이용해 스스로 대의를 도모하기 위해 헌신하는 겸손한 종을 자처했다.

스탈린은 자신을 혁명의 주창자이기보다 〈프락티크praktik〉, 즉 실천가라고 설명했다. 사람들 말에 따르면 그는 매우 뛰어난 구조화 능력과 무한한 업무 능력, 굳건한 의지를 지닌 터였다. 그의 경쟁자들은 〈우리 당의 걸출한 범재〉라고 한 트로츠키의 표현처럼 으레 그를 단순한 관리자로 치부했다. 하지만 스탈린은 다른 사람의 약점을 이용해 자발적으로 자신의 공범이 되도록 만드는 교활하고 파렴치한 수완가였다. 게다가 진정한 정치적 감각을 지닌 타고난 전략가이기도 했다. 히틀러와 마찬가지로 주변 사람들에게 그들의 지위에 상관없이 이름과, 이전에 나눈 대화를 기억해 주면서 관심을 보였다. 결정적으로 그는 자신의 때를 기다릴 줄 알았다.[5]

레닌이 서서히 건강을 회복하면서 스탈린은 그에게 가까이 다가갈 수 있는 자신의 새로운 권력을 이용하여 그의 중개자가 되었다. 하지만 둘의 관계는 순탄하지 못했고 1923년에 결국 사이가 틀어졌다. 병약한 지도자는 그의 유언으로 알려지게 되는 일련의 내용을 받아 적도록 했다. 이 문서에 따르면 그는 스탈린이 세련되지 못하며 감정의 기복도 심하기 때문에 서기장의 지위에서 제거되어야 한다고 주장했다.

살아 있는 레닌이 위협이라면 죽은 레닌은 자산이었다. 레닌이 1924년 1월 21일에 세상을 떠나자마자 스탈린은 그의 가장 충실한 제자인 척하기로 다짐했다. 그는 핵심 인사들 가운데 가장 먼저 스승의 침실에 들어갔고 과장된 동작으로 죽은 레닌의 머리를 두 손으로 받쳐 가슴에 끌어안은 채 결연하게 그의 볼과 입술에 입을 맞추었다.[6]

레닌의 시신은 방부 처리되어 유리관에 보관된 채 붉은 광장에 몇 주 동안 전시되었다. 광장의 차가운 겨울 기온이 그의 시신을 온전한 상태로 유지해 주었다. 당은 다음으로 할 일을 놓고 의견이 갈라졌다. 러시아에는 성인(聖人)을 미라로 만드는 오랜 전통이 있었다. 일례로 혁명 전 은둔한 수도사들이 예배를 드리곤 했던 키예프의 동굴 사원에는 지하 묘지에 수십 명의 성인들이 검게 변색된 얼굴로 앙상한 손을 먼지투성이의 누더기에 올려놓은 채 줄지어 잠들어 있었다. 혁명 지도자에게도 그들과 동등한 예우를 해주자면 종교적인 색채를 띨 수밖에 없는데 레닌의 아내를 포함하여 무신론적 관점을 가진 일부 지도자들이 반대하고 나선 것이었다. 장례 위원회의 의장 펠릭스 제르진스키는 서기장의 지원으로 자신의 주장을 관철할 수 있었다. 그리고 레닌은 생전과 마찬가지로 사후에도 노동자 계급을 위해 헌신하게 되었다. 장차 수백만 명의 노동자들이 그의 관 앞으로 찾아와 경의를 표할 터였다.[7]

몇 달 뒤에 봄이 되자 한 팀의 과학자들이 시신을 가져가 부패를 막기 위해 화학 실험을 시작했다. 레닌의 시신은 1924년 8월에 다시 공개되었다. 이번에는 보다 영구적인 영묘에 표백 처리되어 대리석 같은 몸으로 전시되었다. 그의 영묘에는 참을성 있고 가난하며 영적인 경험을 중시하는 수많은 숭배자들이, 요컨대 앙리 베로가 언급한 〈금박을 입힌 성상과 노란 불꽃으로 타오르는 양초 앞에서 기도 문구를 중얼거리는 사람들〉과 같은 군중이 모여들었다.[8]

레닌의 시신을 확보한 스탈린은 이제 그가 생전에 했던 말에 대해서 소유권을 주장하기 시작했다. 레닌 연구소를 자신의 보호 아래 두고 레닌에 관련된 모든 유의미한 출판물을 감독했다. 하지만 레닌의 전집만으로는 이른바 레닌주의를 정의할 수 없었다. 이에 스탈린은 『프라우다』에 「레닌주의의 기본」이라는 글을 연재하는 형식으로 레닌주의에 대해 일련의 강연을 진행함으로써 스승의 유산을 지키는 수호자임을 자처했다. 그의 주장에 따르면 레닌주의는 제국주의 시절의 마르크스주의였고 레닌은 마르크스와 엥겔스의 하나밖에 없는 위대한 계승자였다.[9]

그럼에도 1924년에 당의 대의원들이 레닌의 유언을 확인하기 위해 모스크바에 모였을 때 스탈린은 좌절에 직면했다. 트로츠키의 야심에 불안을 느낀 두 명의 당 원로 그리고리 지노비예프와 레프 카메네프가 스탈린을 옹호하는 발언을 한 뒤에 중앙 위원회는 전체 의원들 앞이 아니라 엄선된 대의원들만 모인 자리에서 레닌의 유언장을 확인하기로 결정했다. 트로츠키는 임박한 자신의 권력 도전을 앞두고 분열하는 것처럼 보이기 싫어 개입하지 않았다. 반면 시체처럼 하얗게 질린 스탈린은 뉘우침을 가장한 자신의 쇼에 중앙 위원회가 자신의 요구를 거절하기를 바라면서 직무에서 물러나고 싶다고 정중히 말했다. 도박은 성공했지만 스탈린은 속에서 분노가 들끓었다. 그는 자신을 제거할 것을 요구했음이 분명한 남자의 제자였다.[10]

다시 평정을 되찾은 스탈린은 자신의 주변을 뱌체슬라프 몰로토프와 라자르 카가노비치, 세르고 오르조니키제 같은 신뢰할 수 있고 충성스러운 지지자들로 채우기 시작했다. 서기장이라는 직위를 이용해 모든 경쟁자의 지지자들을 자신의 추종자들로 교체했다. 정보를 수집하고 떳떳하지 못한 임무를 수행해 줄 개인적인 조력자들도 끌어들였다. 스탈린의 개인 비서인 레프 메흘리스는 언론에 공개되는 사진은 물론 스탈린의 대중적 이미지에 관련된 모든 부분을 감시하기 시작했다.[11]

1924년 11월에 스탈린은 트로츠키를 궁지에 몰아넣었다. 스탈린이 레닌의 제자를 자처했다면 트로츠키는 자신의 저작집을 출간함으로써 자신이 레닌과 동급이라고 주장하는 듯한 전략적 실수를 저질렀다. 트로츠키는 허영심이 많은 인물처럼 보였을 뿐 아니라 그가 레닌에 반대한 사안들에 대해서는 그와 레닌이 많이 다름을 나타내는 활자화된 증거를 제공한 셈이 되었다. 그러자 스탈린은 〈트로츠키주의인가? 레닌주의인가?〉라는 제목의 악의적인 글을 발표하고 자신의 경쟁자가 영구 혁명*을 제안하고 있다고 비난했다. 트로츠키는 졸지에 레닌주의 원칙에 맞서는 인물이 되었다. 신중한 독자들은 스탈린의 글 제목이 트로츠키냐 아니면 스탈린이냐 하는 양자택일을 의미한다고 해석했다.

스탈린은 신경제 정책에 대한 트로츠키의 비판도 공격 대상으로 삼았다. 중앙 위원회의 유력한 지도자 중 두 사람이며 레닌의 유서 사건에서 스탈린이 살아남을 수 있도록 도와준 지노비예프와 카메네프를 비롯한 다른 볼셰비키들은 시장 경제로 나아가는 것을 싫어했다. 스탈린은 그들을 소련을 완전한 파멸로 이끌 교조적인 좌파들로 규정하면서 그들의 세력을 차츰 줄여 나갔다. 지칠 줄 모

* 러시아 노동자 계급의 일시적인 패권은 유럽 노동자 계급의 적극적인 지원을 통해서만 사회주의적 독재로 변화시킬 수 있다는 트로츠키의 혁명 이론.

르는 혼합 경제 옹호자 니콜라이 부하린도 그를 도왔다. 1925년에 스탈린은 토지를 임대해 주기 전까지는 파종을 하지 않겠다며 버티는 농민 대표들에게 직접 연설을 행했다. 그리고 정말 손짓 한 번으로 쉽게 20년이나 40년 동안 아니면 아마도 영구적으로 토지를 임대해 주겠다고 약속했다. 이러면 토지 사유제로 회귀하는 것처럼 보이지 않겠느냐는 질문에 그는 이렇게 대답했다. 〈우리가 헌법을 만들었으니 바꿀 수도 있다.〉 그와 농민 대표들의 이날 만남은 언론을 통해 전 세계에 보도되었다. 스탈린은 신중하고 실용적인 당수(黨首)일 뿐만 아니라 국민의 목소리에 귀를 기울이는 지도자라는 인상을 남겨 주었다.[12]

1926년에 이르러 트로츠키와 지노비예프, 카메네프는 스탈린에 맞서 공동 전선을 취하는 수밖에 없었고 스탈린은 지체 없이 그들을 공격하고 나섰다. 파벌을 조직해 당에 불안정을 초래한다며 그들을 비난했다. 파벌을 조직하는 행위는 수년 전에 법으로 금지된 터였다. 트로츠키는 정치국에서 제명되었다. 그의 추종자는 점점 줄어들어 겨우 몇 명에 불과했다. 1927년 10월에 열린 중앙 위원회 전체 회의에서 트로츠키는 다시 한번 레닌의 유서 문제를 제기하려고 시도했다. 하지만 이즈음에는 당의 많은 대의원들이 스탈린을 겸손하고 유능하며 근면한 레닌의 옹호자로 여겼다. 반면 주류에서 밀려난 트로츠키는 잘난 체하고 시끄러우며 자기밖에 모르는 사람처럼 보였다. 스탈린은 3년 전에 이미 당에서 레닌의 유서를 확인했을 뿐 아니라 자신의 사임을 반려했다고 되받아치면서 그를 찍소리 못 하게 만들었다. 대의원들에게서 박수가 터져 나왔다. 그로부터 한 달도 지나지 않아서 러시아 공산당은 트로츠키와 그의 추종자 수십 명을 축출했다. 트로츠키는 1928년 1월 카자흐스탄으로 유배되었고 1년 뒤 소련에서 추방되었다.[13]

자신의 최대 경쟁자가 유배되자마자 스탈린은 트로츠키가 추진하려 했던 정책들을 시행하기 시작했다. 트로츠키는 농촌 지역에서 〈새로운 자본가 계급〉이 등장할 수 있다고 경고한 터였다. 1927년 말에 곡물 공급량이 3분의 1이나 감소하면서 모스크바와 레닌그라드가 굶주릴 위기에 처하자 스탈린은 농촌에 조달반을 보내 총부리를 들이대고 징발할 수 있는 것은 다 가져오도록 지시했다. 반항하는 사람들은 쿨라크로 간주되어 박해를 받았다. 쿨라크란 원래 〈부유한〉 농민을 경멸조로 가리키는 말이었지만 이젠 집산화에 반대하는 모든 사람에게 사용되었다. 그렇게 몇 년 뒤 최악의 기근에 시달리게 되는 농촌을 상대로 한 전쟁의 서막이 올랐다.

부하린을 포함하여 당내에서 여전히 스탈린의 초기 관점을 고수하던 사람들은 우파라며 맹렬한 비난을 받았다. 바야흐로 궤멸적인 공포가 당을 집어삼킨 가운데 당원들은 〈좌파 반대 세력〉이나 〈우파 이탈자〉라는 이유로 고발되었고 즉석에서 체포되었다. 가택 수색이 잇따랐으며 가까운 친척들이 잡혀갔다. 하룻밤 사이에 사람들이 사라졌다. 스탈린은 의도적인 사보타주로 고발된 외국인은 물론 관리자나 기술자, 설계자 등도 엄중하게 단속했다.[14]

당내 고위층에 대한 숙청이 한창 진행 중이던 1928년 노동절에 대대적인 퍼레이드가 열렸다. 시카고 경찰이 하루 여덟 시간 근로제를 요구하는 파업 참가자들에게 실탄을 쏘는 사건이 발생한 1886년 이래로 해마다 전 세계 사회주의자들은 5월 1일을 기념했다. 전 세계 수많은 도시에서 펄럭이는 현수막과 붉은 깃발을 들고 벌이는 노동자들의 행진은 정기적인 행사가 되었고 때때로 경찰과의 시가전으로 변질되기도 했다. 레닌은 일찍부터 이 같은 기념행사의 잠재력을 간파했으며 〈대대적인 정치 시위〉로 발전할 수 있다고 썼다. 스탈린은 고향 그루지야의 수도 티플리스(트빌리시의 예전 이름)에서 1901년 노동절 즈음하여 발생한 유혈 충돌에 직접 개입하기도 한 터였다.[15]

1918년에 레닌은 노동절을 정식 공휴일로 지정했다. 10년 뒤인 1928년에 스탈린은 노동 법규를 개정하고 5월 2일도 축제에 포함시켰다. 노동절의 간판 행사는 몇 주 전부터 목재와 마분지로 미래를 향해 나아가는 노동자와 농민, 군인을 표현한 거대한 구조물이 모스크바 곳곳의 주요 교차로에 세워지면서 준비가 시작되었다. 5월 1일이 되면 스탈린과 그의 주요 부관들이 레닌의 묘가 있는 붉은 광장의 나무로 된 성벽에 모습을 드러냈고, 그들은 각종 현수막과 장식 차량 아래서 환호하며 노래를 부르는 사람들에게 경의를 표했다. 그러고 나면 우르릉거리는 굉음과 함께 탱크와 장갑차, 기관총과 탐조등으로 이루어진 거대한 행렬이 등장했고 머리 위에서는 비행기들이 윙윙거리며 날아다녔다. 조직적인 힘을 대대적으로 과시하는 퍼레이드는 위로부터 치밀하게 계획되었으며 모든 말이 대본대로였고 모든 슬로건이 법령에 의해 승인을 받았다. 수십만 명의 참가자들은 자신들의 차례가 되어 광장을 가로지르며 지도자를 일별하기 전까지 몇 시간 동안 얌전히 대기했다.[16]

1929년에 이르러 스탈린은 소련에 자신의 흔적을 남길 준비를 마쳤다. 레닌은 이미 히틀러가 1933년 이후에 통제라는 이름으로 달성하고자 한 일을 해냈다. 요컨대 러시아 공산당을 제외한 모든 조직을 체계적으로 제거하는 작업을 완료하고 러시아를 세계 최초의 일당 독재 국가로 바꾸어 놓은 터였다. 그 결과 대안 정당과 노동조합, 대중매체, 교회, 각종 조합과 협회 등은 전부 국가의 손아귀에서 놀게 되었다. 자유선거는 1917년 11월 이후에 즉각 금지되었고 법치가 무너졌으며 혁명적 정의와 주먹구구식으로 확대된 강제 노동 수용소 제도가 그 자리를 대신했다.

스탈린은 여기서 더 나아가 불과 5년 안에 정체되어 있던 농촌을 산업 중심지로 바꾸어 소련 경제를 영구적으로 개편하고자 했다. 거대한 산업 도시들이 아무런 사전 준비 없이 건설되었고 설비를 당장 가동할 수 있는 턴키turn key 방식의 공장들이 외국에서 수입되었다. 엔지니어링 공장들이 확대되었으며 석탄과 철, 강철 수요를 충족하기 위해 새로운 광산들이 문을 열었다. 이 모든 것이 위험하기 짝이 없는 빠른 속도로 진행되었다. 소련에 하루 8시간 근무제는 없었고 공장 노동자들은 일주일에 이레를 장시간 힘들게 일했다. 산업 확장의 열쇠는 농촌에 있었다. 농민들에게서 징발한 곡물을 국제 시장에 내다 팔아 외화를 벌어들였기 때문이다. 곡물 산출량을 더 늘리기 위해서 농촌은 집산화되었다. 농민들은 국영 농장에 배속되었고 쿨라크는 여기서 제외되었다. 스탈린은 집산화를 쿨라크 계급 전체를 제거할 다시없는 기회로 여겼다. 그 결과 한 가족의 구성원들이 각자 강제 수용소로 보내지거나 광산에서 강제 노역을 하거나 제국의 먼 지역으로 이송되면서 약 32만 개에 달하는 가정이 해체되었다.[17]

당이 스탈린의 지휘 아래 이제는 신성 불가침한 존재가 되면서 당 노선 역시 논쟁의 여지가 없는 신성한 의지로 간주되었다. 스탈린은 신성의 화신이자 이전까지 레닌을 지칭하던 단어인 〈보즈드vozhd〉, 즉 위대한 지도자가 되었다. 1929년 5월 1일에는 마르크스가 뒷전으로 물러남과 동시에 스탈린이 레닌과 대등한 위치로 승격했다. 한 미국인 기자의 말에 따르면 〈크렘린 담장 맞은편으로 붉은 광장에 인접한 건물들에 레닌과 스탈린의 거대한 얼굴이 내걸렸다. 극장 광장의 비계 위에 설치된 그들의 거대한 전신 초상화는 한쪽에 있는 메트로폴 호텔이나 다른 한쪽의 그랜드 호텔보다 높이 솟아 있었다〉.[18]

위대한 지도자 스탈린은 1929년 12월 1일에 쉰 살이 되었다. 당 기관지 『프라우다』의 설명에 따르면 전 세계 노동자들이 그에게 축하 인사를 보내면서 〈셀 수 없이 많은 전보〉가 도착했다. 심지어 폴란드와 헝가리, 이탈리아의 교도소에서 그의 생일을 축하하는 쪽지들이 밀반출되기도 했다. 선전부는 이런 현상이 영웅 숭배가 아니며 프롤레타리아 혁명이라는 이상에 대한 전 세계 수백만 노동자들의 헌신을 보여 주는 것이라고 설명했다. 스탈린이 바로 당이었고 그는 예컨대 〈강철 같은 의지로 결코 선을 넘지 않는 대담한 열정, 냉철하고 혁명적인 마르크스적 분석을 바탕으로 한 승리에 대한 흔들리지 않는 믿음, 내전의 현장에서 죽음을 도외시하는 프롤레타리아 정신, 탐조등처럼 미래를 비추는〉 이성 등 노동자 계급에 최선인 모든 미덕의 화신이자 지도자로서 신중함을 갖춘 인물이었다.[19]

그를 둘러싼 아첨은 이외에도 차고 넘쳤다. 스탈린의

부하들은 열정적으로 스스로를 낮추면서 그들의 지도자에게 찬가를 작곡해서 바쳤다. 콧수염이 짙고 풍성한 제1서기 라자르 카가노비치는 그를 〈레닌의 가장 가깝고 가장 적극적이며 가장 충성스러운 조력자〉라고 찬양했다. 세르고 오르조니키제는 자신의 스승에 대해 〈당을 세계 프롤레타리아 혁명이라는 최후의 승리로 이끌어 줄 강철 같은 의지로 무장한 진실되고 흔들리지 않는 레닌의 제자〉라고 묘사했다.[20]

하지만 1년에 두 번 노동절과 시월 혁명을 기념하기 위해 붉은 광장의 연단에 서 있을 때 먼발치에서 보는 것을 제외하고는 스탈린을 본 사람이 아무도 없었다. 심지어 연단에 서 있을 때는 거의 동상이나 다름없었다. 군용 외투를 입고 챙이 달린 모자를 쓴 채 무신경하고 평온한 자세를 취하면서 건장한 모습을 보여 줄 뿐이었다. 뉴스 영화에서도 좀처럼 모습을 나타내지 않았으며 공개 연설도 하지 않았다. 그의 목소리가 라디오 전파를 탄 적도 없었다. 그의 사진은 개인 비서를 통해 엄격히 관리되었고 하나같이 일정한 표준을 따랐다. 심지어 포스터 속에서도 스탈린은 냉정하고 멀게 느껴졌다. 혁명을 이룩하려는 굴하지 않는 의지의 화신처럼 보일 뿐이었다.[21]

10년의 세월 동안 스탈린은 특별히 눈에 띄지 않는 인민 위원에서 이론의 여지가 없는 당 지도자로 부상했다.

하지만 자신에게 반대하는 강력한 세력들과 반복해서 전쟁을 치러야 했다. 스탈린을 남은 삶 동안 줄곧 괴롭힐 유서에서 레닌은 스탈린에게 최고 권력을 넘겨준 뒤 마음이 바뀌어 그를 제거할 것을 요구했다. 뛰어난 웅변가이자 재능 있는 논객이며 적군(赤軍)의 존경받는 사령관이던 트로츠키는 끊임없이 스탈린에게 맞섰다. 순전한 복수심과 냉철한 계산은 스탈린이 내내 승승장구하도록 도와주었지만 시간이 지날수록 그는 자신을 희생자라고 생각했고 그럴수록 노여움도 쌓여 갔다. 원한을 품은 승리자로서 그는 영원히 주변 사람을 불신하게 되었다.[22]

스탈린은 자신을 비난하는 잠재적인 비평가들보다 훨씬 나은 단호하고 초연한 지도자라는 이미지가 잘 어울렸지만 머지않아 보다 인간적인 부분을 부각시키기 시작했다. 한편 트로츠키는 국내에 유배된 상태에서 극적인 모습을 연출하면서 스탈린을 우리에 갇힌 사자의 사육자를 닮도록 만들었다. 그는 외국으로 유배되자마자 스탈린보다 더욱 레닌주의자처럼 보이려고 노력했다. 당 지도부 내에 존재하는 논란을 알리고자 복도 정치를 둘러싼 자신의 세부적인 지식을 이용해서 『반대파 회보』도 발간하기 시작했다. 1930년에 영어와 러시아어로 출간한 자서전 『나의 생애』에서는 스탈린이 범재에 불과하며 시기심이 많고 기만적인 인물이며 교묘한 속임수로 혁명을 배신했다고 주장했다. 그는 레닌의 유언을 자꾸 상기시켰다. 〈스탈린은 예의가 없고 불충하며 당 기구로부터 얻은 권력을 남용할 여지가 다분하다. 분열을 피하기 위해서 스탈린은 제거되어야 한다.〉 스탈린이 앞서 트로츠키주의라는 신조어를 만들어 냈다면 이제 트로츠키는 결과적으로 스탈린주의의 개념을 대중화한 터였다.[23]

1년 전 스탈린의 쉰 번째 생일 행사에서 그루지야인 동료 아벨 에누키드제는 그의 인간적인 부분들을 소개하면서 스탈린 신화를 둘러싼 몇몇 요소를 망라했다. 그에 따르면 스탈린은 구두 수선공의 아들이었고 조숙하고 재능 있는 학생인 동시에 신학교에서 쫓겨난 어린 반항아이기도 했다. 그는 허영심이 없는 사람이었다. 또한 보통 사람들을 잘 이해할 뿐 아니라 노동자들에게 복잡한 문제를 매우 간단하게 설명할 줄 아는 사람이었으며 주변 사람들은 애정을 담아 그에게 〈소소Soso〉라는 별명을 지어 주었다. 그는 볼셰비즘을 옹호하는 데 전혀 주저함이 없었고 자신을 혁명 과업에 전적으로 내던졌다. 〈스탈린은 삶의 마지막 날까지 늘 변함없을 것이다〉라고 에누키드제는 공언했다.[24]

스탈린은 단지 당의 지도자가 아니었다. 공산당 인터내셔널 혹은 코민테른의 실질적인 우두머리인 동시에 세계적인 프롤레타리아 혁명으로 나아갈 길을 제시하는 인물이었다. 그럼에도 트로츠키와 달리 나라 안팎에서 여전히 이해하기 힘들고 거리감이 느껴지는 사람이었다.

1930년 11월 스탈린은 미국의 합동 통신사(UP) 특파원 유진 라이온스를 초대해 집무실에서 개인적으로 만났다. 소련의 국영 통신사인 타스 통신사 뉴욕 지사에 근무했던 공산당 동조자 라이온스는 모스크바에 주재하는 수십 명의 기자들 중에서 신중하게 선발된 터였다. 스탈린은 문까지 나와 그를 맞이했다. 그리고 수줍은 미소를 지어 보임으로써 순식간에 기자를 무장 해제시켰다. 라이온스의 전언에 의하면 그의 텁수룩한 콧수염이 거무스름한 얼굴에 친절하고 대체로 인자한 인상을 더해 주고 있었다. 느긋한 태도와 소박한 옷차림, 검소함을 특징으로 하는 그의 집무실부터 중앙 위원회 본부의 조용하고 정돈된 복도까지 모든 것이 그의 소박함을 이야기했다. 스탈린은 열심히 들었고 사려가 깊었다. 〈당신은 독재자입니까?〉라고 마지막으로 라이온스가 물었다. 스탈린은 〈아니요, 그렇지 않소〉라고 점잖게 대답했고 당에서는 모든 결정이 집단적으로 이루어지고 누구도 독재를 할 수 없다고 설명했다. 라이온스는 밖으로 나오면서 〈정말 마음에 드는 사람이야〉라며 환호했다. 그렇게 스탈린 본인의 감수까지 거친 입에 발린 글 「스탈린 웃다!」는 전 세계 주요 신문의 1면을 장식한 채 크렘린의 은둔자를 둘러싼 〈비밀의 가면을 벗겨 냈다〉.[25]

스탈린은 아내와 세 자녀에 대해 언급하면서 인터뷰에 가족과 관련된 사사로운 내용을 끼워 넣었다. 일주일 뒤에 미국인 기자 휴버트 니커보커가 회색 모직으로 된 평범한 옷을 입은 소박한 인상의 스탈린 어머니를 인터뷰했다. 자신이 가장 좋아하는 주제에 대해 이야기하게 되자 그녀는 행복한 표정으로 〈소소는 항상 착한 아이였어요!〉라며 의기양양해 했다.[26]

보다 많은 유명한 지식인들이 그 뒤를 이었다. 그들은 친절하고 소박하며 겸손할 뿐 아니라 막대한 권력을 가졌음에도 절대로 독재자로서 군림하지 않는 남자의 이미지를 대중화하고 퍼뜨렸다. 1년 뒤에는 사회주의 작가인 조지 버나드 쇼가 모스크바에서 자신의 일흔다섯 번째 생일을 맞이하여 의장대의 화려한 공연과 만찬을 대접받았다. 그는 당과 지도자를 찬양하도록 철저하게 훈련된 농민들과 함께 모범 학교와 교도소, 농장 등을 방문하면서 소련을 여행했다. 스탈린에 의해 완벽하게 연출된 2시간의 비공개 접견 뒤에 이 아일랜드인 극작가는 독재자 스탈린을 〈매력적이며 유머가 넘치는 사람〉으로 믿게 되었고, 다음과 같이 공표했다. 〈그는 어떠한 악의도 없을 뿐더러 고지식함도 없다.〉 쇼는 지칠 줄 모르고 폭군 스탈린을 홍보하다가 1950년에 벽난로 위에 우상의 초상화를 놓아둔 채 침대에서 삶을 마감했다.[27]

나폴레옹과 비스마르크의 전기를 집필한 인기 전기 작가 에밀 루트비히도 1931년 12월에 스탈린을 만나 그토록 많은 권력을 가졌음에도 〈권력을 뽐내지 않는〉 소박한 남자에게 마찬가지로 깊은 인상을 받았다. 그럼에도 수백만 명의 숭배를 마지못해서 받아들인 소박한 남자의 전기를 써서 그의 이미지를 선전하는 데 가장 큰 역할을 한 사람은 따로 있었다. 바로 1918년에 모스크바로 넘어가 볼셰비키당에 가입한 프랑스 작가 앙리 바르뷔스였다. 두 사람이 1927년에 처음 만났을 때 스탈린은 바르뷔스의 마음을 완전히 사로잡았고 스탈린을 찬양하는 바르뷔스의 글들은 『프라우다』에 번역되어 실렸다. 1932년에 두 사람이 한 번 더 만난 이후에 중앙 위원회의 문화 선전부는 파리에 근거를 둔 반전 및 반파시즘 세계 위원회를 조직하기도 한 바르뷔스를 꼼꼼하게 심사했다. 그리고 1933년 10월에 바르뷔스는 스탈린이 프랑스로 보낸 38만 5,000프랑을 받았다. 오늘날의 화폐 가치로 환산하면 대략 33만 달러에 가까운 돈이었다. 스탈린이 접근했던 또 다른 프랑스 문인 앙드레 지드의 말을 빌리자면 〈올바른 방향으로〉 글을 쓴 사람들에게는 상당한 재정적인 혜택이 기다리고 있었다.[28]

스탈린은 자신의 전기 작가에게 참고가 될 만한 모든 자료를 제공했으며 전기에 관련된 모든 세부적인 내용은 선전부 직원의 감독을 받았다. 1935년 3월에 발행된 『스탈린: 한 남자를 통해서 본 새로운 세계』에서 바르뷔스는 스탈린을 새로운 구원자로, 예컨대 붉은 광장에서 퍼레이드가 열릴 때마다 수백만 명에게 이름이 연호되는 초인으로 묘사했다. 하지만 주변 사람이 자신을 아무리 받들어 모셔도 그는 늘 겸손했으며 스승인 레닌에게 모든 공을 돌렸다. 그의 월급은 고작 500루블에 불과했다. 그가 사는 집에는 창문이 세 개밖에 없었다. 첫째 아들은 부엌에 있는 긴 의자에서 잠을 잤고 둘째 아들은 벽장에서 잠을 잤다. 서른두 명의 비시를 두었던 선임 영국 총리 로이드 조지와 대조적으로 비서는 한 명밖에 없었다. 이 〈솔직하고 재기 넘치는 남자〉는 사생활도 마찬가지로 〈소박했다〉.[29]

앙리 바르뷔스부터 조지 버나드 쇼까지 유명한 외국인들은 스탈린이 자신의 우상화를 둘러싼 가장 핵심적인 부분에서 모순을 해결하도록 도와주었다. 요컨대 소련은 개인이 아닌 프롤레타리아 계급이 독재하는 국가여야 한다는 부분이었다. 공산주의 논증법에 따르면 무솔리니와 히틀러 같은 파시스트 독재자들만 지도자의 말이 법보다 위에 있고 국민은 지도자의 의지에 복종해야 한다. 그러므로 비록 스탈린에 대한 우상화가 일상생활의 모든 측면에서 만연하더라도 그가 독재자라는 개념만큼은 금기시되었다. 표면상으로 국민들은 그의 뜻에 반하여 그를 찬양했고 붉은 광장에서 퍼레이드가 열릴 때마다 그가 수백만 명 앞에 어쩔 수 없이 모습을 드러내는 이유도 그들이 자신을 보여 달라고 요구하기 때문이었다.[30]

스탈린의 이미지는 그의 맞수들이 보여 준 이미지와

모든 면에서 대조되었다. 히틀러와 무솔리니는 그들의 추종자들 앞에서 고래고래 소리를 지른 반면에 자신을 내세우지 않는 서기장은 당 대회에서 사람들로 붐비는 연단의 뒷줄에 앉아서 조심스러운 눈빛으로 침묵을 지킬 뿐이었다. 히틀러와 무솔리니가 사람들에게 말을 했다면 스탈린은 사람들의 말을 들었다. 그들은 감정에 지배되었지만 스탈린은 모든 말에 신중을 기하면서 이성을 지켰다. 그는 거의 말을 하지 않았고 그렇기에 모든 사람이 그의 말을 중요하게 여기면서 진지하게 고민했다. 에밀 루트비히의 표현을 빌리자면 그는 침묵할 때조차 힘이 느껴졌다. 그의 〈무겁고 위험해 보이는 침묵〉에는 약간의 위협적인 어떤 것이 존재했다.[31]

앙리 바르뷔스의 주장처럼 어쩌면 단 한 명의 비서만 있었을지 모르지만 1929년에 쉰 번째 생일을 맞은 이후로 스탈린은 당 조직을 이용해 자신의 우상화를 강화했고 때를 같이하여 그의 포스터와 초상화, 책, 반신상 등이 급증하기 시작했다. 1930년 여름에 열린 제16차 소련 공산당 대회는 7시간 동안 연설을 진행한 스탈린에게 충성심을 증명하는 자리가 되었다. 이제는 의무나 다름없는 찬양이 대회장 내부는 물론 신문과 라디오까지 회자되었다.[32]

농촌에서는 무자비한 집산화 운동이 강제되는 중이었고 1932년 기근이 절정에 도달했을 때도 레닌과 스탈린의 동상들이 세워졌다. 우크라이나와 우랄 산맥, 볼가강 유역, 카자흐스탄을 비롯한 시베리아 곳곳에서 약 6백만 명이 굶어 죽었다. 이런 와중에도 5개년 계획을 추진하는 데 필요한 자금을 조달하기 위해서 엄청난 양의 우유와 달걀, 고기는 물론 곡물까지 국제 시장에 판매되었다. 초근목피로 생계를 이어 가는 순간에도 농민들은 그들의 지도자를 열렬히 찬양할 수밖에 없었다.[33]

1930년에 열린 제16차 소련 공산당 대회는 〈그칠 줄 모르는 격렬한 박수 소리〉와 함께 시작돼 〈오랫동안 환호가 이어졌다〉. 4년 뒤 열린 제17차 소련 공산당 대회에서는 더 이상 그 정도로 만족할 수 없었다. 속기록에 의하면 대회장에 〈쩌렁쩌렁한 환호 소리〉뿐 아니라 〈우리스탈린 만세!〉를 외치는 함성이 진동했다. 대의원들이 성공적인 농업 집산화와 빠른 산업화를 축하하면서 이 대회는 승리자의 대회로 환영받았다. 하지만 무대 뒤에서는 당원들이 스탈린의 방식에 불만을 제기했다. 몇몇 당원들은 공개적으로 그를 칭송하면서도 그의 야심에 대해서는 우려를 나타냈다. 그에게 너무나 많은 반대표가 쏟아지는 바람에 투표지 중 일부를 폐기해야 했다는 말도 돌았다.[34]

스탈린은 아무것도 하지 않았다. 그는 인내의 미덕을 알았으며 시련에 직면해 냉철하고 면밀하게 계산된 자제력을 보여 주었다. 그러던 중 1934년 말에 레닌그라드의 제1서기인 세르게이 키로프가 암살되자 스탈린은 극단적인 조치를 취했다. 바로 대공포 정치의 시작이었다. 스탈린에게 어떤 식으로든 반대를 표했던 당원들이 체포되었다. 가장 먼저 보여 주기식 재판을 받은 지노비예프와 카메네프는 1936년 8월에 유죄 판결을 받고 처형되었다. 이른바 우파 및 트로츠키주의 연합 소속으로 알려진 부하린과 스무 명의 피고를 비롯하여 수많은 사람들이 뒤를 이었다. 공포 정치가 절정에 달한 1937년과 1938년에는 계급의 적이나 방해 공작원, 반대자, 투기자라는 이유로 고발된 사람들이 하루에 약 1천 명꼴로 사형되었다. 그들 중 일부는 이웃이나 친척에 의해 고발되었다.[35]

공포가 확산되면서 개인숭배가 기승을 부렸다. 1934년에도 아랫사람들에게 숭배된 이가 스탈린 혼자만은 아니었다. 이미 1920년대 말부터 공휴일이 되면 아래로는 지방 기업의 임원들까지 사실상 모든 지도자가 휘하의 노동자들에게 자신의 초상화를 들고 행진하게 한 터였다. 어떤 지도자들은 자신의 세력 범위 안에서 작은 스탈린이 되어 자신을 찬양하는 아첨꾼들에게 둘러싸인 채 스탈린을 모방했고 사진이나 동상을 통해 스스로 불멸의 존재가 되고자 했다. 이반 루미안체프도 그런 지도자 중한 명이었으며 1934년에는 스탈린을 〈천재〉라고 격찬한 아첨꾼이기도 했다. 서부 지역의 스탈린을 자처하던 그는 134개의 집단 농장 이름을 자신의 이름을 따서 짓도록 강제했다. 그는 1937년 봄에 스파이로 고발되어 총살당했다.[36]

때때로 정치국원들은 그들 자신의 명예를 위해 전체 도시명을 바꾸었다. 그래서 스탈린그라드도 있었지만 몰로토프와 오르조니키드제도 있었다. 지도자의 인기가 떨어지면 그 자리에서 도시명이 바뀌었는데 불운한 트로츠크와 지노베프스크 같은 도시들이 바로 그런 경우였다. 하지만 1938년에 이르러서는 단 하나의 다른 이름에만 스탈린과 동등한 지위가 허락되었다. 1919년부터 1946년까지 소비에트 사회주의 연방 공화국의 명색뿐인 대통령, 즉 국가 원수를 맡은 미하일 칼리닌이었다. 전적으로 상징적인 역할이었음에도 불구하고 그는 스탈린이 내놓은 모든 법령에 하나하나 서명하면서 훌륭하고 충실하게 직무를 수행했다. 그의 아내가 스탈린을 〈폭군이며 사디스트〉로 지칭한 혐의로 체포되었을 때도 칼리닌은 전혀 이의를 제기하지 않았다.[37]

승리자의 대회가 끝난 3개월 뒤인 1934년 6월부터 스탈린은 국가 선전부의 모든 것을 감독하기 시작했다. 그러잖아도 도처에 존재하던 그의 사진은 이제 더욱 늘어나 한 미국인 방문객의 증언에 따르면 모스크바의 신규 지하철 공사 현장들을 둘러싼 〈임시 담장과 카잔에 있는 공공 건물의 전면, 상점의 붉은 코너, 위병소와 교도소의 담벼락, 가게, 크렘린 궁전, 대성당, 극장 등을 비롯한 모든 곳에서 거대한 초상화를 볼 수 있었다).[38]

사형 집행 영장에 서명하고 보여 주기식 재판을 지시하는 틈틈이 스탈린은 작가와 화가, 조각가, 극작가 등을 만났다. 그리고 그가 〈사회주의 리얼리즘〉으로 알려진 형식을 강요하면서 예술의 모든 면에서 개인이 사라졌다. 예술은 혁명을 찬양해야 했다. 동화는 프롤레타리아답지 않다는 이유로 금지되었다. 아이들은 트랙터나 탄광에 관한 책들에 매료될 터였다. 각종 위원회가 모든 문서와 이미지를 심사한 까닭에 한 역사학자가 〈거울의 방〉이라고 부른 것 안에서 동일한 자극이 끊임없이 반복되었다. 혁명의 화신이라는 점에서 스탈린은 그 모든 자극 중에서도 가장 중요했다. 〈스탈린스크시(市)의 스탈린 광장에 위치한 스탈린 문화 회관에 모인 스탈린 공장의 노동자들이 스탈린에게 편지를 쓰는 것은 드문 일이 아니었다.)[39]

스탈린스크는 위대한 지도자의 이름을 딴 다섯 개의 도시 중 하나일 뿐이었다. 즉 스탈린스크 외에도 스탈린그라드와 스탈리나바드, 스탈리노, 스탈리나고르스크가 있었다. 대공원과 공장, 철도, 운하 등도 하나같이 그의 이름을 따서 지어졌다. 백해(白海)에서 발트해의 레닌그라드까지 이어지는 스탈린 운하는 첫 번째 5개년 계획 기간에 죄수들의 노동력을 동원해서 만들어졌고 1933년에 개통되었다. 최고의 강철에는 스탈린나이트라는 이름을 붙였다. 유진 라이온스는 〈모든 활자화된 시사 평론과 모든 게시판, 모든 라디오가 당신에게 그의 이름을 외친다〉라고 말했다. 〈공설 잔디밭에 그의 모습을 형상화해서 조성된 꽃밭이나 전구, 우표 등 어디에서나 그의 모습을 볼 수 있다. 또한 거의 모든 상점에서 석고와 청동 흉상의 형태로, 찻잔에 칠해진 조잡한 색채의 형태로, 석판화와 그림 엽서의 형태로 판매되었다.〉[40]

선전 포스터의 가짓수는 1934년 240개에서 1937년에 70개로 줄었지만 지도자 본인에게 초점이 맞춰지면서 인쇄 부수는 더 늘어났다. 일반인도 잠깐씩 등장했지만 그마저도 언제나 스탈린과 관련이 있었다. 예컨대 그를 쳐다보거나, 그의 초상화를 들고 행진하거나, 그의 저작을 연구하거나, 그에게 경례를 하거나, 그에 관한 노래를 하거나, 그를 따라 이상적인 미래로 나아가는 사람들이었다.[41]

스탈린은 이제 도처에서 인자한 미소를 짓고 있었다. 어쨌거나 승리자의 대회는 1934년에 사회주의가 완료되었다고 선언한 터였고 1년 뒤에는 스탈린 본인이 〈삶이 보다 즐거워졌다〉라고 공표했다. 스탈린은 이제 자신을 찬양하는 군중에 둘러싸여 웃고 있었고 자신에게 꽃을 선물하며 즐거워하는 아이들과 웃고 있었다. 1936년에 크렘린에서 열린 환영회에서 그가 겔리아 마르키조바라는 세일러복 차림의 어린 소녀(그녀의 아버지는 후에 민중의 적으로 규정되어 총살되었다)에게서 꽃을 받는 사진은 수백만 장이 유포되었다. 스탈린은 설날을 맞은 아이들에게 자애로운 웃음을 선사하는 얼음 할아버지, 즉 러시아의 산타클로스였다. 모든 것이 스탈린의 선물처럼 보였다. 버스와 트랙터, 학교와 집, 집단 농장 등 모든 것은 그가 준 것이었다. 그는 이를테면 궁극의 만물 자판기 같은 존재였다. 심지어 어른들도 아버지 스탈린의 자식처럼 보였다. 보다 정확하게는 백성의 행복한 삶에 관심을 표하는 황제에게 사용되던 애정 어린 표현인 〈작은아버지〉 또는 〈아버지와 같은〉 존재의 자식들이었다. 보여 주기식 재판이 절정에 달한 1936년 12월에 통과된 헌법도 스탈린 헌법으로 불렸다.[42]

온갖 새로운 표현이 위에서부터 고안되었다. 젊은 작가 알렉산드르 아브덴코가 1935년에 소비에트 연방에 감사하는 말과 함께 연설을 마치자 스탈린의 개인 비서인 레프 메흘리스가 접근해서 연방보다는 스탈린에게 감사했어야 한다는 뜻을 비쳤다. 몇 개월 뒤 파리에서 개최된 세계 작가 회의에서 아브덴코가 한 발언이 소련에 방송되었는데 그는 모든 문장을 의례적으로 〈감사합니다, 스탈린!〉과 〈당신 덕분에 이렇게 기쁜 순간을 맞이했습니다. 고맙습니다, 스탈린!〉이라는 말로 끝맺었다. 그는 작가로서 승승장구했으며 이후 세 번 연속 스탈린상(賞)

을 수상했다.[43]

　상대적으로 덜 기뻐한 작가들은 마구잡이로 확장 중이던 소련의 강제 수용소 제도인 강제 노동 수용소로 보내졌다. 러시아의 가장 위대한 시인 중 한 명인 오시프 만델스탐은 1934년에 가까운 친구들 앞에서 지도자에게 비판적인 풍자시를 낭송한 혐의로 체포돼 몇 년 뒤 임시 수용소에서 숨을 거두었다. 시인과 철학자에서부터 극작가에 이르기까지 다른 사람들은 간단히 총살되었다.

　숭배란 대중의 흠모가 투영되어야 했기 때문에 노동에 종사하는 대중에 의해 만들어진 시와 노래는 대대적으로 홍보되었다. 다음은 소비에트 연방의 자치주 중 하나인 다게스탄의 한 여인이 지은 시구다. 〈계곡 위에 산봉우리가, 산봉우리 위에 하늘이 있어요. 하지만 스탈린이여, 하늘은 절대로 당신만큼 높을 수 없어요, 오직 당신의 사상만이 더 높은 곳에 이를 수 있어요. 별과 달은, 태양 앞에서 빛을 잃고, 태양은 당신의 빛나는 지성 앞에서 빛을 잃어요.〉 집단 농장에서 일하는 농부 세이딕 크바르치아는 「스탈린 노래」를 작곡했다. 〈어떤 전사보다 앞에서 싸운 남자, 고아와 미망인과 노인을 구한 남자. 그의 앞에 서면 적들은 하나같이 벌벌 떤다.〉[44]

　자발적인 느낌을 세심하게 부각했음에도 불구하고 1939년에 이르자 정형화된 기준이 생겨났다. 그 결과 관보를 비롯한 웅변가, 시인 등은 〈비할 데 없는 천재〉, 〈위

대하고 사랑받는 스탈린〉, 〈지도자이면서 전 세계 노동
자 계급에 영감을 주는 이〉, 〈위대하고 영예로운 스탈린,
세계 혁명을 이끄는 수장이자 명석한 이론가〉라고 찬양
하며 하나같이 똑같은 찬가를 노래했다. 사람들은 대중
집회에서 언제 박수를 쳐야 하는지, 공개 행사에서 언제
그의 이름을 불러야 하는지 알았다. 완전히 새로운 어떤
것보다는 반복이 중요했다. 이는 과도한 아첨이 마찬가
지로 위험할 수 있음을 의미했다. 살해당한 시인의 아내
나데즈다 만델스탐은 스탈린에게 어떠한 종류의 광신자
도 필요하지 않다고 주장했다. 요컨대 스탈린은 사람들
이 자기 나름의 어떠한 확신도 없이 그의 뜻을 따르는 순
종적인 도구가 되어 주기를 바랐다. 당 조직은 자주 스탈
린의 개인 비서 알렉산드르 포스크레비셰프를 통해 모든
단어와 사진 하나하나까지 꼼꼼하게 통제했다. 여기에
더해 스탈린 본인 또한 강박적인 편집가였기 때문에 직
접 세심하게 논설을 읽고 연설을 편집하고 기사를 검토
했다. 실제로 1937년에는 노동절 퍼레이드를 보도한 타
스 통신 기사에서 〈우리 시대의 위대한 남자〉라는 표현
을 깔끔하게 삭제하기도 했다. 그는 자신을 우상화하는
과정에서 불필요한 가지를 제거하고 적기에 꽃을 피울
수 있도록 여기저기를 잘라 주는 일종의 정원사 같은 존
재였다.[45]

　　스탈린주의라는 말이 정식으로 사용되기 시작하면서

스탈린은 때가 무르익었다고 판단했다. 첫 번째 진정한 스탈린주의자인 라자르 카가노비치는 이미 1930년대 초에 스탈린과 저녁 식사를 하는 자리에서 〈레닌주의 만세를 스탈린주의 만세로 바꾸자〉고 제안한 것으로 알려졌다. 스탈린이 겸손하게 거절했음에도 불구하고 1936년 12월 5일 헌법이 통과된 바로 그 순간부터 스탈린주의라는 말은 갈수록 빈번하게 등장했다. 〈우리 헌법은 마르크스주의와 레닌주의와 스탈린주의이다.〉 몇 주 뒤 새해를 하루 앞둔 시점에 세르고 오르조니키제는 〈우리 조국은 무적이다〉라는 제목의 연설에서 이 표현을 사용함으로써 대대적인 박수갈채를 이끌어 냈다. 그는 스탈린이 〈마르크스주의와 레닌주의와 스탈린주의〉로 무장한 1억 7천만 명의 국민들로 이루어진 군대에 동기를 부여해 주었다고 선언했다.[46]

스탈린이 1924년에 했던 강연은 『레닌주의의 기본』이라는 책으로 출간되어 1929년 이후 빠르게 판매되었고 1934년에 이르러서는 스탈린의 다양한 저작들이 1천 6백만 부가 넘게 유통되고 있었다. 그럼에도 레닌주의는 스탈린주의가 아니었다. 히틀러의 『나의 투쟁』처럼 토대가 되어 줄 책이 필요했다. 과거가 끊임없이 변하고 있는 시점에서 이는 무엇보다 시급한 문제였다. 사망한 정치 위원을 사진에서 지우는 것도 일이었지만 일대기를 마냥 수정하는 것 또한 일이었다. 심지어 앙리 바르뷔스가 쓴

전기도 이제는 체포된 지도자들을 언급한 까닭에 1935년에 출판되자마자 인기가 시들해진 터였다.[47]

답은 『전 연방 공산당 역사에 관한 속성 강좌』였다. 이 책은 마르크스와 엥겔스로부터 레닌과 스탈린으로의 적자 승계를 주장했다. 레닌과 그의 추종자 스탈린으로 이어진 정당한 당의 계보가 일련의 기만적인 반당 세력들에게 방해를 받았지만 사회주의로 나아가는 과정에서 이들 세력이 성공적으로 제거되었다고 독자들에게 분명하게 이야기함으로써 당의 역사를 둘러싼 모든 논란을 덮었다. 출간 작업은 1935년에 스탈린의 의뢰로 처음 시작되었고 그는 몇 군데를 수정하게 하고 본문 전체를 다섯 차례에 걸쳐 편집한 뒤에야 1938년 9월 대대적인 광고와 함께 출판을 허락했다. 마침내 출간된 책은 러시아에서만 4천 2백만 부 이상이 판매되면서 스탈린을 살아 있는 지혜의 원천으로 신격화하는 표준이 되었고 67개의 언어로 번역되었다.[48]

1939년 12월 21일에 스탈린은 예순 살이 되었다. 6개월 전 베를린에서는 히틀러에게 안부를 물으려는 지도자들이 총리 공관에 줄을 이룬 터였다. 모스크바에서는 자신을 낮추는 공개적인 운동 양상으로 축하가 이루어진 가운데 당 지도부가 12면으로 발행된 『프라우다』 특별판에 장문의 찬가를 게재했다. 새로 소련의 내무 인민 위원부, 즉 비밀경찰을 맡은 라브렌티 베리야는 〈우리 시대의 가장 위대한 남자〉라며 찬사를 쏟아 냈다. 라자르 카가노비치는 〈스탈린, 역사를 움직이는 가장 위대한 동력〉이라고 선언했다. 정치국원인 아나스타스 미코얀은 〈스탈린은 오늘날의 레닌이다〉라고 공표했다. 소련 최고 회의 간부회는 스탈린을 〈우리 국민과 전 세계 노동자들이 가장 사랑하고 친애하는 남자〉라고 입을 모았다. 그리고 〈레닌의 임무를 물려받은 위대한 계승자, 스탈린 동지〉에게 사회주의 노력 영웅 훈장을 수여했다.[49]

스탈린은 측근에게 스스로를 낮출 것을 요구한 반면에 대중에게는 무한한 열정을 요구했고 그 결과 전국 방방곡곡에서 그들의 선물이 답지했다. 그들은 궁극적인 보호자이면서 부양자인 스탈린에게 보답하기 위해 오랫동안 기회를 기다려 온 터였고 영원한 고마움의 증표들을 보내왔다. 아이들이 직접 그린 그림을 보내왔고 공장에서 사진을 보내왔으며 비전문가들이 그림이나 흉상을 보내왔고 숭배자들이 전보를 보내왔다. 선물이 해일처럼 밀려든 까닭에 『프라우다』의 지면을 통한 감사 인사가 한 달 동안이나 지속되었다. 선별을 거친 일부 품목은 국민들의 뜨거운 애정을 보여 주는 증거로 혁명 박물관에 전시되었다.[50]

외국에서도 많은 축하 인사를 보내 왔는데 아돌프 히

틀러도 그중 한 명이었다. 〈예순 번째 생일을 진심으로 축하합니다. 더불어 행운이 함께하기를 바랍니다. 개인적으로 항상 건강하기를 바라며 우호적인 소련 국민들의 행복한 미래를 기원합니다.〉[51]

지난 10년 중 대부분의 기간에 스탈린과 히틀러는 점점 늘어나는 경계심과 마지못한 존경심이 뒤섞인 상태로 서로를 관찰해 온 터였다. 〈히틀러는 정말 대단한 친구다!〉라며 스탈린은 〈긴 칼의 밤〉 사건을 지켜본 뒤에 탄성을 내뱉었다. 히틀러는 히틀러대로 스탈린의 대공포 정치에 깊은 인상을 받았다. 하지만 스탈린은 진작에 『나의 투쟁』을 읽은 참이었고 거기에는 저자가 러시아를 지도에서 지워 버리겠다고 약속하는 구절이 포함되어 있었다. 『나의 투쟁』에서 히틀러는 〈절대로 잊지 말라〉라고 말했다. 〈오늘날 러시아를 통치하는 자들은 피로 물든 상습범이다. 우리는 인간쓰레기들을 상대하는 중이다.〉[52]

1938년 9월에 뮌헨 조약이 체결되자 스탈린은 대공포 정치를 중단했다. 주된 사형 집행자였던 니콜라이 예조프는 11월에 숙청되고 라브렌티 베리야가 그를 대신했다. 이즈음 스탈린은 아첨꾼에 둘러싸여 있었다. 지도부 내의 잠재적인 대항 세력은 모두 숙청된 참이었다. 당의 방침을 지지하는 열정이 충분하지 않으면 불충한 것으로 해석되기도 한 까닭에 비밀경찰은 심지어 침묵하는 사람들에게도 총칼을 들이댔다. 스탈린에게는 친구가 없고 부하만 있었다. 요컨대 협력자는 없고 주위에 아첨꾼만 그득했다. 그러다 보니 혼자서 모든 중대한 결정을 내렸다.

1939년 8월 23일에 스탈린은 히틀러와 불가침 조약을 체결함으로써 세계를 놀라게 했다. 이는 물불을 가리지 않는 권력 경쟁에서 비록 위험성은 높을지라도 현명한 행보처럼 보였다. 두 개의 전선에서 전쟁을 수행해야 하는 사태로부터 독일을 자유롭게 함으로써 소련은 자본주의 국가들끼리 서로 피 터지게 싸우는 광경을 느긋하게 앉아서 지켜볼 수 있을 터였다. 하지만 몇 주 뒤, 소련이 폴란드의 반쪽을 침공하면서 예의 조약에 비밀 조항이 있음이 분명해 보였다.

히틀러도 핀란드를 노리는 스탈린의 손을 자유롭게 해주었다. 1939년 11월, 소련은 이웃의 작은 나라를 공격했다. 당연히 손쉽게 승리할 것으로 예상되던 전쟁은 피로 얼룩진 교착 상태에 빠져 소련군에 12만이 넘는 사상자를 발생시켰다. 스탈린의 숙청 작업으로 약 3만 명에 달하는 장교들이 희생된 대공포 정치가 적군(赤軍)에게 심각한 타격을 입혔음이 분명했다. 심지어 장군은 다섯 명 중 세 명이 처형되었다. 1940년 3월 핀란드와 평화 조약이 체결되었지만 이 일로 크렘린 궁전은 충격에 휩싸였다. 핀란드는 소련의 군사적인 약점을 들추어냈다.[53]

그동안 조심스럽게 쌓아 온 평화를 사랑하는 나라로서

소련의 명성도 산산이 무너졌다. 국제연맹은 소련의 회원국 자격을 박탈했다. 외국에서 사회주의 이상에 공감하던 사람들도 이제는 이오시프 스탈린과 아돌프 히틀러를 똑같은 사람으로 여기게 되었다.

스탈린은 연이어 잘못된 판단을 내렸다. 그는 독일에 맞서 방어선을 구축할 목적으로 발트 3국인 에스토니아와 라트비아, 리투아니아를 침략했고 이들 나라를 소련의 피보호국으로 만들었다. 하지만 히틀러가 프랑스에서 진창에 빠질 거라는 자신의 믿음에 근거한 이 계획도 근시안적이기는 마찬가지였다. 독일군은 5주도 되지 않아서 파리에 도착했다. 이제는 히틀러가 예상보다 훨씬 빨리 독일 주변을 안정시키고 소련 쪽으로 탱크를 돌릴 수 있을 것처럼 보였다. 1941년 5월이 되자 스탈린 본인의 정보 기관으로부터 독일군이 국경에 대규모 병력을 집중시키고 있다는 증거들이 쏟아지기 시작했다. 스탈린은 자신의 경험과 직관에만 의지해서 이를 단순한 도발로 치부했다. 역사가 로버트 서비스의 주장을 빌리자면 스탈린은 자신에 대한 절대적인 믿음으로 부지불식중에 〈20세기 최악의 군사적 재앙 상황〉을 만들어 낸 터였다.[54]

300만 명이 넘는 독일군이 국경을 넘어 물밀듯이 밀어닥쳤을 때 스탈린은 모스크바에서 약 200킬로미터 떨어진 시골 저택의 침대에 있었다. 그에게 침략이 임박했다고 거듭해서 경고했던 총참모장 게오르기 주코프의 전화를 받은 스탈린은 부리나케 크렘린으로 돌아왔다. 그는 여전히 음모라고 생각했지만 독일 대사가 상황을 분명하게 정리해 주었다. 즉 독일은 소련과 전쟁 중이었다. 스탈린은 크게 당황했지만 금방 정신을 차렸고 정치 위원들로 가득 채운 최고 사령부를 구성했다. 그런 다음에는 크렘린 궁전을 버리고 시골 서택으로 돌아가서 며칠 동안 숨어 있었다.

독일 탱크가 러시아 서부의 광활한 평야를 질주했다. 두 갈래로 나뉘어 각각 북쪽의 레닌그라드와 남쪽의 키예프를 향해 맹렬하게 나아갔다. 이 과정에서 많은 소련 국민들이 독일군을 해방군으로서 환영했다. 기근으로 수백만 명이 굶어 죽은 우크라이나에서는 더욱 그랬다. 하지만 히틀러는 그들 모두를 노예 신세로 전락할 열등한 인종으로 여겼을 뿐이었다.

1941년 7월 3일, 스탈린은 라디오 연설을 통해 공산주의보다 애국심에 호소하면서 소련 국민에게 전쟁에 대비할 것을 촉구했다. 그의 라디오 연설을 듣기 위해 도시 광장에 군중이 모여들었고 한 외국인 목격자의 증언에 따르면 그들은 〈스탈린의 어조 변화가 매 순간 느껴질 정도로 숨을 죽인 채 깊은 침묵에 빠졌다〉. 그가 연설을 마친 뒤에도 몇 분 동안 침묵이 계속되었다. 하룻밤 사이에 자국과 외국에서 그는 자유의 수호자가 되었다. 모스크바에서 주로 활동한 기자 알렉산더 워스는 〈소련 국민들

이 이제는 자신들이 지도자를 보호해야 한다고 생각하게 되었다〉라고 당시를 회상했다.[55]

다시 통제권을 쥔 스탈린은 휘하 장군들의 조언과는 사뭇 다르게 모든 도시에 마지막까지 항전하라는 지시를 내렸다. 키예프에 전략적인 철수를 지시하는 대신에 50만 명의 군인이 이 우크라이나의 수도에 갇힌 채 포위되도록 만들었다. 하지만 한 달 뒤 겨울이 찾아왔고 여기에 러시아군의 격렬한 저항까지 겹치면서 독일군은 모스크바로 나아갈 수 없게 되었다. 1941년 12월에 미국이 전쟁에 참여하면서 전세는 소련에 유리하게 기울었다. 이 때까지 적군(赤軍)은 200만 명 이상이 전사하고 350만 명이 포로로 잡힌 상태였다.

라디오 연설 이후에 완전히 모습을 감춘 것은 아니지만 스탈린은 전쟁 초기에 아주 잠깐 모습을 드러냈을 뿐이었다. 그는 신문에 글을 발표하지도 않고 좀처럼 대중 연설도 하지 않으면서 자국민을 고취하거나 그들에게 동기를 부여할 수 있는 모든 기회를 날렸다. 『프라우다』에는 가끔 그의 사진이 실리기도 했는데 사진 속 그는 군사령관으로서 붉은 별이 달린 군인 모자와 으리으리한 견장들로 장식된 군복을 입고 있었다. 그럼에도 대조국 전쟁에서 자국민을 이끄는 최고 사령관이라기보다 실체는 없이 전쟁만 종용하는 상징처럼 보였다. 그의 활동이나 그의 가족들이 어떻게 사는지에 관한 어떠한 정보도 유출되지 않았다. 한 외국인 기자의 주장에 의하면 그의 은 둔에는 나름의 장점도 있었다. 즉 국민들이 지도자에 대해 아는 게 거의 없어 인위적인 이미지와 실제 모습 사이에서 어떠한 충돌도 일어나지 않았다는 점이다.[56]

카프카스 유전에 대한 위협을 종식시킨 스탈린그라드 전투를 기점으로 1943년 2월에 전쟁의 흐름이 바뀐 뒤에야 스탈린은 중앙 무대로 복귀했다. 그러고는 휘하의 여러 장교들을 특진시키면서 스스로 소련의 원수가 되었다. 신문에는 〈스탈린의 전략〉이나 〈스탈린의 군사적 사고 양식〉부터 〈천재 군인 스탈린〉에 이르기까지 새로운 표현들이 쏟아졌다. 승리 소식 다음에는 언제나 라디오를 통한 그의 엄숙한 선언문 낭독이 이어졌으며 승리를 기념하는 축포가 발사되었다. 특히 1944년은 〈열 번의 스탈린식 맹공〉의 해로 기념되었다.[57]

스탈린은 또한 자신을 핵심적인 세계 무대 참가자처럼, 이를테면 회색 콧수염과 은백색 머리카락의 위대하고 위엄 있는 정치가처럼 포장했다. 크렘린의 나무판자를 댄 방에 외국의 고위급 인사들이 모였을 때 그는 부하들이 조약에 서명하는 동안 뒤로 한발 물러나 있는 모습을 연출했다. 전후 협상을 위해 테헤란과 얄타, 포츠담에서 개최된 일련의 정상 회담에서는 영국 총리 윈스턴 처칠과 미국 대통령 프랭클린 루스벨트의 옆자리에 모습을 나타냈다. 원수라는 외투를 걸치고 세계에서 가장 중요

한 정치가 중 한 명으로 당당하게 한자리를 차지하고 앉아 있자 그의 얼굴에는 절로 미소가 돌아왔다.[58]

세계의 주요 인사들은 스탈린의 집무실을 이리저리 돌아다니면서 그에게 덕담을 늘어놓았다. 처칠은 스탈린이 그를 얼마나 경멸하고 무시하는지도 모른 채 〈그를 보면 볼수록 마음에 든다〉라고 말했다. 미국인들도 동의하고 나섰다. 남의 말을 잘 믿는 루스벨트는 스탈린의 본성에서 혁명가를 넘어선 어떤 것, 이름하여 〈기독교도 신사〉 같은 모습을 발견했다. 루스벨트가 사망한 뒤 대통령직을 계승하는 트루먼은 일기장에 다음과 같이 털어놓았다. 〈나는 스탈린을 어떻게 대해야 하는지 안다. 그는 정직하지만 끔찍할 만큼 영악하다.〉 그의 국무장관이던 제임스 번스는 〈중요한 것은 그가 매우 호감이 가는 사람이라는 사실이다〉라고 평가했다. 실제로 스탈린에게 마음을 빼앗긴 외국 기자들은 그를 일상적으로 엉클 조라고 불렀다.[59]

물론 스탈린의 사람들 중 일부도 그를 좋아했다. 수백만 명이 굶주리거나 투옥되거나 처형된 1930년대 전반에 걸쳐 공포 정치와 선전은 서로 긴밀한 관계를 유지하며 나란히 발전했다. 스탈린의 희생자들이 그토록 처절한 인간적인 비극을 초래한 장본인을 진짜로 숭배할 거라고 믿은 이는 지극히 무모한 외국의 숭배자들뿐일 터였다. 나데즈다 만델스탐은 모스크바 외곽의 작은 마을

스트루니노에서 직물 공장에 일자리를 알아보는 수밖에 없게 되었을 때 마을 주민들이 대공포 정치 기간 중 스탈린을 일상적으로 〈마마 자국이 있는 남자〉라고 지칭할 정도로 그에게 적대적이라는 사실을 깨달았다. 그럼에도 거의 모든 국민은 유례를 찾을 수 없을 만큼 잔혹하게 전개되는 전쟁 양상에 더욱 큰 충격을 받았다. 침략지들이 일반적인 형태의 전장에서 벗어나 인종적으로 열등하다고 생각되는 사람들을 고문하고, 살해하고, 노예처럼 부리는 등 단호하게 짓밟았기 때문이었다.[60]

모든 도시가 굶주림에 시달렸다. 레닌그라드에서는 28개월에 걸친 포위 공격으로 100만 명이 목숨을 잃었다. 독일군이 점령한 지역에서는 700만 명이 넘는 시민이 죽임을 당했다. 굶주림이나 질병으로 사망한 사람도 400만 명에 달했다. 2500만에 가까운 국민들이 집을 잃었고 7만 개에 육박하는 마을이 지도에서 사라졌다. 그럼에도 아마도 누군가는 분명히 스탈린을 우러러보았을 것이고 충분히 그럴 만했다. 그들은 믿을 사람이 필요했기 때문이다. 선전부는 스탈린과 소련 영토를 하나로, 동일한 것으로 포장했다. 즉 스탈린은 정의의 전쟁을 이끄는 지도자였으며 조만간 소련 본토를 해방시킬 뿐 아니라 복수를 단행할 적군(赤軍)의 최고 사령관이었다.[61]

그의 명성을 높이는 데 전쟁이 기적적인 효과를 발휘했음에도 국민 대다수는 계속해서 그에게 명백히 무관심한 태도를 보였다. 선전부는 공동의 적을 상대로 대중을 결집하면서 연신 강력하고 지혜로운 지도자의 이미지를 도모했지만 한 영국인 기자가 일주일 동안 기차로 무르만스크에서 모스크바까지 여행하면서 수십 명의 군인과 철도 노동자를 비롯해 사회 각계각층의 시민들과 이야기를 나누는 동안 스탈린의 이름은 단 한 번도 거론되지 않았다.[62]

젊은이들이 군대에 징집된 시골 지역에는 일당 독재 국가에 대한 깊은 불신이 흐르고 있었다. 신병 중 상당수가 신앙심이 깊은 시골 출신이었다. 그들은 집에 편지를 보낼 때마다 〈예수 그리스도 만세〉라는 말로 끝을 맺었다. 1939년에는 그들 중 몇몇이 레닌과 스탈린의 흉상을 훼손해서 정치 지도자들을 깊은 절망으로 내몰았다. 스탈린을 가장 걱정해 준 것은 군대의 선전원들이었다. 하지만 1941년에 무자비한 원칙이 부과되면서 그들의 태도에도 변화가 생겼다. 1942년 7월에 스탈린은 〈한 발자국도 물러나지 말라!〉라는 제227호 명령을 발령하고 불복종하거나 후퇴하는 행위를 반역으로 간주했다. 이에 따라 전선 뒤쪽에 특수 부대들이 배치되었고 그들은 낙오병을 사살함으로써 병사들에게 히틀러와 스탈린 중 누구를 더 무서워해야 하는지 분명하게 알려 주었다. 스탈린 정권은 군인들의 목숨을 가볍게 여기는 경우가 보다 일반적이었다. 전투 중 부상하거나 신체의 일부를 잃은

병사들은 상당수가 따로 선별되어 굴라크로 보내지는 등 비정한 대우를 받았다.[63]

적군(赤軍)은 적어도 두 번에 걸쳐 완전히 궤멸되었다가 새로 복구되었다. 그럼에도 스탈린은 탱크와 병력 수에서 히틀러보다 조금 더 여유가 있었다. 독일의 수도 베를린으로 진격하는 과정에서 소련군은 광범위한 약탈과 강탈과 강간을 저질렀는데 대부분이 스탈린을 포함하여 그들의 사령관들에게서 승인을 받은 행동이었다.[64]

스탈린은 전쟁을 수행하는 동시에 혼자서 다른 모든 일을 진행했다. 가장 초기에 스탈린의 전기를 쓴 작가 중 한 명인 아이작 도이처의 설명에 따르면 〈사실상 그는 사령관인 동시에 국방 장관이었고 병참 장교인 동시에 조달 장관이었으며 의전 수석이기도 했다〉. 베를린 하늘에 붉은 깃발이 올라가면서 그는 위대한 승리자가 되었다. 그렇지만 다른 어느 때보다 과대망상이 심해졌고 군대를 불신하기에 이르렀다. 진정한 영웅은 서부 전선을 지휘하면서 히틀러의 벙커를 향해 진격한 총참모장 겸 부사령관 게오르기 주코프였다. 모스크바 시민들은 모스크바의 수호성인이라는 의미에서 그를 〈우리의 성(聖) 조지〉라고 불렀다. 주코프는 1945년 6월 24일 붉은 광장에서 개선 행진을 이끌었고 스탈린에 대해 잘 아는 만큼 〈천재 지도자〉라고 언급하면서 그에게 경의를 표하는 것도 잊지 않았다. 당에서도 〈우리는 위대한 천재이면서 군 지휘관인 스탈린 동지에게 역사적인 승리를 빚졌다〉라며 아낌없는 찬사를 쏟아냈다. 바로 그달에 스탈린은 자신에게 대원수직을 수여하면서 스스로 최고의 영예를 차지했다.[65]

 1년 뒤 동료들이 고문에 못 이겨 유죄를 입증하는 증거를 제출하면서 주코프는 지방으로 유배되었다. 그의 이름은 입에 담을 수 없는 금기어가 되었다. 1946년부터는 승전 기념일 행사가 중단되었으며 병사들이나 장교들, 장군들의 회고록도 금지되었다. 전쟁을 둘러싼 공식적인 기억에서 모든 사람들이 뒷전으로 밀려나면서 유일하게 스탈린 한 사람만 빛을 발했다. 1947년에는 일반 독자를 대상으로 한 스탈린의 『짧은 일대기』가 대대적인 홍보와 함께 출간되었다. 1935년에 앙리 바르뷔스가 발표한 칭송 일색의 전기와 놀라울 정도로 비슷한 이 책은 1953년까지 무려 1800만 부가 판매되었다. 대조국 전쟁을 다룬 장(章)에서는 스탈린만 승리의 설계자로 묘사되었을 뿐 주코프는 고사하고 휘하의 장군 중 누구도 언급되지 않았다.[66]

 전쟁 기간 중 스탈린은 보다 자유로운 세상이 될 거라는 소문을 퍼뜨렸는데 전쟁이 끝나자마자 소문도 금방 사라졌다. 본의 아니게 독일군의 포로로 잡혔던 수백만 명의 러시아인들은 수치로 여겨졌으며 잠재적인 배신자로 간주되었다. 반역자 취급을 받은 많은 이들이 강제 수용소로 보내지거나 총살당했다. 여기에는 나머지 다른 국민들이 외국 사상에 오염되는 것을 스탈린이 두려워한 이유도 있었다.

동맹국이던 세 나라 사이의 갈등이 1947년에 냉전으로 발전하면서 압박은 더욱 강해졌다. 스탈린이 면밀하게 대본을 쓴 한 정치 운동에 안드레이 즈다노프가 이념적인 정통성을 부여했다. 그 결과 이국적인 모든 것이 공격을 받았고 지역적인 모든 것이 찬양되었다. 이 같은 현상은 문학과 언어학, 경제학, 생물학부터 의학에 이르기까지 모든 분야에 걸쳐 나타났다. 스탈린은 몇몇 학문적인 논쟁에 직접 개입해서 마르크스주의적 관점에서 중재자 노릇을 하기도 했다. 그는 『프라우다』에 게재한 1만 단어 분량의 논평을 통해 선구적인 한 언어학자를 반마르크스주의자로 매도하면서 러시아어가 미래의 언어라고 넌지시 주장했다. 1948년에는 유전학을 외국에서 들어온 부르주아 학문이라고 비판함으로써 생물학 연구를 중단시키기도 했다. 10년이 넘는 세월 동안 스탈린은 겁에 질려 아부를 일삼는 법조계 인사들까지 지배했다. 이제 그는 학계 전체를 두들겨서 복종하도록 만들었다. 이를 위해 자신에게 이의를 제기하는 교수들은 굴라크로 보내고 자신의 천재성을 찬양하는 아첨꾼들에게는 힘을 실어 주었다. 오직 한 분야만은 예외였다. 바로 원자폭탄을 연구하는 분야였으며 해당 연구를 위해서는 무제한으

로 자원을 이용할 수 있었다.[67]

스탈린의 우상화는 산업적인 비중을 차지하기 시작했다. 스탈린은 소련을 해방시켰을 뿐 아니라 유럽의 절반을 점령한 터였다. 북쪽으로는 폴란드에서부터 남쪽으로는 불가리아에 이르기까지 적군(赤軍)은 방대한 지역을 점령했으며 이들 지역은 서서히 소련의 위성 국가로 변해 가고 있었다. 〈작은 스탈린〉으로 알려진 미래의 지도자들도 이들 각 나라의 식민지화를 감독하기 위해 모스크바에서 비행기를 타고 각자의 여행길에 올랐다. 발터 울브리히트는 동독으로 향했고 볼레스와프 비에루트는 폴란드로 향했으며 라코시 마차시는 헝가리로 향했다. 조심스럽게 진행하라는 스탈린의 지시 때문에 처음에는 서서히 진행되었지만 1947년에 이르러서는 사방에서 비밀경찰이 실질적인 적은 물론 상상으로 만들어 낸 적까지 감금하거나 강제 수용소로 보내고 있었다. 여기에 더해서 공산주의자들은 학교를 국영화하고 독립적인 단체를 해체하고 교회를 약화시키기 시작했다. 새로운 피지배자들에게 예컨대 바르샤바에서는 〈폴란드의 확고한 친구〉로, 동베를린에서는 〈독일인의 절친한 친구〉로 알려진 저 멀리 크렘린 궁전에 있는 그들의 주인을 숭배하도록 요구하면서 스탈린의 포스터와 초상화, 흉상, 동상에 대한 수요도 급증했다.[68]

소련 내에서도 스탈린의 영예를 기리기 위한 동상과

기념물이 마찬가지로 크게 증가했다. 정작 스탈린 본인은 부쩍 쇠약해지고 지쳐서 공적인 생활에서 물러난 상황이었다. 그를 둘러싼 우상화의 정점은 1949년에 그가 일흔 살이 되었을 때였다. 그가 모스크바의 볼쇼이 극장에서 생일을 기념하는 동안 군복을 완벽하게 갖추어 입은 스탈린의 거대한 사진이 풍선에 매달린 채 붉은 광장 상공에 떠 있었고 다수의 탐조등이 이를 비추고 있었다. 이튿날에는 모스크바에 수백만 개의 붉은 소형 깃발이 펄럭였으며 하나같이 〈위대한 스탈린에게 영광을〉이라고 적힌 현수막도 보였다. 정부는 약 200만 장의 포스터에 더해서 수천 장의 사진을 배포했다. 이 사진 중 상당수는 밤이 되면 조명이 들어오는 곳에 전시되었다. 『프라우다』에서는 스탈린의 일흔 번째 생일을 기념하는 흉상이 당시를 기준으로 중앙아시아의 서른여덟 개 산봉우리에 배치되었다고 자랑스럽게 발표했다. 이런 흉상이 처음 선보인 것은 1937년이었는데 당시에는 일단의 등산가들이 스탈린 산으로 명명된, 소련에서 제일 높은 산까지 흉상을 직접 운반한 터였다.[69]

붉은 깃발로 장식된 특별 기차에 실려 선물들이 모스크바로 향했다. 이전의 경우와 대조적으로 스탈린의 생일은 이제 세계적인 행사였다. 사회주의 진영에 속한 모든 지역의 사람들이 크렘린에 있는 지도자, 즉 국제 공산주의 운동의 수장에 대한 애정을 경쟁적으로 증명했다.

100만 통이 넘는 편지와 전보가 전 세계 곳곳에서 도착했다. 1951년 여름이 되기 전까지 이 같은 인사말의 합창은 전혀 수그러들 줄 몰랐다. 『프라우다』에도 매일 수백 건의 축하 인사가 게재되었다. 일반인들의 서명도 요구되었다. 체코슬로바키아에서는 약 900만 명이 각자의 이름을 첨부하면서 356권으로 된 하나의 축하 메시지가 완성되기도 했다. 북한의 경우에는 쉽게 그들을 넘어섰고 정확히 1676만 7,680명의 서명으로 이루어진 두툼한 400권의 책을 보냈다.[70]

선물이 쏟아져 들어왔다. 동유럽의 노동자들은 비행기 한 대와 자동차 몇 대, 기관차 엔진 한 개, 오토바이 한 대를 보내왔다. 중국에서는 6세기의 전설적인 여전사 화목란(花木蘭)의 웅장한 동상에 더해 쌀알 한 톨에 새겨진 스탈린 초상화가 도착했다. 선물은 대부분 꼼꼼하게 목록으로 만들어져서 푸시킨 미술관에 전시되었다. 동상이 250점에 흉상은 무려 500점에 달했다. 대작도 많았는데 그 어떤 작품도 자신의 집무실에 있는 스탈린을 표현한 70제곱미터짜리 양탄자처럼 인상적이지는 않을 터였다.[71]

스탈린은 자신의 생일에 동유럽 지도자들과, 앞선 10월에 득의양양하게 중화 인민 공화국을 선언한 마오쩌둥을 대동하고 모습을 나타냈다. 최초의 소련제 원자폭탄이 성공적으로 시험을 마치면서 스탈린이 세계적인 초강대국의 지도자가 된 것이 불과 몇 달 전이었다. 그들이 한자리에 모인 것은 사회주의 진영이 철의 장막 뒤로 결집했음을 보여 주는 무력 시위였고 냉전 시대의 전환점이 되었다.

스탈린의 숙청은 끝까지 계속되었다. 편집증이 어느 정도였는지는 판단하기 어렵겠지만 나이가 그를 더욱 무자비하게 만들었음은 분명했다. 가족이라고 예외는 아니었다. 스탈린은 저 멀리 있는 신처럼 신비롭게, 그리고 자신의 개인사에서 벗어나 다른 모든 사람의 머리 위에 존재하기를 원했다. 친인척이야말로 그의 개인사를 지나치게 잘 아는 사람들이었다. 1948년에 그의 형수 안나 알릴루예바는 겉으로 보기에 무해한 내용이었음에도 스탈린의 어린 시절을 다룬 회고록을 출간한 뒤 10년간 추방되었다. 스탈린의 자식을 제외하고는 친인척 중 누구도 안전하지 않았다. 그들은 스탈린이 그들의 두려움을 이용하거나 그들끼리 싸움을 붙이면서 일부러 화를 돋우고 모욕했음에도 두려움에 질린 채 그의 지혜를 찬양하고 그의 호의를 얻기 위해 경쟁할 뿐이었다. 1944년부터 1950년 사이에 굴라크에 수용된 인원이 두 배 이상 늘어나 250만 명을 넘어가면서 새로운 숙청이 끊임없이 그리고 가차 없이 행해졌다. 숙청 중간중간에 스탈린은 자신의 영예를 위해 그 어느 때보다 사치스러운 기념 건조물을 승인했다. 1951년 7월 2일에는 볼가-돈 운하에 33톤의 청동을 들여 자신의 동상을 세우도록 주문했다. 끝이 다가옴을 느낄수록 스탈린은 스스로 자신을 신격화하기 시작했다.[72]

1953년 3월 1일, 스탈린이 오줌을 지린 채 바닥에 쓰러진 상태로 발견되었다. 뇌혈관 파열이었지만 누구도 침실에 있는 그를 감히 방해하지 못한 터였다. 망연자실한 측근들이 전화를 잘못 걸면서 치료마저 지연되었다. 스탈린은 사흘 뒤 사망했다. 그의 시신은 방부 처리되어 전시되었는데 지도자의 마지막 모습을 보려는 조문객이 모스크바로 몰려들면서 통제 불능이 되었다. 뒤이은 공황 상태에서 수백 명이 사람들의 발에 밟혀 죽었다. 3월 9일에 모든 의식 절차를 갖춘 국장이 치러졌으며 그는 레닌 옆자리에서 영면에 들었다. 종탑에서 종이 울렸고 예포가 발사되었다. 전국의 모든 기차와 버스, 시가 전차, 대형 트럭, 승용차가 멈추어 섰다. 붉은 광장에 완전한 정적이 내려앉았다. 〈참새 한 마리가 능묘 위로 휙 내려왔다〉라고 한 외국인 특파원은 전했다. 공식 발표가 있은 다음에 국기가 천천히 깃대 끝까지 다시 게양되었다. 스탈린 정권의 수혜자들이 추도 연설을 이어 갔다. 스탈린상 수상자들인 보리스 폴레보이와 니콜라이 티호노프의 추도문이 단연코 가장 감동적이었다. 수많은 사람들이 비탄에 잠겼다. 장례식이 끝나고 한 달이 지나자 신문에서 스탈린의 이름을 더 이상 찾아볼 수 없었다.[73]

4

마오쩌둥

毛澤東, 1893~1976

1949년 스탈린이 볼쇼이 극장에 나타나 자신의 일흔 번째 생일 축하 행사를 위해 카메라 앞에 섰을 때 그의 양옆에는 마오쩌둥과 니키타 흐루쇼프가 서 있었다. 마오쩌둥은 잔뜩 굳은 표정이었다. 크렘린 궁전의 주인에게 경외심을 느끼기도 했지만 자신을 대우하는 방식에 화가 나 있었기 때문이었다. 그는 전 인류의 4분의 1을 공산주의 세력으로 끌어들인 위대한 혁명의 지도자로서 그에 걸맞은 환영을 기대한 터였다. 하지만 막상 야로슬라브스키 역에 도착하자 그를 맞이한 것은 스탈린의 부하 두 명이 전부였고 심지어 그들은 마오쩌둥의 숙소까지 동행하지도 않았다. 스탈린이 마오쩌둥과의 짧은 면담을 통해 아시아에서 거둔 그의 성공을 치하했지만 소련 내에는 벌써 몇 개월째 중국 공산당의 승리에 대해 침묵의 장막이 드리워진 참이었다.

생일 축하 행사가 끝나자마자 마오쩌둥은 수도 외곽에 위치한 별장으로 쫓겨나듯이 이동해야 했고, 공식 접견을 위해 그곳에서 몇 주를 기다려야 했다. 접견 일정이 잡혔다가도 취소된 것이 몇 번이었다. 아무리 전화를 걸어도 답신조차 없었다. 마오쩌둥의 인내심이 바닥을 드러냈다. 자신이 모스크바에서 하는 일이라고는 〈먹고 싸는〉 것밖에 없다며 분통을 터뜨렸다. 그렇게 하루하루를 보내면서 그는 모든 것이 스탈린 위주로 돌아가는 공산주의 세계에서 자신의 초라한 처지를 깨닫게 되었다.[1]

지난 28년 동안 중국 공산당은 소련의 재정 지원에 의지해 온 터였다. 큰 키에 마르고 잘생긴 스물일곱 살의 젊은 마오쩌둥은 상하이에서 열리는 중국 공산당 창당 대회에 참가할 여비 마련을 위해 1921년에 처음으로 코민테른 요원에게서 200위안을 받았다. 하지만 이 돈에는 조건이 붙었다. 레닌은 유럽 지역을 벗어나면 볼셰비즘이 대중에게 호소력을 발휘하지 못한다는 사실을 깨닫고 공산주의자들에게 이런 단점을 보완해 줄 민족주의자들과 공동 전선을 펴서 외국 열강을 전복시키라고 주문했다. 그의 요구는 일리가 있었다. 인구가 4억 8000만 명이 넘는 나라에서 당원 수가 몇 년째 백 명 단위의 저조한 수준을 벗어나지 못하고 있었기 때문이다.

1924년에 중국 공산당은 국민당과 손을 잡았고 이로써 국민당도 마찬가지로 소련에게서 군사비 지원을 받게 되었다. 애초에 불편한 동맹이었고 2년 뒤 장제스 휘하의 국민당원들은 그들의 본거지가 위치한 남쪽에서부터 군사 행동을 개시해 지역 군벌들로부터 권력을 탈취하고 중국을 통일하려 했다. 마오쩌둥의 고향인 후난(湖南)성에서 그들은 러시아 고문의 조언에 따라 혁명을 선동해 주길 바라며 농민 단체에 자금을 지원했다. 가난한 농민들이 이 기회에 세상을 뒤집어엎고자 나서면서 사회 질서가 흐트러지기 시작했다. 그들은 정복자가 되어 부자와 유지를 공격했으며 공포가 지배하는 세상을 만들었다. 칼에 찔리는 희생자들이 생겨났고 심지어 몇몇은 참수를 당하기도 했다. 현지 목사들은 〈제국주의의 주구〉로 간주되어 두 손을 등 뒤로 결박당하고 목에 밧줄을 두른 채 거리를 끌려 다녔다. 교회에는 약탈이 자행되었다.[2]

마오쩌둥에게는 하나의 혁명이었다. 그는 그 폭력성에 매료되었다. 〈그들은 상류층을 땅바닥에 패대기쳤다〉라고 마오쩌둥은 자신의 농민 운동 보고서에 감탄하여 적었다. 그리고 〈수억 명의 농민들이 강력한 폭풍처럼 봉기할 것이다. (……) 그들은 그들을 구속하는 모든 제약을 혁파하고 해방의 길을 따라 나아갈 것이다. 모든 제국주의자와 군벌, 부패 관료, 지방의 폭군, 사악한 상류층을 무덤으로 쓸어 넣을 것이다〉라며 대담한 전망을 내놓았다.[3]

마오쩌둥은 오랫동안 자신의 길을 찾기 위해 노력했다. 젊은 시절에는 탐욕스레 책을 읽었고 자신을 지식인이라고 생각했으며 민족주의적 성향의 수필도 썼다. 또한 도서관 사서로, 교사로, 출판인으로, 노동 운동가로 활동하기도 했다. 그리고 마침내 후난성 시골에서 자신의 사명을 발견했다. 아직은 당에서 두각을 나타내지 못하고 있지만 그는 장차 농민을 해방의 길로 이끄는 사람이 될 것이었다.

시골에서 발생한 폭력 사태는 국민당원들까지 밀어냈다. 그러자 국민당은 곧바로 소비에트 모델로부터 등을 돌렸다. 1년 뒤인 1927년 4월, 자신의 군대가 상하이(上海)에 입성하자 장제스는 수백 명의 공산당원을 처형하며 피의 숙청을 단행했다. 중국 공산당은 지하로 숨어들었다. 마오쩌둥은 그에게 힘을 실어 줄 농민들을 찾아서 잡다하게 뒤섞인 1,300명을 이끌고 산으로 들어갔다.

마오쩌둥은 도시 노동자를 버리고 정통 마르크스 이론에서 경시하던 농민을 선택함으로써 공산주의 이론을 근본적으로 뒤집었다. 궁벽한 산악 지대로 쫓겨난 마오쩌둥과 그의 추종자들은 어떻게 가난한 농민들을 움직여 정부군을 굴복시키고, 현지 자원을 약탈하고, 점점 더 넓은 지역을 장악할 수 있을지 고민하면서 몇 년을 보냈다. 유격전의 전문가가 된 그들은 매복과 기습을 이용해 불구대천의 원수이며 기동력이 상대적으로 떨어지는 국민당 군대를 괴롭혔다.

상하이에서 공장 노동자들과 긴밀한 관계를 유지하며

은밀하게 활동 중이던 중앙위원회와는 내내 이념적으로 충돌했다. 그들 중 일부는 마오쩌둥의 비정통적인 전술을 비관적으로 보았다. 당에서 군무를 담당하던 세련되고 교양 있는 젊은 저우언라이(周恩來)는 마오쩌둥의 군대를 〈여기저기 떠도는 무법자일 뿐〉이라고 표현했다. 하지만 1930년에 이르러 마오쩌둥은 스탈린의 관심을 끌기 시작했다. 농촌에서 〈쓰레기 같은 부농들〉을 상대할 줄 알았고 경쟁자와 싸워 이기는 법을 알았기 때문이다. 그는 한결같은 마음으로 권력을 추구했으며 포악한 야망에 따라 움직였는데, 영악한 성격과 탁월한 정치적 능력도 그가 이런 야망을 추구하는 데 커다란 도움이 되었다. 그가 야망을 추구하는 방식은 또한 무자비했다. 푸톈(富田)이라는 마을에서 발생한 한 사건에서는 그의 지휘에 반대하여 반란을 일으킨 한 개 대대의 장교들 100명이 대나무로 만든 우리에 감금되었고 발가벗겨진 채 고문을 당했으며 그들 중 상당수가 총검에 찔려 생을 마감했다.[4]

10월 혁명 기념일인 1931년 11월 7일에 마오쩌둥은 모스크바의 재정 지원을 받아 장시(江西)성의 산악 지대에서 중화 소비에트 공화국 건국을 선포했다. 중화 소비에트 공화국은 자체적으로 동전과 화폐, 우표를 발행하는 국가 안의 또 다른 국가였다. 마오쩌둥은 약 300만 명의 국민을 다스리는 국가 주석이 되었다. 그런데 상하이에서 합류한 중앙위원회의 위원들이 유격전에 비판적인 입장을 보였다. 그들은 마오쩌둥을 직위에서 해제하고 저우언라이에게 전선에 대한 지휘권을 넘겼다. 그로 인한 결과는 재앙이나 다름없었다. 1934년 10월에 장제스가 홍군을 상대로 압승을 거두면서 공산주의자들은 도주할 수밖에 없었다. 후에 대장정으로 알려지는 이 도주 과정은 중국에서 지형이 가장 험한 지역을 관통하며 약 9,000킬로미터를 행군한 몹시 고된 여정이었다.

마오쩌둥은 대장정을 이용해 다시 권력을 잡기 위해 이를 악물었다. 산시(陜西)성의 황토 고원에 위치한 외지고 고립된 산악 지역인 옌안(延安)으로 향하는 길에 패배의 책임을 물어 자신의 경쟁자들을 고립시켰으며 저우언라이를 몰아내고 다시 홍군을 장악했다.

마오쩌둥의 군대는 1935년 10월 옌안에 도착했다. 약 8만 6,000명이었던 병력이 8,000명으로 줄어들었지만 그들은 하나같이 충성스럽고 헌신적인 추종자들이었다. 타고난 선동가였던 마오쩌둥은 대장정을 일종의 선언서처럼 만들었다. 즉 그는 〈대장정은 열한 개 성의 약 2억 명에 달하는 사람들에게 홍군의 길이 그들이 해방되기 위한 유일한 길임을 선포했다〉라고 주장했다.[5]

고도의 정치적 계산을 바탕으로 한 행보는 전혀 아니었다. 마오쩌둥은 세계 대전에 기대를 걸고 있었고 세계 대전이 전 세계적인 혁명에 불을 붙여 주기를 바라고 있었다. 그는 자신이 스탈린의 관심을 끌었다는 사실도 알았다. 몇 개월 전 모스크바는 독일이나 일본으로부터 공격을 받을지 모른다는 불안감이 점점 커지면서 그들의 대외 정책에 변화를 준 터였다. 게다가 일본은 1931년에 이미 만주를 침략했다. 만주는 천연자원이 풍부하고 베이징(北京) 북쪽의 만리장성에서 시베리아로 이어지는 방대한 지역이었다. 소련과는 영공 침범을 비롯해 끊임없이 국경 분쟁이 발생하는 지역이기도 했다. 1935년 7월에 이르자 코민테른은 공공연히 일본을 〈파시스트 적군〉으로 언급했다.[6]

스탈린은 그의 스승인 레닌이 10여 년 전에 그랬듯이 이제 해외의 공산주의자들에게 권력자를 타도하려고 하기보다 그들과 공동 전선을 구축하도록 부추겼다. 그렇지만 이 전략이 성공하려면 먼저 공산당 지도자들의 권위를 높여 주어야 했다. 그렇게 마오쩌둥의 권위를 세워 주기 위한 전면적인 움직임이 시작되었다. 코민테른은 그를 세계 공산주의 운동을 이끄는 〈지도자〉 중 한 명이라며 칭송했다. 그해 말에는 『프라우다』에 「마오쩌둥, 중국 노동자들의 지도자」라는 제목으로 장문의 헌사가 발표되었고 연달아서 「중국의 지도자들과 영웅들」이라는 짧은 논문이 소개되었다. 마오쩌둥은 한때 레닌과 스탈린에게만 사용되던 칭호인 〈보즈드〉, 즉 위대한 지도자였다.[7]

마오쩌둥은 소련의 신호를 알아차렸다. 몇 개월 뒤 신중한 검토를 마친 그는 미주리 출신의 젊은 이상주의자이자 기자인 에드거 스노를 옌안으로 초대했다. 이 기자를 대하는 방법에 관해 모든 세부적인 지침이 하달되었다. 지침은 〈안전, 비밀 유지, 따뜻함, 붉은 양탄자〉라는 말로 요약되었다. 스노가 공산주의자들의 본거지에서 몇 달을 보내는 동안 마오쩌둥은 어린 시절과 젊은 시절, 혁명가로서의 이력 등에 대해 이야기하면서 그에게 신화처럼 각색된 자신의 삶을 들려주었다. 그는 스노가 쓰는 모든 글을 하나하나 확인하고 수정했다.[8]

1937년에 발간된 『중국의 붉은 별』은 즉각적인 성공을 거두었다. 중국 공산당의 신비에 싸인 지도자를 세상에 소개하면서 그가 〈완성된 한문학자이며 닥치는 대로 읽는 독서광인 동시에 철학과 역사 연구에 매진하는 독실한 학자이고, 뛰어난 연설가이며, 비범한 기억력과 탁월한 집중력을 가진 남자일 뿐 아니라 유능한 작가이고, 의복이나 외모에는 신경을 쓰지 않지만 직무와 관련해서는 세세한 부분까지 놀라울 정도로 꼼꼼한 면모를 보이며, 지칠 줄 모르는 정력을 가진 사람이고, 천재에 가까운 군사적, 정치적 전략가라고 설명했다〉.[9]

이 책에 따르면, 마오쩌둥은 가난한 농가에서 순전한 의지와 자존심으로 자수성가한 농부였으며 굴욕당하는 동포들을 위해 싸우는 데 일말의 주저함이 없었다. 그는 황토 동굴에 살면서 직접 재배한 담배를 피우는 소박한 삶을 사는 사람이었다. 현실적이고 활기차며 독특한 유머 감각을 가진 저항자였고 근면한 일꾼이었으며 시인인 동시에 철학자이자 탁월한 전략가였다. 무엇보다 운명의 선택을 받아 조국을 재건해야 할 역사적 사명을 짊어진 사람이었다. 에드거 스노는 〈그는 분명히 매우 위대한 사람이 될 것이다〉라고 단언했다.[10]

『중국의 붉은 별』은 미국에서 출간된 지 한 달도 지나지 않아 1만 2,000부가 판매되며 선풍적인 인기를 끌었다. 책은 곧 중국어로 번역되었고 마오쩌둥을 누구나 아는 이름으로 만들었다. 마오쩌둥이 하나의 붉은 별이 달린 군인 모자를 쓰고 있는 책 표지 사진은 일종의 상징적인 모습이 되었다.[11]

스탈린은 중국 공산당에 국민당과 협력할 것을 요구했다. 마오쩌둥은 장제스가 자신과 손을 잡을 생각이 없다는 사실을 잘 알았고 그래서 즉석에서 일본에 맞서 〈전면적인 국공 공동 전선〉을 구축하자는 뜻을 밝혔다. 또한 스탈린에게는 추가로 200만 루불의 군비 원조를 요구했다.[12]

일본과의 전쟁 위협이 그 어느 때보다 커진 상황에서 마오쩌둥의 제안은 마오쩌둥 본인을 다른 무엇보다 중국의 운명을 걱정하는 지도자처럼 보이게 해주었다. 한편 장제스는 1936년 12월 12일에 자신과 동맹을 맺은 사람들에게 납치돼(서안사변) 공산주의자들에 대한 모든 적대 행위를 중단하라는 요구를 받았다. 이렇게 체결된 휴전은 축복이나 마찬가지였다. 마오쩌둥은 새로운 공동 전선 아래서 자신의 힘을 강화할 시간을 얻게 되었다.

1937년 7월에는 더 큰 행운이 찾아왔다. 일본이 만주 쪽에서 국경을 넘었고 불과 몇 주 만에 베이징을 함락시킨 것이다. 이후 몇 년에 걸쳐 일본군은 공산주의자들이었다면 절대로 하지 못했을 일을 해내었다. 요컨대 해안을 따라 위치한 모든 주요 도시에서 국민당 군대를 공격해 파멸시키거나 소모시켰다. 치열한 전투가 꼬리에 꼬리를 물고 이어지는 가운데 상하이에 있던 장제스의 최정예 사단은 3개월에 걸쳐 적 탱크와 함포 사격, 항공기의 공격을 받았다. 수십만 명이 상하이 전투에서 목숨을 잃었다. 난징(南京)의 운명은 더욱 끔찍했다. 1937년과 1938년 사이의 겨울에 일본군은 이른바 국민당의 수도에서 시민들을 조직적으로 살해하고 강간을 자행했다.

이런 와중에도 공산주의자들은 내내 배후지에서 안전하게 숨어 있었다. 1940년 1월에 이르러 저우언라이 본인이 작성한 보고서에 따르면 100만 명 이상의 군인이 목숨을 잃거나 부상했는데 이 가운데 홍군 사상자는 3만 1,000명이 채 되지 않았다. 장제스와 국민당 정부는 쓰촨(四川)성의 충칭(重慶)으로 물러나 그곳을 임시 수도로 정했다. 진주만을 공격당한 미국이 전쟁에 참여하기 전까지 충칭에는 수백 회의 공습을 통해 약 3,000톤에 달하

는 폭탄이 투하되었다.[13]

반면 옌안에서는 단 한 번의 총성도 울리지 않았다. 전선에서 한참 떨어진 배후지에서 유격전을 펼친 마오쩌둥의 전략은 때때로 노골적인 비판에 맞닥뜨리기도 했지만 스탈린이 마오쩌둥을 지지하고 나섰다. 1938년 여름에 모스크바는 중국 공산주의자들에게 그들의 지도자를 중심으로 일치단결할 것을 요구하면서 마오쩌둥에게 맞서 이기려는 자들을 평정했다. 두세 달 뒤에는 마오쩌둥을 〈현명한 책략가〉이자 〈훌륭한 이론가〉로 묘사했다. 『중국의 붉은 별』을 짧게 정리한 요약판도 서둘러 인쇄에 들어갔다.[14]

정말 처음으로 마오쩌둥에게는 위험한 경쟁자가 없었다. 그리고 그는 이 기회를 이용해 과거를 다시 썼다. 1938년 가을에 열린 6중전회에서는 17년 전 창당한 이후로 당의 역사를 다룬 그의 보고서가 첫 번째 안건으로 상정되었다. 150쪽 분량에 달하는 그의 보고는 사흘 동안 지속되었다. 이 과정에서 그는 한때 자신의 심기를 거스른 모든 사람을 〈우파 기회주의자〉나 〈좌파 기회주의자〉로 규정하면서 나무랐다. 소수의 몇 명은 트로츠키 신봉자라고 비난을 받았다. 마오쩌둥의 보고 내용은 그 자체로 공인된 최초의 당 역사가 되었다. 거기에는 그가 대장정을 통해 홍군을 옌안으로 이끌면서 결국 승리하기 전까지 올바른 당 노선에 반하여 자행된 일련의 수많은

실수가 언명되어 있었다.[15]

마오쩌둥의 다음 행보는 이론가로서 자신의 입지를 확립하는 것이었다. 이 대목에서 그는 학구적이면서 야심 찬 젊은 남자이며 모스크바에서 교육을 받고 장차 그의 대필 작가가 되는 천보다(陳伯達)에게서 도움을 받았다. 두 사람은 함께 1940년 1월에 발간된 『신민주주의론』을 썼다. 그들은 이 논문에서 공산당을 광범위한 전선에서 부르주아 민족주의자들을 포함한 모든 〈혁명 계급〉을 결속하기 위해 노력하는 존재로 묘사했다. 마오쩌둥은 다당제와 민주주의적 자유, 사유 재산에 대한 보호를 약속했다. 완전히 말뿐인 공약이었지만 그로써 광범위한 대중의 지지를 얻었다.[16]

이듬해부터 수년에 걸쳐 수많은 학생들과 교사들, 예술가들, 작가들, 기자들이 보다 민주주의적인 미래를 약속하는 공약에 매료되어 옌안으로 모여들었다. 하지만 마오쩌둥은 이 자유사상가들을 의심하며 절대적인 충성을 요구했다. 그는 1942년에 정풍(整風) 운동을 실시했다. 역사가 가오화(高華)의 설명에 따르면 이 운동의 목표는 〈폭력과 공포로 당 전체를 겁박하고, 일체의 개인적이고 독자적인 사고를 근절하고, 당 전체를 단 하나의 최고 권위자 즉 마오쩌둥에게 복종하도록 만들기 위함〉이었다.[17]

마오쩌둥은 마지막 세부 항목 하나까지 모든 것을 감

독하면서 정풍 운동 전체를 지휘했지만 정작 무대의 중심은 그의 심복인 캉성(康生)에게 허락했다. 얇은 콧수염에 두꺼운 안경을 쓰고 늘 검은색 정장 차림을 고수한 불운한 남자 캉성은 모스크바에서 교육을 받으면서 대공포 정치 기간 중 비밀경찰이 수백 명의 중국 출신 학생들을 제거하는 일을 도운 전력이 있었다. 그의 지휘 아래 옌안에서는 끝없는 마녀사냥이 자행되었고 사람들은 서로를 비방하도록 강요되었다. 수천 명의 용의자가 감금돼 취조를 받았으며, 고문당했고, 숙청당했으며, 때로는 처형되었다. 밤이 되면 동굴에 감금된 사람들이 내는 등골 서늘한 신음 소리가 들렸다.[18]

정풍 운동이 끝났을 때는 1만 5,000명 이상의 적으로 추정되는 비밀 요원과 스파이의 정체가 드러났다. 마오쩌둥은 표면에 나서지 않았다. 그저 거리감 있는, 그럼에도 자애로운 지도자 역할에 충실하면서 테러 행위가 만연하도록 내버려 두었다. 얼마 뒤 마침내 폭력을 제한하기 위해 그가 나섰고 모든 책임은 캉성이 뒤집어썼다. 그리고 공포 속에서 겨우 살아남은 사람들은 마오쩌둥을 구원자로 여기며 의지했다.[19]

마오쩌둥은 중앙 총학습위원회도 설립해 류샤오치(劉少奇)를 포함하여 자신과 가까운 협력자들로 채워 넣었다. 특히 류샤오치는 완고하고 엄격한 당원이었는데 장차 제2인자로 부상할 터였다. 학습위원회는 옌안의 모든 것을 운영했을 뿐 아니라 사실상 공산당을 마오쩌둥의 개인 독재 체제로 바꾸어 놓았다. 과거에 마오쩌둥의 심기를 거스른 적 있는 유력 당원들은 굴욕을 당했고 자백서를 써야 했으며 그들이 저지른 과거의 실수에 대해 공개적으로 사과해야 했다. 저우언라이도 그런 사람들 중 하나였는데 그는 목숨을 보전하기 위해 최선을 다했고 그 일환으로 마오쩌둥을 영원히 지지하겠다고 선언했다. 물론 그것만으로 충분하지 않았고 일련의 비난 대회에서 시험을 받아야 했다. 그는 비난 대회에 나가서는 자신이 원칙도 없는 〈정치적 사기꾼〉임을 인정해야 했다. 자기 비하 속에서 치러진 지독한 시험이었다. 저우언라이는 마오쩌둥에게 두 번 다시 반기를 들지 않겠다는 다짐과 함께 그의 충실한 조력자가 되어서야 겨우 시련에서 벗어날 수 있었다. 스탈린과 달리 마오쩌둥은 경쟁자를 총살하는 경우가 드물었다. 차라리 그들을 자신과 한패로 만들었다. 그들이 끝없이 시험을 치르고 스스로를 증명하게끔 쉬지 않고 일하도록 만들었다.[20]

공산당 창당 22주년 기념일인 1943년 7월 1일에 마오쩌둥은 정풍 운동으로 확실하게 〈당의 이념적, 정치적 합의〉가 이루어졌다고 선언했다. 달리 말하면 제약 없는 개인숭배가 시작되었다는 뜻이었다. 그에 따라 모든 사람이 마오쩌둥을 칭송해야 했으며 모든 사람이 마오쩌둥 사상을 공부해야 했다. 이른바 마오쩌둥 사상이란 소련에서 유학한 이데올로기 연구가 왕자샹(王稼祥)이 그의 선언이 있고 난 나흘 뒤에 만들어 낸 말이었다. 가장 먼저 칭송 일색의 마오쩌둥 전기를 쓴 류샤오치는 그를 〈위대한 혁명 지도자〉이자 〈마르크스주의와 레닌주의의 대가〉로 묘사했다. 류샤오치의 찬사는 다른 사람들에게 그들의 지도자를 〈위대한 혁명의 조타수〉, 〈구성(救星)〉, 〈천재 전략가〉, 〈천재 정치가〉 등으로 언급하면서 그를 중심으로 뭉치도록 만드는 신호탄이 되었다. 미국 언론인 시오도어 화이트와 애널리 저코비는 이런 찬사들이 〈구역질 날 만큼 비굴하다〉라고 평했다. 마오쩌둥이 연설을 할 때면 다년간 유격전으로 단련된 남자들이 〈마치 지식의 샘에서 물을 마시듯이〉 열심히 필기를 했다.[21]

당 기관지이면서 마오쩌둥의 감독을 받은 『해방일보』는 커다란 제목으로 〈마오쩌둥 동지야말로 중국인의 구원자이다!〉라고 선포했다. 1943년 말에 이르러서는 사방에 마오쩌둥 초상화가 존재했으며 마르크스와 엥겔스, 레닌, 스탈린의 초상화 옆에 눈에 잘 띄도록 전시되었다. 당 수뇌부 사이에서는 그의 얼굴이 담긴 배지가 유행했고 어떤 대강당의 전면에는 그의 옆얼굴이 금으로 양각되어 있기도 했다. 사람들은 그의 영광을 위해 노래했다. 〈동녘이 붉어지고, 태양이 떠오르네. 중국은 마오쩌둥을 낳았고, 그는 인민의 행복을 고민하네.〉[22]

1945년 4월에 전국 대표 대회가 마침내 17년 만에 소집되었다. 수백 명의 대의원들이 정풍 운동으로 박해를 경험한 터였고 그들 중 일부는 마오쩌둥에게 충성스러운 인물들로 대체된 터였다. 그들 모두의 열렬한 지지 속에서 그들의 지도자는 당내 최고 조직인 중앙위원회의 주석으로 선출되었다. 마오쩌둥 사상은 당헌에 등재되었다. 류샤오치는 개회사에서 주석을 〈중국 역사상 가장 위대한 혁명가이자 정치가〉라거나 〈중국 역사상 가장 위대한 이론가이자 과학자〉라고 칭하면서 그의 이름을 1백회 이상 언급했다. 오랜 기다림 끝에 마오쩌둥이 드디어 당을 자신의 마음대로 움직일 수 있는 도구로 만든 순간이었다.[23]

1945년 8월 15일 일본이 항복했을 때 마오쩌둥은 중국 북부 전역의 시골 구석구석에 90만 명의 병력을 보유하고 있었다. 일본이 항복하기 며칠 전 스탈린은 일본을 상대로 전쟁을 선포하고 시베리아 국경 너머로 100만 명에 가까운 군대를 파병했다. 만주와 북한을 점령하기 위함이었고 그들은 한반도의 38도선에서 상대 연합군의 합류를 기다렸다. 마오쩌둥에게는 멀리 떨어진 상하이에서 반란을 선동하려는 거창한 계획이 있었지만 스탈린의 당면한 관심은 중국과 한국에서 미국 군대를 확실하게 물러나도록 하는 것이었다. 그리고 이 같은 목적을 달성하기 위해 중소(中蘇) 조약을 통해 장제스를 통일 중국의 지도자로 인정했다.

　하지만 만주에 주둔하고 있던 소련 군대는 이 지역을 몰래 공산주의자들에게 넘겨주어 옌안에서 만주로 공산주의자들이 몰려들기 시작했다. 소련군은 마오쩌둥을 도와 주로 유격대원들로 이루어진 그의 오합지졸이나 다름없는 군대를 가공할 전투 조직으로 변모시켰고 공군과 포병대, 공병 학교를 비롯해 열여섯 개의 군사 조직을 개설했다. 중국인 장교 중 일부는 고등 훈련을 받기 위해 소련으로 향하기도 했다. 비행기나 기차를 통해 군수 지원품도 도착했다. 이를 위해서 북한에만 화물을 가득 실은 총 2,000대의 트럭이 배정되었다.[24]

　반면에 미국은 그들의 전시 동맹이었던 장제스를 상대로 1946년 9월에 무기 금수 조치를 내렸다. 장제스는 산업 중심지이자 중국의 전략적 관문인 만주를 장악하지 않고는 중국이 절대로 자국을 방어할 수 없다고 확신했다. 그래서 해당 지역에 끊임없이 자신의 정예 부대를 쏟아부었다. 이에 마오쩌둥은 마음이 약해지기는커녕 어떤 대가를 치르더라도 무자비한 소모전으로 적을 약화시키겠다는 결의를 다졌다.

　1948년에 공산주의자들은 만주에 있는 도시들을 포위하기 시작해 굶주림에 지친 그들로부터 항복을 이끌어냈다. 창춘(長春)은 16만 명의 시민이 굶주림으로 사망하자 끝내 항복을 선언했다. 그들과 똑같은 길을 갈 생각이 없던 베이징은 창춘이 넘어가자 곧바로 항복했다. 공산주의자들이 육성한 전투 조직에 저항할 능력이 없는 다른 도시들도 도미노처럼 줄줄이 항복했다. 장제스와 그의 부대는 타이완(臺灣)으로 달아났다. 그렇게 장기간의 피로 얼룩진 무력 정복이 끝난 1949년 말에 마침내 중화인민공화국이 선포되었다.[25]

베이징 하늘에 붉은 깃발이 휘날리는 순간 자금성 정문에는 급조된 마오쩌둥 초상화가 내걸렸다. 이후로 몇 개월에 걸쳐 학교와 공장, 사무실 등에 주석의 초상화가 등장했다. 보통은 초상화를 어떻게 전시해야 하는지에 관한 정확한 지침도 함께 하달되었다. 그의 독특한 사마귀는 머지않아 하나의 트레이드마크가 되었고 애정 어린 손길로 이를테면 부처의 그것처럼 다듬어졌다. 마오쩌둥 사상에 대한 공부가 의무화되면서 사회 각계각층의 성인들은 교실로 돌아가야 했고 새로운 정설을 배우기 위해 공식 교과서를 탐독해야 했다. 〈마오쩌둥은 우리의 태양〉이나 〈마오 주석 찬가〉와 같은 혁명가가 학생들과 군인들, 죄수들, 사무직 근로자들에 의해 매일 큰 소리로 노래되었다. 길모퉁이나 기차역, 기숙사, 식당을 비롯한 모든 주요 시설에 설치된 확성기에서도 같은 곡들이 울려 퍼졌다. 1년에 두 번 신중하게 연출된 퍼레이드에서는 한 치의 오차 없이 행진하는 군인들과 말을 탄 기병대, 탱크, 장갑차 등이 톈안먼 광장에 준비된 연단에 오른 주

석의 사열을 받았다.[26]

개인숭배와 아울러 소련을 본보기로 삼은 무자비한 정권이 도래했다. 〈소련의 오늘은 우리의 내일이다〉가 그들의 슬로건이었다. 스탈린과 마찬가지로 마오쩌둥은 부강한 나라로 나아가는 열쇠가 농업의 집산화와 사유재산제 폐지, 일반인의 삶에 대한 전면적 통제, 막대한 국방비 지출에 있다고 생각했다.[27]

『신민주주의론』에서 언급한 약속들이 하나씩 하나씩 깨졌다. 마오 정권의 첫 행보는 농촌의 구체제를 뒤집어 엎는 것이었다. 토지 개혁의 형태로 행해진 이 과정에서 농민들은 집단 비난 대회에 참가해 그들의 지도자를 〈지주〉나 〈폭군〉, 〈반역자〉라고 비난하면서 때리고 재산을 빼앗아야 했다. 이런 일을 즐기는 사람도 있었지만 자신도 표적이 될 수 있었기 때문에 어쩔 수 없이 하는 경우가 많았다. 거의 200만 명에 가까운 사람들이 물리적으로 제거되었고 그보다 훨씬 많은 사람들이 〈착취자〉나 〈계급의 적〉으로 낙인찍혔다. 그들의 재산이 가해자에게 분배되면서 빈민과 당 사이에는 피로 서명된 일종의 조약이 맺어졌다.[28]

도시에서는 개개인에게 혁명에 대한 그들의 충성도에 따라 이른바 청편(成分), 즉 계급표가 부여되었다. 계급표에 따르면 〈좋은〉 사람과 〈갈팡질팡하는〉 사람, 〈적대적인〉 사람이 존재했으며 계급표로 그 사람이 이용할 수 있는 식량과 교육, 의료 서비스, 취업 등이 결정되었다. 〈적대적인〉 계급으로 표시된 사람들은 생전은 물론 죽어서도 낙인에서 벗어나지 못했다. 자신의 계급이 자식에게 세습된 까닭이다.[29]

그 뒤를 이어 1950년 10월부터 1951년 10월까지는 대공포 시대였다. 마오 정권은 〈반동분자〉와 〈간첩〉, 〈무법자〉 등을 비롯해 혁명에 방해가 되는 사람들에게 등을 돌렸다. 마오쩌둥은 살인에도 할당량을 부여했는데 그가 생각한 기준은 1,000명당 한 명이었지만 일부 지역에서는 두 배에서 세 배나 많은 사람들이 죽임을 당했으며 마구잡이로 살인이 자행되는 경우도 빈번했다. 이듬해에는 전직 공무원들이 대대적 숙청의 대상이 되었으며 재계가 정권에 종속되었다. 1953년에 이르러서는 예컨대 종교 단체와 자선 협회, 독립 상공 회의소, 시민 단체 등 당의 영향력 밖에서 활동하던 모든 단체가 문을 닫았다.[30]

문자옥(文字獄)이나 다름없는 저작 검열은 예술가들과 작가들을 당의 명령에 순응하도록 만들었다. 바람직하지 않은 것으로 간주된 책들은 거대한 모닥불 속에서 소각되거나 톤 단위로 재활용되어 펄프로 재탄생되었다. 중국에서 가장 큰 출판사 중 하나인 상무인서관(商務印書館)은 1950년 여름에 약 8,000여 종의 서적에 대한 판권을 보유하고 있었다. 하지만 1년 뒤 겨우 1,234종의 서적만 〈대중〉에게 허용할 만한 것으로 간주되었다.

시각 예술과 문학의 모든 영역에서 스탈린에 의해 개발된 사회주의 리얼리즘이 강요되었다. 가장 두드러진 주제는 스탈린이 아닌 마오쩌둥이었다. 그의 작품과 수필, 시, 강의, 명상, 좌우명 등을 다룬 출판물이 저렴한 페이퍼백부터 금박을 입힌 양장본에 이르기까지 백만 부 단위로 제작되었다. 때때로 마오쩌둥 본인의 전언이나 친필과 함께 억압의 역사와 해방으로 나아가는 길을 이야기하는 선전용 출판물도 엄청난 물량이 제작되었다. 신문과 잡지도 그의 지혜를 널리 전파했다. 표지는 으레 주석의 사진으로 채워졌다.[31]

1949년에 주석은 허우보(侯波)라는 이름의 사진사를 엄선해서 등용했다. 그녀는 열네 살의 나이로 당에 가입한 터였고 그녀의 사진은 곧 수백만 부가 인쇄되었다. 「중화인민공화국의 설립」(1949년)과 「양쯔강을 수영해서 건너는 마오쩌둥」(1995년), 「대중과 편안한 시간을 보내는 마오 주석」(1959년) 등은 비록 일부가 많은 수정을 거치기는 했지만 그럼에도 20세기 들어서 가장 널리 유포된 사진들에 속했다.[32]

마오쩌둥의 이름을 딴 공원이나 거리나 도시는 없었다. 마오 주석은 대신 자신을 동양의 철인왕(哲人王)으로 포장함으로써 무형의 기념물을 만들었다. 그 중심에는 그가 마르크스 레닌주의 이론을 중국에서 혁명을 실천하는 현실적 행동과 결합했다는 개념이 존재했다. 러시아와 매우 다른 상황임에도 마르크스 이론을 무조건적으로 적용하는 대신 마오쩌둥은 마르크스 이론의 중국화를 감독한 터였다. 1950년 12월에 마오 주석은 「실천에 관하여」라는 제목의 글을 발표하고 이어 1952년 4월에는 「모순에 대하여」라는 글을 발표했다. 그리고 이 두 글은 마르크스와 엥겔스, 레닌과 스탈린이 이야기한 변증법적 유물론의 철학적 발전이라는 찬사를 받았다. 비록 마오쩌둥의 글에 독창적인 내용은 거의 없었지만 그럼에도 마르크스 이론의 중국화라는 개념은 중국 안팎에서 숭배자들의 마음을 사로잡기에 충분했다.[33]

마오쩌둥은 자신을 르네상스적 교양인으로 포장하기도 했다. 즉 그는 철학자이자 현자이면서 한 가지에 몰두한 시인이었고 중국의 문학적 전통에 푹 빠진 서예가였다. 전통적인 시(詩)가 선반에서 사라진 시점에도 마오 주석의 시는 널리 유포되었다. 절정은 『마오 주석의 시 열아홉 수』가 출간되었을 때였다. 목록에는 사실상 스물한 편의 작품이 포함되어 있었지만 마오쩌둥은 『고시십구수(古詩十九首)』라는 유명한 고대 시선집을 모방하고자 했다. 박식한 교수들과 당 서기들이 경쟁적으로 이 같은 〈문학사적 측면에서 역사적인 발전〉을 칭송하면서 문제의 시집은 즉각적으로 주석의 작품을 연구하려는 움직임을 촉발했다.[34]

시와 관련해서 마오쩌둥은 마찬가지로 시에 취미 삼아

손을 댔던 스탈린보다 아주 조금 나을 뿐이었지만 단어를 선택하는 능력과 관련해서는 진정한 재능을 타고난 터였다. 이를테면 〈여성도 하늘의 절반을 지탱한다〉라거나 〈혁명은 저녁 만찬회가 아니다〉, 〈권력은 총구에서 나온다〉 또는 〈제국주의는 종이호랑이에 불과하다〉와 같은 그의 명쾌한 구호들은 하나같이 모든 가정에 자연스레 스며들었다. 그의 좌우명인 〈인민에게 봉사하라〉는 붉은 바탕색과 대비되도록 현란한 필체로 쓴 흰색 글자들과 함께 사방에 붙은 포스터와 현수막을 통해 선언되었다. 그의 힘찬 붓글씨는 정부 건물과 우아한 공공 기념물의 이름을 짓고 머그컵과 꽃병, 달력을 장식하는 데 이용되었다. 심지어 오늘날까지도 『인민일보』의 제호(題號)로 이용되고 있다.[35]

스탈린과 마찬가지로 마오쩌둥도 저 먼 곳에 존재하는 신과 같은 존재였다. 한때는 황제들이 기거했던 자금성의 깊숙한 곳에 몸을 감추고 있어 좀처럼 볼 수 없고 들을 수도 없는 존재였다. 그럼에도 복도 정치에 능숙했던 그는 지위 고하에 상관없이 모든 당원들과 끊임없이 만남을 가졌다. 그의 외모만 보면 잘못된 판단을 하기 쉬웠다. 겉모습만 보자면 온화하고 겸손하며 남을 배려할 줄 아는 거의 자상한 할아버지와 같은 인상이었기 때문이다. 그는 대중 연설이 서툴렀다. 심한 후난성 사투리는 그를 더욱 힘들게 했다. 하지만 화술에 능했고 듣는 사람을 편하게 해주는 법을 알았다. 그는 언제나 매우 위엄 있게 천천히 걷고 천천히 말했다. 또한 자주 자애로운 미소를 지었다. 〈너무 친절해 보이는 까닭에 냉정하고 평가하는 듯한 그의 시선을 알아차리거나 끊임없이 무언가를 계산하는 속내를 눈치 채는 사람이 없었다.〉 그가 회의라도 하기 위해 방에 들어서면 참석자들은 모두 자리에서 일어나서 박수를 쳐야 했다.[36]

마오쩌둥은 스탈린을 모방하고자 했지만 그의 정신적 스승이던 스탈린은 사회주의 진영에 대한 자신의 지배력을 위협할 수 있는 강력한 이웃의 출현에 두려움을 느꼈다. 1950년에 중소 우호 동맹 상호 원조 조약에 서명하기 전까지 몇 주 내내 그를 기다리게 한 것도 바로 그 때문이었다. 그는 또 마오쩌둥에게 너무 급하게 경제를 집산화하려 한다고 경고하면서 중국의 첫 5개년 계획에 대한 자금 지원을 대폭 삭감하기도 했다.

마오쩌둥에게 1953년 스탈린의 사망은 일종의 해방이나 다름없었다. 마오 주석은 그해 말에 곡물에 대한 전매를 실시하고 농민에게 국가가 정한 가격으로 수확물을 판매하도록 강제함으로써 드디어 집산화 속도를 올릴 수 있게 되었다. 2년 뒤에는 소련의 국영 농장과 비슷한 집단 농장이 도입되었다. 마오 정권은 농부들에게서 땅을 도로 빼앗고 그들을 국가가 마음대로 할 수 있는 종으로 전락시켰다. 도시에서는 정부가 소규모 점포와 개인 기업들, 대기업들을 하나같이 강제 수용(收用)하면서 모든 상공업이 국가에 예속되었다. 하지만 가속화된 집산화 운동으로 알려진 사회주의의 고조(高潮), 즉 높은 파도는 경제에 파괴적인 영향을 끼쳤고 광범위한 대중의 불만을 초래했다.[37]

1956년에 마오쩌둥은 좌절에 부닥쳤다. 제20차 소련 공산당 전당대회의 마지막 날인 2월 25일에 니키타 흐루쇼프는 크렘린 궁전에서 예정에 없던 비밀 회의를 주최했다. 그리고 4시간에 걸쳐 간단없이 행한 연설에서 스탈린이 낳은 의심과 공포심과 테러 행위를 공공연하게 비난했다. 자신의 옛 스승을 향한 무자비한 공격에서 흐루쇼프는 그에게 야만적인 숙청과 대대적인 국외 추방, 재판 없이 진행된 처형, 무고한 당 지지자들에게 행해진 고문 등에 대해 직접적 책임이 있다고 고발했다. 그는 스탈린이 〈위대함에 집착한 사람〉이었고 자신의 집권 기간에 개인숭배를 조장했다며 한층 더 맹렬한 공격을 이어 갔다. 참석한 대의원들은 너무 놀라서 할 말을 잃은 채 그의 이야기를 경청했다. 연설이 끝났을 때는 박수를 치는 사람이 아무도 없었고 많은 대의원들이 멍한 상태로 충격에 휩싸인 채 회의장을 벗어났다.[38]

이날의 연설문 사본이 각국 공산당에 보내졌다. 그리고 일단의 연쇄 반응을 일으켰다. 베이징의 마오 주석은 스탈린을 옹호하는 편에 설 수밖에 없었다. 마오쩌둥은 인민 공화국의 위대한 지도자, 즉 중국의 스탈린이었다. 흐루쇼프의 비밀 연설은 마오쩌둥 본인의 지도력에 대해서, 특히 그를 둘러싼 찬사에 대해서 의문을 불러일으킬 뿐이었다. 탈(脫)스탈린화는 마오쩌둥 본인의 권위에 대한 도전이나 다름없었다. 흐루쇼프가 소련을 정치국 체제로 되돌리겠다고 약속하자 베이징에서는 곧바로 류사오치와 덩샤오핑(鄧小平), 저우언라이를 비롯한 여러 사람이 공동 지배의 원칙을 지지한다고 발표했다. 여기에 더해 그들은 국영 농장을 둘러싼 흐루쇼프의 비판을 들먹이면서 집산화 속도를 늦추고자 했다. 바야흐로 마오 주석은 열외 취급을 당하고 있는 듯 보였다.[39]

1956년 9월에 열린 제8차 전국 대표 대회에서는 마오쩌둥 사상이 당헌에서 삭제되었고 개인숭배가 비난의 도마에 올랐다. 흐루쇼프 때문에 사면초가에 몰린 마오쩌둥은 이런 조치들을 태연한 척 지켜보는 것 말고 달리 선택의 여지가 없었다. 심지어 대회를 앞두고 몇 달 동안은 그들에게 협조하기도 했다. 하지만 사적인 자리에서는 류샤오치와 덩샤오핑이 대회를 장악한 채 자신을 밀어내려 한다고 비난하면서 분노를 감추지 않았다.[40]

헝가리 폭동을 계기로 마침내 마오쩌둥에게 주도권을 되찾을 기회가 찾아왔다. 1956년 11월 부다페스트에서 소련군이 반란자들을 진압하는 동안 마오 주석은 헝가리 공산당이 대중의 불만에 귀를 기울이지 못하고 결국 불만이 커져서 통제 불능 사태를 초래했다고 비난했다. 마오쩌둥은 보통 사람들을 옹호하고 비(非)당원도 불만을 표출할 수 있도록 허락해야 한다고 요구하면서 마치 민주주의자처럼 굴었다. 1957년 2월에 그는 일반 시민들에게 망설이지 말고 자신의 목소리를 내라고 충고하면서 당에 〈백 가지 꽃이 일시에 개화하고 백 가지 학문이 서로 논쟁하게 하라[百花齊放 百家爭鳴]〉라고 요구했다.

마오쩌둥의 계산은 완전히 빗나갔다. 그는 당초 자신에 대한 찬사가 쏟아지고 숭배자들이 당헌에서 마오쩌둥 사상을 없앤 일당을 응징할 것으로 예상한 터였다. 하지만 사람들은 민주주의와 인권을 옹호하는 간결하지만 함축적인 구호를 내놓았고 일부는 공산당에 권력을 포기할 것을 요구하기도 했다. 수만 명의 학생과 노동자가 거리로 쏟아져 나와 민주주의와 표현의 자유를 요구했다. 예상을 뛰어넘는 대중의 불만에 마오쩌둥은 오히려 분노가 치밀었다. 그는 덩샤오핑을 책임자로 임명하여 반우파 운동을 이끌도록 맡겼다. 덩샤오핑은 50만에 이르는 학생과 지식인을 작정하고 당을 무너뜨리려는 〈우파〉라고 비난하면서 그들 중 상당수를 제국의 외곽을 따라 건설된 노동 수용소로 보내 버렸다.[41]

마오쩌둥의 도박은 비록 역화를 맞았지만 이를 계기로 적어도 그와 그의 전우들은 다시 손을 잡게 되었고 시민

운동을 진압하고자 의지를 다녔다. 당의 명실상부한 지도자로 복귀한 마오쩌둥은 농촌의 근본적인 집산화를 달성하기 위해 노심초사했다. 1957년 11월에 10월 혁명 40주년을 기념하기 위해 그를 비롯한 전 세계의 공산당 지도자들이 모스크바에 초대된 자리에서 마오쩌둥은 흐루쇼프를 사회주의 진영의 지도자로 인정함으로써 표면상 그에게 충성을 맹세했다.

마오쩌둥은 내심 자신이 전 세계 사회주의 국가들을 이끌어야 한다고 생각했다. 스탈린이 아직 살아 있을 때도 그보다는 자신이 훨씬 결연한 혁명가라고 생각한 마오쩌둥이었다. 어쨌거나 마오쩌둥은 전 인류의 4분의 1을 해방으로 이끈 인물이었다. 그는 중국의 레닌인 동시에 스탈린이었다. 소련이 고기와 우유, 버터 부문에서 미국의 1인당 국민 생산량을 따라잡을 거라는 흐루쇼프의 선언에 마오쩌둥은 그의 도전을 받아들여 장차 15년 안에 중국이 철강 생산 부문에서 당시에는 아직 주요한 산업 강국이던 영국을 능가하게 될 거라고 공표했다. 마오쩌둥은 공산주의에 대약진 운동을 접목함으로써 소련을 능가하고 종국에는 흐루쇼프를 뛰어넘고자 했다.

대약진 운동은 농촌 지역 사람들을 인민공사라고 불리는 거대한 공동체에 배속해 소련의 입김을 약화시키고자 한 마오 주석의 첫 번째 시도였다. 그는 농촌의 모든 남녀를 거대한 하나의 군대에 소속된 보병으로 만들어 경제 개혁을 위해 밤낮으로 동원할 수 있다면 중국을 단숨에 소련을 능가하는 나라로 만들 수 있다고 생각했다. 마오쩌둥은 공산주의가 직면한 난국의 타개책을 찾았다고 확신했을 뿐 아니라 그로써 자신이 모든 것이 풍족한 세상으로 인류를 이끌 구세주가 될 거라고 확신했다.

마오쩌둥은 1958년 초에 열린 일련의 당 대회에서 경쟁자들을 굴복시키며 대약진 운동을 이용해 개인숭배에 대한 새로운 접근법을 제시했다. 그는 과장스러운 어조로 〈숭배하는 것이 왜 문제인가?〉라고 물었다. 〈진실이 우리 손에 있는데 숭배하지 말아야 할 이유가 무엇인가?〉 마오쩌둥은 〈각 집단은 그 집단의 지도자를 숭배해야 하며 저절로 숭배할 수밖에 없다〉라고 이야기하면서 이야말로 〈올바른 개인숭배〉라고 설명했다.[42]

그의 전언은 충성스러운 추종자들에 의해 즉각 수용되었다. 상하이 시장 커칭스(柯慶施)는 목소리를 떨면서 열정적으로 다음과 같이 말했다. 〈우리는 주석에게 맹목적인 믿음을 가져야 한다! 우리는 무조건으로 주석에게 복종해야 한다!〉[43] 어느 사이에 모든 고위 지도자들은 자아비판을 해야 했다. 저우언라이는 거듭해서 인신공격과 모욕을 당했으며 세 번에 걸쳐 당 지도부가 모두 모인 자리에서 자신의 실수를 인정해야 했다. 종국에는 청중을 향해 마오쩌둥이야말로 〈진리의 화신〉이며 당이 그의 위대한 영도력에서 벗어나면 꼭 실수가 발생한다고 말했다.[44]

저우언라이는 운이 좋게 살아남았지만 그렇지 않은 당 내의 고위급 인사들도 많았다. 거의 모든 곳에서 소위 〈당 정책에 반대하는〉 파벌들이 제거되면서 성(省)의 전체 지도부가 바뀌기도 했다. 윈난(雲南)성 한 곳에서만 이른바 종교 재판을 통해 수천 명의 당원이 숙청되었다. 당의 고위급 인사들도 열다섯 명 중 한 명꼴로 포함되었다.[45]

마오쩌둥은 절대적인 충성을 요구하면서 모든 사람을 아첨꾼으로 만들었다. 그 결과 모든 결정은 주석의 변덕에 기반했고 결정에 따른 영향이 전혀 고려되지 않는 경우도 비일비재했다. 이미 1959년 여름부터 대약진 운동은 명백한 재앙이었다. 마오 주석은 루산(廬山)회의에서 국방부장 펑더화이(彭德懷)의 비교적 온건한 비평 글조차 배신으로 받아들였다. 펑더화이는 〈반당 무리〉 중 하나의 우두머리로 간주되었고 모든 영향력 있는 자리에서 해임되었다. 류샤오치는 주석의 얼굴에 금칠을 하고 나섰다. 〈마오쩌둥 동지의 지도력은 마르크스와 레닌의 그것에 전혀 못지않다. 만약 마르크스와 레닌이 중국에 살았다면 그들도 정확히 동일한 방식으로 중국의 혁명을 이끌었을 것이다.〉 마오쩌둥 주치의의 표현에 따르면 마오 주석은 〈애정과 칭찬을 탐했다. 그는 당내에서 그에 대한 악평이 늘어날수록 인정받고자 하는 열망도 커졌다.〉[46]

무엇보다 린뱌오(林彪)가 특유의 가늘고 꺅꺅거리는

238

목소리로 펑더화이를 〈야심적이고 음흉하며 위선적〉이
라고 비난하면서 주석을 옹호하기 위해 달려들었다. 린
뱌오는 국공 내전에서 활약한 가장 훌륭한 전략가 중 한
명으로 널리 알려진 인물이었고 1948년 창춘에 대한 포
위 공격을 지시한 당사자이기도 했다. 창백한 안색에 몹
시 야윈 체격의 그는 물과 바람, 냉기에 관련된 다양한
공포증에 시달렸다. 단순히 물이 흐르는 소리에도 설사
를 앓을 정도였다. 그는 〈오직 마오 주석만이 위대한 영
웅이며 감히 누구도 그의 역할을 대신할 수 없다〉라고 외
치며 〈우리 모두는 그보다 한참 부족해서 절대로 그의 경
지에 범접할 수 없다!〉라고 덧붙였다.[47]

린뱌오 개인적으로는 자신의 비밀 일기장에 대약진 운
동이 〈환상에 기초한 총체적 난국〉이라고 털어놓았을 정
도로 펑더화이보다 훨씬 비판적이었다. 하지만 그는 주석
에게 아부를 늘어놓는 것이 권력을 유지하는 최선의 방
법임을 알았다. 린뱌오는 이미 오래전에 마오쩌둥을 찬양
하는 것이 얼마나 중요한지 깨달은 터였다. 〈그는 자신을
숭배하고, 자신에 대한 맹목적인 믿음을 가졌으며, 자신
을 깊이 흠모하고, 모든 성과의 공로는 자신이 차지하는
반면에 자신의 실패는 다른 사람의 탓으로 돌린다.〉[48]

대약진 운동에 의구심을 나타내는 사람은 누구를 막론
하고 사냥당했다. 그 결과 약 360만 명에 달하는 당원들
이 〈우파〉나 〈작은 펑더화이〉라는 이유로 숙청되었다. 그

리고 그들이 비운 자리는 베이징에서 불어오는 급진적인 바람에 편승해 이득을 취하려는 잔혹하고 비양심적인 사람들로 채워졌다. 그들은 농민에게서 양곡을 쥐어짜기 위해 자신들에게 주어진 모든 수단을 동원했다.[49]

대약진 운동으로 중국은 소련 경제를 넘어서기는커녕 수천만 명이 혹사당하거나 폭행당하거나 굶어 죽는 가운데 20세기 들어 최악의 참사 중 하나를 맞이했다. 1960년 10월 들어 마오쩌둥은 자신의 웅대한 계획을 철회할 수밖에 없는 상황에 이르렀다. 그럼에도 경제가 다시 회복되기 시작하는 데는 1년 이상이 소요되었다.[50]

1962년 1월에 중국 전역에서 모인 약 7,000명의 핵심 당원들이 대약진 운동의 실패에 대해 이야기하는 동안 마오쩌둥의 인기는 더 이상 떨어질 수 없을 정도로 바닥을 기록하고 있었다. 주석이 망상에 사로잡혔고 간단한 산수도 할 줄 모르며 위험스럽다고 비난하는 소문까지 돌았다. 몇몇 대의원은 일반 시민이 겪는 대규모 기근의 책임이 그에게 있다고 주장했다. 류샤오치는 농촌의 처참한 상황에 진심으로 충격을 받은 터였다. 심지어 회의 도중에 〈인재(人災)〉라는 단어를 사용할 정도였고 깜짝 놀란 청중 사이에서 헉하는 소리가 터져 나오기도 했다. 린뱌오는 이번에도 주석을 옹호하며 나섰고 대약진 운동이 중국 역사상 전례 없는 성과를 거두었다고 칭송했다. 〈마오 주석의 생각은 항상 옳다. 그는 결코 현실과 동떨어져 있지 않다.〉 저우언라이는 여기서 한 발짝 더 나아가 자신이 모든 잘못된 일에 대한 책임을 지고자 했다.[51]

주석은 린뱌오를 보며 흐뭇해하면서도 그 밖의 모든 사람을 의심했다. 요컨대 그의 유산 전체가 위험한 상황이었다. 마오쩌둥은 자신도 사후에 흐루쇼프의 비난을 받은 스탈린과 똑같은 운명을 맞이할 수 있다는 생각에 두려움을 느꼈다.

마오 주석은 1962년 8월에 문화 대혁명을 위한 토대를 마련하면서 역습에 나섰다. 그는 반동 세력이 사방에 존재하며 중국을 자본주의로 되돌리려는 시도를 벌이는 중이라고 설명했다. 그는 〈계급투쟁을 절대로 잊지 말라〉라는 표어와 함께 사회주의 교육 운동을 실시했다. 1년 뒤에는 일생을 바쳐 국민을 위해 봉사한 젊은 군인 레이펑(雷鋒)을 본받으라고 전 국민을 독려했다. 레이펑의 사후에 공개된 그의 이념적 성장 과정이 기록된 일기장은 책으로 출간되었고 전국에서 읽혔다. 레이펑은 〈당과 마오 주석에게 받은 피가 내 몸의 세포 하나하나에 스며들었다〉라고 설명했다. 마오쩌둥은 심지어 그의 꿈에도 등장했다. 〈나는 어제 꿈을 꾸었다. 마오 주석을 만나는 꿈이었다. 주석은 마치 너그러운 아버지처럼 내 머리를 쓰다듬어 주었다. 그리고 미소를 지으면서 내게 말했다.《열심히 공부하거라. 영원히 당에 충성하고 인민에게 충성하거라!》나는 너무 기뻤다. 너무 기뻐서 아무 말도

할 수 없었다.〉[52]

노동자나 농민에게서 답지한 열정적인 헌사들이 신문 투고란을 통해 중국 전역에 소개되었다. 이상적인 공산주의자로서 레이펑을 찬양하는 수만 건의 대회가 열렸다. 연극과 영화도 제작되었다. 노래도 만들어졌는데 노래 하나의 가사가 수십 절에 달하는 곡들도 있었다. 이야기꾼들은 농촌을 돌아다니면서 글을 모르는 농민들을 레이펑이 보여 준 영웅적인 행위와 주석에 대한 사랑으로 매료시켰다. 베이징 군사 박물관 안에 레이펑 전시관도 별도로 마련되었다. 전시관 입구에는 마오쩌둥의 붓글씨가 적힌 거대한 현판이 〈레이펑 동지를 본받으라![向雷鋒同志学習]〉라고 방문객들을 독려했다. 레이펑은 가난한 자들의 마오쩌둥이었고 대중의 입장에서 쉽게 다가갈 수 있도록 단순화된 마오쩌둥이었다. 그는 마오의 대기근으로 촉발된 무관심 상태에서 사람들을 깨우고 계급의 적에 대한 그들의 증오심을 키워 줄 터였다.[53]

루산 회의에서의 공로를 인정받아 펑더화이를 대신해 국방부장에 오른 린뱌오는 전군에 마오쩌둥 사상을 공부하도록 지시했다. 병사들은 마오쩌둥 전집에 나오는 짧은 구절들을 암기하도록 요구되었다. 1964년 1월에 이들 인용구를 등사판으로 인쇄한 요약집이 출간되었다. 몇 개월 뒤에는 개정판이 인민 해방군에 배포되었다. 개정판은 조야한 빨간색 비닐 표지가 적용되었고 일반적인 군복 주머니에 쉽게 들어가도록 손바닥 만한 크기로 제작되었다. 린뱌오는 레이펑의 일기에서 발췌한 문구로 헌사를 대신했다. 〈마오 주석의 책을 읽고, 마오 주석의 말씀을 듣고, 마오 주석의 지시에 따라 행동하고, 마오 주석의 훌륭한 투사가 되자.〉 1965년 8월에 새로운 개정판이 출간되었는데 이 무렵 〈작은 붉은 책〉이라고도 알려진 『마오쩌둥 어록』은 비단 군인뿐 아니라 수많은 사람들 사이에서 수백만 부가 유통되고 있었다.[54]

마오쩌둥은 자신에게 쏟아지는 찬사를 만끽하며 전국에 린뱌오와 인민 해방군을 본받으라고 지시했다. 그는 〈인민 해방군의 장점은 정치적 이념이 올바르다는 사실이다〉라고 말했다. 이에 화답해 군은 정부 산하의 조직에 마오쩌둥 사상을 고취하기 위한 정치 부서를 설립하는 등 민간인 사회에서 보다 두드러진 역할을 수행하기 시작했다. 또한 사회주의 교육 운동과 보조를 맞추어 보다 전투적인 분위기도 조성했다. 농촌에 학생과 노동자를 대상으로 한 군대식 〈여름 캠프〉도 조직되었다. 초등학교에서는 학생들이 장제스와 미 제국주의자들의 초상화에 공기총을 쏘면서 총기 사용법을 익혔다. 출신 성분이 확실한 고학년을 위한 군사 훈련소도 세워졌다. 학생들은 이곳에서 수류탄을 투척하는 법과 실탄 사격술을 배웠다. 1965년 여름 상하이에서는 1만 명 이상의 대학생과 5만 명 이상의 중학생과 고등학생이 해당 훈련소에서

일주일간 훈련을 받았다.[55]

1964년 10월 1일 군은 국경절을 기념하기 위해 톈안먼 광장에서 군복을 입은 다수의 합창단과 발레단이 참여한 축하 행사를 마련했다. 이 행사에서는 거대한 마오 주석 초상화를 앞세운 행진이 거행되었으며 「마오 주석은 우리 마음속 태양」이라는 곡에 맞추어 천천히 전진했다. 국민들은 〈마오쩌둥 사상으로 무장〉한다면 얼마든지 〈자본가와 봉건 세력의 부활 시도는 물론 나라 안팎에 존재하는 적들의 공격〉을 이겨 낼 수 있다는 말을 들었다. 2주 뒤 중국은 그들의 첫 번째 원자폭탄을 터뜨림으로써 세계적인 초강대국의 대열에 합류했다.[56]

1966년 봄에 마오쩌둥은 문화 대혁명을 시작할 준비를 완료했다. 자신이 역사의 중심이 되어 사회주의 진영이 자신을 중심으로 돌아가게 만들기 위한 그의 두 번째 시도였다. 경제를 개혁하려고 시도하다가 오히려 대약진 운동이라는 재앙을 경험한 마오 주석은 문화에 집중했다. 마오쩌둥은 어떻게 거대한 소련이라는 나라에서 니키타 흐루쇼프라는 한 사람이 1956년에 스탈린을 공격하고 제국주의 진영에 〈평화적 공존〉을 제안하는 등 단독으로 완전한 정책적 반전을 꾀할 수 있었는지 의문을 느꼈음이 분명했다. 답은 문화에 있었다. 즉 문화적인 부분이 무시된 것이었다. 자본주의 세력이 사라지고 그들의 재산도 몰수되었지만 고위층에 잔존하는 소수의 세력이 제도를 좀먹고 종국에는 완전히 전복시킬 수도 있을 만큼 자본주의 문화는 여전히 사회를 지배하고 있었다.

레닌은 10월 혁명을 성공시키면서 전 세계 프롤레타리아에게 위대한 선례를 남긴 터였다. 하지만 당 지도부를 장악한 흐루쇼프 같은 현대 수정주의자들은 소련을 자본주의 재건의 길로 이끌었다. 프롤레타리아 문화 대혁명은 이런 수정주의에 맞서 프롤레타리아 정권을 방어하면서 국제 공산주의 운동사의 제2막을 장식할 것이었다. 마오 주석이 전 세계의 억압받고 짓밟힌 자들을 해방시키면서 중국에는 공산주의의 미래로 나아가기 위한 기초가 만들어지고 있었다. 마오쩌둥이야말로 마르크스 레닌주의를 계승하고, 방어하고, 발전시키는 것에 그치지 않고 마르크스 레닌주의를 마르크스 레닌주의와 마오쩌둥 사상이라는 새로운 단계로 발전시킨 인물이었기 때문이다. 그럼에도 스탈린에 대한 언급은 어디에도 없었다.[57]

거창한 생각이었지만 마오쩌둥은 또 자신의 실재하거나 허상에 불과한 적, 특히 1962년 1월에 칠천인 대회에서 대약진 운동의 실패를 논의한 대의원들을 제거하기 위해 문화 대혁명을 이용하기도 했다. 10년 전 마오쩌둥은 생각을 잘못해 백화 운동이라는 이름으로 지식인들에게 마음속에 담고 있는 말을 솔직하게 이야기할 수 있게 허락한 적이 있었다. 이번에는 적어도 그런 실수를 저지르지 않을 정도로 그는 충분히 준비되어 있었다. 맨 먼저 그는 1966년 5월에 네 명의 당 지도자를 체포하고 그들을 자본주의로 회귀하기 위해 음모를 꾸며 온 〈반당 무리〉로 기소하면서 중국에 경계령을 내렸다. 그러고 나자 6월 1일에는 학생들이 교사들에게 대들면서 전국에서 수업이 중단되었다.

어느 학년을 막론하고 학생들은 사회주의 교육 운동 기간에 몇 년에 걸쳐 세뇌를 받은 터였다. 당 조직의 부추김을 받은 그들은 계급의 적으로 의심되는 사람들을 괴롭히고, 비난하고, 모욕했으며 심지어 고문하기도 했다. 이런 와중에 몇몇 학생들이 너무 멀리 나가 고위 당원들을 비난하기에 이르렀다. 마오 주석이 베이징에 없는 동안 문화 대혁명을 진두지휘할 책임을 맡은 덩샤오핑과 류샤오치는 공작대를 파견해 해당 학생들을 처벌했다. 마오 주석은 7월 중순에 수도로 돌아왔다. 그리고 자신의 두 동료를 지지하는 대신 학생들을 억압하고 〈독재를 휘둘렀다〉라며 그들을 비난했다. 문제의 두 사람은 자리에서 물러났고 린뱌오는 류샤오치의 뒤를 이어 2인자의 자리에 올랐다.

〈모든 반항이나 반란에는 나름대로 이유가 있다[造反有理]〉라는 말은 마오쩌둥의 정치적인 구호가 되었고, 폭동을 일으킨 학생들은 정확히 그의 말을 따랐다. 홍위병은 즉흥적으로 만든 군복 차림에 작은 붉은 책을 들고

1966년 8월에 처음 등장했다. 그들은 주석을 지키겠다는 맹세와 함께 문화 대혁명을 수행했다. 8월 18일 새벽, 거의 100만 명에 가까운 홍위병이 마오 주석을 보려고 톈안먼 광장에 모여들었다. 그리고 광장의 동쪽 끝자락에 햇살이 비치기 시작하자 마오 주석이 헐렁한 군복 차림으로 연단에서 내려왔다. 홍위병들은 작은 붉은 책을 흔들면서 환호성을 질렀다.[58]

1966년 8월부터 11월까지 마오 주석은 여덟 번의 대중 집회를 통해 약 1200만 명의 홍위병을 사열했다. 종국에는 자금성 앞에 있는 거대한 광장으로도 그들을 전부 수용할 수 없게 되자 지붕이 없는 지프차를 타고서 도시 곳곳을 돌아다니며 한 번에 200만 명의 학생들을 사열했다. 사열 대회는 매번 치밀하게 준비되었다. 홍위병은 한밤중에 다수의 무리로 나뉘어 행진하거나 6,000대에 달하는 대형 트럭을 타고 광장으로 이동했으며 안전상의 이유로 늘 어떠한 사전 공지도 주어지지 않았다. 학생들은 지시에 따라 열을 맞추어 앉아서 몇 시간씩 하염없이 기다려야 했다. 마침내 주석이 모습을 드러내면 그들은 자리에서 벌떡 일어나 목을 길게 빼고 앞으로 몰려들어 〈마오 주석 만세!〉를 외쳤다.[59]

주석을 언뜻 본 것만으로 황홀해하는 이들도 많았지만 실망하는 이들도 있었다. 개중에는 두려움을 느낀 이들도 있었다. 그럼에도 그들 모두는 정확히 어떤 행동을 하고 어떤 말을 해야 하는지 알았다. 매번 베이징에서 군중 집회가 열린 다음에는 신문과 라디오, 텔레비전을 통해 핵심적인 문장이 공개되었기 때문이다. 〈오늘만큼은 내가 세상에서 가장 행복한 사람이다. 나는 우리의 위대한 지도자 마오 주석을 보았다!〉[60]

8월 18일에 열린 첫 집회의 끝 무렵에 린뱌오는 장황한 연설을 통해 흥분한 젊은이들에게 〈착취 계급의 모든 낡은 사고와 낡은 문화, 낡은 전통, 낡은 관습〉을 타도하라고 호소했다. 학생들은 책을 불태우고, 공동묘지의 묘비를 쓰러뜨리고, 사당을 파괴하고, 교회를 파손하고, 보다 일반적으로는 거리 이름과 가게의 간판을 포함하여 모든 과거의 흔적들을 공격하면서 열정적으로 그의 말을 따랐다. 그들은 가정집을 습격하기도 했다. 홍위병은 상하이에서만 약 25만 가구의 가정집을 습격해 평범한 서적이나 가족 사진, 청동제 골동품, 희귀한 두루마리 등 소위 과거의 유물을 닥치는 대로 강탈했다.[61]

마오쩌둥은 구(舊)세계에 대한 공격이 이루어지는 가운데 새로운 프롤레타리아 문화가 벼려질 것이라고 선언했다. 그리고 사람들은 마오 주석에 대한 우상화가 유일하게 용인되는 프롤레타리아 문화라는 사실을 깨달았다. 이 같은 우상화를 가장 극명하게 보여 주는 한 단면이 수많은 표어였다. 말 그대로 사방이 표어 천지였다. 당시 상황을 가까이서 지켜본 한 증인은 이렇게 말했다. 〈과거에도 표어는 늘 많았지만 지금은 이전 기록을 모두 갈아 치울 정도이다. 아무것도 없는 빈 벽은 모두 세심하게 인용된 마오쩌둥의 어록이나 그에 대한 헌사로 채워져야 한다.〉사람들이 가장 좋아한 표어는 〈우리의 위대한 스승, 위대한 지도자, 위대한 사령관, 위대한 조타수〉와 〈마오 주석 만세!〉였다. 이런 표어들로 상점과 공장과 학교가 도배되었고 몇몇은 건물 지붕에서 시작해서 전체에 표어가 둘러지기도 했다. 버스와 대형 트럭, 승용차, 승합차 외부에도 페인트로 쓴 주석의 어록이 등장했다.[62]

붉은색에 푹 빠진 이 새로운 세상에서는 모든 감각이 폭격을 당했다. 임시 연단에 선 홍위병이 격렬한 목소리로 대중에게 혁명에 동참하라고 촉구했다. 방관자들은 주석의 말씀으로 가득 채워진 신랄하고 장황한 설교를 들어야 했다. 저 위의 하늘에서는 국내선 여객기에 근무하는 여승무원들이 승객들에게 주기적으로 작은 붉은 책을 읽어 주었다. 가장 끔찍한 무기는 확성기였다. 확성기는 오래전부터 선전 활동에 이용되어 온 도구였지만 이제는 24시간 내내 쉬지 않고 가동되었고 으레 볼륨을 최대한 높인 상태로 똑같은 내용을 되풀이했다. 홍위병들이 파출소 안에서 작은 붉은 책을 읽으면 파출소와 연결된 확성기를 통해 그들의 목소리가 거리 전체에 울려 퍼졌다. 혁명 청년들은 떼 지어 도시를 행진하면서 주석과 주석의 사상을 찬양하며 큰 소리로 혁명가를 불렀다. 똑같은 노래들이 라디오에서도 흘러나왔다. 라디오는 넓은 공터나 학교, 공장, 관공서 등에 설치된 확성기와 연결되어 있었다. 가장 인기 있는 노래는 「바다를 항해할 때 우리는 조타수에게 의지한다」였고 「마오쩌둥의 사상이 금빛으로 반짝인다」라는 곡도 인기를 끌었다.[63]

주석을 숭배하는 데 뒤처지려는 사람은 아무도 없었다. 봉건적이거나 부르주아적이라고 비난받는 물건이 늘어나면서 사람들은 점점 더 정치적으로 안전한 상품만을 찾게 되었다. 그 결과 마오쩌둥 사진이나 마오쩌둥 배지, 마오쩌둥 포스터, 마오쩌둥 책이 엄청난 인기를 끌게 되면서 산업 전반에서 개인숭배 제품을 생산하는 데 주력하는 현상이 나타났다.

사진과 초상화, 포스터, 책 등의 수요를 따라잡기 위해 상하이에만 축구 경기장 세 개를 합친 것과 같은 총 1만 6,400제곱미터의 면적에 일곱 개의 공장이 새로 지어졌다. 장쑤(江蘇)성에서는 작은 붉은 책을 인쇄하기 위해 산업용 공장들이 개조되었다. 붉은색 잉크를 생산하는 공장들도 24시간 내내 일했지만 여전히 재고 부족에 시달렸다.[64]

책에는 특히 번쩍번쩍 빛나는 선명한 붉은색의 표지도 필요했다. 작은 붉은 책, 즉 『마오쩌둥 어록』 한 종류에만 소요되는 비닐의 양은 1968년을 기준으로 약 4,000톤에 달했다. 하지만 일찍이 1966년 8월에 상무부가 비닐 신발과 비닐 슬리퍼, 플라스틱 장난감 등의 생산을 축소하면서 이런 제품을 생산하던 전국의 공장들은 마오쩌둥 사상에 이바지할 준비를 마친 터였다.[65]

계획 경제는 대중의 수요를 따라잡는 데 어려움을 겪었다. 마오쩌둥 배지를 예로 들자면 전국 생산량은 1968년을 기준으로 한 달에 5000만 개가 조금 넘는 수준이었는데 여전히 부족했다. 그 결과 암시장이 활성화되어 국가와 경쟁하기에 이르렀다. 직원들이 사용할 배지를 자체적으로 생산하던 일부 정부 기관들이 이윤 동기에 현혹되어 불법과 합법의 경계가 불분명한 영역으로까지 사업을 확대했다. 암시장 납품에만 집중하는 지하 공장들이 등장한 것이다. 이런 공장들은 알루미늄으로 된 양동이나 주전자, 냄비, 팬 등을 도둑질하면서 부족한 자원을 놓고 국영 기업과 경쟁했다. 심지어 공장에 설치된 고가의 기계에서 알루미늄 보호막까지 벗겨 가 배지를 만들었을 정도로 수요는 엄청났다.[66]

마오쩌둥 배지는 그 종류가 수천 가지에 달했다. 투명한 아크릴 수지나 플라스틱, 심지어 대나무를 이용해 조잡하게 만들어진 것도 있었고 자기 표면에 수작업으로 색을 칠한 매우 공들인 작품도 있었다. 대다수는 알루미늄이 주재료였다. 늘 왼쪽을 향하고 있는 주석의 얼굴에는 금이나 은이 사용되었다. 작은 붉은 책과 마찬가지로 마오쩌둥 배지는 주석에 대한 충성심의 상징이 되었고 정확하게는 심장이 있는 위치에 착용되었다. 배지는 문화 대혁명 초기에 사유 재산 중에서 가장 활발하게 거래된 품목이었다. 자본주의적인 온갖 형태의 투기와도 연루되었다. 다른 산업 활동을 포기한 채 유용되는 알루미늄의 양이 너무 많아지자 1969년에 이르러 마오쩌둥은 〈내 비행기들을 돌려 달라〉라며 자제할 것을 지시했다. 열풍은 빠르게 잦아들어 1971년에 린뱌오가 사망한 뒤로 거의 자취를 감추었다.[67]

문화 대혁명의 첫 번째 단계는 일반 시민들과 당 간부들, 군 지도자들이 문화 대혁명의 진정한 목적을 놓고 서로 분열하면서 지독한 파벌 싸움을 벌인 것이 특징이었다. 파벌이 다르다는 이유로 서로 반목하고 제각각 자신들이야말로 마오쩌둥의 진정한 목소리를 대변한다고 확신하면서 중국은 내전을 향해 치달았다. 곧 사람들은 기관총과 대공포로 무장한 채 거리에서 서로 싸움을 벌였다. 그럼에도 주도권은 주석에게 있었다. 그는 매사를 즉흥적으로 처리했고 그 과정에서 수백만 명의 목숨을 희생시켰다. 주기적으로 자신이 직접 개입해서 추종자를 구제하거나 반대로 가까운 동료를 늑대들에게 던져 주었다. 그의 단순한 말 한마디로 수많은 사람의 운명이 결정되었다. 그는 그저 특정 파벌에 대해 〈반혁명적〉이라는 평가를 내리기만 하면 되었다. 평가는 하룻밤 만에도 번복되어 끝이 보이지 않는 폭력의 악순환을 부채질했다.

그런 와중에도 사람들은 앞다투어 주석에 대한 충성심을
증명하고자 했다.

1967년 여름내 폭력이 통제 불능 상태로 치닫자 마오
주석이 개입했다. 그는 전국을 순회하며 대동맹을 촉구했
다. 얼마 뒤 10월 1일에 일치단결된 모습을 과시하기 위
해 열린 대규모 행사에서는 저 멀리 앞을 가리키는 플라
스틱으로 된 은색의 마오쩌둥 형상을 앞세운 채 50만 명
에 달하는 군인들이 톈안먼 광장을 행진했다. 그 뒤에는
수십만 명의 일반 시민들이 따르고 있었는데 다 같이 행
진하도록 강제로 동원된 인원들이었다. 많은 사람이 반대
파벌에 속한 사람들과 어쩔 수 없이 동행하고 있었다.[68]

여기저기에서 마오쩌둥 사상 학습반이 조직되었다. 이
미 수년 전부터 마오쩌둥 사상을 지지해 온 인민 해방군
은 이제 질서와 규율을 부여하기 위해 그들의 지도자에
대한 우상화를 이용했다. 린뱌오의 설명에 따르면 마오
쩌둥에 대한 우상화는 〈당 전체와 군 전체, 인민 전체〉를
단결시킬 터였다. 1968년 3월에 〈세 개의 충성과 네 개
의 무한한 사랑〉이라는 새로운 운동이 시작되었다. 그리
고 이 운동은 주석과 주석의 사상, 프롤레타리아 혁명 노
선에 대한 절대적인 충성을 요구하면서 마오쩌둥에 대한
우상화를 새로운 차원으로 끌어올렸다. 학교와 사무실과
공장에 마오쩌둥에게 바치는 제단이 설치되었다. 주석의
사진 위에는 반짝반짝 빛나는 선홍색 종이를 이용해서

한 장에 한 글자씩 크게 〈우리 마음속의 붉은 태양〉이라고 적힌 문구가 아치를 이루었다. 사진 속 주석의 얼굴에서는 햇빛이 뿜어져 나왔다. 전국 곳곳에서 사람들은 아침에 눈을 뜨자마자 주석의 시선과 마주쳤고 저녁에 집에 돌아와서는 그의 초상화 앞에서 절을 하면서 그날 있었던 일을 보고했다.[69]

주석의 초상화를 향해 가슴에서부터 양팔을 쭉 뻗는 등의 몇 가지 간단한 동작으로 이루어진 충성 댄스라는 것도 생겼다. 충성 댄스는 으레 「사랑하는 마오 주석」이라는 노래와 함께 행해졌다. 매일 저녁내 텔레비전에서는 이 의례적인 춤과 노래가 방송되었다. 대개는 거대한 흉상이 무대 중앙에 등장했으며 마치 신에게서 빛과 기운이 쏟아지듯이 흉상에서는 전기로 작동하는 율동적이고 반짝이는 조명이 사출되었다.[70]

마오쩌둥의 흉상이나 동상도 비 온 뒤 버섯처럼 급증했다. 이런 조형물은 상하이에서만 60만 점 넘게 생산되었고 대부분은 석고로 제작되었다. 대리석이나 철근 콘크리트, 알루미늄, 양철 등을 재료로 사용한 것도 있었다. 높이 15미터의 당당한 위용을 자랑하며 오가는 행인들을 내려다보는 조형물도 있었고 상대적으로 겸손한 3미터짜리도 있었다. 비공식적인 경쟁 때문에 희소 자원이 낭비되기도 했는데 1968년에 상하이에서는 양철만 900톤이 소비되었다. 그러자 철강 협회는 스테인리스로 눈을 돌

렸고 10만 위안의 비용을 들여 기념 조형물을 세우기에 이르렀다.[71]

1968년 여름에 소위 〈당 혁명 위원회〉가 당과 중앙 정부를 장악하면서 문화 대혁명의 첫 번째 단계가 일단락되었다. 혁명 위원회는 주로 군 장교들에 의해 장악되었고 군인들의 손에 실권이 집중되었다. 이후 3년 남짓한 기간에 혁명 위원회는 중국을 군인들이 학교와 공장, 정부 기관을 감시하는 군사 국가로 바꾸어 놓았다. 게다가 일련의 숙청도 단행했다. 1966년부터 1967년까지 문화 대혁명 중에 솔직하게 자기 목소리를 낸 사람들을 처벌했다. 처음에는 주석의 말을 곧이곧대로 믿은 사람들과 학생들을 비롯해 수백만 명의 불순분자들이 농촌으로 유배되어 〈농부들에게서 재교육〉을 받았다. 뒤이어 〈반역자〉와 〈변절자〉, 〈스파이〉에 대한 마녀사냥이 행해졌으며 일반인은 물론 당원 중에서도 적으로 의심되는 자들의 연결 고리를 조사하기 위해 특별 위원회가 꾸려졌다. 무심코 주석의 포스터를 훼손하거나 계획 경제에 의문을 제기하는 등의 거의 모든 행동과 발언이 잠재적으로 범죄 행위로 간주될 수 있었기 때문에 반부패 운동은 시민들을 위협하면서 더욱 순종하게 만들었다.[72]

중국 전역에서 사람들은 동료와 지인, 이웃과 가족을 고발함으로써 주석에 대한 그들의 헌신을 증명해야 했다. 무분별하고 예측할 수 없는 숙청이 이어지는 가운데 지역 사회 전체가 붕괴하면서 오직 마오 주석에게만 충성하는 고분고분하고 개별화된 사람들을 낳았다. 사회 곳곳의 반동분자들은 강제로 재교육을 받아야 했다. 일반인은 마오쩌둥 사상 학습반에 들어가야 했으며 당원인 경우에는 5·7 간부 학교에 들어가야 했다.

1969년 4월에 열린 제9차 전국 대표 대회는 〈마르크스 레닌주의와 마오쩌둥 사상〉이 당의 이론적 토대가 되어야 한다고 규정하는 새로운 당헌을 통과시켰다. 마오쩌둥 사상이 중국의 지도 이념으로 다시 인정을 받은 순간이었다. 마침내 마오 주석은 1956년 9월에 제8차 전국 대표 대회에서 내려진 결정들을 뒤집을 수 있었다. 이 무렵 류샤오치는 당에서 축출된 뒤 10여 명의 다른 당 원로 지도자들과 함께 〈당 내부에 숨어 있던 변절자이자 반역자이며 악당인 동시에 무수히 많은 범죄를 저지른 제국주의자와 현대 수정주의자와 국민당 반동분자의 주구〉로 고발되었다. 그리고 6개월 뒤 그는 독방에서 숨을 거두었다. 몸은 온통 욕창으로 뒤덮여 있었고 길게 자란 머리도 전혀 손질하지 않은 채였다. 새로운 중앙 위원회도 선출되었는데 그들 중에서 1956년에 이어 연임된 사람은 다섯 명 중 한 명꼴도 되지 않았다.[73]

마오쩌둥에게는 군부도 경계 대상이었다. 특히 군에 마오쩌둥 사상을 학습할 것을 주창한 린뱌오는 요주의 인물이었다. 마오쩌둥이 문화 대혁명을 시작하고 지속하기 위해 린뱌오를 이용했다면 린뱌오는 불안한 정국을 이용해 세력 기반을 넓히고 심복들을 군부 요직에 배치한 터였다. 1971년 9월에 그가 의문의 비행기 사고로 사망하면서 군부는 민간인 사회에 대한 영향력을 잃었을 뿐 아니라 그들에 대한 숙청이 진행되면서 오히려 문화 대혁명의 희생자로 전락했다.

린뱌오와 인민 해방군과 밀접하게 연관되어 진행되던 마오쩌둥 우상화는 거의 하룻밤 사이에 규모가 축소되었다. 중국은 소련을 더욱 멀리했으며 대신 미국에 손을 내밀었다. 1972년이 되자 닉슨 미 대통령의 방문에 대비하여 여러 도시에서 대대적인 청소가 진행되었다. 포스터가 제거되고 반미 표어들의 수위도 낮아졌다. 상하이에서도 도시를 단장하느라 여념이 없었다. 평화 호텔 맞은편에 있던 〈무적의 마오 주석 사상 만세〉라는 거대한 표어를 박박 문질러 닦아내는 데만 거의 한 부대의 여성들이 동원되었다. 대신 〈전 세계인의 대단결〉을 환영하는 새로운 표어들이 등장했다. 상점 진열창마다 부착되어 있던 주석에 관련된 문구들도 모두 사라졌다. 수천 개의 동상들 또한 철거되어 재활용을 위해 조심스럽게 이송되었다.[74]

주석도 옷을 차려입고 멋을 부렸다. 주석과 닉슨의 만남은 엄청난 선전 효과를 거두었다. 냉전의 무게 중심이 소련에서 멀어지고 있다는 점에서 이 소식은 전 세계에 충격을 안겨 주었다. 마오쩌둥은 베이징에서 세계 반응을 흡족하게 지켜보면서 미국이 〈원숭이에서 사람으로 변하고 있지만 아직 완전한 사람은 못 되었고 여전히 꼬리가 남아 있다〉라고 말했다. 그는 세계에서 가장 유력한 국가의 지도자를 황제를 알현하려는 일개 특사로 격하시켰다. 곧 유럽과 라틴 아메리카, 아프리카, 아시아 국가의 지도자들이 중국과 국교를 맺기 위해 베이징으로 모여들었다.[75]

집권 말기에 주석은 계속해서 한쪽 파벌을 이용해 다른 쪽 파벌을 견제했다. 저우언라이가 암 진단을 받자 그가 치료를 받는 것에 반대했고 1976년 1월 8일 사망에 이르게 했다. 마오쩌둥 본인은 1976년 9월 9일 자정을 조금 넘긴 시각에 죽음을 맞이했다. 학교와 공장과 사무실에서 사람들은 삼삼오오 모여서 공식 발표에 귀를 기울였다. 그리고 그의 사망 소식에 안도감을 느꼈지만 감정을 숨겨야 했다. 쓰촨성에서 학교를 다니던 장융(張戎)도 바로 그런 경우였는데 너무 기뻐서 잠시 멍한 기분이 들 정도였다. 하지만 그녀 주변에 있던 사람들은 하나같이 눈물을 흘리고 있었다. 그 순간에 기대되는 바람직한 감정을 표현하지 않으면 지목당할 위험이 있었다. 그녀는 곧장 앞에 있는 여성의 어깨에 얼굴을 묻은 채 어깨를 들썩이며 눈물을 흘렸다.[76]

연기를 한 사람은 그녀만이 아니었다. 중국에서는 전통적으로 가족이 죽었을 때 통곡을 하거나 심지어 관 앞에서 땅바닥에 몸을 던지는 것이 망자에게 자식된 도리를 다하는 꼭 필요한 행동이었다. 장례식에서 유족이 눈물을 흘리지 않는 것은 가문의 수치로 여겨졌다. 같은 이유로 유력한 고위 관료의 장례식에는 때때로 배우들을 고용하여 큰 소리로 통곡하며 다른 조문객이 자연스럽게 함께 통곡하도록 유도하기도 했다. 그리고 비판 대회에서 일종의 장인처럼 아무런 노력 없이도 프롤레타리아의 분노를 표출할 줄 알게 된 사람들은 이미 필요에 따라 울부짖는 법을 알고 있었다.

다른 사람이 없는 곳에서는 사람들은 그다지 회한을 보이지 않았다. 윈난성의 성도 쿤밍(昆明)에서는 하룻밤 사이에 술이 동나기도 했다. 한 젊은 여성은 아버지가 가장 절친한 친구를 초대한 다음 문을 걸어 잠그고 집에 있던 유일한 포도주를 개봉했다고 회상했다. 이튿날 그들은 공공 추도식에 나가 다른 사람들과 함께 더할 나위 없이 슬프게 통곡했다. 〈아직 어렸던 나는 어른들의 표정 변화에 어리둥절했다. 전날 밤 그렇게 행복해했던 아버지는 다른 사람들 앞에서 너무나 슬픈 얼굴을 하고 있었다.〉[77]

진심으로 슬퍼한 사람들도 있었다. 문화 대혁명으로 이득을 본 사람들은 더욱 그랬다. 게다가 마오쩌둥의 진실한 추종자들도 여전히 남아 있었는데 특히 젊은 층에 많았다. 공산당에 입당해 사회주의에 기여할 날을 손꼽아 기다리던 스물두 살의 여성 아이샤오밍은 너무 상심해서 울다가 실신했을 정도였다.[78]

그럼에도 시골에는 흐느껴 운 사람이 거의 없는 듯했다. 안후이(安徽)성의 한 가난한 농민은 〈당시에 아무도 눈물을 흘리지 않았다〉라고 기억했다.[79]

마오쩌둥은 스탈린과 마찬가지로 능묘에 안장되었다. 하지만 스탈린과 달리 계속해서 중국 사회의 곳곳에 남아 있었다. 베이징에는 여전히 그의 초상화가 걸려 있으며 인민 공화국의 모든 지폐에는 그의 얼굴이 빛나고 있다. 마오쩌둥은 우상화를 이용해 다른 사람들을 아첨꾼으로 만들고 그들에게 자신의 모든 변덕을 실행에 옮기도록 강요했다. 자신의 범죄에 대하여 당 지도부를 공범으로 만들었다. 그리고 그와 공범이 됨으로써 그들과 그들의 후계자들은 흐루쇼프가 그의 비밀 연설에서 저질렀던 것과 같은 실수를 되풀이하지 않겠다는 다짐과 함께 자진해서 그의 이미지를 관리하는 후견인으로 전락했다.

5
김일성
金日成, 1912~1994

1945년 10월 14일에 평양의 한 운동 경기장에서 적군 (赤軍)을 환영하는 군중대회가 열렸다. 앞서 반 년 전에 스탈린이 얄타에서 루스벨트를 만났을 때 연합국은 1910년 부터 일본의 식민지 상태였던 한국의 운명을 놓고 협상을 벌였다. 그리고 마지막 순간에 38선을 경계로 한국을 양분해서 한반도를 공동 점유하기로 합의했다. 평양은 소련의 통제 아래 북한의 임시 수도가 되었다.

바로 그날 김일성은 양옆에 소련 장교들을 대동한 채 처음으로 대중 연설을 했다. 레베데프 장군이 그를 소개하자 청중 사이에서 잠시 소란이 일었다. 사람들은 그의 이름에서 10년 전 만주를 호령하며 왜적들을 괴롭힌 전설적 유격대원이자 위대한 애국자를 떠올렸다. 하지만 연단 위의 김일성은 그들이 생각하는 인물과 거리가 멀어 보였다. 우선은 나이가 서른세 살에 불과했으며 긴장해서 연설문을 꽉 움켜쥐고 있는 모습이 왠지 미숙해 보이기도 했다. 한 목격자의 증언에 따르면 그는 머리를 짧게 깎고 통통한 체격에 비해 너무 작은 파란색 정장을 입은 〈중국집 배달원〉처럼 보였다. 연설하는 내내 말까지 더듬었으며 중간중간에 무미건조한 말투로 마르크스 용어를 사용하면서 스탈린을 찬양하기에 급급했다. 그가 가짜이며 소련이 내세운 꼭두각시라는 소문이 군중을 휩쓸고 지나갔다. 장차 북한의 지배자로 등극할 남자치고는 상서롭지 못한 시작이었다.[1]

김일성은 기독교인 집안에서 태어났다. 그의 아버지는 선교사에게서 교육을 받았다. 김일성이 겨우 일곱 살이던 1919년에 그의 가족은 일제 강점기의 억압에서 벗어나고자 다른 수십만 명의 한국인들을 따라 국경을 넘어 만주로 들어갔다. 1931년에 일본이 그들을 따라잡았고 만주에 괴뢰국을 세웠다. 이제 열아홉 살이 된 김일성은 중국 공산당에 가입했다. 하지만 한국인 당원들은 일본의 앞잡이일지 모른다는 의심을 받았고 일련의 무자비한 숙청 과정에서 수천 명 이상이 심문과 고문을 당했다. 죽임을 당한 사람도 수백 명에 달했다. 김일성 역시 체포되었지만 1934년에 무죄로 풀려났다.[2]

이즈음 김일성은 불과 몇 명 남지 않은 한국인 공산주의자 중 한 명이었다. 얼마 후 그는 수백 명의 유격대원을 이끌고 만주를 비롯해서 한국의 국경 안쪽까지 기습을 감행했다. 1937년 6월에 김일성과 그의 유격대원들은 한민족의 시조인 단군이 태어난 곳으로 신성시되는 백두산에서 불과 40킬로미터 떨어진 보천보(普天堡)라는 작은 마을의 경찰관 주재소를 공격했다. 전략적으로는 별로 의미가 없는 작전이었지만 공산주의자들이 처음으로 한국 안쪽까지 공격했다는 점에서 보천보 전투는 언론의 대대적 관심을 끌었다. 일제가 김일성을 긴급 수배자 명단에 올리면서 그는 식민 지배자들을 증오하는 수많은 사람들 사이에서 단박에 유명 인사가 되었다.[3]

1940년까지 만주에서 1순위 지명 수배자였던 김일성은 쫓기다시피 소련으로 넘어갔다. 그리고 그곳에서 추종자들과 함께 적군(赤軍)의 보호 아래 군사 훈련과 사상 교육을 받았다. 그는 1942년에 육군 대위로 진급했지만 그로부터 3년 뒤에 의기양양하게 평양으로 행군해 들어감으로써 명성을 더욱 드높일 수 있던 기회를 박탈당했다. 의심이 많은 스탈린은 보다 믿을 만하고 소련 정부에 오랫동안 협조해 온 일단의 〈고려인〉에게 그 역할을 맡겼다. 김일성은 자신을 따르는 예순 명의 유격대원들을 이끌고 직접 북한으로 향했으며 일본이 항복한 지 한 달이 지난 시점에 항구 도시인 원산에 도착했다. 나라를 해방시킨 영웅보다는 다른 나라 군복을 걸친 초라한 대위로서의 불명예스러운 귀환이었다. 그는 자신의 귀환 여정을 끝까지 비밀로 할 것을 요구했다.[4]

평양에서 그는 소련 장교들과 어울리면서 시간을 보냈다. 그들에게 음식과 여자를 제공했으며 인맥을 동원해 자신의 추종자들을 여러 공안 기관의 요직에 앉혔다. 러시아인들은 임시 정부를 이끌 이름뿐인 우두머리가 필요한 상황에서 김일성이 아닌 조만식(曺晩植)을 선택했다. 〈한국의 간디〉로 알려진 조만식은 수십 년 동안 비폭력적인 방식의 독립운동을 장려해 온 기독교인이자 독립운동가였다. 많은 존경을 받는 그였지만 곧 그가 자신의 방식대로만 소련과 협력하려 한다는 사실이 명백해졌다. 그가 소련의 통제 아래 진행될 5년의 신탁 통치를 거부하면서 최후의 결정타가 되었다. 1946년 1월에 조만식은 가택 연금에 처해졌다. 스탈린이 유력한 후보자를 추린 짧은 명단에서 그의 이름을 낙점하면서 김일성이 전면으로 부각되었다. 김일성의 유일한 경쟁자는 해방 이후 남한에서 조선 공산당을 설립한 독립운동가 박헌영(朴憲永)뿐이었다.[5]

1945년 10월에 군중에게 그다지 좋은 인상을 주지 못한 김일성이었지만 소련이 그를 돕기 위해서 발 벗고 나섰다. 스탈린 초상화 옆에 나란히 자리를 잡은 김일성 초상화가 평양을 장식했다. 그의 유년기가 칭송되고 비밀스러운 과거가 찬양되었다. 김일성은 미소 띤 얼굴로 인자하고 쾌활한 모습을 연출하기 위해 노력했다. 사람들에게 〈나는 장군이 아니라 여러분의 친구다〉라고 말하면서 지극히 겸손한 처세를 보였다. 심지어 그를 인터뷰한 한 기자는 그의 눈에서 번뜩이는 〈천재성〉에 깊은 인상을 받았다고 보도했다. 1946년 8월에 결정적인 순간이 찾아왔고 김일성은 북조선 노동당 창당 대회에서 〈위대한 수령〉이자 〈국민적 영웅〉이며 〈모든 한민족의 지도자〉로 칭송되었다. 머지않아 김일성에 대한 개인숭배를 주도하는 기관을 이끌게 될 소설가 한설야(韓雪野)는 김일성을 〈우리의 태양〉이라고 부르면서 과거 일제 강점기에 절을 하도록 강요받았던 일본의 태양과는 다르다고 주장했다.[6]

김일성이 모스크바의 인정을 받으면서 북한 사회의 각계각층에 소비에트식 모델이 적용되기 시작했다. 산업은 국유화되었고 급진적인 토지 개혁이 실시되었다. 그리고 이 모든 것의 중심에 김일성이 있었다. 그는 전국을 종횡하면서 인민들에게 비탈진 땅을 경작하는 방법부터 생활 수준을 높일 방법에 이르기까지 다양한 조언을 베풀었다. 1946년에 풍작을 이끌어 낸 것도 그였으며 그해 말에 겨울 홍수를 막은 것도 그였다. 농촌 곳곳에서 군중대회가 열렸고 농민들은 노래와 연설과 편지로 김일성 장군에게 감사의 마음을 표현했다. 그사이 다른 한쪽에서는 총 인구의 약 7~8퍼센트에 해당하는 100만 명이 부와 재능을 가지고 남한으로의 탈출 대열에 합류하면서 그들의 의사를 표시하고 있었다.[7]

김일성의 혁명적인 이력들이 찬양되었다. 1946년에 러시아의 타블로이드 신문 『콤소몰스카야 프라우다 *Komsomolskaya Pravda*』에 소개된 기사를 번역한 짧은 일대기에는 김일성의 초자연적인 능력들이 반복해서 언급되었다. 시골 주민들은 그가 유격대원 시절에 그토록 오래 일본군에게 잡히지 않고 버틸 수 있었던 이유가 바로 그런 능력 때문이라고 여겼다. 그는 하늘을 날 수 있었고 산을 뚫고 나아갈 수도 있었다. 북한 주민들에게 김일성의 부모를 알린 인물은 그와 그의 유격대원들을 인터뷰한 기토비치와 부르소프라는 두 명의 러시아인이었다. 김일성의 아버지는 헌신적인 교사인 동시에 두 번이나 투옥된 전력이 있는 전문적인 혁명가였으며 그의 어머니는 집 주변에 무기를 숨겨 두었다가 아들에게 준 교묘한 공범이었다. 한편 김일성이 본국으로 〈개선〉했을 때 가장 먼저 환영해 준 인물은 한국인 작가 한재덕(韓載德)이었다. 그는 김일성을 열일곱 살 때부터 줄곧 해방 운동의 최전선에서 싸운 〈한민족의 영웅〉으로 묘사했으며 그의 이야기는 1948년에 책으로 출간되었다.[8]

특히 보천보를 습격한 일은 〈한국의 마야코프스키〉라고 불리기도 하는 시인 조기천(趙基天)의 장편 서사시에서 전설적인 지위로 격상되었다. 그는 1947년에 발표한 『백두산』에서 해당 지역을 전사들이 자신들의 땅을 해방시킬 날을 기다리며 잠을 자고 있다거나 혁명 지도자들이 단번에 이 산에서 저 산으로 뛰어다닌다는 등의 환상적인 이야기가 넘쳐나는 신비로운 장소로 묘사했다.[9]

1948년에 철의 장막이 드리워지기 시작하면서 세계가 두 개의 진영으로 갈라졌다. 한반도에서는 38선을 기준으로 양쪽에 두 개의 매우 다른 정부가 들어섰다. 평화 통일은 점점 더 불가능해 보였다. 남쪽에서는 공산주의에 반대하는 이승만(李承晩)이 미국의 지원을 등에 업고 5월에 초대 대통령으로 선출되었다. 그리고 몇 달 뒤, 즉 일본에게서 해방된 지 정확히 3년째 되는 1948년 8월 15일에 서울에서 대한민국이 선포되었다.

북쪽에서는 그해 9월 9일에 김일성이 조선 민주주의 인민 공화국을 선포했다. 그는 장군에서 주석이 되었고 대권을 장악했다. 조선 민주주의 인민 공화국 수립 이후에 새로운 칭호도 얻었는데 러시아에서 스탈린을 지칭할 때 사용하는 〈보즈드〉와 비슷한 의미의 〈수령〉이라는 칭호였다. 이제는 모든 책과 잡지의 표지에 그의 사진이 실렸다. 또한 그가 수시로 행하는 연설이 신문을 통해 활자화되었다. 노동절에는 수만 명이 모여 스탈린과 김일성을 찬양했다. 선전 기관의 지칠 줄 모르는 선동 작업 덕분에 국민은 그들의 지도자를 중심으로 일치단결했다.[10]

그러지 않아도 매우 군사화된 집단이던 북한은 남한과 물리적인 충돌 가능성이 점점 높아지자 1948년 2월 소련의 지원과 조언을 받아 조선 인민군을 창설했다. 소련군은 그해 말에 철수를 완료하고 대신 북한에 대형 트럭과 대포, 경화기에 더해 200대의 탱크를 주었다.

모든 일당 독재 국가에서 그렇듯 인민군은 국민이 아닌 당에 소속되었다. 최고 사령관인 김일성은 이승만과 〈미제 앞잡이들〉의 손아귀에서 남한을 해방시키고 한반도를 통일함으로써 혁명을 확대하고자 했다. 이를 위해 김일성은 1949년 3월 스탈린을 찾아갔지만 스승의 반대에 부딪쳤다. 김일성은 자신의 조국은 여전히 분단되어 있음에도 마오쩌둥이 중국을 접수하고 전 인류의 4분의 1에 달하는 인구를 사회주의 진영으로 인도하는 과정을 불만스럽게 지켜보아야 했다.

김일성은 거듭해서 스탈린을 졸랐지만 스탈린으로서는 미국까지 중간에 긴 승패를 알 수 없는 싸움을 굳이 서두를 이유가 없었다. 그랬던 스탈린이 1949년 말에 이르러 마음이 흔들리기 시작했다. 미국이 중국 내전에 개입하지 않았을 뿐더러 타이완으로 도망친 장제스를 거의 포기하다시피 했기 때문이다. 미국의 태평양 방어 경계선에 한국이 더 이상 포함되지 않는다는 미국의 발표가 나온 뒤인 1950년 1월에 마침내 스탈린의 승인이 떨어졌다. 다만 소련 병력을 투입하는 문제와 관련해서는 다음과 같은 말로 거부했다. 〈당신이 어떤 위험에 처하더라도 나는 손가락 하나 까딱하지 않을 것이다. 도움이 필요

할 경우에는 전적으로 마오쩌둥에게 의지하라.〉 마오쩌
둥도 동의했다. 대신에 그는 스탈린에게서 타이완을 침
공하는 데 필요한 해군력과 공군력을 지원받고자 했다.[11]

1950년 6월 25일에 공군과 육군을 앞세운 북한의 대
대적 침공이 시작되었다. 남한은 거의 아무런 대비도 되
어 있지 않았다. 보유 병력은 채 10만도 되지 않았으며
미국이 이승만 정권을 의도적으로 방해한 까닭에 기갑
부대나 대전차 무기, 105밀리미터보다 큰 구경의 대포도
없었다. 이승만의 군대는 불과 몇 주 만에 거의 초토화되
었다. 잠깐 동안이지만 김일성은 정말 전투의 귀재처럼
보였고 새로 해방된 지역에는 어김없이 김일성 초상화가
내걸렸다.[12]

하지만 김일성은 엄청난 오판을 한 터였다. 당초 그와
그의 조언자들은 남한 대중이 자신들을 지지해 줄 것으
로 기대했는데 대다수 남한 주민들이 중립적인 태도를
유지한 것이다. 붉은 깃발을 흔들면서 자신들을 응원하
는 대중은 어디에도 없었다. 게다가 미국이 소련과의 보
다 큰 충돌을 겁내서 모른 체하는 일도 일어나지 않았다.
오히려 국제연합을 소집해 평화가 깨졌다고 선언하면서
남한을 돕기 위해 군대를 파견했다. 1950년 8월을 기점
으로 조류가 바뀌었다. 두 달 뒤에는 더글러스 맥아더 장
군이 38선을 회복했다. 거기서 멈출 수도 있었지만 그는
중화 인민 공화국의 가장 기본적인 안보 우려 문제를 간

과한 채 중국 국경까지 밀고 올라가기로 결정했다.

김일성에게는 재앙이나 다름없었다. 마침내 10월에 마오쩌둥이 구원의 손길을 내밀었고 수십만 명의 중국군이 야음을 틈타 국경을 넘었다. 그들의 기습은 완벽하게 성공했다. 하지만 너무 단기간에 잇단 승리를 거두면서 금방 보급이 말라 버렸다. 1951년 여름이 되자 38선 부근에서 교착 상태가 지속되면서 군인들만 속절없이 죽어 나갔다.

김일성은 참패에 따른 희생양을 찾아야 했다. 소련에서 태어난 당내 2인자 허가이(許哥而)를 제물로 삼았다. 허가이는 아무것도 없는 상태에서 당 조직을 체계화한 뛰어난 관리자였다. 또한 김일성의 최측근이 되어 그의 후원자이자 수호자로서 활약해 온 터였다. 이런 사실만으로도 허가이를 제거할 이유는 충분했지만 결정적으로 그는 평양에서 활동하는 소련 정부의 사람이었다. 중국이 소련에 필적하는 존재로 부상한 마당에 김일성은 허가이를 공격하는 데 주저할 이유가 전혀 없었다. 그는 먼저 허가이에게 당을 정화하도록 지시했고 이후에 태도를 바꾸어 그가 너무 멀리 나아갔다고 책망했다. 허가이는 다른 지도자들 앞에서 모욕당하고 직위에서 해제되었으며 당에서 축출되었다. 김일성은 앞선 정화 과정에서 당에서 쫓겨난 수십만 명을 복권시켰다. 그들 중 상당수는 겨우 글을 깨친 시골 사람들이었고 김일성을 구원자로

여기게 되었다.[13]

1952년에 들어서 폭격이 더욱 격렬해진 와중에도 전쟁은 개인숭배 작업에 열을 올린 지도자를 중심으로 일치단결하고 복종할 것을 요구했다. 김일성의 마흔 번째 생일인 4월 15일에는 짧은 일대기가 발간되었고 전 국민의 필독서가 되었다. 전국의 공장과 학교에서 김일성 사상을 〈열정적으로 공부하면서〉 그의 생일을 기념하려는 사람들로 학습 열풍이 불었다. 보천보와 그의 생가가 위치한 평양 외곽의 구릉 지역 만경대에는 김일성 기념관도 세워졌다.[14]

대중의 무한한 열광은 잠재적인 경쟁자들의 의례적인 굴욕으로 이어졌다. 가장 유력한 세 명의 당 지도자들도 김일성을 레닌과 스탈린에 버금가는 위대한 지도자라고 찬양하면서 그에게 찬가를 바쳐야 했다. 서울에서 조선 공산당을 설립하고 1948년에 북한으로 넘어가 외무 장관이 된 박헌영의 찬사가 그나마 가장 덜 야단스러웠다.[15]

스탈린이 사망하고 몇 달 뒤인 1953년 7월에 마침내 휴전이 선포되었다. 스탈린은 제국주의 진영의 손실을 흐뭇하게 지켜보면서 2년 동안이나 전쟁을 질질 끌어 오던 참이었다. 김일성은 거대한 지정학적 체스 게임에서 단지 졸에 불과했다.

남북한의 경계에는 거의 변함이 없었지만 현대 들어서 가장 악랄하고 치명적인 전쟁 중 하나로 인해 무려 300만 명에 가까운 사람들이 목숨을 잃었다. 한반도의 대부분이 폐허로 변했으며 북한에는 멀쩡하게 남아 있는 건물이 거의 없었다.

김일성은 승전을 선포했다. 북한의 선전 기관은 처음부터 조국 해방 전쟁을 미국의 침략에 맞선, 전적으로 방어를 위한 전쟁이라고 주장했다. 한반도 전체를 식민지화하려는 제국주의자들의 음모가 위대한 지도자 동지의 훌륭한 선견지명 덕분에 성공적으로 봉쇄된 터였다. 물론 터무니없는 거짓말이었지만 끊임없는 세뇌와 바깥세상과의 완전한 단절이 이런 거짓말을 믿을 만한 것으로 만들었다. 10년의 세월에 걸쳐 일당 독재 국가는 사람들이 읽을 수 있는 것과 이야기할 수 있는 것부터 거주할 수 있는 곳과 여행할 수 있는 곳에 이르기까지 통제를 확대했다. 보안 요원들은 전 국민을 끊임없이 감시하면서 반대자들을 북쪽의 궁벽하고 사람이 살기 어려운 산악 지대 곳곳에 산재하는 노동 수용소로 보냈다.[16]

북한은 은둔의 왕국이 되었을 뿐 아니라 그들을 둘러싼 적대적인 세력의 지속적인 침략 위협 속에서 살아가면서 영속적인 피포위 의식에 사로잡힌 사회로 변해 갔다. 주변의 위협은 선전 기관에서 끊임없이 되풀이한 주장이기도 했지만 오랜 세월을 적의 손아귀에서 유린당하며 견뎌야 했던 일반인들에게 만연해 있던 인식이기도 했다.

전쟁은 북한 사회를 충격에 빠뜨렸다. 선전 기관은 위대한 지도자를 충격에 빠져 어쩔 줄 모르는 국민들이 삶의 방향을 모색하면서 의지할 수 있는 자애로운 인물로 묘사했다. 한편 당내의 다른 경쟁자들은 전쟁이 실패하자 대담해졌다. 김일성은 1년 전 자신을 찬양하는 데 미온적인 태도를 보인 외무 장관 박헌영을 경계했다. 1945년 이전에 한국에서 지하 저항 운동을 벌인 독립운동가 중 많은 이들이 개인적으로 박헌영을 따르고 있었기 때문이다. 1953년 3월에 김일성은 그들을 체포했다. 항상 스탈린의 열렬한 제자였던 김일성은 보여 주기에 불과한 재판을 열었고 열두 명의 피고들이 외신 기자들 앞에서 이상하기 짝이 없는 범죄 사실을 순순히 인정했다. 그들은 유죄 판결을 받았고 사형이 선고되었다. 대중의 관심이 패전으로 인한 절망적인 현실에서 단번에 이 사건으로 옮겨갔음은 물론이다. [17]

김일성은 북한을 재건하는 대목에서도 스탈린을 따라했다. 북한은 사회주의 진영으로부터 대대적인 원조를 받았고 자신들이 받은 원조를 총동원해서 서둘러 농촌을 산업화하고 집산화했다. 하지만 늘 그랬듯이 김일성은 너무 서둘렀다. 1955년에 접어들면서 이미 광범위한 기근이 진행되고 있음을 암시하는 징후가 나타났다. 눈 위에서 맨발로 구걸하는 어린아이들이 자주 목격되었고 북쪽에서는 모든 마을이 바짝 웅크린 채 겨울을 나기 위해

안간힘을 쓰고 있었다. 결국 다시 소련과 중국이 개입했고 20만 톤의 식량이 긴급하게 지원되었다.[18]

북한은 소련에 의지하는 상황에서도 마르크스와 레닌, 스탈린의 초상화를 모두 내렸다. 1954년 8월 15일 해방절을 기념하기 위해 조직된 행진에는 이들 중 누구의 초상화도 보이지 않았다. 반대로 러시아 대사의 불평처럼 〈모든 기차역과 모든 정부 건물, 모든 호텔에 실물보다도 큰 김일성 초상화가 걸렸다〉. 김일성의 현명함이 온갖 노래와 시로 찬양되었고 학교와 공장, 사무실에 걸린 현수막에는 김일성의 구호가 굵은 글씨로 도배되었다. 그가 방문한 장소는 물론 그가 앉아서 휴식한 바위까지 찬양하는 영화들이 등장했다.[19]

김일성은 어디에나 존재했다. 그는 세부적인 사항까지 일일이 직접 챙기는 지칠 줄 모르는 정력적인 지도자였다. 학교를 시찰하고 협동조합을 순시했으며 공장을 방문했고 심지어 지역 모임에 깜짝 등장해서 회의를 주도하기도 했다. 그리고 이런 모든 행보는 신문을 통해 무수히 많은 사진과 함께 아주 자세하게 보도되었다. 김일성이 양봉이나 과수원 관리, 관개 기술, 철강 생산, 건설 공사 등과 관련해서 조언을 제시하면서 〈현지 지도〉라는 표현이 등장하기 시작했다. 한 추산에 따르면 그는 1954년부터 1961년 사이에 1,300회 이상 순시를 다녔다. 그의 가르침은 책으로 출간되었고 전국에서 면밀히 연구되었다. 1956년 초에 김일성이 신의주 제지 공장을 방문한 뒤로 이 공장에서는 매일 위대한 지도자의 가르침을 공부하는 학습회가 열렸다.[20]

그는 수없이 많은 노동자와 농민 앞에 모습을 드러내면서 자신을 살아 있는 전설로 만들어 갔다. 그는 인민의 이야기에 귀를 기울였고, 인민의 복지에 항상 많은 관심을 가졌으며, 인민의 삶을 꼼꼼히 챙겼고, 인민의 가정집을 방문해서 그 가족들을 만나고 그들에게 지대한 관심을 드러냈다. 그는 이른바 은혜를 베풀었다. 노동자들은 편지를 통해 그의 영도력에 감사하는 마음을 표했다. 그러면 김일성도 그들의 성과를 치하하며 답장을 보내 주었다.[21]

하지만 화려하게 빛나는 선전의 이면에서 개인숭배는 두려움을 동반했다. 위대한 지도자를 향해 아주 조금이라도 불경한 기미를 내비치면 무자비한 처벌이 뒤따랐다. 어떤 희생자는 김일성 사진이 실린 신문지로 책을 쌌다는 이유로 5년의 징역형을 선고받았다. 누군가는 조악하게 제작된 포스터를 수정했다는 이유로 5년 동안 강제 노동 수용소로 보내지기도 했다. 김일성 초상화를 손가락질하며 〈당신은 공연히 국민에게 고통을 주고 있다〉라고 외치며 곡물 징발에 항의한 어떤 농부는 마을에서 7년 동안이나 쫓겨나 있어야 했다. 유사한 범죄로 유죄 판결을 받은 희생자가 수천 명에 달했다.[22]

지도자의 위상이 부각될수록 김일성의 동료들은 그의 그림자 속에 머물러야 했다. 김일성을 둘러싼 끊임없는 찬양은 당내 경쟁자들의 잠재적인 비판을 봉쇄했다. 그러던 중 1956년에 흐루쇼프가 개인숭배를 비난하고 나서자 김일성의 경쟁자들은 드디어 그의 교만한 콧대를 조금이나마 꺾어 줄 기회가 왔다고 생각했다. 북한 대사로 모스크바에 주재하던 이상조(李相朝)는 소련의 외무부 관리들에게 지도자가 자신의 주변을 아첨꾼으로 채운 채 그 어느 때보다 막강한 권력을 구축했음에도 공식 언론은 열두 살 때부터 혁명 전쟁을 이끈 그를 천재라고 추켜세우고 있을 뿐이라며 불만을 토로했다. 한 달 뒤에 모스크바를 방문한 자리에서 김일성은 흐루쇼프에게 질책을 당했고 개혁하라는 권유를 받았다. 김일성은 흐루쇼프의 권고를 겸손하게 받아들였다.[23]

과감해진 그의 국내 비판자들이 1956년 8월에 열린 중앙 위원회 회의에서 김일성에게 맞서고 나섰다. 그들은 김일성이 거둔 경제적 성과를 맹렬히 비난했고 무능한 그의 부하들을 조롱했으며 지나치게 많은 권력이 그에게 집중되어 있다고 비판했다. 특히 그들은 소련 공산당의 제20차 전당 대회를 언급하면서 개혁을 종용하고 개인숭배를 비난했다. 하지만 수년에 걸쳐 김일성은 중앙 위원회를 자신의 젊고 충성스러운 지지자들로 채워 놓은 터였다. 그리고 그들은 김일성의 반대자들이 연설하는 동안 소리를 지르거나 휘파람을 불며 방해했고 그들의 제안에 반대표를 던졌다.

김일성은 마지막 결전을 자신에게 유리하게 이끌었다. 경쟁자들을 〈분파주의자〉라고 비난하면서 직위를 해제하거나 당에서 쫓아냈다. 그들 중 상당수는 소련이나 중국에서 태어난 사람들이었다. 생명의 위협을 느낀 일부 경쟁자들은 북한에서 도망쳐 그들이 태어난 나라로 피신했다. 그들에 대한 박해는 소련과 중국을 깜짝 놀라게 만들었고 양국 정부는 북한에 대한 자신들의 영향력이 줄어들고 있음을 인지했다. 그들은 북한에 공동 대표단을 파견해서 압박을 가했다. 김일성은 재차 겸손하게 그들의 조언을 받아들였고 9월에 다시 중앙 위원회 회의를 소집했다. 그리고 이 자리에서 자신의 경쟁자들을 복직시킴으로써 탈스탈린주의에 순응하는 듯한 상징적인 제스처를 취했다.

김일성을 구해 준 것은 한 달 뒤인 1956년 10월에 부다페스트에서 일어난 봉기였다. 자유를 갈망하는 헝가리 국민들의 외침이 소련군 탱크에 의해 진압되면서 사회주의 진영의 개혁이 중단된 것이다. 김일성은 자신이 옳았다고 생각했고 이후로 2년 동안 자신의 반대자들을 모두 제거해 나갔다. 해외로 도피한 경쟁자들의 가족들도 갑자기 사라졌는데 처형당한 것이 분명했다.[24]

1957년 11월에 10월 혁명 40주년을 기념하기 위해 사회주의 진영의 여러 지도자들이 모인 자리에서 마오쩌둥은 김일성을 한쪽으로 데려가 공동 대표단을 파견했던 일에 대해 개인적인 유감을 표시했다. 두 지도자는 탈스탈린주의에 반대했다. 절대로 기회를 놓치는 법이 없는 김일성은 마오쩌둥에게 군대를 철수해 줄 것을 요구했다. 전쟁이 끝났음에도 북한에는 아직 약 40만의 중국군이 잔류해 있었고 총 인구가 1000만 명에 불과한 북한에서 그들은 마치 점령군처럼 보이던 참이었다. 중국군은 1958년 10월에 북한에서 물러났다. 그리고 김일성은 가장 강력한 후원자인 소련과 중국을 노련하게 이용함으로써 드디어 북한의 진정한 주인이 되었다.

중국의 백화 운동에 뒤이은 숙청을 연상시키는 전국적인 마녀사냥으로 수만 명에 이르는 온갖 유형의 〈분파주의자〉와 〈음모자〉가 인민재판에 끌려 나와서 비판과 모욕을 당했으며 때로는 폭행과 경우에 따라서는 공개 처형까지 당했다. 과학원의 한 피의자는 제20차 소련 공산당 전당 대회 이후에 공식 간행물에서 〈사랑하는 우리 지도자 김일성〉이라는 말을 빼야 한다고 주장했다가 12일 동안이나 동료들에게 비판을 받았다. 이외에도 무수히 많은 사람들이 결국에는 감옥에 투옥되거나 강제 노동 수용소로 보내졌다.[25]

1957년에 북한의 모든 주민은 당을 향한 충성도에 따라 세 개의 집단으로 나뉘었다. 이른바 〈성분〉에 따른 편성이었는데 해당 용어는 중화 인민 공화국에서 1950년에 고안되어 사용되어 온 같은 의미의 〈청편(成分)〉이라는 말에서 가져온 것이었다. 〈핵심 계층〉과 〈동요 계층〉의 아래에는 전체 인구의 약 20퍼센트에 해당하는 〈적대 계층〉이 존재했다. 성분은 각각의 가정에 허락되는 식량의 양부터 교육이나 취업에 필요한 자격에 이르기까지 모든 것을 결정했다. 중국과 마찬가지로 북한에서도 부모가 부여받은 꼬리표가 그대로 자식에게 대물림되었다. 친척 중 월남한 이가 있다는 이유만으로 도시에 살던 사람이 지방으로 추방되었다. 당에 대한 충성은 이내 위대한 지도자에 대한 충성으로 바뀌었다.[26]

마오쩌둥에게 대약진 운동이 있었다면 북한의 위대한 지도자에게는 천리마 운동이 있었다. 하루에 천 리를 달릴 수 있는 신화 속 날개 달린 말에서 이름을 딴 천리마 운동은 1958년 여름에 시작되었다. 소련이나 중국의 경제적인 도움을 받지 않고 북한을 미래로 이끌어 나아가기 위해 고안된 운동이었다. 김일성은 물질적인 보상보다 이념적인 유인이 인민들을 보다 근면하게 하고 경제적 자급자족을 달성하도록 독려할 것으로 믿었다. 그의 구호는 〈천리마의 속도로 돌진하라〉였고 계획대로라면 북한은 2년도 지나지 않아 산업 생산량에서 일본을 따라잡고 추월하게 될 터였다. 소련과 중국에서 그랬듯이 기대에 부응하지 못한 노동자들은 〈방해 공작원〉으로 고발당했다. 천리마 운동과 함께 대대적인 탄압이 새로 시작되었다. 1958년 10월부터 1959년 5월 사이에만 약 10만 명이 〈적대분자나 반동분자〉로 고발되었다.[27]

경쟁자들이 사라지자 김일성의 과거는 다시 쓰였다. 선전부는 일찍이 1955년 3월부터 자국 역사에서 소련과 숭국의 흔적을 삭제하고 내신에 〈혁명 대중〉이 조국 해방에 기여한 사실에 집중하기 시작한 터였다. 1956년에는 혁명 박물관이 평양에서 문을 열었다. 해당 박물관에는 하나의 구역밖에 없었는데 무려 5,000제곱미터에 이르는 이 구역은 전부 김일성의 항일 투쟁을 보여 주는 데 할애되었다. 1960년에 이르러 박물관의 규모는 두 배 이상 늘어났지만 모든 전시실을 통틀어 소련과 관련된 물품이 전시된 진열 상자는 두 개 정도에 불과했다. 이제는 〈조선의 해방자〉로 알려진 김일성의 동상 열두 개가 박물관 곳곳에서 방문객을 맞이했다.[28]

1년 뒤인 1961년 9월에 열린 제4차 전당 대회는 김일성에게 중대한 분수령이 되었다. 그는 모든 정적들을 성공적으로 제거하고 당내 요소요소에 자신의 추종자들을 배치했다. 몇 달 전에는 중소 분열을 이용해 소련과 중국의 환심을 산 다음 남한과 미국에 대하여 보다 강력한 보호를 받기로 하는 두 건의 조약을 연이어 체결했다. 자신의 권력을 단단히 굳히려는 김일성의 노력이 마침내 결실을 보는 것 같았다.[29]

김일성은 몇 년 동안 좀처럼 대중 앞에 모습을 드러내지 않았다. 대부분의 공식적인 자리에는 부하들을 파견했다. 그럼에도 그는 어디에나 존재했다. 그가 한 말은 모든 신문에서 다루어졌다. 토목 공학부터 분자 생물학에 이르기까지 분야를 막론하고 모든 출판물은 의무적으로 그의 치적을 언급해야 했다. 그의 연설은 편집을 거쳐 김일성 전집으로 출간되었다. 전집의 번역본도 출간되었다. 전국의 사무실과 교실에서는 그의 자애로운 시선 아래 국민들이 그의 어록을 공부했다. 반면에 마르크스나 엥겔스, 레닌의 저서는 좀처럼 눈에 띄지 않았고 읽는 사람도 없었다.[30]

1963년 9월 9일에 북한은 열다섯 번째 인민 정부 창건일을 기념하기 위해 대대적인 행진을 개최했다. 개회사에서 소련에 대한 언급은 단 한마디도 없었다. 구호는 〈자력 갱생〉이었으며 김일성의 거대한 초상화가 평양 거리를 누볐다.[31]

다른 모든 유효한 독재자처럼 김일성은 자신만의 이념을 창시할 필요가 있었다. 그의 글이 널리 학습되고는 있었지만 가능하면 자신의 이름 뒤에 〈주의(主義)〉라는 접미사를 붙여 줄 철학이 필요했다. 그는 소련과 중국에서 구호 식량을 지원받는 상황에서도 1955년 12월에 주체 사상을 내놓았다. 〈주체〉라는 말은 대략적으로 번역하자면 〈자립〉을 의미했다. 그 안에 담긴 생각은 간단했다. 즉 운명의 주인은 인민 자신이며 자립적이 됨으로써 진정한 사회주의를 달성할 수 있다는 것이었다. 물질적인 요소가 역사 변화의 주된 힘이라고 주장하는 마르크스 레닌주의와는 전혀 달랐다.[32]

북한에서 자주와 자립은 언제나 가장 중요한 구호로 등장했지만 천리마 운동을 통해 빠르게 전파된 경제적 자급자족 개념에 비하면 주체사상은 수년 동안 거의 언급되지 않았다. 중소 분열이 한창이던 1965년 4월에 김일성은 아프리카와 아시아 국가들의 반둥 회의 10주년 기념일에 참석하기 위해 인도네시아를 방문했다. 사회주의 진영을 벗어난 첫 여행이었고 이 기회를 이용해서 제3세계 비동맹 국가들의 지도자를 자처했다. 그는 자카르타에서 주체사상의 기본 원칙에 대해 장시간 설명했다. 그리고 반제국주의 투쟁의 일환으로 소련과 중국으로부터 명백히 독립적인 지위를 유지할 것을 주장했다.[33]

북한 내부에서는 주체사상이 매우 다른 목적으로 이용되었다. 15년에 걸쳐 중공업 분야에서 급속한 발전을 이룩한 뒤인 1966년 10월에 이르자 심지어 김일성의 몇몇 추종자들까지 인민들의 삶의 질을 개선해야 한다고 요구하기 시작했다. 북한은 다시 굶어 죽기 직전의 상황에 내몰려 있었다. 수도인 평양에서조차 벌써 몇 달 동안 식용유와 고기를 구경할 수 없을 정도였다.[34]

김일성은 이런 요구를 위협으로 간주하고 주체사상을

북한의 공식적인 이데올로기로 받들 것을 주문했다. 그는 혁명을 선도하기 위해 단일 이념 체계를, 즉 〈이데올로기와 의지를 통합할 것〉을 원했다. 그는 모든 당원들에게 무조건적인 복종을 요구했다. 1967년에 그를 비판하던 사람들이 숙청되었다.[35]

김일성의 말이 절대적인 가치를 지니게 되면서 그를 묘사하기 위해 사용되는 형용사는 그 어느 때보다 과장스럽게 변해 갔다. 예컨대 그는 〈4000만 인민의 천재적인 지도자〉, 〈국제적인 공산주의와 노동 운동의 걸출한 지도자〉로 칭송되었다. 1945년 8월에 식민 지배의 멍에에서 조국을 해방시킨 주인공이자 한국 전쟁에서 미 제국주의자들을 굴복시킴으로써 〈백 배, 천 배로 보복〉을 해준 인물이었다. 아프리카와 라틴 아메리카, 아시아의 억압받는 사람들에게 붉은 횃불 같은 존재였다. 한 나이지리아 시인은 『평양신문』에 〈김일성은 붉은 태양이다〉라고 썼다.[36]

개인숭배는 김일성의 가족에게로 확대되었다. 사회 안전부 소속의 한 극단은 김일성 모친의 〈영웅적인 행동〉을 다룬, 대중적으로 잘 알려진 연극을 공연하면서 그녀를 〈김일성의 어머니이자 우리의 어머니〉로 묘사했다. 그의 부친 또한 혁명의 성자로 신성시되는 가운데 혁명 일가의 범위는 그의 조부와 조모, 증조부들 중 한 명으로 확대되었다.[37]

4년 만에 열린 1967년 노동절 기념행사는 주체사상의 기치 아래 행해졌다. 다른 나라의 깃발은 전무했다. 각각의 노란색, 녹색, 파란색 삼각기에 인공기 색의 삼각기까지 내걸렸지만 붉은색은 단 하나도 없었다. 〈자력갱생〉과 〈자주단결〉을 부르짖는 깃발들이 난무하는 가운데 날개가 달린 다수의 거대한 말 형상들이 행진을 이끌었고 그 뒤를 이어 위대한 지도자의 초상화가 끝없이 이어졌다. 행사는 참가자들이 예식에 따라 김일성 찬가를 부른 다음 몇 분 동안 김일성의 이름을 연호하는 것으로 끝을 맺었다.[38]

문화 대혁명은 없었다. 다른 독재자와 마찬가지로 김일성은 문화 대혁명이 중국에서 야기한 혼돈에 당황했다. 그는 주체사상을 강조함과 동시에 부르주아 냄새를 풍기는 모든 것에 전방위적인 공격을 단행했다. 그 결과 〈정치적으로 신뢰할 수 없는〉 사람으로 여겨지는 가족을 둔 약 30만 명이 수도 평양에서 쫓겨났다. 사랑을 다룬 노래와 소설은 금지되었다. 가수나 음악가가 민중 설화를 이야기하는 대중 연극도 금지되었다. 베토벤을 비롯한 클래식 음악도 금지되었다. 1936년에 니콜라이 오스트롭스키가 발표한 사회주의 리얼리즘 소설 『강철은 어떻게 단련되었는가』도 검열의 희생양이 되었다. 1968년 5월에는 보다 전면적인 접근법이 뒤따르면서 외국 서적이 모두 압수되었고 마르크스와 엥겔스의 원저작물을 공부하는 것도 〈바람직하지 않은〉 행위로 간주되었다. 외국인들이 종종 〈우상화의 방〉으로 묘사하기도 한 회의장이나 강의실, 전용 학습실에서는 포로와 다름없는 참가자들이 김일성의 작품을 공부하고 충성심을 증명하기 위해 강제로 그의 작품을 외워야 했다.[39]

긴장감은 서서히 증가했고 전운이 고조되었다. 1967년 5월의 행진은 군사력을 과시하기 위한 자리이기도 했다. 대전차포와 대공포, 유탄 발사기로 무장한 군대가 길게 대형을 유지한 채 우르릉거리며 평양 시내를 관통했다. 〈남한을 해방시키자!〉라거나 〈전 인민을 무장하자!〉라는 구호들이 분위기를 이끌었다. 임박한 전쟁 분위기 속에서 도시와 농촌에서는 주기적으로 공습 훈련이 진행되었고, 환자나 노인까지 지하 땅굴로 대피하기 위해 몇 킬로미터씩 행군해야 했다.[40]

지도자에게 관심을 집중시키는 데는 전 국민을 하나로 묶고 결집한다는 점에서 전쟁의 위협만 한 것도 없지만 1962년에 있었던 당내 인적 구성의 변화도 긴장을 고조시키는 데 일조했다. 정적들을 모두 제거한 김일성이 휘하의 젊은 장군들을 핵심 요직에 배치한 것이다. 어느 정도는 1961년 5월에 발생한 남한의 성공적 군사 쿠데타에 대응한 조치였다. 동시에 무력 정복을 통해 한반도를 재통일하려는 각오를 새롭게 다진 결과이기도 했다. 그의 장군들은 수년에 걸쳐 북한을 〈난공불락의 요새〉로 바꾸는 한편 군대를 강화하고 국민들을 무장시켰다.

하지만 1968년 1월에 들어서 그들은 너무 멀리 나아갔다. 남한의 박정희(朴正熙) 대통령을 암살할 목적으로 서울에 무장 공비를 침투시킨 것이 시작이었다. 계획은 실패했고 침투한 무장 공비 중 몇 명이 현장에서 사살되었다. 그리고 불과 며칠 뒤에는 즉흥적으로 미국의 정찰함인 푸에블로호(號)를 나포했다. 푸에블로호의 승무원 여든세 명을 11개월 동안 감금한 채 고문을 가하면서 북한은 전쟁 일보 직전까지 몰리게 되었다.[41]

김일성은 공개적으로는 푸에블로호 나포에 책임이 있는 장교들을 치하했지만 오랜 협상 끝에 위기가 해결되자 열두 명의 최고위급 장군들을 조용히 자신의 파벌에서 축출했다. 강력한 군 지휘 집단의 존재를 마냥 편안하게 느끼는 독재자는 없다. 설령 그들이 평생을 자신에게 충성했다 하더라도 달라지는 것은 없다. 그렇게 1960년대의 호전적인 정책은 종말을 고했다.

대신에 1969년부터는 경제 발전에 헌신적인 젊은 추종자들이 득세했다. 그러면서 김일성의 가족들이 당시 공석이던 가장 중요한 요직을 차지하기 시작했다. 예컨대 김일성의 남동생 김영주(金英柱)는 서열 4위의 자리에 올랐으며 김일성의 처 김성애(金聖愛)는 조선 민주 여성 동맹 중앙 위원회 위원장이 되었다. 1972년 5월에 동독과 소련은 권력 요직을 차지한 김일성 일가의 목록을 작성

했는데 그 수가 열두 명에 달했다.[42]

1972년 4월 15일은 김일성의 예순 번째 생일이었다. 생일 준비는 몇 개월 전부터 시작되었다. 1971년 10월에 이미 선전부는 위대한 지도자에게 경의를 표하기 위해서 전국에 기념물을 설치할 예정이라고 발표했다. 혁명 전장을 기념하기 위한 성지들이 생겨났고 김일성이 서 있던 자리를 표시한 돌에는 시가 새겨졌다. 새로운 도로와 다리, 제방도 건설되었다. 김일성의 현지 지도에 감사하는 의미로 모든 도(道) 단위의 지방과 주요 도시에, 그리고 공장과 광산, 집단 농장 등에도 기념물이 들어섰다. 이 과정에서 어느 누구도 뒤처지기를 원하지 않았기 때문에 사람들은 수시로 인공조명으로 밤을 밝히면서 자진해서 24시간 내내 일했다. 그들의 개인적 희생은 위대한 지도자에 대한 진정한 사랑을 증명하는 행위이자 그동안 인민에게 너무나 많은 것을 베풀어 온 지도자에게 바치는 선물이었다.[43]

해마다 이미 130만 명에 달하는 학생과 노동자 순례객들이 방문하는 김일성의 만경대 생가는 예컨대 김일성이 그의 아버지와 함께 앉았던 장소와 그가 썰매를 탔던 언덕, 그가 씨름을 했던 운동장, 그가 가장 좋아했던 낚시터, 그가 탔던 그네, 심지어 그가 그늘을 신세졌던 나무까지 그의 인생에서 역사적인 순간을 기념하는 유적들과 함께 재건되었다. 그의 가족이 사용했던 나무 쟁기와 갈퀴는 물론 그가 밥을 먹었던 놋그릇도 전시되었다. 위대한 지도자가 일본군과 싸운 역사적인 장소이자 보다 북쪽에 위치한 보천보에는 무려 스물세 개의 역사적인 기념물이 세워졌다.[44]

공공사업의 규모는 거창했다. 방대한 자원이 김일성 생일 프로젝트를 위해 전용되었고 계약 의무에도 불구하고 소련에 납품을 전면 중단할 만큼 엄청난 양의 시멘트가 필요했다. 마감 시한을 맞추기 위해 광부들이 대거 투입된 까닭에 화력 발전소에 필요한 석탄이 바닥나면서 곳곳에서 마을 전체가 어둠 속으로 빠져들었다.[45]

평양이 확 바뀌었다. 북한의 수도는 한국 전쟁 중에 폐허로 변하다시피 했지만 도시 계획가들은 오히려 이 도시를 위대한 지도자에게 바치는 일종의 기념물로 바꾸기 위한 기회로 활용했다. 수년에 걸쳐 넓은 가로수 길들이 생겨났고 곳곳에 공원과 분수, 화단이 배치되었다. 새로운 김일성 광장을 건설하는 작업이 1954년에 시작돼 60주년 생일에 맞추어 완공되었다. 바닥에 화강암을 간 이 광활한 공간에는 김일성 동상이 들어섰다.

하지만 가장 눈길을 끈 기념물은 따로 있었다. 바로 평양을 내려다보는 만수대의 높은 언덕에 등장한 동상이었다. 약 15년 전에 5,000제곱미터의 면적을 자랑하며 이곳에 세워진 혁명 박물관은 이제 완전히 개조되어 5만 제곱미터라는 어마어마한 면적에 아흔 개가 넘는 전시관을 보유한 거대한 기념관으로 바뀌었다. 바로 이 혁명 박물관 앞에 위대한 지도자의 동상이 세워졌는데 한 손은 뒷짐을 지고 다른 한 손은 손가락을 편 채로 마치 미래를 제시하는 것처럼 곧게 뻗은 형상이었다. 높이가 20미터에 달하는 이 동상은 그때까지 북한에 세워진 동상 중 가장 큰 규모였으며 야간에는 조명으로 밝혀졌다. 평양에서 수 킬로미터 떨어진 곳에서도 보였다.[46]

행사 몇 주 전부터는 〈충정의 선물〉이라는 제목의 운동이 전개되었다. 모두가 자발적으로 평소보다 높은 생산 할당량을 달성함으로써 지도자에 대한 애정을 증명하는 기회였다. 생일에 앞서 일본에 사는 한인들이 배편으로 보낸 진짜 선물도 평양에 도착했다. 이런 배들에는 메르세데스 벤츠를 비롯한 수많은 외제 차와 대형 트럭, 불도저, 굴착기뿐 아니라 컬러텔레비전과 보석, 비단 및 그 밖의 사치품이 실려 있었다.[47]

8월 15일에 약 30만 명에 달하는 방문객이 경건한 침묵 속에서 여러 전시관을 이리저리 오가는 가운데 박물관이 화려하게 문을 열었다. 방문객에게 허락된 일곱 개의 전시관은 항일 투쟁부터 국제 무대 활약상까지 위대한 지도자의 이야기를 보여 주었다. 그가 사용한 장갑과 신발, 혁대, 모자, 스웨터, 펜을 비롯하여 지도와 소책자, 유명한 전투의 입체 모형, 유명한 회의의 축소 모형, 유명한 장면을 묘사한 그림까지 수천 개의 물품이 전시되었다. 박물관 곳곳에 세워진 동상들은 하나하나가 김일성에게 직접 승인을 받은 것들이었다.[48]

김일성 배지도 도입되었다. 2년 전에 처음 등장했지만 이제는 대대적으로 보급되었다. 1차 물량인 2만 개의 배지가 기념행사에 맞추어 중국에서 도착했는데 배지 속 위대한 지도자는 붉은색 바탕에 준엄한 표정을 짓고 있었다. 배지 속의 위대한 지도자가 보다 자애로운 미소를 짓는 것은 한참 후가 될 터였다. 배지는 처음에 고위 관리만 달고 다닐 수 있는 〈당원 배지〉로 알려졌다가 이내 모든 국민이 의무적으로 항상 왼쪽 가슴주머니 위에 달고 다녀야 했다.[49]

6개월 뒤인 1972년 12월에 새로운 헌법이 통과되었다. 새로운 헌법에는 주체사상이 정식으로 기술되었고 마르크스 레닌주의가 위대한 지도자의 철학으로 사실상 대체되었다. 새로운 지위도 생겨났다. 이제 김일성은 당 서기인 동시에 공화국의 주석이 되었다. 주석으로서 국가의 수반인 동시에 최고 사령관이었고 포고나 특사령을 내리고 조약을 체결하거나 파기할 수 있는 권한을 가졌다. 새로운 헌법은 김일성이 정부 내각을 완전히 장악했을 뿐 아니라 권력이 당에서 정부로 미세하게 이동했음을 의미했다.[50]

지극히 폐쇄적이던 북한에서는 사회주의 진영에서 파

견된 대사관 직원들을 제외하면 외국인이 거의 없었고 그
마저도 하나같이 감시를 받았다. 하지만 김일성의 예순
번째 생일은 30개국에서 대표단을 보내오면서 북한의 사
교계 데뷔 파티가 되기도 했다.[51]

미국 특파원이 초청을 받아 북한을 방문한 것도 이때
가 처음이었다. 신중한 선정 과정을 거친 미국 특파원은
소련과 알바니아에서 오랫동안 기자로 활동해 온 인물이
었다. 도착한 당일 아침부터 해리슨 솔즈베리는 신형 메
르세데스 벤츠에 몸을 맡긴 채 평양의 이곳저곳으로 안
내되었다. 그는 시범학교와 공장, 농장을 방문했다. 그리
고 들에서 행복한 표정으로 일하는 농부들부터 자부심
가득한 얼굴로 「세상에 부럼 없어라」라는 노래를 부르며
위대한 지도자를 찬양하는 유치원생들까지 모든 것이 그
에게 깊은 인상을 주었다.[52]

솔즈베리는 아버지와 같은 자애로운 표정의 김일성 장
군을 만났고 김일성은 두 팔을 벌려 그를 환영했다. 스탈
린이나 마오쩌둥처럼 김일성은 느릿느릿하게 걸으면서
위풍당당한 기세를 내뿜었다. 아울러 그들처럼 미소를
짓는 법도 알았는데 소리를 내어 웃거나 가끔씩 키득거
리기도 하면서 손님을 편안하게 해주었고 때로는 동료들
을 돌아보면서 자신의 발언에 대한 지지를 유도하기도
했다. 솔즈베리는 김일성을 〈매우 통찰력 있고 확실한 비
전을 가진 정치가〉라고 평가했다.

세심하게 연출된 솔즈베리와 김일성의 만남은 사진으로 기록되었다. 다만 이튿날 신문에는 그들 사이에 앉아 있던 통역사의 모습이 사라지고 기록에서도 삭제되었다. 일주일 뒤에 또 다른 미국 기자가 도착했고 북한이 신중하게 문을 개방함에 따라 많은 방문객들이 줄을 이었다.[53]

앞서 1965년 자카르타에서 김일성은 소련과 중국의 사이가 삐걱거리는 사이 제3세계의 환심을 얻고자 비동맹 국가들의 지지자를 자처했다. 그리고 1968년 여름에 약 25만에 달하는 소련군이 체코슬로바키아의 민주주의 개혁 운동을 진압하기 위해 해당 국가를 침략하자 북한은 모스크바에서 열린 세계 공산당 및 노동당 대회 참석을 거부했다. 김일성은 세계 혁명보다 민족 혁명이 우선이라고 주장하면서 모스크바에 맞서기 위해 공개적으로 주체사상을 강조했다. 스웨덴과 영국, 미국의 주요 신문에 등장한 전면 광고를 비롯해 해외에서 위대한 지도자에 관한 신문 기사와 팸플릿, 간단한 전기 등이 소개되었다. 그리고 이런 대대적인 홍보 노력을 통해 김일성을 천재로, 독창적인 방식으로 마르크스 레닌주의를 전 세계 혁명가들에게 영감을 주는 작품으로 발전시킨 국제적인 지명도를 가진 지도자로 부각시켰다.[54]

이후로 몇 년간 북한은 1971년 9월에 유고슬라비아를 시작으로 1976년 8월에는 세이셸 공화국에 이르기까지 소련에 대한 의구심을 가진 나라들과 유대 관계를 구축하고자 모든 기회를 탐구했다. 문화 대혁명 기간 중 고립된 중국의 상황도 적극적으로 이용했는데 평양을 방문하는 외국의 고위 관리들을 환영하기 위해 수만 명의 북한 주민들이 주기적으로 길가에 동원되었다. 김일성 본인도 직접 해외여행을 다녔으며 자국을 순시하는 일에 못지않은 열정을 보였다. 그는 1975년에 두 번의 긴 해외 여행 길에 올랐고 열두 개 국가에서 외국 기자들과 자유로운 분위기에서 인터뷰를 했다.[55]

이런 매력 공세의 상당 부분은 국제연합을 겨냥한 것이었다. 결국 국제연합은 1975년에 북한을 정식 국가로 인정했다. 이후에도 1970년대 내내 김일성은 제3세계의 지도자처럼 보이고자 했다. 북한은 약 50개국의 200여 조직에 주체사상을 연구하도록 자금을 지원했다. 1974년에는 도쿄에서 주체사상을 주제로 한 국제 포럼이 열렸으며 드디어 〈김일성주의〉라는 용어가 등장했다. 가장 큰 행사는 1977년 9월에 있었는데 73개국의 대표단이 평양에 초대되어 위대한 지도자 본인의 주재로 열린 일련의 김일성주의 토론회에 참석했다. 참석자들은 하나같이 공손히 경청했고 어느 누구도 단 하나의 이의도 제기하지 않았다.[56]

1978년에 이르러 김일성은 주체사상을 해외에 전파하고자 한 노력의 결과로 자신이 존경의 대상이 되기보다 조롱거리가 되었음을 인지했다. 주체사상 운동은 중단되었다. 외국의 연구 센터에 대한 자금 지원이 중단되었고 외국 기자들과의 인터뷰도 규모가 축소되었다. 제3세계를 상대로 한 북한의 짧은 지원은 그렇게 끝을 맺었다.[57]

북한 내에서 김일성은 세계 무대에서 핵심적인 역할을 하는 인물로, 모든 국제 문제에 발언권을 가진 위대하고 영향력 있는 정치가로 그려졌다. 1978년에는 평양에서 북쪽으로 약 2시간 거리에 위치하고 신성한 산으로 여겨지는 묘향산에서 국제 친선 전람관이 문을 열었다. 전통 사찰처럼 지어진 이 넓게 펼쳐진 복합 단지에는 위대한 지도자가 다년간 받은 무수히 많은 존경의 상징물들이 전시되었다. 스탈린과 마오쩌둥에게서 받은 전망차와 소련의 전임 총리 게오르기 말렌코프에게서 받은 검은색 리무진, 쿠바의 피델 카스트로에게서 받은 악어 가죽으로 된 서류 가방, 차우셰스쿠에게서 받은 곰 가죽을 비롯해 상아와 커피 메이커, 재떨이, 꽃병, 램프, 만년필, 양탄자 등 무수히 많은 물건들이 무수히 많은 방에 전시되었고 이런 물건들 하나하나는 김일성에 대한 전 세계 지도자들의 무한한 존경심을 보여 주는 명확한 증거가 되었다. 1981년에 이르러서는 매일 저녁에 텔레비전에서 방송되는 국제 뉴스의 약 90퍼센트가 위대한 지도자를 주제로 한 해외 토론회나 총회 또는 출판 관련 기사들로 채워졌다. 이른바 전 세계가 그를 숭배하고 있었다.[58]

김일성의 예순 번째 생일 이후로 지도자에게 절대적인

충성을 맹세하는 일은 일상적인 현상이 되었다. 김일성이 예순세 살이 되었을 때는 한 손에 그의 어록집을 든 채로 그의 초상화 앞에서 충성을 맹세하고 고개를 숙여 절하는 것으로 하루를 시작하는 노동자들이 라디오와 텔레비전에서 방송되었다. 그들은 하루 일과를 끝낼 때도 마찬가지로 초상화 앞에서 절을 했다. 한편 당원들은 김일성의 아들이면서 당 비서를 맡고 있던 서른 살을 갓 넘긴 통통한 체격의 김정일(金正日)에게도 충성을 맹세하기 시작했다.[59]

아버지처럼 늘 똑같은 포즈를 취하던 김정일을 크게 확대한 사진들이 이내 곳곳에 등장하기 시작했다. 1976년 2월 16일에는 김정일의 서른다섯 번째 생일을 기념하기 위해 약 1만 5,000명에 달하는 청소년들이 평양 경기장에 동원되었다. 그럼에도 가장 눈에 띈 사건은 이듬해에 몇몇 최고위급 지도자들이 공적인 자리에서 자취를 감춘 일이었다. 실제로 1977년 12월에는 많은 사람들이 숙청되었다. 김일성은 자신의 아들을 확실한 후계자로 임명하는 것에 반대하는 것으로 의심되는 인물들을 제거했고 그렇게 김정일은 1980년에 당 서열 4위로 선임되었다.[60]

김정일의 첫 번째 과제는 아버지에게 충성심을 증명하는 것이었다. 그는 1982년 4월에 위대한 지도자의 일흔 번째 생일을 맞이하여 이를 기념하기 위한 몇몇 기념물의 건설 과정을 직접 챙겼다. 대동강을 사이에 두고 김일성 광장의 바로 맞은편에서 평양 시내를 내려다보는 높이 170미터의 화강암으로 된 거대한 탑도 그중 하나였다. 이 주체사상탑의 꼭대기에는 무게가 45톤에 이르며 밤이 되면 밝게 빛나는 붉은 불꽃 조형물이 올려졌다. 평양의 북쪽에는 파리의 개선문을 모방해서 만든 개선문, 즉 평양 개선문이 들어섰다. 평양 개선문의 2만 5,550개에 달하는 화강암 벽돌 하나하나는 북한을 해방시킨 위대한 지도자의 생애 하루하루를 의미했다. 아울러 그의 감독 아래 주체사상이라는 용어도 김일성주의로 바뀌었다.

위대한 지도자는 일선에서 서서히 물러났다. 전국을 순회하며 현지에서 지도하는 횟수가 줄었고 연설하는 횟수도 줄었으며 인터뷰 횟수도 부쩍 줄었다. 그럼에도 우호적인 관계를 회복하기 위해 소련과 중국을 친선 방문하는 등 여전히 여행을 다녔다. 개인숭배는 새로운 양상을 취하기 시작했다. 앞서 1958년에 항일 투쟁 당시에 혁명 전사들이 글을 새긴 열아홉 그루의 나무가 발견되었다. 그런데 1980년대 중반에 이르자 9,000개에 달하는 나무 팻말이 추가로 발견되었다. 물론 모두 조작된 것이었다. 팻말 하나하나는 신성한 유물로 변신해서 팻말의 글귀를 촬영한 사진과 함께 완벽하게 전시되었다. 예컨대 〈김일성 만세, 자주 조선의 수령〉, 〈하늘에서 보낸 위

대한 인물〉, 〈김일성은 세계 혁명의 지도자〉와 같은 내용
이었다. 당원들과 군인들은 이제 이런 유물들을 찾아 성
지 순례에 나섰다. 개중에는 〈나라의 기쁨! 위대한 태양
이 태어났다!〉처럼 위대한 지도자의 어린 아들을 칭송하
는 내용도 수백 개에 달했다. 1990년에 이제는 〈친애하
는 지도자〉로 알려진 김정일이 자신의 생일을 기념했을
때는 북쪽의 성지인 백두산에서 신비로운 무지개가 관찰
되기도 했다.[61]

　위대한 지도자는 1994년 7월 8일에 심장 마비로 사망
했다. 향년 82세였다. 서른네 시간 뒤 북한 주민들은 사
무실과 학교, 공장에 출근해서 검은색 정장을 입은 아나
운서가 전하는 장문의 부고를 접했다. 온 국민이 통곡했
다. 물론 누가 진심이고 아닌지는 알 수 없었다. 그럼에
도 기절한 사람들을 돕기 위해 의료진까지 준비되었다.
김일성의 거대 동상이 있는 만수대에 이튿날부터 수많은
조문객이 모여들었다. 그들은 서로 경쟁하듯이 각자의
비통함을 쏟아 냈다. 마음에도 없는 분노를 표출하면서
자신의 머리를 때리거나, 졸도하듯이 쓰러지거나, 입고
있는 옷을 찢거나, 하늘을 향해 주먹질을 했다. 상심한
국민들의 모습을 끝없이 내보낸 텔레비전 방송도 그들을
더욱 부추겼다. 비행기 조종석에서 눈물을 흘리는 조종
사들이 방송을 탔고 돛대에 자신의 머리를 찧는 선원들
도 전파를 탔다. 열흘의 애도 기간이 선포되자 비밀경찰

은 주민들을 감시했고 그들의 표정과 목소리를 관찰하면서 진정성을 판단하려 했다. 다섯 살짜리 한 여자아이는 우는 것처럼 보이기 위해 손에 침을 뱉은 뒤 얼굴에 묻혀서 눈물을 대신하기도 했다. 친애하는 지도자의 예리한 시선 속에서 위대한 지도자의 시신은 거대한 무덤에 안치되었다. 그리고 김일성은 생전과 마찬가지로 사후에도 주석의 지위를 유지했다. 〈영생탑〉으로 알려진 새로운 기념물들이 모든 주요 도시에 세워졌으며 이 탑은 그가 〈영원히 살 것〉이라고 선언했다.[62]

6
뒤발리에

François Duvalier, 1907~1971

마치 돌로 만든 거대한 뱃머리처럼 산 정상에서 밀림 밖으로 돌출된 앙리 크리스토프 성채는 남북 아메리카 대륙을 통틀어 가장 큰 요새로 최대 5,000명까지 수용 가능하도록 설계되었다. 노예 출신으로 아이티 혁명을 이끈 핵심 지도자에 의해서 1806년부터 1820년까지 건설되었다. 앙리 크리스토프는 프랑스 식민지에서 발생한 흑인 노예들의 저항을 대중적인 독립운동으로 바꾼 전설적 흑인 독립운동가 투생 루베르튀르의 휘하에서 오랫동안 싸운 터였다. 투생 루베르튀르는 1803년에 사망했지만 그가 이끌었던 대규모의 잘 훈련된 군대는 2년 뒤에 식민자들을 쳐부수고 세계 최초의 흑인 공화국을 세우는 데 성공했다. 곧이어 그의 부관이었던 장자크 데살린이 황제로 즉위했다. 하지만 1806년에 암살당하면서 데살린의 통치는 오래가지 못했다.[1]

뒤이은 권력 투쟁으로 공화국은 결국 둘로 갈라졌다. 남부는 노예 제도가 폐지되기 이전부터 자유민이었던 혼혈인들을 가리키는 이른바 장 드 쿨레gens de couleur가 지배했다. 노예 출신들은 앙리 크리스토프가 1811년에 왕국을 세운 북부로 이주했다. 이후 앙리 크리스토프는 자신을 아이티 왕국의 앙리 1세로 선포하고 강제 노역을 동원하여 다수의 호화로운 궁전과 요새를 건설했다. 크리스토프는 본인이 직접 귀족 계급을 창설하고 공작과 백작, 남작 등이 사용할 문장(紋章)을 도안했다. 귀족들은 크리스토프의 아들 자크 빅터 앙리를 세자로 추대했다. 하지만 앙리 1세는 차츰 과대망상에 빠져들었고 사방에 음모와 모의가 도사린다고 생각했다. 그는 쿠데타를 겪느니 차라리 은 총알로 자살하는 길을 선택해 향년 53세를 일기로 생을 마감했다. 그의 아들은 열흘 뒤에 살해되었다.

북부와 남부는 다시 통일되었지만 사회적인 분열은 여전했다. 엘리트 계층은 프랑스와 그들의 돈독한 관계를 자랑으로 여겼고, 아프리카 노예의 후손이며 가난한 촌락민이 대다수인 국민을 멸시했다. 이들 두 공동체에서 100년이 넘는 기간에 스스로를 군주와 황제로 칭하는 사람들이 차례로 등장했다. 그들 대부분은 정치적인 폭력으로 나라를 다스렸다. 경제는 거의 발전하지 못했다. 1825년에 독립을 인정해 주는 대가로 프랑스가 요구한 주체할 수 없는 배상금이 큰 걸림돌로 작용한 탓이었다. 이때 발생한 채무는 1947년이 되어서야 비로소 청산되었다.

1915년에 미국이 아이티를 점령하고 20년 동안 지배하는 사이 아이티의 인종 간 분열은 더욱 심화되었다. 미국의 점령에 맞서 저항했던 인물 중에는 존경받는 교사이자 외교관이면서 아이티의 아프리카계 주민들을 옹호한 민족지학자(民族誌學者) 장 프리스마르스도 있었다. 그는 노예들이 일한 대농장에서 번성한, 로마 가톨릭 의례와 아프리카 신앙의 혼합체인 부두교를 기독교와 동등한 토속 종교로 여겼다. 미국이 아이티에서 물러가자 장 프리스마르스를 추종하던 사람들 중 일부는 거기서 더나아가 엘리트 계층을 타도하고 국민의 절대 다수를 대표하는 사람들에게 국가 지배권을 넘겨야 한다고 주장하는 민족주의적인 이데올로기를 발전시켰다. 그들은 이 이데올로기를 프랑스어로 검은색을 뜻하는 단어 누아르 noir에서 가져와 누아리즘이라고 불렀고, 오랫동안 아이티를 분열시켜 온 사회적인 차이가 심오한 진화 법칙에 의해 굳어진 것이라고 주장했다.

이들 추종자 중 한 명이 바로 프랑수아 뒤발리에였다. 「인류 사회학적 문제: 인종 결정론」이라는 제목으로 1939년에 발표한 논문에서 이 젊은 저자는 각각의 인종 집단이 그들만의 〈집단 인격〉을 소유한다는 점에서 생물학이 심리학을 결정한다고 주장했다. 진정한 아이티인의 영혼은 검은색이었고 아이티의 종교는 부두교였다. 누아르주의자들은 권위적이고 배타적인 국가, 즉 진정한 흑인 지도자에게 권력이 돌아가는 국가를 건설해야 한다고 주장했다.[2]

프랑수아 뒤발리에는 어릴 때 수줍음이 많았고 책을 좋아했다. 고등학생 시절에는 두 명의 영향력 있는 스승에게서 가르침을 받았다. 한 명은 유력한 민족지학자 장 프리스마르스였고 다른 한 명은 미국에 노골적으로 반대의 목소리를 낸 뒤마르세 에스티메였다. 그들은 하나같이 그에게 조국의 아프리카 유산에 대한 자부심을 고취했다. 뒤발리에는 한동안 언론계에 종사하면서 엘리트 계층을 강하게 비난하고 가난한 촌락민을 옹호하기도 했다. 그는 이미 검은색을 탄압과 동일시하고 있었다.[3]

1934년에 아이티 대학교에서 의학을 전공한 스물일곱 살의 뒤발리에는 이후 몇 군데 지역 병원에서 근무했다. 여가 시간에는 부두교를 연구하고 프리스마르스의 정신에 입각해 누아리즘에 관한 글을 쓰는 데 몰두했다. 그는 부두교 사제처럼 모자를 쓰고 지팡이를 들고 다니며 유머 감각이 없는 스물네 살의 젊은이 로리메 드니와 친구가 되었다. 그의 차림새와 분위기를 모방한 뒤발리에는 부두교를 아이티 소작농들의 핵심적인 정신으로 여기며 남자 사제들인 호웅간houngans과 여자 사제들인 맘보mambos와 인맥을 쌓았다. 그는 스승 프리스마르스가 1941년에 설립한 민족지학 사무소에서 드니와 함께 일하면서 국가 주도로 부두교의 숭배물을 파괴하고 사제들에게 강제로 종교를 포기하도록 종용하는 잔혹한 부두교 탄압 운동에 맞섰다.[4]

제2차 세계 대전이 끝날 무렵 뒤발리에는 미국에서 두 학기에 걸친 공중 위생학 공부를 마쳤다. 그리고 1945년에 열대병 퇴치를 돕기 위해 아이티의 시골로 돌아갔다. 그곳에서 한쪽 어깨에 구급상자를 동여매고 한 손에는 주사기를 들고 가난한 소작농을 위해 헌신하는 이타적인 모습을 보여 주었다. 나중에 그는 자신을 3인칭으로 기술하며 다음과 같이 말했다. 〈그는 그들과 같은 고통을 겪고 그들의 불행을 함께 슬퍼한다.〉[5]

1946년에는 교육부 장관을 지낸 유능한 공무원이자 뒤발리에의 은사인 뒤마르세 에스티메가 대통령에 선출되어 1920년대에 미국인들이 지은 크고 멋지며 백악관을 연상시키는 돔까지 갖춘 건물 내셔널 팰리스에 입성했다. 뒤발리에는 국가 공중 보건국 국장에 임명되었고 3년 뒤 보건 노동부 장관이 되었다. 하지만 곧 엘리트 계층이 보기에 에스티메는 너무 급진적인 것으로 드러났다. 그는 행정 기관 내에서 흑인 대표의 수를 확대했고 소득세 정책을 도입했으며 부두교를 다수 인구의 토착 종교로 승격시켰다. 결국 1950년 5월에 포르토프랭스의 경찰서장이던 건장한 군인 장교 폴 마글루아르가 이끄는 군부가 그를 권좌에서 끌어내렸다. 직장을 잃은 뒤발리에는 엘리트 계층의 지배에 분노로 속이 부글거렸다. 그는 쓰라린 교훈을 얻은 터였다. 이른바 절대로 군대를 믿지 말라는 것이었다.

그는 시골로 돌아가 의사로 일했지만 곧 반대파 대열에 합류했다. 1954년에 정부에서 그의 목에 현상금을 내걸자 그는 어쩔 수 없이 가장 신뢰하던 친구 중 하나인 클레망 바르보라는 젊은이와 함께 지하로 숨어들었다. 그들을 찾아낸 한 미국인 정치 기자가 눈가리개를 한 상태로 그들의 은신처로 인도되었다. 허버트 모리슨은 여자로 변장한 그들 두 남자를 만났는데 바르보는 주름진 치마 속에 기관총까지 숨기고 있었다. 체포를 피해 한 비밀 거처에서 다른 거처로 옮겨 다닌 저항 전사 뒤발리에의 신화가 시작되는 순간이었다.[6]

1956년 9월에 폴 마글루아르는 정치적 반대자들을 모두 사면했다. 뒤발리에도 은신처에서 나왔다. 몇 달 뒤 군대의 지지를 잃은 마글루아르는 텅 빈 국고만 남긴 채 가족과 함께 국외로 도망쳤다. 이제는 과거와 단절을 요구하는 정치적 열망이 점점 더 높아져 충분한 공감대를 형성한 터였고, 군부는 설령 보여 주기에 불과할지라도 선거를 치를 수밖에 없었다. 군사 위원회의 위원장 안토

니오 케브로가 후보 지명을 시작하라고 요구했다.[7]

뒤발리에도 다른 경쟁자 열두 명과 함께 출마를 선언했다. 이후 10개월 동안 파업으로 정국이 마비되고 폭력이 만연했다. 다섯 개의 임시 정부가 몰락하면서 정치적 혼돈이 뒤따랐다. 1957년 8월에 이르러 마침내 주요 후보자 두 명만 남았다. 바로 프랑수아 뒤발리에와 부유한 설탕 농장주이자 기업가인 루이 데주아였다. 선거 운동 내내 뒤발리에는 널리 존경받던 뒤마르세 에스티메를 들먹이면서 자신의 은사가 1946년에 착수한 혁명을 공고히 하고 확대하겠다고 약속했다. 그는 노동자들에게도 약속하고 농부들에게도 약속했다. 국가적인 화합과 경제적인 재건을 이루어야 한다고 호소했다. 무엇보다 뒤발리에는 잘난 체하지 않는 온화한 인물 같은 태도를 취했고 타인을 염려하는 의사로서의 분위기를 연출했다. 그와 가족은 너무 가난해서 집을 소유하지도 못했는데 이 친절한 남자가 자신의 환자들에게만 너무 헌신한 까닭이었다. 그는 늦은 밤까지 지칠 줄 모르고 일하는 사람이었다. 또한 사람들의 존경을 받는 인물이기도 했다. 〈농부들은 그들의 의사를 사랑하며 나는 그들의 파파독Papa Doc이다〉라고 그가 인자한 어조로 말했다. 적어도 그는 해가 되지 않는 사람처럼 보였다.[8]

얌전한 의사는 조종하기 쉬워 보였다. 군부는 그가 케브로를 육군 참모총장으로 임명하는 데 동의하자 그의 주된 적들을 약화시키고자 조치를 취했다. 데주아를 지지하는 군 장교들이 해임되었고 그의 지지자들이 공격을 받았으며 종국에는 그를 지지하는 선거 운동이 아예 전면 금지되었다.[9]

뒤발리에는 1957년 9월 22일 대통령으로 선출되었다. 22는 그에게 행운의 숫자였다. 그는 한 달 뒤 거행된 취임식에서 〈나의 정부는 모든 자유 국민이 행복해질 수 있도록 명예와 인권을 빈틈없이 보호할 것이다. 아이티 국민의 자유를 보장할 것이다〉라고 엄숙하게 선언했다.[10]

그가 가장 먼저 취한 조치는 선거 결과에 이의를 제기하는 정적들을 제거하는 일이었다. 몇 주도 지나지 않아서 고위 공무원들이 숙청되었다. 뒤발리에는 전문 지식이나 경험과 상관없이 자신을 추종하는 사람들을 중용했다. 두 달 뒤에는 그의 정치적 협력자들이 정부의 행정 조직과 사법 조직을 지배했고 입법부가 뒤발리에의 손아귀에 들어와 있었다.[11]

뒤발리에는 허버트 모리슨을 홍보국장으로 영입했다. 모리슨은 대통령 선거 운동 기간 중 중고 사진기를 구매하고 수백 장의 사진을 찍어 뒤발리에를 해외에 홍보한 인물이었다. 개중에는 〈가난한 자들의 대변자〉라는 표제와 함께 대통령 당선자가 가난한 소작농 옆에서 자세를 잡고 있는 사진도 있었다. 모리슨은 이제 자신의 사진기를 들고서 아이티를 여행하며 찍은 스냅 사진들을 통해 이 섬나라를 민주주의의 등불처럼 묘사했다. 1년 뒤 뉴욕의 라디오 방송에 출연한 그는 뒤발리에를 〈겸손한 시골 의사, 국민을 돕기 위해 노력하는 헌신적이고 정직한 사람〉이라고 소개했다. 아울러 미국 청취자들에게 〈중산층과 교외의 대중과 농촌의 대중이 자유선거에서 자신들이 원하는 인물을 뽑은 것은 아이티 역사상 최초〉라고 설명했다.[12]

클레망 바르보에게는 비밀경찰을 조직하는 임무가 주어졌다. 정권의 적들을 공격하라는 명령을 받은 조직원들은 매우 잔인한 방식으로 임무를 수행함으로써 많은 사람에게 분노를 촉발했다. 선거가 끝나고 불과 몇 주 만에 열한 살가량의 어린 소년들이 덤불로 질질 끌려가서 히코리 나무 몽둥이로 두들겨 맞았다. 때로는 일가족이 모두 감옥에 투옥되기도 했다.[13]

육군 참모총장 안토니오 케브로는 정권에 반대하는 사람들을 위협하고, 투옥하고, 강제로 추방했다. 노동조합이 와해되었고 신문은 침묵을 강요당했으며 종종 그들의 건물이 불에 타 잿더미로 변하기도 했다. 한 라디오 방송국도 엉망으로 파괴되었다. 수백 명의 요주의 인물이 공산주의자라는 혐의를 뒤집어쓴 채 구금되었다. 선거 전 군부에 의해 실시된 통금은 무기한 연장되었다.[14]

그럼에도 권좌는 계속해서 군대의 차지였다. 뒤발리에와 케브로의 동맹은 처음부터 서로의 필요에 의해 체결된 불안정한 동맹이었다. 이런 가운데 군부는 뒤발리에가 반대파를 짓밟도록 돕는 과정에서 도를 지나쳤고 루이 데주아를 강력하게 지지하는 한 미국 시민을 때려죽이는 사건까지 발생했다. 12월에 미국은 항의 표시로 자국 대사를 본국으로 불러들였다. 뒤발리에는 이 사태를 이용해서 폭력 사건이 군부의 탓이라고 비난했다. 케브로는 두 달 뒤 해임되었다.[15]

이어진 몇 달 동안 특히 고위층의 많은 군 장교들이 면직되거나 전출되거나 조기에 퇴직하면서 군대의 규모가 축소되었다. 그리고 여름에 군 고위층을 숙청할 또 한 번의 기회가 찾아왔다. 1958년 7월 28일에 미국인 용병 다섯 명과 아이티 군 장교 두 명이 수도 근처에 상륙한 다음 민중을 결집해서 대통령궁을 포위하려 한 사건이 발생한 것이다. 반란에 참여한 이들은 대통령에게 충성하는 부대에 의해 전부 살해되었다.

미수에 그친 쿠데타는 가면을 쓴 축복이었다. 일주일 뒤 뒤발리에는 라디오를 통해 대국민 연설을 실시했다. 〈나는 아이티를 정복했다. 그리고 권력을 쟁취했다. 내가 새로운 아이티다. 나를 파괴하려 하는 자들은 아이티를 파괴하려 하는 것이나 다름없다. 아이티는 나를 통해서 숨을 쉬며 나는 아이티를 통해서 존재한다…… 신과 운명은 나를 선택했다.〉 헌법이 보장하는 모든 권리는 정지되었고 국가 안보를 유지하기 위해서 필요한 모든 조치를 취할 수 있는 전권이 대통령에게 주어졌다. 권력을 잡은 지 불과 1년도 지나지 않아서 뒤발리에는 절대 군주처럼 군림했으며 거의 무제한적인 권력을 휘둘렀다.[16]

국가 안보라는 미명 아래 뒤발리에는 군대의 자금줄을 더욱 단단히 옥죄는 대신 자신의 민병대를 조직해서 계획적으로 정규군을 견제하기 위한 대항 세력으로 삼았다. 비밀경찰과 마찬가지로 클레망 바르보가 그들을 지휘했다. 민병대는 처음에 카굴라르cagoulard라는 이름으로 불렸는데 1930년대에 프랑스를 공포에 떨게 한 두건 차림의 파시스트들을 가리키는 이름에서 가져온 말이었다. 하지만 이내 부기맨을 뜻하는 크리올* 단어인 통통 마쿠트tonton macoutes라는 이름으로 알려졌다. 1년도 지나지 않아 바르보는 자신이 지휘하는 민병대원의 수가 2만 5,000명에 이른다고 주장했지만 실제로는 수도에 주둔하는 핵심 세력 2,000명을 포함해도 절대로 1만 명이 넘지 않을 터였다. 마쿠트는 마치 폭력배들처럼 번쩍이는 청색 서지 정장 차림에 짙은 색의 금속테 안경을 끼고 회색 중절모를 썼다. 그들은 허리띠나 겨드랑이에 찬 권총집에 총을 넣고 다녔다. 오직 뒤발리에만이 새로운 마쿠트 대원을 등록시킬 수 있었고 총을 소지하도록 허가해 줄 수 있었다. 마쿠트 또한 오직 뒤발리에에게만 보

* Creole. 서인도 제도에 사는 유럽인과 흑인의 혼혈인. 또는 그들의 문화.

고했다. 『뉴 리퍼블릭New Republic』지에 따르면 마쿠트는 〈정보원이자 동네 왕초이며 갈취꾼이면서 불량배이고 정권의 정치적 기둥〉이었다. 그들은 뒤발리에의 눈과 귀였다. 그럼에도 보수를 받는 마쿠트는 거의 없었고 하나같이 권력을 악용해 갈취와 협박, 강간, 살인을 자행했다.[17]

마쿠트는 단 한 가지를 제외한 모든 자유를 짓밟거나 간섭했다. 새 헌법은 1958년 4월에 종교의 자유를 선포했다. 한 번의 펜 놀림으로 가톨릭교회는 그들이 누리던 우세한 지위를 상실했다. 부두교는 더 이상 금기가 아니었다. 뒤발리에는 20년 넘게 부두교를 연구하고 남자 사제들과 체계적으로 유대 관계를 구축해 온 터였다. 그리고 이제 자신의 지식을 이용해 그들을 농촌 지역에서 마쿠트를 이끌 지도자로 영입했다. 그들은 폭넓은 자문을 제공했으며 대통령 궁에 초대되었고 종교 의식을 거행해 달라는 요청을 받았다.[18]

뒤발리에는 자신을 마치 부두교 정령처럼 포장했다. 젊을 때 로리메 드니와 사건 이후로 자주 검은 옷에 지팡이를 들고 과묵한 태도를 보이며 부두교 남자 사제처럼 행동했다. 그는 죽은 자의 정령이자 묘지의 수호자인 바롱 삼디Baron Samdi를 모델로 삼았다. 민간 문화에서 바롱 삼디는 흔히 실크해트와 연미복 차림에 짙은 색 안경을 쓰고 양쪽 콧구멍에 솜 마개를 끼운, 즉 농촌에서 매장 준비가 완료된 시신과 유사한 모습으로 묘사되었다.

그는 색이 짙고 두꺼운 안경을 썼으며 때때로 실크해트와 연미복 차림으로 대중 앞에 나섰다. 또한 마치 자신의 적을 향해 주문을 읊조리듯이 깊숙한 콧소리로 신비스럽게 중얼거리고는 했다. 그는 자신이 오컬트 세계와 관련되었다는 소문을 부추겼다. 1958년에 미국인 인류학자 해럴드 쿨랜더가 뒤발리에에게 경의를 표하기 위해 대통령 궁을 방문했을 때였다. 그는 뒤발리에가 민족지학 사무소에서 일하던 시절부터 아는 사이였다. 경호원의 안내를 받아 검은 커튼이 드리워진 칠흑같이 어두운 방으로 안내된 쿨랜더는 놀라서 눈만 깜빡였다. 그곳에는 검은 모직 정장 차림의 뒤발리에가 수십 개의 검은 초가 타고 있는 긴 탁자 앞에 앉아 있었고 짙은 색 안경을 쓴 마쿠트 대원들이 그를 빙 둘러싸고 있었다.[19]

1959년 4월, 마쿠트가 한때 뒤발리에와 경쟁했던 경쟁자의 장례식을 방해한 뒤로 보다 끈질긴 소문 중 하나가 나돌기 시작했다. 마쿠트 대원들이 검은 영구차에서 관을 끌어내 그들의 차에 싣고 떠났고 장례식 현장에는 한 무리의 망연자실한 조문객만 남게 되었다. 그의 무덤가에서 대중 집회가 열리는 것을 막기 위해 시신을 가져갔다는 공식 해명이 있었지만 곧장 대통령이 자신의 힘을 강화하기 위해 그의 심장을 마법 부적으로 사용하고자 했다는 소문이 퍼졌다.[20]

다른 소문도 셀 수 없이 많았다. 예컨대 대통령이 바롱 삼디의 실크해트를 쓰고 자신의 욕조 안에 앉아서 정령들에게 자문했다는 이야기가 돌았고, 내셔널 팰리스의 살롱 존에서 염소 내장을 연구했다는 소문도 있었다. 그럼에도 뒤발리에는 소문에만 의존하지 않았다. 정부와 군대의 고위 인사들을 숙청한 것에 못지않게 협력하기를 거부하는 부두교 남자 사제들도 수없이 제거했다. 1959년에 그는 부두교 사제들에게 이렇게 말했다. 〈내가 국가의 최고 권위자라는 사실을 절대로 잊지 말라. 이제부터는 내가, 오로지 나만이 당신들의 유일한 주인이다.〉[21]

아이티는 히스파니올라섬을 도미니카 공화국과 나누어 가졌으며 도미니카 공화국이 섬의 동쪽을 차지하고 있다. 그리고 아이티의 서쪽으로는 윈드워드 해협을 가로질러 50킬로미터만 가면 쿠바섬이 있다. 1959년 1월에 피델 카스트로와 그가 이끄는 게릴라 전사들이 아바나에 입성했다. 이 사건은 뒤발리에에게 또 한 번의 예상치 못한 행운을 안겨 주었다. 미국이 재정 지원과 군사적 조언을 제공하겠다며 그의 환심을 사고자 했기 때문이었다. 바로 다음 달에 미화 600만 달러가 지원금으로 전달되었고 심각한 경제 위기를 겪던 뒤발리에 정권은 곤경에서 벗어날 수 있었다. 뒤발리에는 『뉴욕 타임스』의 피터 키스와 가진 인터뷰에서 자신은 독재자가 아니며 조국의 재건을 걱정하는 한 명의 의사일 뿐이라고 주장했다.[22]

하지만 부두교 정령들은 변덕스러웠다. 1959년 5월 24일 뒤발리에에게 심장 마비가 찾아왔다. 병은 나약함을 의미했으며 같은 이유로 그의 힘이 줄어들고 있다는 소문이 퍼졌다. 그의 아버지 무덤이 훼손되어 관이 파괴되었고 유해가 주변에 흩뿌려졌다. 적들은 더욱 대담해졌다. 수도에서 폭탄이 터졌으며 몇몇 정치인들은 그가 국가 기금을 유용했다면서 문제를 제기했다. 심지어 한 상원 의원은 장시간 열변을 쏟아내며 뒤발리에 정권을 비난했다. 그렇지만 이처럼 극도로 취약한 순간에도 뒤발리에는 계속 잘나가는 듯 보였고 6월 2일에는 미국 대사가 대통령 궁을 방문함으로써 그에 대한 미국의 지지를 행동으로 보여 주었다.[23]

한 달 뒤 뒤발리에는 가족과 참모들을 대동한 채 내셔널 펠리스의 정문 계단 앞에 나타났고 군 행렬을 사열하는 극적인 모습을 연출함으로써 자신이 기력을 되찾았음을 알렸다. 마쿠트가 신중하게 선발한 수천 명의 열광적인 지지자들이 요란스럽게 그를 환영했다. 이튿날 대통령은 수도 거리를 순시했고 홍보국장 허버트 모리슨이 동행하면서 그의 모습을 사진에 담았다.[24]

그로부터 두 달 뒤 뒤발리에는 정부를 전복하려는 공산주의자들의 거대한 음모가 발각되었다고 발표했다. 그리고 이를 계기로 칙령을 통해 지배할 수 있는 권한과 국회의 면책 특권을 일시적으로 중지할 수 있는 권한을 요구했다. 그는 새로 얻은 특권을 거의 즉각적으로 사용해서 여름에 그가 아픈 틈을 타 그의 통치 방식을 비판했던 여섯 명의 상원 의원을 탄핵했다.[25]

뒤발리에는 이제 아첨꾼에 둘러싸인 채 스스로 고립되어 살았다. 그의 참모들은 구체적인 권한도 명시되지 않은 공식 직함을 몇 개씩 맡으면서 행정부 전체에 커다란 혼란을 야기했다. 아무리 충직한 부하일지라도 부하의 유능함은 그에게 의심을 불러일으킬 뿐이었다. 어쨌든 그는 모든 결정에 관여했지만 그럼에도 나라를 통치하는 데 전혀 관심이 없어 보였다. 한 미국인 참모는 그가 〈사람들을 정치적으로 조종하느라 모든 시간을 소비한다〉라고 썼다.[26]

폭군은 원래 아무도 믿지 않으며 특히 자신과 가까운 협력자들을 가장 불신한다. 뒤발리에는 친구든 적이든 가리지 않고 너무 야심적이라고 생각되거나 따로 권력 기반을 구축할 것 같은 인물은 누구를 막론하고 제거했다. 없으면 안 될 사람 같은 것은 없었다. 예컨대 뒤발리에의 친구이자 심복인 클레망 바르보는 뒤발리에의 병중에 질서를 유지한 터였다. 하지만 마쿠트의 수장인 그는 잠재적으로 위험한 존재였고 결국 바르보가 미국과 비밀 협상을 진행하고 난 뒤인 7월 15일에 뒤발리에는 즉결로 그와 열 명의 동료들을 체포하도록 했다. 독재자들에게 긴밀하게 협력했던 사람들 대다수가 그랬듯이 이 아이티의 2인자는 자신의 주인이 얼마나 감정을 잘 숨길 수 있는지 짐작조차 하지 못했다. 대통령의 홍보국장인 모리슨 역시 바르보와 가깝다는 이유로 곧바로 의심을 받았지만 가까스로 마이애미로 탈출하는 데 성공했다. 2주 뒤에 대통령은 군 고위 지휘부를 옆에 대동한 채 대통령궁 앞에서 마쿠트를 사열했다. 2년 전에 설립된 민병대가 처음으로 정식 인정을 받는 순간이었다. 뒤발리에는 그들에게 〈눈을 뜨고 있으라〉고 지시했다.[27]

마지막 저항의 보루가 아직 남아 있었는데 바로 교회였다. 교회는 마쿠트의 잔혹한 탄압에도 불구하고 변함없이 파업을 이끈 용감한 학생들을 뒤에서 지원하고 있었다. 1961년 1월에 뒤발리에는 프랑스인 주교와 네 명의 사제를 추방했고 그로 인해 바티칸 교황청으로부터 파문을 당했다. 그래도 이제는 아이티를 거의 완벽하게 통제할 수 있게 된 터였다.

헌법은 대통령의 임기를 6년으로 제한했다. 임기가 끝나기 2년 전부터 뒤발리에는 두 번째 임기를 준비하기 시작했다. 1961년 4월 14일에 그의 쉰 네 번째 생일을 맞아 신문들은 〈최고의 지도자〉, 〈아이티의 영적 지도자〉, 〈경애하는 지도자〉, 〈총체적인 선(善)의 사도〉, 〈현대 역사에서 가장 위대한 인물〉이라며 그를 찬양했다. 이와 같은 양상은 새로운 국회를 구성하기 위한 총선을 2주 앞둔 시점에서 뒤발리에에게 유리한 분위기를 조성했다.

후보자들은 하나같이 뒤발리에에게 충성을 맹세하고자 애썼다. 대통령의 이름이 모든 투표 용지에 등장했다. 아이티 북부의 주(州)청 소재지인 카프아이시앵에서는 마쿠트가 일요일 아침에 교회에서 나오는 사람들을 한데 모아서 투표소로 몰고 갔다. 그들은 일곱 살짜리 아이에게도 투표를 하게 했다. 다음 날 언론은 국민들이 국회의원 후보자들에게 투표를 했을 뿐 아니라 뒤발리에 대통령이 연임하는 것에 자발적으로 찬성을 표시했다고 발표했다.[28]

장자크 데살린이 아이티 국기를 만든 날을 기리는 국기의 날은 전통적으로 아르카하이에시(市)에서 기념행사가 열렸다. 그리고 이날 구름처럼 모인 시민들은 총으로 무장한 보안 부대의 감시 속에서 뒤발리에를 열렬히 환영해야 했다. 대통령의 수하들은 과장된 연설을 차례로 이어 가며 대통령을 칭송했다. 그들 중 가장 극단적인 연설을 한 사람은 아이티 교육부 장관이자 가톨릭 사제인 위베르 파파이에였다. 그는 국민들이 투표함을 습격한 이유와 관련해서 아마도 현재 대통령이 단지 6년 더 통치하는 데 그칠 것이 아니라 〈그에게 권력을 부여한 하느님처럼 아주 오래〉 통치하기를 바라는 마음에서 그랬을 거라고 설명했다. 뒤발리에는 짙은 색 안경 너머로 표정을 감춘 채 그를 지켜보았다.[29]

뒤발리에의 취임식은 숫자 22가 포함된 상서로운 날

짜인 5월 22일에 거행되었다. 마쿠트는 자발적으로 취임식에 참여할 사람들을 찾아 며칠 동안 계속해서 전국을 샅샅이 뒤졌고 줄지어 선 대형 트럭에 강제로 사람들을 태웠다. 저항하는 사람들에게는 채찍을 휘둘렀다. 이동에 꼬박 하루가 걸렸음에도 음식은 전혀 제공되지 않았다. 사람들은 학교나 창고에 머물면서 행사가 열리기를 기다렸다. 수도를 벗어나는 모든 길에는 바리케이드가 설치되었다. 취임식 당일에는 대통령 궁으로 호송된 약 5만 명의 사람들이 현수막과 커다란 초상화를 들고서 지시에 맞추어 환호하며 기계적으로 지지를 표명했다. 뒤발리에는 〈여러분이 곧 나이며 내가 곧 여러분이다〉라고 선언했다.[30]

이제 존 F. 케네디가 백악관의 주인이 된 미국은 아이티에서 치러진 기습적인 선거에 불쾌감을 느꼈다. 결국 1962년 중반에 경제 원조가 유야무야 중단되었다. 외국인들이 무더기로 아이티를 떠났다. 경제 상황이 악화되자 뒤발리에는 아이티가 맞닥뜨린 모든 불행을 미국 탓으로 돌렸다.

1963년 4월에 뒤발리에는 클레망 바르보를 석방하면서 화해의 표시로 그에게 새 자동차를 선물했다. 하지만 왕년의 심복은 고마움을 표시하기는커녕 대통령의 두 아이 장클로드 뒤발리에와 시몬 뒤발리에를 납치하려고 시도했다. 대통령은 마쿠트를 앞세워 공포 정치를 실시했고 마쿠트는 이 기회를 이용해서 개인적인 복수를 하거나 그들의 적을 제거했다. 이 과정에서 수백 명의 용의자가 살해되었고 그보다 훨씬 많은 사람들이 실종되었다. 수도에는 시신들이 길가에 버려진 그대로 부패되고 있었다. 불과 며칠 만에 미국은 자국 시민이 관련된 사건들과 관련해 다섯 차례에 걸쳐 공식 항의를 제기했다.[31]

몇 주 뒤 미국은 뒤발리에의 재선 1주년 기념행사에 참석해 달라는 공식 초청을 거절함으로써 압박을 강화했다. 미국 대사관 직원들도 철수하기 시작했다. 외교 관계가 중단되었다. 그럼에도 뒤발리에는 미국 정부가 쿠바와 싸우기 위해서는 동맹이 필요할 것으로 예측하며 눈하나 깜짝하지 않았다. 5월 22일에 개최된 기념행사에는 수만 명의 주민들이 동원되었다. 그들은 대통령 궁 앞에서 의무적으로 춤을 추면서 뒤발리에 찬가를 불렀다. 한 목격자의 증언에 따르면 파파독은 〈마치 최면에 걸린 사람처럼 완벽할 만큼 차분한 모습으로〉 발코니에 모습을 드러냈다. 뒤발리에는 〈뒤발리에를 겁먹게 할 수 있는 총알과 기관총은 존재하지 않는다〉라고 주장하면서 〈이미 나는 영적인 존재이다〉라고 설명했다. 뉴욕에서 발행된 『뉴스위크』지는 그가 〈돌이킬 수 없을 정도로 완전히 미쳤다〉라고 공언했다. 하지만 불과 얼마 뒤인 6월 3일에 미국은 정상적인 외교 관계를 재개하자고 제안했다. 아이티의 라디오에서는 뒤발리에가 거둔 〈정치력의 승리〉에

환호성이 터져 나왔다.[32]

7월 중순에 또 한 번의 승리가 찾아왔다. 바르보와 그의 동생이 시골에서 꼬리가 잡혀 마침내 총살된 것이었다. 서로 뒤엉킨 두 구의 시체 사진이 신문을 통해 공개되었다.

위기는 매번 뒤발리에를 보다 강하게 만드는 것 같았다. 추방되었던 그의 정적 중 한 명이 잠입을 시도하려다 미수에 그치는 사건이 또 발생하자 그는 6개월 동안 결사의 자유를 비롯해서 모든 시민권을 정지시켰다. 그럼에도 이런 결정은 상징적인 조치에 불과했는데 이미 정지할 자유 자체가 남아 있지 않았기 때문이다. 1963년 9월 17일에 아이티는 공식적으로 일당 독재 국가가 되었고 모든 정치 활동은 〈국가 연합당〉의 비호 아래서만 가능해졌다. 그렇다고 국가 연합당이 딱히 커다란 존재감을 발휘한 적은 없었지만 산하의 별도 기구를 통해 혁명을 보호하기 위한 또 다른 장치를 제공했다. 해당 기구는 또 부두교 남자 사제들과 마쿠트 대원들에 더해서 보다 많은 사람들을 뒤발리에의 체제 아래로 결집시켰다.[33]

이후로 몇 달 동안 뒤발리에는 〈내가 혁명이고 국기(國旗)이다〉라고 선언했다. 수도인 포르토프랭스의 중심가에서는 깜박이는 네온 불빛이 동일한 메시지를 전했다. 〈내가 아이티 국기이며 우리는 한 몸으로 절대로 분리될 수 없다. 프랑수아 뒤발리에.〉 근처에 위치한 광장은 〈뒤발리에 혁명 광장〉으로 이름이 바뀌었다. 이미 상점과 사무실에 눈에 잘 띄도록 전시되고 있던 독재자의 플라스틱 흉상과 초상화가 개인 가정에도 등장했다. 정기적으로 그의 목소리가 흘러나온 라디오에서 뒤발리에는 〈그리고 그 말씀이 사람이 되셨다〉라고 큰 소리로 외치면서 자신을 신의 화신으로 묘사했다. 그럼에도 동상은 세우지 않았다. 국회의원들이 그들의 지도자를 기리기 위한 기념물 설치를 승인하는 법안까지 통과시켰지만 뒤발리에는 겸손한 태도로 이를 거부했다. 히틀러와 마찬가지로 동상이란 죽은 자를 위한 것이라고 믿었기 때문이다.[34]

뒤발리에의 입에 발린 칭찬에는 목적이 있었다. 그는 종신 대통령이 되기를 원했다. 1964년 3월에 교회와 상공업계의 지도자들은 대통령 궁으로 줄줄이 불려가 그들의 충성심을 증명해야 했다. 그들은 숨이 막힐 듯한 더위 속에서 몇 시간을 대기한 뒤 대통령에게 영원히 지금 그 자리를 지켜 달라고 간청하며 대중 앞에서 준비된 원고를 낭독해야 했다. 뒤발리에는 한결같이 자애로운 모습을 보였다. 그들 모두에게 과장되게 감사했으며 특히 자신에게 비판적이라고 알려진 사람들에게 지나칠 정도로 사의를 표했다. 헌법 수정을 요구하는 내용의 전보들이 연일 언론에 소개되었다. 대통령을 찬양하는 시가 낭송되었고 찬가가 울려 퍼졌다. 대통령은 4월 1일 대중 앞에 직접 모습을 드러내고 다음과 같이 주장했다. 〈나는 우리

나라에서 50년이나 75년에 한 명 나올까 말까 할 정도로
비범한 사람이다.〉[35]

대통령에게 계속 그 자리를 지켜 달라고 간청하기 위해
수천 명의 사람들이 수도에 동원되면서 이후 몇 개월 동
안 행진이 끝없이 이어졌다. 의자에 앉은 뒤발리에의 어
깨에 예수가 양손을 얹은 모습과 함께 〈나는 그를 선택했
다〉라는 문구가 적힌 포스터까지 등장했다. 이런 사회 운
동은 6월 14일에 실시된 국민 투표로 막을 내렸다. 투표
용지는 〈찬성〉이라고만 인쇄되어 제공되었다. 결과는 총
400만 명의 인구 중 반대는 3,234명에 불과한 99.89퍼센
트의 압도적인 찬성이었다. 국민의 요구에 부응하기 위
해서 새로운 헌법 초안이 마련되었다. 마침내 6월 22일
에 대통령은 아이티에 주재하는 외교단 전체를 앞에 두
고 엄숙한 선서식을 치렀다. 1시간이나 지각한 그가
90분 분량의 연설문을 읽기 시작했다. 청중은 모두 서 있
어야 했는데 얼마 후 너무 지친 한 독일 외교관이 자리에
앉았다. 그러자 뒤발리에는 연설을 중단하고 주위를 둘
러본 뒤 의전 담당관을 불러 해당 외교관을 다시 일어나
게 하라고 지시했다.[36]

몇 주 뒤에 종신 대통령에게 경의를 표하며 국영 언론
은 『혁명의 교리 문답』이라는 제목의 소책자를 배포했
다. 암기가 가능하도록 소책자에는 기억하기 쉬운 문구
들이 포함되었다. 1장은 다음과 같은 대화로 전반적인

분위기를 이끌었다.

질문 뒤발리에는 누구인가?

대답 뒤발리에는 전 시대를 통틀어 가장 위대한 애국자이고 민중의 해방자이며 아이티의 혁신자인 동시에 국위를 위해 싸우는 전사이고 혁명의 우두머리이면서 아이티의 종신 대통령이다.

질문 뒤발리에를 달리 어떤 이름으로도 부를 수 있는가?

대답 뒤발리에는 또한 데살린의 이상을 계승한 존경스러운 피의 계승자이며 우리를 구원하기 위해 태어난 종신 대통령이다.[37]

1804년에 스스로 황제라고 선언했던 위대한 독립 투쟁가 장자크 데살린처럼 프랑수아 뒤발리에는 이제 종신 임기를 획득했다. 사립학교나 공립학교, 신학교를 막론하고 모든 학교의 모든 교실에 뒤발리에와 그의 영웅 데살린의 초상화를 걸도록 요구하는 칙령이 9월에 선포되었다.[38]

1965년에 이르러 아이티는 극심한 경제적 난관에 봉착했다. 1960년만 하더라도 아이티에서 발생하는 공공 지출의 거의 절반을 감당했던 미국의 재정 지원이 이제는 완전히 중단된 상태였다. 아이티의 수출품인 커피와 용설란의 일종인 사이잘삼의 국제 시장 가격도 붕괴되었다. 마쿠트가 주도한 공포 정치 때문에 관광업은 점점 더 위축되었다. 상업과 공업 부문은 긴축 재원을 비롯한 국채와 정부 복권 등에 기부금을 내라는 요구에 끝없이 시달렸다.[39]

기아와 빈곤, 문맹과 불공정을 퇴치하기 위한 운동을 벌이겠다던 선거 공약은 어느 것 하나도 이행되지 않았다. 실업률은 마냥 증가했고 문맹률은 그 어느 때보다 높았다. 전체 재원의 65퍼센트를 국가 안보에 할애한 까닭에 공공 서비스는 대부분 등한시되었다. 버려진 자동차들이 길가에서 녹슬어 가고 있었다. 한때 아름다웠던 공원에는 잡초들이 무성했다. 평소에는 수확량이 풍부했던 남쪽의 반도 지형에 위치한 두 지역 카이와 제레미에서도 사람들이 굶어 죽는다는 보고가 나왔다.[40]

불안과 공포가 가득했던 분위기를 생각하면 사망자 수는 비교적 적은 편이었다. 북한의 경우와 마찬가지로 전체 인구의 약 7퍼센트에서 8퍼센트에 이르는 사람들이 그들의 두 발을 이용해서 반대 의사를 표명한 까닭이었다. 가난한 사람들은 불법적으로 국경을 넘어 도미니카 공화국으로 가거나 배를 타고 윈드워드 해협을 건너 쿠바로 갔다. 형편이 나은 부유한 사람들은 미국으로 들어갈 수 있기를 희망하며 바하마로 도피했다. 1960년대 중

반까지 아이티 최고의 변호사와 의사, 공학자와 교사를 비롯한 전문직 종사자들은 다섯 명 중 네 명꼴로 망명 생활을 선택했다. 아이티에 남은 사람들은 오히려 무감각한 지경이 될 정도로 끝없는 탄압에 시달렸다.[41]

뒤발리에 본인은 거의 모습을 드러내지 않은 채 가끔 목소리만 들려주면서 마치 은둔자처럼 또는 자신의 궁전에 갇힌 죄수처럼 살았다. 그는 혼자서 모든 결정을 내렸으며 무솔리니와 마찬가지로 정부의 모든 세부적인 부분까지 직접 관여했다. 누구를 죽이고 누구를 살려 둘지 결정했을 뿐 아니라 새로 건설하는 도로에 어떤 재료를 사용하고, 누구에게 대학 학위를 주고, 유럽인과 흑인의 혼혈인을 의미하는 크레올이라는 단어에 어떤 철자를 사용할지를 결정했다.[42]

하지만 총구까지 들이대며 강요했던 국민들의 열정은 시들해지고 있었다. 아이티는 평화로웠지만 피폐한 상태였다. 독재자의 달력에서 이전까지 가장 중요한 날로 꼽혔던 5월 22일을 밀어내고 그 자리를 차지한 6월 22일을 기념하기 위한 행사들의 규모가 수년 만에 처음으로 축소되었다.[43]

1965년 11월에 뒤발리에는 수도의 상점 몇 곳을 방문하면서 환한 대낮에 모습을 드러냈다. 그가 대통령 궁 밖으로 나오는 것을 너무나 두려워한다면서 조롱한 뉴욕의 적대적인 방송사들에게 보여 주기 위한 행보였음이 분명했다. 안전을 확보하기 위해 경호원을 가득 태운 세단 여섯 대가 그가 탑승한 메르세데스 벤츠 방탄 승용차를 뒤따랐다. 며칠 뒤에는 고아원 몇 군데를 방문했다. 신문에 나온 공식 보도 자료에 따르면 그의 등장은 〈광란에 가까운 열정〉을 촉발했다.[44]

1966년 1월 2일에 뒤발리에는 새해맞이 대국민 연설에서 새로운 분위기를 조성했다. 요컨대 뒤발리에 혁명이라는 격정적인 시기를 끝내야 할 때라고 선언했다. 〈이전 정권의 정치적, 사회적, 경제적 상부 구조〉를 완전히 제거했으므로 바야흐로 경제를 재건해야 할 순간이 왔다는 주장이었다. 통금이 해제되었고 바리케이드가 치워졌으며 거리가 말끔하게 청소되었다. 대통령 궁은 페인트 칠까지 새로 했다. 마쿠트에 대한 통제도 강화되었다.[45]

뒤발리에는 자신을 나이 지긋한 인자한 정치가이자 흑인 세계의 영적인 지도자로 포장하면서 이미지 쇄신을 꾀했다. 4월에 이 종신 대통령은 왕 중의 왕인 에티오피아 황제 하일레 셀라시에를 손님으로 맞이하게 되었다. 황제가 공항에 도착하기 전 공항 이름이 프랑수아 뒤발리에 공항으로 급히 변경되었다. 새로 건설된 공항 진입로는 하일레 셀라시에 대로로 명명되었다. 지역 언론을 비롯한 라디오와 텔레비전의 보도는 아부성 짙은 내용들로 넘쳐났다. 뒤발리에는 정부에서 새로 발족한 홍보 회사를 통해 아이티로 초청한 국제 언론인들에게 이례적으로 솔직한 태도를 보였다. 그는 일련의 인터뷰에서 언론 매체에 대한 검열이 실재한다고 솔직하게 인정하면서 국민들을 가짜 뉴스로부터 보호하기 위해서는 반드시 필요한 조치라고 생각한다고 이야기함으로써 거짓 없고 자신감 넘치는 인상을 주었다. 한 통신원은 그를 〈매력적이고 협조적인 동시에 매우 느긋하다〉라고 묘사했다.[46]

이후에도 뒤발리에는 몇 차례 더 대중에게 모습을 보였다. 6월에는 아들 장클로드와 함께 축구 대회를 관전했다. 며칠 뒤에는 딸 마리 드니즈와 함께 카리브해 관광협회의 연례 회의 개회식에 참석했다. 또한 영국 여왕 엘리자베스 2세의 생일을 기념하고자 마련된 축하 연회에서 영국 대사와 건배하면서 1963년 이후로 처음 외교 행사에 모습을 나타내기도 했다.[47]

아이티 국민들은 뒤발리에가 세계적인 인물들의 칭송을 받는 위대한 정치가라는 이야기를 들었다. 한 지역 신문은 하일레 셀라시에 황제가 다음과 같이 말했다고 전했다. 〈귀하는 반드시 대통령으로 남아 있어야 합니다. 그래야 국민들이 계속해서 귀하의 덕을 볼 수 있기 때문입니다. 귀하를 방문해서 직접 만나고 나서야 나는 이 나라와 이 나라의 국민들이 귀하를 그토록 사랑하는 이유를 깨달았습니다.〉 하지만 위에 인용된 말은 대통령의 대필 작가 중 한 명이 날조한 것이었다.[48]

뒤발리에는 자신이 국제적인 위상을 지닌 지도자이며

워싱턴이나 바티칸과도 직통으로 연락을 주고받는 정치가인 것처럼 보이고자 했다. 6월에 미국 CBS 방송사의 마틴 아그론스키와 인터뷰를 할 때였다. 그는 내셔널 펠리스의 황금색과 파란색이 섞인 왕좌에 앉아 자신이 미국의 원조를 재개하는 문제를 논의하는 과정에서 존슨 대통령과 〈긴밀한 연락〉을 주고받고 있음을 넌지시 과시했다. 문제는 그가 백악관과 접촉한다는 사실이 〈공개적인 자리에서 언급될 수 없는 기밀 사안〉이었다는 점이다. 그해 말에 바티칸은 아이티와 관계를 회복하면서 뒤발리에에게 대주교 임명권을 부여했다. 이번에도 종신 대통령은 라디오와 텔레비전에 출연해서 해당 합의가 자신과 교황 바오로 6세의 긴밀한 협력에 의한 결과처럼 보이도록 만들었다.[49]

그는 또한 위대한 작가나 역사가, 민족지학자, 시인, 철학자처럼 보이기 위해 공을 들였다. 무엇보다 그는 그의 대표 작품집에 등장하는 표현인 뒤발리에주의의 창시자였다. 그의 표현을 따르면 〈지도자는 반드시 원칙이 있어야 한다. 원칙 없이는 국민을 다스릴 수 없다〉. 그의 대표 작품집 중 처음 두 권은 1966년 5월에 출간되어 엄청난 찬사를 받았다. 신문사들은 그의 책을 극찬하는 논평을 게재했으며 지역 사회의 저명인사들이 쓴 칭송 일색의 편지들도 끝없이 이어졌다. 라디오 방송국은 다섯 시간짜리 프로그램을 편성해 그의 책에서 발췌한 내용들을 낭독했으며 해당 방송은 수도의 모든 라디오 방송국을 통해 중계되었다. 청취자들은 뒤발리에가 키플링과 발레리, 플라톤, 아우구스티누스, 드골 등과 어깨를 나란히 하는 위인이라는 설명을 들었다. 〈그는 금세기의 가장 위대한 원칙 주창자이다.〉[50]

학교를 비롯한 교육 기관에는 증정본이 제공되었다. 성적이 우수한 학생들에게도 예의 무겁고 두꺼운 두 권의 책이 수여되었고 의무적으로 썼음이 분명한 그들의 편지까지 더해지면서 그 수가 늘어난 칭송 일색의 모든 편지가 신문에 일일이 소개되었다.[51]

뒤발리에에게 아이티 철학의 대스승이라는 칭호를 수여하는 법령이 9월에 국회에서 통과되면서 상황은 절정으로 치달았다. 국회는 그의 생일을 국가 문화의 날로 지정하면서 인구의 90퍼센트가 글을 읽거나 쓸 줄 모르는 상태임에도 전 국민에게 최소한 대표 작품집의 4분의 3을 암기할 것을 요구했다.[52]

한 국가를 완전히 장악한 독재자에게 걸맞은 방식으로 뒤발리에의 예순 번째 생일을 축하하는 행사가 나흘에 걸쳐 진행되었다. 축제 분위기를 띄우기 위한 목적으로 아이티의 사육제 행사인 마르디 그라Mardi Gras 의 날짜가 앞당겨졌다. 마이애미와 도미니카 공화국에서 미인 대회 우승자들도 날아왔다. 시 낭송회도 개최되었는데 가장 눈에 띄는 자리에 프랑수아 뒤발리에의 작품이 위치했으며 주요 정치가와 군인을 비롯한 학자와 사업가, 공무원 등이 헌사를 바쳤다. 학생 대표로 선발된 2,000명이 제복을 입고 대통령궁 앞을 행진했다. 마쿠트도 행진하고 군인들도 행진했다.[53]

하지만 아이스크림을 판매하던 손수레에서 폭탄이 터져 두 명이 죽고 마흔 명이 다치는 사건이 발생하면서 축제 분위기는 엉망이 되었다. 군부 쿠데타를 의심한 뒤발리에는 군 지도부 개편에 나섰고 대통령 궁의 경비를 담당하던 장교 열아홉 명을 수도 외곽에 위치한 지하 감옥인 포트 디망쉬에 감금했다. 추가로 장관 두 명도 체포되었다. 6월 8일에 뒤발리에는 군복을 갖춰 입은 채 군용 헬멧을 쓰고 포트 디망쉬에 도착해서 사격장 말뚝에 묶인 용의자 열아홉 명에 대한 처형을 직접 주재했다.[54]

2주 뒤인 6월 22일 뒤발리에의 종신 대통령 당선 3주년을 기념하는 행사가 전국에서 열리면서 강제로 동원된 수천 명의 관중이 대통령 궁 앞에 집결했다. 뒤발리에는 극적인 위력 과시의 일환으로 엄숙한 표정으로 문제의 장교들 열아홉 명에 대한 인원 점검을 실시했다. 처형된 장교 한 명 한 명의 이름을 호명하면서 사이사이에 과장되게 뜸을 들였다. 그리고 마지막에 〈이들 모두는 총살당했다〉라고 공표함으로써 군중을 충격의 도가니에 빠뜨렸다. 그가 외쳤다. 〈나는 가차없이 두드리는 강철 팔이다.〉 그런 다음 자신이 터키의 아타튀르크나 러시아의 레

닌, 가나의 은크루마, 중국의 마오쩌둥과 같은 위대한 지도자들이며 아이티의 화신이라고 주장했다.[55]

뒤이은 몇 개월에 걸쳐 개인숭배는 한층 더 강화되었고 혁명 10주년 기념일에 이르러 절정을 이루었다. 대통령 얼굴을 새긴 각기 다른 액면가의 금화 4종이 주조되었고 대표 작품집의 편집본이 『혁명의 성무일도(聖務日禱)』라는 제목으로 출판되었다. 특히 이 책은 당시에 막 출간된 『마오쩌둥 어록』처럼 작은 판형으로 제작되어 주머니에 간편하게 들어갈 수 있었다. 또한 미국 대사관에 따르면 〈소름 끼칠 정도로 속이 뻔히 보이고 끝없이 반복되는〉 아첨 기사들이 신문을 가득 채웠다. 주된 행사가 열리기 며칠 전 뒤발리에는 대국민 연설을 통해 자신을 〈국민들이 창조해 낸 신〉으로 언급했다. 다음 날부터 이틀 동안 대규모 가두 행진이 벌어졌다. 프랑수아 뒤발리에 다리가 생겼고 프랑수아 뒤발리에 도서관과 프랑수아 뒤발리에 수영장(올림픽 규격), 프랑수아 뒤발리에 국제공항 터미널이 문을 열었다.[56]

9월 22일에 대통령은 자신을 3인칭으로 지칭하면서 다시 한 번 연설을 진행했다. 그리고 자신이 이룬 수많은 업적을 열거한 뒤 다음과 같이 결말을 맺었다. 〈우리는 우등한 흑인이다. 왜냐하면 전 세계의 다른 어떤 흑인도 우리처럼 역사적인 대업을 달성하지 못했기 때문이다. 같은 이유로 어떠한 자아도취에 빠지거나 어떠한 우월감을 갖지 않고도 나는 우리 자신이 즉 우리 아이티의 흑인들이 세계의 다른 모든 흑인들보다 우등하다고 믿는다. 친애하는 벗이여, 오늘 나는 여러분의 지도자가 전 세계 흑인들로부터 살아 있는 태양으로서 존경받고 있다는 사실을 여러분에게 말해 주고자 한다. 그 사람은 아메리카 대륙을 비롯한 전 세계 흑인의 혁명 의식에 불을 지핀 인물이라는 이야기를 듣고 있다.)[57]

뒤발리에는 사람을 조종하는 데 능숙했지만 대중을 상대로는 영 그렇지 못했다. 가난한 자들의 대변자였을 수는 있지만 정작 자신의 보다 큰 개인적인 명예를 위해서라도 그들을 결집시키는 일에는 전혀 관심이 없었다. 그는 대통령 궁을 좀처럼 벗어나지 않았으며 전국을 순시한 적이 한 번도 없었다. 마쿠트의 주도로 1년에 몇 차례 수천 명의 사람들이 의무적으로 대통령을 칭송하기 위해 궁 앞의 잔디밭에 모였지만 그런 경우를 제외하면 대다수의 국민들을 거의 방치하다시피 했다. 반대를 금지하면서도 공식적인 이데올로기는 없었고 모두를 아우르는 당도 없었으며 사상을 통제하려는 시도도 없었다. 가끔씩 라디오에서 그의 연설이 방송되었지만 1968년까지 아이티 북부에서는 방송국 전파가 너무 약해서 청취하기가 쉽지 않았다. 마찬가지로 신문도 그의 발표를 실어 날랐지만 글을 읽을 줄 아는 사람이 거의 없는 가난한 시골

에서 신문을 발견할 일은 거의 없었다.[58]

뒤발리에는 독재자 중의 독재자였다. 비록 혁명과 관련해서 수많은 말을 늘어놓기는 했지만 이데올로기라는 핑계조차 없이 노골적인 권력을 휘두른 인물이었다. 그는 손이 닿는 거리에 자동 권총을 두고 가장 가까운 문 뒤에 소수의 경호원을 배치한 채 자신의 마호가니 책상에 앉아 혼자서 통치했다. 군부도 없었고, 당파도 없었고, 파벌도 없었고, 이름뿐이 아닌 진짜 정당도 없었다. 그의 관심을 얻고자 경쟁하고 절대적인 충성심을 증명해 서로의 자리를 빼앗고자 하는 부하들만 존재할 뿐이었다. 모든 사람을 의심한 뒤발리에는 그들의 약점을 이용하고, 감정을 조종하고, 충성심을 시험할 생각밖에 없었다. 이 과정에서 가끔 상황을 오판해 아군과 적을 모두 진압하기도 했지만 그 또한 나름대로 도움이 되었다.[59]

그를 둘러싼 적극적인 공모자들의 네트워크는 시골까지 확대되었다. 그 결과 대통령은 아이티의 가장 외진 지역에서도 인기를 누렸다. 어떤 공무원도 성공적인 결정에 대해 자신의 공을 주장하지 않았으며 국회의원들은 회의장을 지도자에 대한 칭송으로 가득 채웠다. 우기를 무사히 넘긴 일을 비롯해서 모든 긍정적인 전개의 시작점에 뒤발리에가 있었다.[60]

충성심으로 묶인 네트워크는 비교적 작은 규모였지만 그의 정권을 지탱하기에 충분했다. 그에게 나머지 400만 명은 그다지 중요하지 않았다. 어쨌거나 그들은 포식자 같은 역대 정권들에 익숙해진 사람들이었다. 상황이 나빠지면 두려움 속에서 살겠지만 상황이 좋아져도 무감각한 상태로 아첨하며 살아갈 터였다.

하지만 뒤발리에 정권은 제대로 무장을 갖춘 숙련된 직업 군인들이 소규모로 유격전만 펼쳤어도 사실상 쉽게 무너질 수 있었다. 이런 일이 일어나지 않은 것은 대체로 미국 덕분이었다. 중앙 정보국에서 훈련시킨 일단의 쿠바 피난민들이 카스트로를 타도하기 위해 피그스만에 상륙을 시도했다가 실패한 1961년 4월의 대참사 이후 미국은 현실적으로 아이티에 개입할 기회가 없었다. 게다가 미국 정부가 뒤발리에를 아무리 혐오했다지만 냉전이 한창인 가운데 그는 카스트로와 달리 엄연히 미국의 동맹이었다. 그리고 뒤발리에는 이 같은 관계를 최대한 이용했다. 고집을 피우고 돌출 행동을 하고 성마른 모습을 보이면서도 끝까지 미국과의 유대를 완전히 끊지 않은 것이다. 그는 미국의 경제 원조를 이용하면서도 미국인들을 모욕하는 방법을 알고 있었다.[61]

뒤발리에가 워싱턴을 상대로 사용한 최고의 선전 수단은 공산주의였다. 10년 동안 뒤발리에는 그의 실재하거나 상상에 의한 적들이 쿠바와 모스크바의 비밀 첩보원들이라고 주장함으로써 공산 진영의 위협을 부풀렸다.

1968년 12월에 서로 경쟁하던 두 개의 정당이 힘을 합쳐 아이티 공산주의자 연합당을 설립했다. 그들은 뒤발리에를 무너뜨리는 데 전념했다. 그리고 1969년 3월에 아이티에서 부두교 사제가 없는 유일한 마을을 골라 정권의 깃발을 끌어내렸다. 뒤발리에는 대대적인 마녀사냥으로 대응했다. 대중이 보는 앞에서 수십 명이 총살되거나 교수형에 처해졌고 훨씬 많은 사람들이 어쩔 수 없이 산속으로 달아났다. 조금이라도 공산주의와 연관된 책은 모두 금서가 되었고 단지 소유하기만 해도 범죄 행위로 간주되어 심하면 사형에 처해질 수도 있었다. 석 달 뒤 뉴욕주 주지사 넬슨 록펠러가 포르토프랭스를 방문했을 때 뒤발리에는 그에게 공산주의 위협이 완전히 제거되었다고 단언했다. 미국과의 관계가 잇따라 회복되기 시작하는 순간이었다.[62]

그런데 두 사람의 만남을 보도한 언론 사진에서 병든 뒤발리에가 록펠러에게 기대어 도움을 받는 장면이 노출되었다. 파파독은 건강 악화로 몸이 쇠약해져 있었고 실제 나이인 예순두 살보다 훨씬 나이 들어 보였다. 그는 아들을 후계자로 삼는 것에 반대하는 자들을 전부 제거하기 시작했다. 그리고 1971년 1월에 장클로드를 후계자로 지명했다. 정식으로 국민 투표가 치러졌고 총 239만 1,916표 가운데 딱 한 표만 반대 의사를 분명히 했다. 프랑수아 뒤발리에는 3개월 뒤인 1971년 4월 21일에 심장 마비로 사망했다. 그가 통치한 기간은 앙리 크리스토프의 재위 기간(1806~1820)에 불과 몇 달 모자랐다. 그의 아들은 뒤발리에 일가에게 항상 행운의 날짜였던 4월 22일 새벽 1시에 취임했다.[63]

뒤발리에의 유해가 내셔널 팰리스에 안치되자 아이티 국민 수천 명이 줄지어 고인이 된 지도자에게 참배했다. 뒤발리에는 생전에 즐겨 입었던 검은 프록코트 차림으로 유리 덮개를 달고 실크로 안을 댄 관에 누워 있었다. 독재자를 잃는 것은 독재자 치하에서 살아가는 것만큼이나 정신적 외상을 초래한다는 점에서 그가 사라짐으로써 혼란이 뒤따를 것으로 전망하는 사람들도 많았지만 분위기는 대체로 매우 차분했다. 그의 유해는 처음에 국립묘지에 안장되었다가 나중에 그의 아들이 건립한 웅대한 영묘로 이장되었다. 파파독의 마지막 안식처는 1986년에 베이비독이 실각하면서 성난 군중에 의해 파괴되었다.

7

차우셰스쿠

Nicolae Ceauşescu, 1918~1989

부쿠레슈티의 번성한 주거 지역이던 곳에 위치한 인민 궁전은 세계에서 가장 큰 행정용 건물이다. 용적만 놓고 따지면 이집트 기자의 피라미드도 무색하다. 신고전주의 양식으로 지어진 이 저급한 건물은 방이 1,000개가 넘으며 대리석 기둥과 화려하게 장식된 계단, 크리스털 샹들리에로 가득 차 있다. 1985년 6월에 건물의 주춧돌을 놓는 행사에서 니콜라에 차우셰스쿠는 해당 프로젝트가 공식적으로 〈차우셰스쿠 시대〉로 알려진 그의 위대한 시대에 어울리는 진상품이라고 선언했다.

실제로는 자기 자신에게 선물하는 기념물이었다. 터를 닦기 위해 성당 20곳과 유대교 회당 6곳을 포함해서 10제곱킬로미터에 달하는 주거 지역이 철거되었다. 노동자 수천 명이 교대로 24시간 내내 일했으며 국가 예산의 3분의 1이 해당 프로젝트에 소모되었다. 차우셰스쿠는 세부적인 부분까지 일일이 감독했고 기분 내킬 때마다 방문해서 지시를 내렸다. 정력적인 사람이었으나 키가 작아 신장에 과민했던 그는 자신의 보폭에 맞추기 위해 계단을 두 번이나 다시 만들게 했다. 비록 그가 완성된 건물을 볼 수는 없었지만 1989년 성탄절에 그가 총살당하고 몇 년 뒤부터 건설 작업이 재개되었다. 건물은 아직도 미완성 상태이다.[1]

차우셰스쿠를 미래의 독재자로 만든 계기는 딱히 없었다. 어린 시절에 특별한 조짐이나 성향을 보이지 않았고 열한 살에 집을 떠나서 제화공의 도제로 일했다. 4년 뒤에 공산당 전단지를 유포한 혐의로 잠깐 체포되었는데 1933년 당시에는 루마니아의 공산당 당원 수가 겨우 몇백 명에 불과했다. 대부분의 루마니아 국민들이 소련을 불신했기 때문에 공산주의는 인기가 없었다. 하지만 차우셰스쿠는 열렬하고 광신적인 공산주의 신봉자였고 공산주의 이데올로기에서 복잡한 세상에 대한 간단해 보이는 해결책을 발견한 터였다.

그는 경찰에 체포되었다가 나이가 어리다는 이유로 풀려나기를 반복했다. 그러다 1936년에 정치범 수용소로 보내져 2년 동안 수감되었다. 그는 다른 수감자들에게 인기가 없었고 교육 수준이 낮은 데다 말을 더듬는 습관과 지방 사투리 때문에 조롱을 받았다. 그는 충동적이었고 경쟁심이 몹시 강했으며 자주 다른 사람들을 경멸했다. 동시에 어린 자신을 감싸 준 게오르게 게오르기우데지를 비롯해서 공산주의 운동의 지도자들과 유대를 형성할 정도로 정치적인 통찰력도 갖추고 있었다. 루마니아가 독일 편에 선 제2차 세계 대전 기간에 그는 감옥에 몇 번 더 들락거렸다.[2]

1944년에 소련군은 루마니아를 점령해 소련의 위성 국가로 만들었다. 게오르기우데지는 1947년에 루마니아 최초의 공산당 지도자로 부상했다. 그는 경쟁자들을 상대로 계책을 부려 성공했고 그 결과 그들은 전부 숙청되거나, 체포되거나, 살해되었다. 공산당을 창당할 때 함께 했던 당원인 루크레치우 퍼트러슈카누도 1954년에 처형되었다. 강제 수용소로 유배된 정치범만 수십만 명에 달했다.

1956년에 이르러 권력을 충분히 공고하게 다진 게오르기우데지는 흐루쇼프의 정책을 선택적으로 적용했다. 한편으로는 무역을 서방 세계로 다각화하면서 소련으로부터 자국의 경제적 독립을 강화하고 다른 한편으로는 1948년에 소련의 도움을 받아 설립한 비밀 경찰국을 통해 계속해서 억압적인 체제를 구축해 나갔다. 그는 비밀 경찰을 이용해서 국민에게 공포심을 주입했다.[3]

게오르기우데지는 본인에 대한 우상화 작업도 확대했다. 모든 학교와 공장과 사무실에서 스탈린 초상화가 내려지고 그 자리에 게오르기우데지 초상화가 걸렸다. 신문에는 그의 목소리를 듣기 위해 라디오 앞에 모여 있는 주민들의 사진이 소개되었다. 그가 국민의 환호를 받으며 전국을 순회하는 사이 그의 동지들은 뒷전으로 밀려났다.[4]

차우셰스쿠는 점점 더 게오르기우데지의 환심을 사 끊임없이 승진을 거듭했다. 그는 정권에 반대하는 사람들을 맹렬히 공격했고 비판적인 지식인들을 괴롭혔으며 농촌에 강제로 집산화를 밀어붙이는 것을 도왔다. 그야말로 헌신적이고, 겸손하고, 열심히 일하는 충직한 부관이었다. 스승과 마찬가지로 그는 자신의 나라가 소련에 의존하는 것에는 반대하면서도 스탈린식 일당 독재 국가로서 엄격한 체계를 유지하기를 열망했다.

게오르기우데지는 차우셰스쿠를 너무 신임한 나머지 1954년에 그를 공산당 중앙 위원회 서기로 임용했다. 그에 따라 새로운 임명은 모두 차우셰스쿠의 집무실을 거치게 되었다. 그리고 1920년대 초에 스탈린이 그랬듯이 차우셰스쿠는 자신만의 부하들을 육성하기 시작했고, 그들이 성공할 수 있도록 확실하게 밀어 주었다.[5]

1965년에 게오르기우데지가 사망했다. 그리고 지도부는 탈스탈린주의의 방향을 두고 의견이 양분되었다. 병든 게오르기우데지가 후계자로 선택했다는 소문이 돌았던 게오르게 아포스톨은 소련과 너무 가까운 사이처럼 보였다. 이에 고위 간부이면서 매우 존경받던 당 지도자 게오르게 마우레르가 대신 차우셰스쿠를 지지하도록 지도부를 단결시켰다. 말재주와 조직을 관리하는 재능이 부족해서 곤란을 겪는 단신의 젊은이는 허수아비 당 대표로 삼기에 그야말로 이상적인 인물처럼 보였다.[6]

1965년 3월에 서기장에 당선된 이래로 2년 동안 차우셰스쿠는 집단 지도 체제의 대변인 역할을 수행하면서 자신의 때가 오기를 기다렸다. 그런 와중에도 자신의 지위를 최대한 이용해서 대중 연설을 하고 공장을 방문하고 군대와 보안 부대와 유대를 형성했다. 당 대표 자격으로 외국을 방문함으로써 언론에 대서특필되기도 했다. 여기에 더해 소련에 비판적인 지도자들을 초청해서 반항적인 인상을 주기도 했는데 1966년에는 저우언라이, 그리고 1967년에는 장차 미국 대통령에 당선되는 리처드 닉슨을 초청해 환대했다.

1968년 1월 26일에 차우셰스쿠는 쉰 살이 되었다. 신중한 성격인 그는 개인숭배를 추구하는 듯한 인상을 주지 않으려고 조심했다. 그럼에도 그가 연설했던 내용이 두 권의 책으로 출간되면서 많은 찬사를 받았다. 그의 동료들과 특히 아포스톨과 마우레르가 열렬한 경의를 표했다.[7]

3개월 뒤인 1968년 4월, 옛 스승에게서 등을 돌려도 될 만큼 충분히 안전하다고 느낀 차우셰스쿠는 게오르기우데지가 충직한 당원들을 체포하고, 재판하고, 처형했던 일을 비난했다. 그럼으로써 자신의 주된 경쟁자 중 한 명인 알렉산드루 드러기치를 당시에 비밀경찰을 지휘했다는 이유로 제거할 수 있었다. 드러기치가 비운 자리는 차우셰스쿠의 충성스러운 추종자 중 한 명인 이온 일리에스쿠에게 돌아갔다. 차우셰스쿠가 1954년에 공산당 중앙 위원회에 들어가기 불과 며칠 전에 처형당한 루크레치우 퍼트러슈커누 사건에는 창당 원로들이 전부 연루된 것으로 드러났다. 이제 그들은 모두 명예에 오점이 생겼고 저자세를 취해야 했다.[8]

그해 여름에 소련이 반공산주의 봉기를 진압하기 위해 체코슬로바키아를 침략했을 때 차우셰스쿠에게 기회가 찾아왔다. 불가리아와 폴란드, 헝가리가 소련에 대한 병력 지원을 약속하고 나섰음에도 루마니아에서는 아무런 말이 없었다. 소련군 탱크가 프라하로 밀고 들어갔고 차우셰스쿠는 공산당 중앙 위원회 맞은편에 위치한 왕궁 광장에서 대중 집회를 소집했다. 그리고 열정적인 연설을 통해 레오니트 브레즈네프의 조치가 〈큰 실수이며 유럽의 평화를 심각하게 위협하고 있다〉라고 비난했다. 여기에 더해서 그 어떤 강대국도 〈우리 조국의 영토를 침범〉하도록 내버려 두지 않겠다고 약속함으로써 대중에게 열렬한 호응을 얻었고 하룻밤 사이에 국민적인 영웅이 되었다.[9]

차우셰스쿠는 소련에 맞설 정도로 용감하고 두려움을

모르는 영웅처럼 행세했다. 외국의 고위 관리들은 줄지어 그를 예방하면서 인간적인 면모를 지닌 사회주의자로 그를 묘사했다. 리처드 닉슨은 이제 미국 대통령 신분으로 1969년 8월에 그를 방문해 아낌없는 환영을 받았다. 세계에서 가장 영향력 있는 남자가 안락한 의자에 등을 기대앉은 차우셰스쿠 쪽으로 몸을 기울이고 있는 사진이 신문에 실려 전 세계에 공개되었다. 닉슨은 후에 〈그는 공산주의자라 할지라도 우리 편이다!〉라고 공표했다.[10]

닉슨이 떠나고 사흘 뒤에 전당 대회가 소집되었다. 차우셰스쿠는 당헌을 변경해 전당 대회에 참석한 당원들이 그를 직접 서기장으로 선출할 수 있도록 만들었다. 요컨대 공산당 중앙 위원회는 더 이상 그를 제거할 권한이 없다는 의미였다. 대표자들은 차례차례 연설을 통해 지도자에게 경의를 표했다. 유일하게 남은 창당 원로인 게오르게 마우레르는 계속해서 2인자 역할을 맡았다. 심복들이 주요 당 기관을 장악하고 있는 상황에서 차우셰스쿠는 이론의 여지가 없는 지도자였다.[11]

1965년 7월부터 1973년 1월까지 차우셰스쿠는 마치 회오리바람처럼 147회나 국내 순방을 다녔다. 공산당 기관지 『신테이아Scinteia』의 주장을 따르면 1970년 1월 한 달에만 산업체와 집단 농장 45곳을 방문했다. 각각의 방문은 수년 동안 거의 바뀌지 않은 연출 방식에 따라 정교

하게 진행되었다. 예컨대 꽃으로 장식된 자동차 행렬이
도착하면 지역 주민들이 대로변에 모여서 붉은 깃발을
흔들며 지도자를 맞이했고 아이들은 꽃을 선물했다. 차
우셰스쿠는 지역 공산당 본부의 발코니에 모습을 드러낸
채 군중에게 연설을 했다. 때로는 실제보다 키가 커 보이
도록 받침대 위에 올라서기도 했다. 군중은 열광적으로
환호했다. 후방에 배치된 비밀경찰이 한 사람도 빠짐없
이 환호성에 동참하도록 독려했다. 그의 방문은 매번 모
든 신문의 1면에 보도되었고 그가 국민과 가깝게 지내면
서 국민이 있는 곳이면 어디든 찾아가는 지도자라는 이
미지를 구축하는 데 일조했다. 그 결과 사람들은 비난할
일이 생기더라도 그보다는 그의 아랫사람들을 비난했다.
식량 부족 사태에 시달리는 동안에도 그들은 〈차우셰스
쿠가 상황을 알기만 한다면 쇠빗자루를 들고 가게 주인
들을 공격할 텐데〉라고 소곤거렸다.[12]

세심하게 준비된 의식을 즐기는 차우셰스쿠였지만
1971년 6월에 그가 중국과 북한을 방문했을 때 받은 환
영은 그의 예상을 아득히 뛰어넘는 수준이었다. 베이징
에서는 지도부 전체가 공항 활주로에서 그와 대표단을
맞이했다. 수만 명이 대로변에 늘어서서 환호를 보냈다.
톈안먼(天安門) 광장에서는 그에게 경의를 표하기 위해
집단 체조 공연이 펼쳐졌고 수백 명의 참가자들이 각기
다른 색의 옷을 입은 채 일치된 동작을 선보이면서 환영

메시지를 보냈다. 〈루마니아와 중국의 우정이 영원하기를!〉[13]

차우셰스쿠는 사람들이 사회의 구석구석에서 열심히 일하고 있는 모습에 주목했다. 중국은 게으름이라는 것이 아예 존재하지 않는 나라처럼 보였다. 그의 평가에 따르면 〈그들은 매우 조직적이었고 잘 훈련되어 있었다〉. 다음 목적지인 평양은 한국 전쟁으로 대대적인 파괴를 겪은 이후에 완전히 처음부터 시작해서 모든 것을 재건한 상태였다. 평양에는 거대하고 현대적인 건물들이 들어서 있었고 상점에는 물건이 가득했다. 자급자족 경제를 추구하며 농업과 산업이 발전했다. 일치단결과 기강 확립, 경제자립과 자주독립이라는 복수의 목표는 전 국민이 지도자를 중심으로 뭉쳤을 때 마침내 하나로 합쳐지는 것 같았다.[14]

히틀러가 이탈리아를 처음 방문했을 때처럼 차우셰스쿠는 자신이 중국과 북한에서 목격한 것 중 상당 부분이 보여 주기에 불과한 것이었음을 알지 못했다. 심지어 베이징과 평양에 주재하는 루마니아 대사관 직원들을 맹렬히 비난하면서 자신이 직접 목격한 바에 따르면 모든 것이 풍족했는데도 이들 두 나라가 심각한 부족난을 겪고 있다고 보고함으로써 공산당 집행 위원회를 기만했다고 문책했다.[15]

부쿠레슈티로 돌아온 즉시 차우셰스쿠는 자신만의 소

규모 문화 대혁명에 착수했다. 그는 1965년 이후로 비록 짧은 기간이지만 몇 년 동안 자신을 개혁가라고 소개하면서 스탈린 시대의 이데올로기적 규제를 완화해 온 참이었다. 신문 검열은 느슨해졌고 작가들에게 약간의 재량권도 주어졌다. 텔레비전에서는 외국 프로그램이 방영되었다. 하지만 차우셰스쿠 본인이 마르크스 레닌주의를 〈우리 사회주의 예술의 공통분모〉라고 반복해서 강조했듯이 그의 완화 정책은 매우 제한적이었다.[16]

이제는 그런 제한적인 자유마저 사라졌다. 차우셰스쿠는 중국에서 문화의 모든 양상이 혁명 노선에 따라 재편되는 과정에서 구세계가 어떻게 제거되었는지 목격했다. 그리고 자신의 나라에서도 똑같은 일이 일어나기를 원했다. 그는 1971년 7월 6일 공산당 집행 위원회를 상대로 후에 〈7월 테제〉라고 알려지는 연설을 시행했다. 그는 〈부르주아 이데올로기의 영향과 시대에 역행하는 사고방식〉에 분노를 드러내면서 신문과 라디오, 텔레비전과 문학 심지어 오페라와 발레에서도 이런 요소들을 제거할 것을 요구했다. 사회주의 리얼리즘을 찬양하면서 모든 영역에서 이데올로기를 엄격하게 일치시킬 필요가 있다고 주장했다. 문화는 혁명을 경험해야 했으며 〈새로운 인간〉을 주조하기 위한 이데올로기의 도구가 되어야 했다.[17]

지도부는 숙청되었다. 겨우 3개월 전에 승진한 이온 일리에스쿠 역시 해고되었다. 루마니아로 돌아오는 비행기

안에서 두 사람이 북한에서 목격한 것들을 두고 격한 언쟁을 벌였음이 분명했다.[18]

문화가 엄격히 통제됨에 따라 개인숭배가 확산되었다. 차우셰스쿠는 동아시아를 방문하기 이전부터도 궁정 전기 작가를 몹시 고용하고 싶어 했다. 1967년에 프랑스 공산당 서기장이 루마니아를 방문할 때 동행했던 『피가로』 지의 프랑스인 기자 미셸피에르 아믈레가 자발적으로 이 일을 맡았다. 아믈레는 첫눈에 차우셰스쿠에게 반한 터였다. 〈나는 그의 눈 속에서 이글거리는 불과, 그런 눈이 발산하는 정신적인 에너지, 그리고 그의 얼굴을 끊임없이 환하게 밝히고 있는 역설적인 미소에 깊은 인상을 받았다.〉 그로부터 몇 년이 지난 이제 아믈레는 다시 루마니아를 찾았고 온갖 지원을 받으면서 차우셰스쿠의 전기를 편찬했다. 『니콜라에 차우셰스쿠』는 1971년에 프랑스어로 출간되었고 같은 해에 루마니아어와 헝가리어, 독일어로 잇따라 번역되었다.

아믈레는 차우셰스쿠를 사회적 관계가 새로운 이데올로기에 의해 재편되는 시대, 즉 〈새로운 시대의 도래〉를 선언한 〈열정적인 인도주의자〉로 묘사했다. 차우셰스쿠는 비록 가난하게 태어났지만 재능 있는 아이였다. 소년은 맨발로 학교에 다녔고 너무 가난해서 책을 살 수 없었음에도 항상 반에서 1등을 차지했다. 그를 가르친 교사는 아믈레와의 인터뷰에서 차우셰스쿠가 수학 실력이 월

등했으며 무엇보다 다른 아이들에게 진정한 친구가 되어주었다고 회상했다. 그가 열여섯 살 때 경찰은 그를 위험한 선동가로 간주하여 족쇄를 채워 고향으로 돌려보냈다. 하지만 그 무엇도 그로 하여금 대의를 저버리게 할 수 없었다. 그는 국가의 적이자 공산주의 운동의 결연한 조직자이면서 마르크스 레닌주의의 열정적인 옹호자가 되었다.[19]

자신의 노력과 용기와 순전한 재능으로 역경을 극복하고 사회주의 지도자가 된 시골 소년의 이미지를 홍보하기 위해 동원된 사람은 아믈레만이 아니었다. 1972년에는 도널드 카츨로브가 런던에서 『루마니아의 차우셰스쿠』를 출간함으로써 차우셰스쿠 신화의 확산에 일조했다. 그 뒤를 이어 1973년에 하인츠 지게르트의 『차우셰스쿠』가 독일어로 출간되었고, 1974년에는 지안카를로 엘리아 발로리의 『차우셰스쿠』가 이탈리아어로 출간되었다. 1978년에는 『루마니아의 반신반인』이 그리스어로 출간되었다.[20]

차우셰스쿠는 주로 선전 선동부를 통해 일하면서 모든 세부 사항을 직접 승인했다. 심지어 책의 인쇄 부수를 결정할 때도 그의 승인을 받아야 했다. 자금 지원은 언제나 후한 편이었다. 그럼에도 『인도주의자의 존재와 명성: 니콜라에 차우셰스쿠』라는 소책자의 저자 미하이 스테리아데가 벨기에에서 〈루마니아를 전파〉하는 데 필요한 자금을 보조해 달라며 미화 8,000달러를 요청했을 때는 차우셰스쿠가 직접 미화 5,000달러로 액수를 조정하기도 했다.[21]

아지프로라고도 불린 선전 선동부는 지도자의 이미지를 해외에 확실하게 홍보하고자 다른 수단도 동원했다. 예컨대 1971년에는 이탈리아 신문 『우니타』에 미화 5,000달러가량을 지불하면서 루마니아 공산당 창당 기념일에 증보판을 발행하도록 했다. 증보판에는 마오쩌둥과 닉슨, 드골과 어깨를 나란히 하고 서 있는 국제적 지도자 차우셰스쿠의 사진이 실렸다. 소련 지도자에 대한 언급은 어디에도 없었다.[22]

차우셰스쿠는 당수이면서 국가 원수였다. 하지만 다른 독재자들과 달리 당 조직을 통해 실질적인 권력을 행사하면서 국가 원수로서 상징적인 권력을 유지하는 데 만족하지 않았다. 차우셰스쿠가 수장으로 있는 독립 조직들은 각료 회의에 구속되지 않았고 그 결과 국가 평의회의 권한이 확대되었다. 독립 조직 중 하나는 국방 위원회였으며 다른 하나는 경제 위원회였다. 이런 구조는 그가 정부와 당을 사실상 자기 마음대로 움직일 수 있음을 의미했으며 혹시라도 그가 반대에 부딪힐 경우 그 둘을 서로 견제하게 만들 수 있음을 의미했다. 그는 모든 권력 수단을 통제했을 뿐 아니라 백화점의 진열장부터 부쿠레슈티 국립 극장의 실내 장식에 이르기까지 모든 주제와 관련해서 최고의 권위자를 자처했다. 또한 참을성이 부족했던 까닭에 관료들이 자신의 정책을 충분히 만족스러울 만큼 신속하게 이행하지 못할 경우 수시로 인사이동을 단행했다. 여기에 더해 어느 누구도 따로 자신만의 권력 기반을 구축하지 못하도록 확실히 하기 위해 당과 정부 기관의 간부들을 맞바꾸면서 자주 순환시켰다. 그의 성마름은 혼란과 비효율성을 더욱 가중시킬 뿐이었다.[23]

하지만 그 어느 것도 충분하지 않았다. 결국 1974년에 차우셰스쿠는 국가 평의회 의장에서 공화국 대통령으로 자신의 지위를 확장하기로 결심했다. 그렇게 함으로써 대통령령으로 장관을 임명할 수 있는 권한을 갖게 될 터였다. 이를 위한 준비 모임에서 그의 부하들은 경쟁적으로 전례없이 화려한 취임식을 궁리했다. 국가 평의회의 부의장이던 에밀 보드나라스는 금박으로 글씨를 인쇄한 특별 헌법전을 만들 것을 제안했다. 예포를 쏠 것을 제안한 이들도 있었지만 차우셰스쿠가 정중히 거절했다.[24]

정식으로 루마니아 대통령으로 선출된 차우셰스쿠는 3월 28일에 마치 봉건 시대의 군주처럼 거창한 의식을 치르며 대통령에 취임했다. 라디오와 텔레비전으로 중계된 이날의 취임식에서 백미는 대통령에게 홀(笏)을 증정하는 의식이었다. 초현실주의 화가 살바도르 달리는 이 장면을 보면서 무척 충격을 받아 소위 축하 전보를 보냈다. 다음 날『신테이아』에 그의 전보 내용이 공개되었는데 해당 신문의 편집장은 그가 비꼬고 있다는 사실을 인지하지 못했음이 분명했다. 〈나는 대통령 홀이라는 것을 만들어 낸 여러분의 역사적인 행위에 진심으로 감사한다.〉[25]

같은 달에 그동안 온건한 정책을 제공하고자 노력해 온 충직한 2인자 게오르게 마우레르가 해임되었다. 이제 차우셰스쿠에게 위협이 될 만한 사람은 아무도 없었다. 곧바로 출판물에 대해 이전보다 훨씬 탄압적인 검열을 시행하는 새로운 출판법이 통과되었다. 당 지도자들에 대한 비방이 법으로 금지되었고 당의 정책을 비난하는 행위는 무조건 불법으로 간주되었다. 그해 말에 열린 제11차 전당 대회에서는 공산당 집행 위원회 상임 사무국이라는 새로운 기관이 창설되었다. 모든 권력이 이곳으로 집중되었다. 다른 법정 기관과 마찬가지로 해당 기관의 역할은 조언을 제공하는 것이 전부였고 열두 명의 소속 위원들은 차우셰스쿠의 말을 공손하게 경청하는 것에 주로 전념했다. 이 같은 변화를 기념하며 『신테이아』는 차우셰스쿠를 〈속세의 신, 당과 국가의 심장〉으로 묘사하면서 〈율리우스 카에사르, 알렉산더 대왕, 페리클레스, 크롬웰, 나폴레옹, 표트르 대제, 링컨〉 등에 비유했다. 차우셰스쿠는 이끈다는 의미를 지닌 라틴어 동사 〈ducere〉에서 따온 호칭 콘두카토르conducator, 즉 영도자가 되어 있었다. 그는 이탈리아의 두체나 독일의 총통과 같은 국

가의 최고 지도자였다.[26]

차우셰스쿠는 이미 서기장이자 대통령이면서 최고 사령관이었음에도 선도적인 이데올로기 제창자로서 공식적인 인정을 받고 싶어 했다. 그의 정선된 글과 연설은 1968년에 두 권의 책으로 출간되었다. 그리고 뒤이은 몇 년 동안 차우셰스쿠 본인의 감독 아래 선전 선동부가 매년 출판 계획을 제시하면서 발행 주기는 더욱 빨라졌다. 그의 연설집은 1971년에 여섯 개의 언어로 번역되었고 이후에는 그의 문집들이 지속적으로 출간되면서 1976년까지 이탈리아어부터 중국어에 이르기까지 다양한 언어로 번역되었다.[27]

1976년에 차우셰스쿠는 공산당 중앙 위원회의 이데올로기 위원회를 인수했다. 그의 수하들은 앞다투어 그를 〈위대한 현대 마르크스주의 사상가〉이자 〈마르크스주의를 부활시켰을 뿐 아니라 더욱 발전시킨〉 뛰어난 이데올로기 제창자라고 묘사했다. 차우셰스쿠는 〈행동하는 마르크스 레닌주의자〉였다. 작가들이나 학자들, 공산주의 활동가들은 그의 저서들을 주요 참고문헌으로 채택하도록 강요되었다.[28]

차우셰스쿠의 저서들은 서로 모순되는 사상이 뒤죽박죽 섞여 있었는데 간단히 말하자면 공산주의에 민족주의라는 옷을 입힌 모양새였다. 공산주의 신념을 지지하는 한편으로 민족주의적 가치를 옹호하는 태도를 취하면서 이를 〈혁명적 애국주의〉라고 불렀다. 그의 지혜는 들리는 말에 의하면 전 세계 사람들의 관심을 끌었다. 마네아 머네스쿠 총리는 장기간 몇몇 아시아 국가들을 방문하고 나서 다음과 같이 말했다. 〈니콜라에 차우셰스쿠는 어디에서나 심지어 세계의 가장 구석진 곳에서도 막대한 국제적인 명성과 깊은 존경, 경의를 누리고 있으며 그의 이름은 불타는 애국심과 국제주의의 상징이자 자립과 국가 주권을 위한 투쟁의 상징이 되었다.〉 차우셰스쿠는 세계 공산주의의 지도자인 동시에 노동자 계급 운동의 국제적 표상이었다.[29]

1978년에는 그의 예순 번째 생일을 맞아 전 국민이 지도자에게 경의를 표했다. 콘스탄틴 피르불레스쿠는 차우셰스쿠가 〈루마니아 국민의 역사를 통틀어서 가장 참된 민중 영웅〉이라고 선언했다. 당과 정부와 국민은 공식 성명을 통해서 그가 문을 연 새로운 차우셰스쿠 시대가 〈루마니아의 전체 천 년 역사 중 가장 많은 성과와 대대적인 성공을 이루어 낸 가장 생산적인 시기〉라고 발표했다.[30]

차우셰스쿠가 루마니아를 대표하는 최고의 이데올로기 제창자였던 까닭에 전국의 유수 대학에서는 그가 이룬 학문적 성취를 인정하고 기념하기 위한 특별한 의식들이 거행되었다. 덩달아 명예 학위가 남발되었다. 한 대학이 그에게 경제학 박사 학위를 수여하면 다른 대학은 그를 정치학 박사로 만드는 식이었다. 루마니아의 자주권을 옹호한 그의 행보는 이제 차우셰스쿠 독트린이라는 말로 불리면서 10년 전 프라하에서 발생한 민중 저항을 진압하려 탱크를 보낸 남자의 이름을 따서 브레즈네프 독트린이라고 알려진 제한된 자주권 개념을 에둘러 무시했다. 차우셰스쿠가 그동안 외국을 방문하면서 받은 선물들을 보여 주기 위해 열린 전시회는 국제적 정치가이자 마르크스 레닌주의의 선도적 이론가인 그를 둘러싼 세간의 높은 평가를 보여 주었다.[31]

생일 축하 행사는 3주 동안 계속되었다. 시와 노래, 연극, 그림과 흉상, 양탄자, 메달이 등장했고 그의 이름을 적을 때는 대문자가 사용되었다. 그는 횃불이자 기수(旗手)이면서 1월의 별이었고 루마니아에서 가장 키가 큰 전나무였다. 또한 한 마리의 매이기도 했다. 〈루마니아라고 불리는 이 축복받은 나라에서 모든 생명체와 사물의 척도〉였으며 그리스도처럼 육화된 국민의 화신, 즉 〈국민의 몸으로 자신의 몸을 이루고 국민의 영혼으로 자신의 영혼을 이룬〉 존재였다.[32]

차우셰스쿠는 두 번에 걸쳐 루마니아 사회주의 공화국의 영웅이라는 탐나는 칭호를 받았다. 유고슬라비아에서 사회주의 노동 영웅 훈장을 보내온 것이 처음이었다. 그리고 이번에는 도량 넓은 브레즈네프가 그에게 레닌 훈장을 수여했다. 그럼에도 그가 서방 세계로부터 자신의 존재를 인정받은 일에 비하면 이런 표창은 무색했다. 그는 생일이 지나고 몇 달 뒤에 지미 카터 미국 대통령의 초대를 받아 백악관에서 아내와 함께 술과 음식을 대접받았다. 하지만 그의 경력에서 단연 최고의 순간은 따로 있었다. 바로 루마니아 주재 영국 대사 레지널드 스콩데 경의 주선으로 1978년 6월에 버킹엄 궁전을 공식 방문했을 때였다. 스콩데가 착각한 것은 아니었다. 그는 영국 외무부에 보낸 기밀 메모에서 차우셰스쿠를 〈오늘날 전 세계를 통틀어 발견할 수 있는 가장 무소불위의 독재자〉라고 평가했다. 런던의 지배층은 이 전제 군주를 대대적으로 환영했다. 루마니아의 반체제 인사 한 명이 외로운 시위를 벌였지만 곧장 경찰에 체포되었다. 차우셰스쿠는 엘리자베스 2세 여왕과 함께 왕실 마차에 올라 환호하는 군중에게 손을 흔들었고 배스 훈장*을 받았다. 버킹엄 궁전에서는 그의 경호원들이 검사한 음식들만 상에 오를 수 있었다. 조찬과 오찬, 저녁 만찬을 비롯한 연회까지 모든 공식 행사는 텔레비전을 통해 루마니아에 24시간 방송되었다. 그의 영국 방문은 폭군에 반대하던 모든 사람의 희망을 짓밟았다.[33]

그럼에도 어느 정도는 저항이 계속되었다. 몇 주 뒤에

---

* 영국 연방의 공무원, 군인 또는 외국의 국가 원수에게 수여하는 훈장. 과거 기사들이 전날 밤 목욕 의식을 거행한 뒤 기사 임명을 받았다고 해서 배스라는 이름이 붙었다.

는 비밀경찰을 이끌던 유력한 지휘관 이온 파체파가 미국으로 망명해 루마니아의 정보망을 파괴하고 차우셰스쿠 궁정의 내밀한 운영 방식을 폭로했다. 파체파는 루마니아에서 진행된 결석 재판에서 사형을 선고받았다. 그의 목에는 미화 200만 달러의 현상금이 걸렸다. 차우셰스쿠는 주변 사람들을 더욱 의심하게 되었다. 그 결과 사람들이 떨어져 나가자 그는 차라리 가족들에게 의지했다.[34]

그중에서도 으뜸은 그의 아내 엘레나였는데 그녀는 늘 뚱한 표정에 교양은 없었지만 야심만만했고 단호한 성격이었으며 1971년에 중국을 방문했을 때 마오쩌둥의 아내에게서 많은 영감을 받은 터였다. 그녀는 차우셰스쿠의 변함없는 동반자였다. 전당 대회나 국가 행사, 국내외 공식 방문에서 한결같이 남편의 곁을 지켰다. 1977년에 공산당 집행 위원회 상임 사무국에 합류함으로써 그녀는 불과 몇 년 만에 정계 서열상 정점에 올라섰다.

남편과 마찬가지로 엘레나는 칭호와 명예를 탐했다. 최소한의 교육만 받았음에도 그녀는 항상 〈학술원 박사이자 공학자 엘레나 차우셰스쿠〉라는 호칭으로 불렸고 루마니아 최고의 과학자처럼 행세했다. 또한 1977년까지 자이르의 레오파드 국가 훈장과 북한의 국기 훈장, 네덜란드의 오라녜나사우 훈장을 시작으로 이집트의 미덕 훈장에 이르기까지 무려 스물네 개에 달하는 외국 훈장을 받았다. 1975년에는 소련으로부터 파시즘을 상대로 한 승리 30주년을 기념하는 메달을 받기도 했다. 이처럼 많은 훈장 목록도 비록 인상적이기는 하지만 남편의 수집품에 비하면 무색했다. 그녀의 남편은 1977년까지 약 쉰 개에 달하는 국제 훈장을 수집한 터였으며 여기에는 공산 국가들로부터 받은 무수한 적기(赤旗) 훈장뿐 아니라 프랑스의 권위 있는 레지옹 도뇌르 훈장도 포함되어 있었다.[35]

파체파가 망명하고 몇 개월이 지난 1979년 1월에 엘레나는 국가와 당 간부 위원회 의장이 됨으로써 모든 임명권을 갖게 되었다. 새로운 직위를 얻은 시점이 그녀의 예순 번째 생일과 겹치면서 이틀 동안 호화로운 축하 행사가 거행되었고 당원들은 하나같이 몸을 낮춘 채 영부인을 〈천공의 영원한 아치에서 빛나는 별 옆에 존재하는 또 다른 별〉이라고 극찬했다. 영부인은 기쁜 마음으로 자신의 새 역할에 임했고 290만 명의 당원들 한 명 한 명을 면밀히 조사해야 한다고 주장해 그들이 몸을 사리도록 만들었다. 맹목적인 복종이 하나의 표준이 되었다. 엘레나의 형제들이 잇따라 정부 요직에 임명되었으며 그녀의 아들 니쿠는 공산당 중앙 위원회 소속으로 승진했다.

1979년 11월에 제20차 전당 대회가 개최되었을 때 그녀는 이미 강력한 2인자가 되어 있었다. 그럼에도 감히 차우셰스쿠 부부에게 대적하는 한 명의 외로운 목소리가 들렸다. 불과 1년 전만 하더라도 지도자를 칭송해 마지 않았던 공산당 창당 원로 콘스탄틴 피르불레스쿠는 차우셰스쿠가 자신의 개인적인 영예만 추구하며 국가의 실질적인 문제를 외면한다고 고발했다. 그러자 전당 대회에 참석한 대의원들은 그들의 지도자가 해외에서 누리는 인기를 찬양하며 그의 목소리를 묻어 버렸다.[36]

개인숭배는 다른 누구도 따로 독립적인 권력 기반을 쌓지 못하도록 효과적으로 막아 주었다. 그와 함께 뒤이은 10년 동안 더욱 더 많은 차우셰스쿠 일가가 요직에 임명되었다. 한 추산에 따르면 1989년에 차우셰스쿠 정권이 무너졌을 즈음에는 무려 쉰 명에 달하는 그의 친족들이 각자 유력한 직위를 점유하고 있었다.[37]

1978년 1월에 예순 번째 생일을 맞이하여 니콜라에 차우셰스쿠는 과거의 몇몇 국가적인 영웅에 비유되었다. 미르체아 노왕부터 성 이슈트반 1세와 미하이 비테아줄에 이르기까지 하나같이 중세 시대에 왈라키아 지역을 지배한 사람들이었다.

그는 또 켈트족의 지배를 무너뜨린 뒤 로마인의 전진을 막고 기원전 61년부터 기원전 41년 사이에 다치아 왕국의 부족들을 통일한 왕 부레비스타에 비유되기도 했다. 다치아 왕국은 오늘날의 루마니아 영토 대부분에 해당하는 지역을 다스린 훌륭한 문명으로 묘사되었다. 무솔리니와 마찬가지로 차우셰스쿠는 자신을 영광스러운 고대의 전통을 잇는 화신으로 생각했다. 루마니아의 고대 역사를 유심히 돌아보면서 다치아 왕국에서 루마니아 사회주의 공화국으로 이어지는 다양한 역사적 사건들 속에서 연속성을 포착하여 자신을 그야말로 수천 년 역사의 정점을 찍은 인물처럼 포장했다.

이를 위한 일환으로 다치아 왕국 건립 2050주년 기념식이 1980년 7월 5일에 성대하게 치러졌다. 공화국 경기장에서 열린 이 행사에는 당 기관의 전 고위 간부가 참석했다. 우화극이 상연되었고 시가 낭송되었다. 차우셰스쿠가 부레비스타의 직계 후손으로 그려지면서 부레비스타는 이내 루마니아 예술가들이 가장 선호하는 주제가 되었다. 늘 귀족적인 얼굴에 남성적인 턱수염을 기른 모습으로 묘사된 그의 옆얼굴이 그림과 조각, 뜨개로 만들어졌다. 영화 「부레비스타」의 개봉은 그해의 중요한 예술 행사로 꼽혔다. 언어학자나 고고학자, 역사가 등은 다치아인들에 관한 학술 서적을 쏟아 냈다.[38]

반면에 일반 시민들은 열정이 부족해 보였다. 그들은 공식 기념행사를 기피했다. 도처에 경찰이 있음에도 몇몇은 노골적으로 정권에 대한 불만을 표시했다. 프랑스 대사는 〈차우셰스쿠가 국민에게 신용을 많이 잃었다〉라고 썼다. 이유는 분명했다. 어디에나 사람들의 긴 줄이 있었다. 정육점에서 살 수 있는 것이라고는 돼지비계를 정제하여 하얗게 굳힌 라드를 비롯해서 소시지와 창자,

닭발밖에 없었다. 북부에는 사과 몇 개를 제외하면 과일이 전무했고 남부에는 복숭아 몇 개가 전부였다(그럼에도 양쪽의 재고가 반대로 남는 경우는 없었다). 최고급 음식점에서 식사하는 사람들이나 그나마 평범한 와인이라도 마실 수 있었다. 지나치게 확장된 석유 화학 산업에 엄청난 양의 석유가 소모되면서 전국이 에너지 부족 사태에 직면했다. 전구 세 개당 한 개에만 불이 들어왔고 일요일에는 대중 교통의 운행이 정지되었다.[39]

루마니아는 이미 심각한 경제 불황기에 접어든 터였다. 차우셰스쿠 독트린은 경제적 자립을 전제로 했다. 콘두카토르는 자신의 전임자 게오르기우데지와 마찬가지로 소련과 거리를 두면서도 스탈린의 방식을 본보기로 삼았다. 중공업 기반을 구축하고자 콘두카토르는 서방 국가들로부터 막대한 돈을 빌려 필수적인 기술과 장비와 원료를 수입했다. 하지만 1979년 에너지 파동으로 유가가 급상승하면서 이자율이 큰 폭으로 올랐고 정부는 어쩔 수 없이 더욱 많은 돈을 빌려야 했다.

1981년에 외채가 미화로 약 120억 달러까지 증가하며 최고조에 이르자 루마니아는 더 이상 계속해서 이자를 갚을 능력이 없었다. 차우셰스쿠는 즉흥적으로 긴축 정책을 실시해서 가능한 한 최단기간에 부채를 전부 갚기로 결정했다. 당연히 수입은 줄어들었고 수출은 늘어났다. 1983년부터 1985년까지 소련에 납품되는 고기의 양이 3배 이상 늘어났다. 옥수수와 과일, 채소, 와인 등은 모두 외국 시장으로 직행했다. 식량이 배급제로 바뀌면서 빵이나 감자 같은 주식을 받기 위해 줄을 서야 했다. 빵을 만드는 데 종종 밀가루 대신 동물 사료가 사용되기도 했다. 소비 가능한 에너지 양도 큰 폭으로 줄어 사람들은 어둠 속에서 지내야 했고 겨우내 덜덜 떨어야 했다. 심지어 트랙터를 운행할 연료도 없었다.[40]

삶이 팍팍해질수록 선전의 목소리는 더욱 요란해졌다. 또한 삶의 질이 급락하고 있음에도 차우셰스쿠에 대한 우상화는 그 어느 때보다 화려해졌다. 딱 떨어지는 연차가 아님에도 각종 기념일 행사가 지극히 성대하게 치러졌다. 이런 징후는 으레 정권이 매우 절박한 상태임을 알려 주는 신호가 되었다. 1982년에는 니콜라에 차우셰스쿠의 예순네 번째 생일 축하 행사가 푸짐하게 벌어졌고 앞서 1965년에 열렸던 제9차 전당 대회 17주년 기념식이 그 뒤를 이었다. 몇 달 뒤인 공산주의 청년 연맹 창립 60주년 기념일에는 당원은 물론 일반 시민까지 〈혁명가로서 콘두카토르의 젊음〉을 찬양해야 했다. 뒤이어 같은 해에 그의 루마니아 대통령 당선 8주년 기념식이 거행되었다. 각각의 행사가 열릴 때마다 전국 각지에서 차우셰스쿠 시대와 루마니아의 기적을 선물한 콘두카토르에게 감사하는 내용의 전보가 쏟아졌다. 요컨대 차우셰스쿠는 자신이 망치고 있는 바로 그 국민들에게 끊임없는 감사의 표시를 요구했다. 아울러 이런 행사를 통해 기회가 있을 때마다 모든 실수를 정부 잘못으로 돌리면서 자신과 자신의 당에 면죄부를 부여했다.[41]

1982년 6월에 잠시 축하 행사가 없는 틈을 이용해 콘두카토르는 공산당 중앙 위원회의 이데올로기 위원회를 주재했다. 위원회는 마르크스 레닌주의를 니콜라에 차우셰스쿠의 저서들로 대체했다. 마르크스 레닌주의는 더 이상 언급되지 않았다.[42]

개인숭배가 절정에 다다른 것은 아마도 1985년일 터였다. 차우셰스쿠 시대가 20년째를 맞는 해였다. 루마니아에서는 이를 기념하며 하나같이 꼼꼼하게 준비되고 조금의 차질도 없이 완벽하게 진행된 음악 공연을 비롯해서 각종 축제와 학술 대회, 축하 행사 등이 개최되었다. 사람들은 차우셰스쿠를 〈국민이 가장 사랑하는 아들〉이라며 갈채를 보냈다. 모든 도시에서 그동안 출간된 그의 선집을 전시하기 위한 행사가 마련되었다.[43]

차우셰스쿠가 1971년에 북한에서 돌아오자마자 이전까지 주로 당과 정부 기관에 걸려 있던 그의 초상화를 이제는 어디에서나 볼 수 있었다. 법에 따라 학교와 공장, 군 병영, 국경 검문소의 벽에는 의무적으로 그의 초상화를 걸어야 했다. 일반인은 공공 행사나 국가 기념일에 또는 군중 집회나 공식 방문 행사가 진행되는 현장에 그의 초상화를 전시할 의무가 생겼다. 법적으로 그의 초상화는 모든 교과서의 첫 장에 나와야 했으며 모든 초등학교 교과서에는 니콜라에 차우셰스쿠와 엘레나 차우셰스쿠 부부의 컬러 사진이 실려야 했다. 특히 어린 학생을 대상으로 한 이런 조치는 콘두카토르의 분명한 지침에 따라 〈개척자와 매에 둘러싸인〉 대통령 부부를 보여 주기 위함이었는데 여기서 개척자와 매는 네 살부터 열네 살까지의 어린 학생들이 의무적으로 가입해야 했던 두 개의 당 조직 제복을 입은 학생들을 의미했다.[44]

텔레비전은 하루에 2시간만 방송되는 한 개의 채널로 제한되었다. 그나마도 편성표의 절반은 언제나 차우셰스쿠의 활동과 업적을 보도하는 데 할애되었다. 콘두카토르의 직접적인 지휘 아래 1985년을 기념하기 위한 특별 프로그램도 제작되었다. 이를테면 「제9차 전당 대회: 새로운 돌파구가 된 전당 대회」, 「사회주의 업적 20년」, 「니콜라에 차우셰스쿠 시대」, 「니콜라에 차우셰스쿠 시대의 과학」 등이 있었다. 라디오 방송에도 유사한 정책이 그대로 적용되었으며 차우셰스쿠에 대한 찬사가 하루 종일 전파를 탔다.[45]

엄격한 통제를 받은 각종 신문의 1면은 예외 없이 차우셰스쿠의 수많은 업적을 보도했다. 서점은 법에 따라 그의 연설집을 진열해야 했으며 달랑 두 권에 불과했던 그의 평범한 연설집은 1986년에 이르러 무겁고 인상적이며 두꺼운 28권으로 늘어나 있었다. 신문 가판대에서는 그의 작품을 요약해서 보다 작게 만든 선집을 제공했다. 음반 가게에서는 그의 연설을 녹음해서 판매했다.[46]

모든 결정은 아무리 사소한 것일지라도 전부 차우셰스쿠 부부를 거쳐야 했다. 단순히 거리 이름을 변경하는 일도 니콜라에의 승인을 받아야 했는데 그는 서류 여백에 〈동의합니다〉라고 쓰고는 했다. 두 개밖에 없는 축구팀의 경기가 있는 날이면 엘레나는 경기를 텔레비전으로 중계할지 말지를 결정했다. 우상화에 관련된 모든 세부적인 부분이 차우셰스쿠 부부에 의해 결정되었다. 여기에는 그들의 이름이 방송에서 하루에 몇 번 언급되어야 하는지도 포함되었다. 그럼에도 동상은 세우지 않았다. 히틀러나 뒤발리에와 마찬가지로 차우셰스쿠는 동상을 만들어 자신을 기리는 것에 반대했다. 그의 고향에 세워진 커다란 흉상은 유일한 예외로 두었다. 예술가들이 부쿠레슈티에 〈사회주의의 승리〉라는 이름으로 건립하는 기념비에 그의 모습을 넣어도 되는지 물어왔을 때도 그는 거듭해서 반대 의사를 표명했다.[47]

차우셰스쿠의 마음속에는 그런 것보다 훨씬 큰 어떤 것이 들어 있었다. 수년 전에 본 평양의 곧게 뻗은 대로들과 거대한 정부 건물들은 그에게 공산주의식 유토피아의 미래상을 제시한 터였다. 평양이야말로 어떠한 과거의 흔적도 없는, 진정으로 현대적인 도시였다. 그리고 1977년에 발생한 지진으로 부쿠레슈티의 일부 지역이 폐허로 변하자 그는 드디어 오래된 수도 위에 새로운 수도를 건설할 기회가 왔다고 생각했다. 수백 년 된 주택과 교회, 수도원 등이 산재하는 도시 중심부를 체계적으로 파괴하는 작업이 1982년부터 시작되었다. 2년 남짓 지나자 현장에는 벌거벗은 언덕만 남았고 얼마 뒤에는 그 언덕조차 평평해져서 인민 궁전을 지을 부지로 변신했다. 인민 궁전은 장차 수만 명의 노동자를 24시간 내내 일하게 만들 거대한 프로젝트였지만 끝내 완성되지는 못할 터였다. 부지가 완성되자 총연장 3.5킬로미터에 폭이 92미터에 이르는 사회주의의 승리 대로가 건설되었고, 대로의 측면에는 북한에서 영감을 받은 아파트 건물들이 들어섰다.[48]

인민 궁전에서 2킬로미터 떨어진 다른 구역에는 국립 역사 박물관이 계획되었는데 건물의 전면만 세워진 채 공사가 중단되었다. 새 대법원을 지을 공간을 마련하기 위해서 부쿠레슈티 외곽의 18세기 수도원을 불도저로 밀었지만 대법원 프로젝트는 결국 첫 삽도 뜨지 못한 채 무산되었다.

전국을 직선 배치로 개조하고자 한 차우셰스쿠는 체계화라는 이름의 프로젝트를 통해 수도를 넘어 멀리 지방까지 손을 뻗었다. 1972년에 시작된 이 프로젝트는 작은 마을 수천 개를 일부러 부수고 마을 주민을 승강기가 작동하지 않거나 물이 나오지 않는 조악한 아파트 건물로 강제 이주시켰다. 1979년에 닥친 에너지 파동으로 프로젝트는 흐지부지되는 듯 보였지만 차우셰스쿠에게 자금 부족은 결코 장애물이 될 수 없었다. 그는 루마니아 경제가 붕괴되고 있는 상황에서도 1988년에 체계화 프로젝트를 재개했고 약 7,000~8,000개에 이르는 마을을 파괴하기로 결정했다.[49]

한 작은 마을은 오히려 번창했다. 전국에서 순례자가 찾아오는 스코르니체슈티 마을에서는 딱 한 채의 오두막만 철거되지 않은 채 보존되었다. 바로 니콜라에 차우셰스쿠의 생가였다. 마을은 포장 도로와 신축 주택, 커다란 경기장, 모범적인 공장을 비롯해서 파는 물건이 절대로 동나지 않을 듯 보이는 상점을 보유하고 있었다.[50]

비밀경찰은 모든 불만의 목소리를 잠재웠다. 수도의 모든 거리와 대략 15킬로미터 간격으로 설치된 시골의 정규 검문소에서는 그들이 자동 소총을 소지하고 서 있는 모습을 볼 수 있었다. 이른바 간첩과 정보원의 조직망이 전국에 마수를 뻗치고 있었다.

사람들은 이렇다 할 확신이 없어도 그들에게 요구된 일을 수행했다. 루마니아에 주재하던 프랑스 대사는 1985년에 〈지도자를 향한 감정 표현에서 일체의 자발성〉을 빼앗긴 채 완전히 획일적으로 통제되는 사회를 목격했다. 대중 집회 현장에서 앞줄에 나가 열광적으로 지도자를 찬양하는 사람들은 실제로는 노동자 복장을 한 비밀 요원인 경우가 많았다. 보다 뒤쪽에 자리 잡은 일반인들은 단지 시늉만 할 뿐이었고 부족한 볼륨은 미리 테이프에 녹음된 환호성을 확성기로 재생하여 채워졌다.[51]

사람들은 공개적인 자리에서만 지도자를 찬양하는 노래를 불렀을 뿐 작은 소리로 그를 저주했다. 한 목격자의 증언에 따르면 차우셰스쿠가 건설 현장을 둘러보기 위해 대중 앞에 나타나자 사람들은 가던 길을 멈추고 그에게 박수를 보냈다. 하지만 그의 모습이 사라지자마자 욕설이 난무하기 시작했다. 1985년 여름에 루마니아를 방문한 영국인 기자 존 스위니는 〈국민 전체가 정권에 대해 무언의 소극적인 못마땅함을 감추고 있었다〉라고 말했다. 그는 또 당시에 루마니아에 관한 글을 쓴 외국인 중 누구도 일반 국민이 겪는 진정한 고통을 충분히 파악하지 못했다고 나중에 인정했는데, 그들의 모든 움직임이 비밀 요원들에게 밀착 감시를 받고 있었기 때문이다.[52]

일반인들이 정권을 아무리 증오해도 실제로 들고일어날 수는 없을 것 같았다. 전체 인구인 2200만 명 중에서 400만 명이 당원이라는 사실은 전 국민이 대략 여섯 명 중 한 명꼴로 어떤 식으로든 정권의 혜택을 입었으며 그들의 운명이 차우셰스쿠의 운명과 연결되어 있다는 의미였다. 문제의 400만 명은 차우셰스쿠를 잘 섬겼고 차우셰스쿠도 그들에게 나머지 다른 국민들과 차별되는 관대한 혜택을 제공함으로써 잘 먹고 잘살 수 있도록 해

주었다.[53]

역설적이게도 민중 봉기가 일어날 가능성을 낮추는 데 가장 기여한 당사자는 정작 소련이었다. 차우셰스쿠는 1968년에 체코슬로바키아에 군대를 파견하는 것에 거부 의사를 나타냄으로써 소련에 맞설 용기를 가진 인물이라는 이미지를 각인시킨 터였다. 소련 정부는 그가 수시로 소련을 비웃거나 모욕했음에도 결코 진정한 위협이 될 수 없다고 판단해서 그의 튀는 행동을 묵인해 주었다. 그렇게 그는 융통성 없고 교조적인 공산주의자로 계속 남을 수 있었다. 한편 일반 시민들은 소련이 여전히 사회주의를 빈틈없이 지키는 수호자라는 사실과 브레즈네프 독트린이라는 미명 아래 언제든지 소련군이 봉기를 진압하기 위해서 국경을 넘을 수 있다는 사실을 매우 잘 알고 있었다. 요컨대 브레즈네프에 대한 두려움이 차우셰스쿠에 대한 증오를 능가한 셈이었다.[54]

미하일 고르바초프의 등장은 차우셰스쿠에게 사뭇 다른 시각을 심어 주었다. 소련의 페레스트로이카 주창자가 1987년 1월에 민주화 가능성을 제시하자 콘두카토르는 이데올로기의 순수성을 옹호하는 입장을 취하기 시작했다. 그는 망상에 불과한 고르바초프의 정치 개혁을 거부하면서 〈공산주의로 나아가는 올바른 길〉을 따르겠다고 선언했다. 이를 빌미로 경제적인 곤란을 완화하는 대신에 보다 큰 〈희생정신〉을 요구했으며 즉각적으로 더욱 단호한 긴축 조치들을 실시했다. 그렇게 취해진 조치들은 금방이라도 무너질 듯한 루마니아 경제를 더욱 소련에 의존하게 만들었다.[55]

서방 국가의 지도자들은 고르바초프를 열렬히 환영하면서 차우셰스쿠의 환심을 사려는 노력을 중단했다. 초대가 줄었고 방문객도 거의 없어졌다. 외국 기자들은 부쩍 비판적으로 돌아서 오히려 국내의 반체제 인사들에게 용기를 북돋아 주었다. 1989년 3월에는 원로 정치인 여섯 명이 지도자의 개인숭배와 만연한 국민 감시를 맹비난하는 공개서한을 보내왔다. 서명인 중에는 이제 아흔세 살이 된 콘스탄틴 피르불레스쿠도 포함되어 있었다. 그는 또다시 구금되었고 심문을 당했으며 가택 연금에 처해졌다.

차우셰스쿠 본인의 건강도 악화되고 있었다. 그는 당뇨를 앓았는데 주치의를 포함해 누구도 신뢰하지 못할 정도로 편집증이 심했기 때문에 수년 동안 치료를 받지 않은 터였다. 그가 믿는 사람은 오직 아내뿐이었지만 그녀 역시 편집증이 심했고 게다가 무지했다. 두 사람 모두 운명이 그들을 선택하여 루마니아를 위대한 나라로 이끌도록 했다고 확신했다. 자신들이 오랜 시간에 걸쳐 높은 자리에 앉혀 놓은 아첨꾼과 사기꾼에게 둘러싸여 화려한 고립 속에 살면서 자신들을 향한 예찬을 진심으로 믿게 된 터였다.[56]

1989년 11월에 열린 제14차 전당 대회에서 대의원들은 거의 기계적으로 차우셰스쿠를 루마니아 공산당 지도자로 선출했다. 이를 계기로 그는 동유럽에서 공산주의 정권을 잇따라 무너뜨리고 있던 혁명에 대해 날 선 비난을 쏟아냈다. 앞서 6월에 폴란드에서는 노동조합인 〈연대〉가 선거에서 승리하면서 몇 달 뒤 공산당이 몰락하는 결과로 이어졌지만 고르바초프는 개입하지 않은 터였다. 10월에는 헝가리가 공산주의를 효과적으로 종식시킨 일단의 민주적 개혁안을 채택했지만 고르바초프는 이번에도 침묵을 지켰다.[57]

12월 17일에 루마니아 군대가 티미쇼아라의 시위대를 향해 발포하는 사건이 발생했다. 앞서 정부는 티미쇼아라의 유서 깊은 교회와 수도원 수십 개를 철거하려는 계획에 반대하는 현지 목회자들을 체포하라는 명령을 내린 참이었다. 폭력 진압은 전국적인 항의를 촉발했다. 12월 21일에 니콜라에 차우셰스쿠는 부쿠레슈티 중심부에 위치한 공산당 본부의 발코니에 모든 정부 기관 인사들을 대동한 채 모습을 드러냈다. 정권 옹호를 위해 조직된 대규모 집회에서 연설을 하기 위함이었다. 하지만 이번만큼은 동원된 군중도 그에게 환호할 수 없었다. 몇 분도 지나지 않아 군중 뒤쪽에서 휘파람 소리와 야유가 터져 나오기 시작했다. 그는 손을 들어 조용히 할 것을 지시하면서 연신 마이크를 두드렸다. 동요는 계속되었다. 차우셰스쿠는 망연자실해 보였다. 그의 아내가 몸을 앞으로 숙인 채 군중을 나무랐다. 〈조용히 해! 왜들 이러는 거야?〉 연설을 이어 나가기로 한 차우셰스쿠는 무력하고 갈라진 목소리로 최저 임금을 인상하겠다고 제안하면서 시위대를 달래려고 노력했다. 하지만 이미 자신감을 잃은 상태였고 말까지 더듬었다. 공포가 사라지자 집회는 폭동으로 바뀌었다.

연설은 생중계되었다. 방송이 빈 화면으로 바뀌자 모두가 혁명이 일어나고 있음을 알아차렸다. 곳곳에서 사람들이 정부 건물을 공격하고 차우셰스쿠의 공식 초상화를 찢고 그의 선전용 책들을 불태우면서 시위에 동참했다. 차우셰스쿠는 비밀경찰에게 마지막까지 싸울 것을 지시했다. 그들은 밤새 시위대에게 총질을 해 댔지만 대세를 막을 수 없었다.

이튿날 군대가 혁명에 동참했다. 성난 시위대가 공산당 본부를 포위하기 시작하자 엘레나 차우셰스쿠와 니콜라에 차우셰스쿠는 헬리콥터를 타고 도주해야 했고 수도를 벗어나 들판에 착륙했다. 그들은 그날 늦게 검거되었고 곧바로 구금되었다. 지도자에게 실망하고 등을 돌렸던 공산당원들이 자발적으로 결성한 기구인 구국 전선의 의장을 맡은 이온 일리에스쿠는 크리스마스에 차우셰스쿠 부부의 재판을 위해 서둘러 군사 재판소를 조직했다. 사형 선고가 내려진 뒤 부부는 화장실 건물 옆의 꽁꽁 언공터로 끌려갔다. 차우셰스쿠는 국제 사회주의자의 노래인 인터내셔널가(歌)를 부르는 듯 보였다. 부부를 벽에 나란히 세운 채 총살이 진행되는 순간에 영부인은 〈엿 먹어라!〉라고 외쳤다.[58]

8
멩기스투
Mengistu Haile Mariam, 1937~

　1937년에 이탈리아인들이 전리품 삼아 거대한 오벨리스크를 분해해서 가져간 고대 수도 악숨의 외곽에는 불탄 소련제 탱크들이 먼지가 흩날리는 벌판 여기저기에 여전히 방치된 채 남아 있다. 최소 140만 명의 목숨을 앗아간 내전을 상기시키는 이들 녹슨 기념물은 에티오피아의 다른 여러 지역에서도 볼 수 있다. 아프리카 대륙 북동부를 가리키는 이른바 아프리카의 뿔은 1974년에 황제를 끌어내린 혁명으로 거의 20년 동안 유린된 터였다.

　에티오피아는 로마와 비교해도 불과 몇십 년 뒤인 서기 330년에 기독교를 포용한 고대 제국이었고 홍해 연안의 항구들은 추방당한 신자들의 피난처 역할을 했다. 신앙은 중앙 집권을 달성하는 데 일조했다. 19세기 말의 메넬리크 2세 황제는 제국을 확장했고 근대 국가로서 기틀을 갖추었으며 군대를 이끌고 이탈리아와 전투를 벌여 승리했다. 비록 나중에 1936년부터 1941년까지 짧은 예외 기간이 존재하기는 하지만 이탈리아군에 맞서 싸운 아두와 전투(1896년)는 에티오피아가 다른 나라의 식민지로 전락하지 않는 결정적인 계기가 되었다.

1916년에 즉위한 하일레 셀라시에 황제는 거의 60년 가까이 절대 권력을 휘두르면서 국가 원수로서는 기록적인 기간을 통치했다. 유다의 사자나 왕 중의 왕, 신이 선택한 자로 불린 그는 신성한 의지의 화신이었다. 에티오피아 정교회에서 권위는 위로부터 강력하게 행사되어야 하는 것이었고 그는 모든 면에서 자신의 영향력을 이용해 제국을 하나로 단결시킨(또는 많은 경우에 단결하도록) 강제한 전제 군주였다. 동전과 그림, 우표, 엽서, 사진 등 어디에나 그의 모습이 있었다. 학교와 병원은 그의 이름을 따서 명명되었다. 다른 기독교 분파들과 달리 에티오피아 교회는 우상 제작을 규제하려는 시도를 전혀 하지 않았다.[1]

에티오피아 밖에서 하일레 셀라시에 황제는 그의 본명인 라스 타파리 마콘넨에서 유래한 라스타파리아니즘을 신봉하는 사람들에게 숭배의 대상이 되었는데 그들은 하일레 셀라시에 황제를 신의 화신이자 흑인들을 평화와 번영의 황금기로 인도할 재림 예수로 여겼다. 그럼에도 정작 하일레 셀라시에 본인은 어떤 형태의 사회 개혁도 거부했고 제2차 세계 대전 이후로 수십 년 동안 점점 더 현대 세계에 적응하기를 꺼려 했다. 1973년에 발생한 파괴적인 기근으로 시골 지역의 심각한 빈곤 문제가 드러났고, 수없이 많은 사람들이 굶어 죽었다. 도시에서는 식량과 기름 가격이 치솟으면서 대대적인 항의 시위가 벌어졌다. 군대 기강이 무너져 일부 육군 부대에서 반란이 일어났다. 1974년 2월에 이르러 소요 사태는 해군과 공군, 경찰로 번졌고 3월 1일에는 결국 황실 친위대에까지 영향이 미쳤다. 하일레 셀라시에는 군대를 달래기 위해 과도 정부를 구성하고 해당 정부에 에티오피아에 입헌 군주제를 도입할 임무를 위임했다.[2]

곧이어 데르그Derg로 알려진 일단의 군 지도자들이 정권을 장악했다. 암하라어로 〈위원회〉를 의미하는 데르그는 육군의 요구 사항을 파악하기 위해 설립된 〈군대, 친위대, 경찰, 국민 방위군 협력 위원회〉를 줄여 부른 말이었다. 실제로도 위원회는 다양한 군 단위를 대표하는 하급 장교들이 주축이 되어 이루어진 군사 정권이었다. 그동안 황제와 긴밀한 관계를 유지해 온 상급 장교들은 그 자체로 이미 오점이 있었고 따라서 위원회에 들어갈 수 없었다.[3]

7월에 데르그는 수상을 해임했다. 이어서 황제의 황실 평의회를 폐지했고 황제의 수행 비서들을 차례로 체포했다. 모든 궁전이 국유화되었고 황실이 소유한 기업도 모두 마찬가지였다. 9월 11일 저녁에 데르그는 국영 방송을 통해 기근에 관한 다큐멘터리를 방영하면서 사이사이에 황제가 사치하는 장면들을 끼워 넣었다. 그렇게 함으로써 그나마 남아 있던 황제의 모든 이미지를 파괴했다. 다음 날 하일레 셀라시에는 자리에서 물러났고 폭스바겐 자동차에 떠밀리듯 올라탄 채 황급히 궁전을 떠났다.[4]

데르그는 〈에티오피아가 우선이다〉라는 표어를 내세우면서 우선은 널리 존경받던 장군을 일시적인 명목상의 우두머리로 임명했다. 아만 안돔은 에리트레아 사람이었다. 따라서 황제는 몰락하면서 겨우 고비를 넘기고 의욕을 되찾아 에리트레아인들의 독립을 요구하고 있던 에리트레아 해방 전선과 협상을 통해 문제를 해결하고자 했다. 중요한 항구들을 끼고 있는 광활한 연안 지방인 에리트레아는 홍해를 따라 수백 킬로미터의 길이로 뻗어 있었다. 에티오피아로서는 에리트레아를 잃으면 바다로 나갈 방법도 사라질 터였다. 데르그의 하급 장교들은 해당 지역의 군대를 증강하고 분리를 요구하는 사람들에 대한 대규모 공세를 준비해야 한다고 주장했다.

아만은 11월 23일에 직위에서 해제되었다. 데르그는 이를 이용해서 그들에게 가장 노골적으로 반대하던 사람들을 제거했다. 집단 처형이 뒤따랐고 이 과정에서 예순 명에 이르는 전직 공무원과 군 지도자 등이 즉결로 총살되었다. 아만은 자신을 체포하려 자택으로 출동한 군인들과 교전 중에 사망했다.

데르그는 에리트레아에 강경한 태도를 보여 온 테페리 반티 장군을 아만의 자리에 앉혔다. 테페리는 비교적 순종적인 인물이었고 공식적인 자리에 나설 때면 으레 두 명의 부의장인 아트나푸 아바테와 멩기스투 하일레 마리암을 대동했다. 그들이 가장 먼저 취한 행동은 새로운 형법을 도입하는 일이었다. 그 결과 데르그는 〈에티오피아가 우선이다〉라는 표어에 반대 의사를 표명하는 사람은 누구를 막론하고 군법 회의에 회부할 수 있는 권한을 갖게 되었다.[5]

데르그를 이끄는 세 사람 가운데 멩기스투는 아마도 가장 호감이 가지 않는 인물일 터였다. 그는 봉건적인 사회에서 늘 중요하게 여겨지는 출생 문제와 관련해 많은 소문이 있었다. 어떤 사람들은 멩기스투가 여덟 살 때인 1945년에 사망할 때까지 궁정 하인으로 일한 그의 어머니가 황실 고문관 중 한 명의 사생아라고 주장했다. 어떤 사람들은 그의 짙은 피부색을 지적하며 그가 남쪽의 노예 가정 출신이라고 주장했다. 진실이 무엇이든 그의 가족이 에티오피아 중앙 고원 지대의 지배 종족인 암하라족이 아니라는 점은 분명했다. 그는 황궁과 아주 가까운 곳에서 한 귀족 가문에 복종하며 자란 터였다.[6]

멩기스투는 최소한의 교육만 받았으며 어머니가 사망하고 몇 년 뒤에 아버지의 뒤를 이어 군에 입대했다. 그리고 아만 안돔 장군의 관심을 끌게 되어 보살핌을 받았다. 장군의 사무실에서 심부름을 하던 소년은 진급을 거듭해서 하사관이 되었다. 육군 사관학교를 졸업한 뒤에는 아디스아바바에 있는 사단의 지휘관으로 부임했지만 그의 직속상관이 그를 선동가라고 부르면서 거리를 두었을 만큼 반항적인 면모가 있었다. 1970년에 그는 미국 메릴랜드주에 위치한 애버딘 병기 시험장에 수개월간 파견되어 교육을 받으면서 기본적인 영어를 익혔다.[7]

뒤로 빠져 있기를 더 좋아했지만 그는 사실상 데르그를 지배했다. 예전 멘토의 집으로 군대를 보낸 장본인도 그였으며 60인 학살 사건을 주도해 혁명을 피로 물들인 것도 바로 그였다. 1974년 12월 20일에 〈에티오피아 사회주의〉를 선포한 사람 또한 그였다. 그로부터 몇 달도 지나지 않아 수십 개의 기업이 국유화되고 전국의 토지가 국가 소유로 선언되었다. 군중집회에 참석한 멩기스투는 〈새로운 질서〉가 들어서면 봉건주의는 영원히 박물관에 처박힐 거라고 선언했다. 〈혁명을 전파〉하기 위해서 쉰여섯 명의 교사와 학생이 시골로 보내졌다.[8]

데르그는 황궁을 본거지로 사용했다. 해당 궁전은 아디스아바바의 일곱 개 언덕 중 하나의 꼭대기에 주거 구역과 공공건물, 교회 등이 들어선 넓은 복합 단지였으며 궁전의 붉은 지붕이 주변을 둘러싼 유칼립투스 나무의 반들반들한 녹색 이파리와 대조를 이루었다. 데르그는 황제가 중요한 의식을 거행하거나 황실 연회를 개최했던

왕좌 홀을 회의장으로 사용했다. 근처의 다른 건물에서
는 하일레 셀라시에가 가택 연금 상태로 마지막 나날을
보내고 있었다. 그는 1975년 8월에 여든세 살을 일기로
의심스러운 죽음을 맞이했는데 공식적인 사인은 전립선
수술 합병증으로 발표되었다. 하지만 멩기스투가 하일레
셀라시에의 얼굴을 베개로 눌러 질식사시켰다는 소문이
끊임없이 나돌았다. 수년 뒤 그가 황제의 시신을 집무실
밑에 묻고 바로 그 위에 자신의 책상을 놓아둔 사실이 밝
혀지기도 했다.[9]

데르그는 황궁을 차지한 채 폭력과 공포로 에티오피아
를 통치했다. 황제가 사망하고 한 달 뒤에 그들은 비상사
태를 선언하고 불온 전단을 배포하는 행위부터 〈공공장
소나 다른 어떤 장소에서든 불법적인 말〉을 입 밖에 내는
행위에 이르기까지 혁명에 반하는 모든 유형의 행위를
금지했다. 동시에 마르크스 레닌주의를 받아들여 학교와
공장과 사무실에서 의무적으로 학습하도록 했다. 주민
대부분이 문맹인 시골에서는 정치 위원이 주민에게 이념
을 주입하면서 집단 농민 연합에 가입하도록 강요했다.[10]

1976년 9월에 멩기스투는 귀가하던 중에 매복 공격을
받았다. 그의 목숨을 노린 시도는 실패로 끝났지만 그는
이 사건을 빌미로 정적들을 제거했다. 혁명 광장으로 이
름을 바꾼 수도의 중앙 광장에서 다음 날 열린 대중 집회
에 모습을 드러낸 그는 도전적인 목소리로 〈눈을 크게 뜨

고 혁명을 지킬 것〉을 촉구했다. 이후로 몇 주 동안 군이 주도한 무자비한 소탕 작전으로 수십 명의 반대자들이 목숨을 잃었다. 막후에서는 데르그 소속 위원들이 매복 공격을 받으면서 왕좌 홀에서도 이따금씩 시체가 나왔다.[11]

앞서 멩기스투는 자신의 예전 멘토인 아만 안돔 장군을 배신했다. 그리고 1977년 2월 3일에는 데르그의 명목상 대표인 테페리 반티가 반혁명적인 쿠데타를 모의했다고 고발하면서 그에게 등을 돌렸다. 테페리는 다른 데르그 위원 일곱 명과 함께 황궁에 구금되었다. 궁전 지하로 끌려가는 그들을 향해 멩기스투가 말했다. 〈나는 당신들이 죽는 걸 보겠지만 당신들은 내가 죽는 걸 보지 못할 거야.〉 그들 대부분은 소음기를 장착한 총으로 총살되었고 나머지는 교수형에 처해졌다. 한때 100명도 넘었던 데르그에는 이제 예순 명밖에 남아 있지 않다.[12]

치직거리는 잡음과 함께 간결하지만 으스스한 발표가 〈라디오 에티오피아〉를 통해 흘러나왔다. 이제 멩기스투가 데르그의 유일한 의장이 되었다는 내용이었다. 다음날 소련 대사가 직접 그에게 축하 인사를 건넸다.[13]

멩기스투는 데르그의 설계자였다. 뛰어난 요령과 인내심을 바탕으로 그는 하급 장교들로 이루어진 느슨한 연합체를 이른바 혁명을 이끌 조직적인 기구로 바꾸어 놓았다. 이를 위해 자신에게 유리하게 권력 균형에 세심한 변화를 주면서 막후에서 3년 동안 작업한 터였다. 그는

기다려야 할 때 기다릴 줄 알았고 달려들어야 할 때 달려
들 줄 알았다. 그의 뛰어난 능력 중 하나는 감정을 숨기는
것이었다. 예컨대 그는 겸손했다. 필요한 경우에는 만면
에 미소를 짓거나 진정성 있는 목소리로 울림을 자아낼
수도 있었다. 그의 지지자 중 한 명이 말했듯이 그는 물인
동시에 불과 같았고 한 마리의 양이면서 호랑이였다.[14]

그에게는 다른 자질도 많았다. 한 번 본 얼굴은 절대로
잊지 않을 만큼 비상한 기억력을 타고났으며 모든 회의
를 주도면밀하게 준비할 만큼 일 욕심도 대단했다. 청중
의 분위기를 헤아려 자신에게 유리하게 이용할 줄 아는
설득력 있는 웅변가이기도 했다. 국가 부흥과 사회 혁명
이라는 단순하지만 매력적인 비전을 제시하면서 여기에
마르크스식 거친 표어를 섞었으며 특히 데르그의 하급
장교들을 설득하는 데 뛰어났다. 그의 추종자 중 한 명은
나중에 다음과 같이 회상했다. 〈당신도 직접 보면 그를
신뢰하게 될 겁니다.〉 또한 남의 말을 열심히 들었고 늘
자신을 둘러싸고 있는 권력의 역학 관계를 잘 파악하려
고 노력했다. 사람과 일을 교묘하게 조종할 줄 아는 기민
한 조종자였으며 다른 무엇보다 데르그에 속한 다른 하
급 장교 동료들보다 확고한 의지를 가진 터였다.[15]

2월 5일에 멩기스투는 혁명 광장에 모습을 드러내고
반혁명 모의가 미연에 방지되었다고 밝혔다. 〈우리의 적
은 우리에게 먹일 점심을 준비하고 있었지만 우리가 그

들에게 아침을 먹였다〉라고 운집한 군중에게 말했다. 연설 말미에는 붉은 잉크가 가득 든 병을 박살내며 과장된 말투로 혁명에 반대하는 누구든 그처럼 피를 흘리게 될 것이라고 도전적으로 선언했다. 군중의 환호가 이어지는 가운데 그는 억압당하는 사람들을 무장시키겠다고 약속했다.[16]

적색 테러가 뒤따랐다. 몇 주도 지나기 전에 도시 지역의 위원회와 농민 연합에 무기가 지급되었다. 그들은 데르그의 실제 적이나 상상이 만들어 낸 적을 소탕했다. 마르크스주의를 표방하며 데르그와 경쟁 관계에 있던 학생 조직들이 주된 대상이 되었다. 에티오피아 인민 혁명당도 그중 하나였다. 그들은 처음에 군사 정권을 응원했지만 곧 데르그가 혁명을 배신했다고 비난했다. 갈등이 노골적인 충돌 사태로 번졌다.

아디스아바바에서 집집마다 가택 수색이 실시되었다. 때로는 카메라와 타자기가 간첩 활동의 증거물로 취급되었다. 이 과정에서 체포된 용의자 수백 명이 수도 외곽에서 처형되었다. 그들 중에는 열한 살짜리를 비롯한 어린 학생들도 있었다. 그들의 시신은 배수로에 버려진 채 방치되었다. 거리에서는 백주 대낮에 사람들이 쫓겨 다녔고 총을 맞았다. 겁에 질린 의사들은 〈반혁명분자〉로 의심받는 사람들에 대한 치료를 거부했다. 테러를 이용해 원한을 갚고 정치적 혼돈의 한가운데서 이웃을 고발하다

보니 누구든 적이 될 수 있었다.[17]

멩기스투는 국영 방송국에 지시해 고문으로 사망한 정치범들의 참혹한 시신을 방송으로 내보내도록 했다. 전국으로 송출된 섬뜩한 영상은 3200만 국민에게 두려움을 심어 주려는 그의 확고한 의지를 보여 주었다. 몇 달 뒤 테러는 정점을 지나 기세가 다소 누그러졌지만 이후로도 유혈 사태는 수년 동안 지속돼 수만 명의 목숨을 앗아갔다.[18]

강력한 탄압을 실시하는 한편 멩기스투는 소련의 환심을 사 권력을 공고히 하고자 애썼다. 1977년 5월에 이르러 미국과는 국교가 완전히 단절된 상태였다. 그는 소련을 지지하는 극적인 모습을 연출하며 얼마 뒤에 모스크바로 날아갔고 공항에서 고위 장성들로 구성된 대표단의 환영을 받았다. 데르그의 제2 부의장인 아트나푸 아바테는 그럼에도 소련과의 관계 회복에 의구심을 나타냈다. 바로 그해에 반혁명 범죄로 고발된 그가 처형되면서 멩기스투는 말 그대로 이론의 여지가 없는 지도자로 거듭났다.[19]

한편 소련은 인구 300만 명에 시아드 바레 군사 정권이 지배하는 기다란 형태의 사막 국가 소말리아도 지원하고 있었다. 바레 역시 오가덴 지방을 아우르는 대소말리아를 건설하겠다는 나름의 비전을 가지고 있었다. 에티오피아의 동쪽에 위치한 오가덴은 19세기에 에티오피아의 메넬리크 2세에게 정복된 황량한 언덕과 빽빽한 관목으로 이루어진 고원이었다. 2차 세계대전 이후에 소말리아는 이 지역을 잠깐 되찾았지만 하일레 셀라시에가 국제연합에 제기한 탄원이 성공적으로 받아들여지면서 에티오피아의 영토로 반환되었다.

1977년 7월에 국경 너머의 상황이 느슨해진 것을 감지한 시아드 바레가 오가덴을 침공했다. 그의 군대는 소말리아 유목민이 상대적으로 많은 일부 지역에서 빠르게 진격했다. 수세에 몰릴 수밖에 없었던 멩기스투는 급히 전쟁터에 동원할 병사들을 모집했다. 멩기스투와 마찬가지로 바레도 소련에 의존했다. 두 사람이 모스크바로 날아갔다. 소련은 두 나라를 화해시키려고 노력했지만 불가능하다는 판단이 서자 소말리아보다 인구가 열 배나 많은 에티오피아의 손을 들어주었다. 12월에 각종 군수품을 비롯한 탱크와 총, 로켓탄, 대포, 박격포, 미사일 등이 대규모로 공수되어 아디스아바바에 도착하기 시작했고 뒤이어 러시아와 쿠바의 고문관 수천 명이 들어왔다. 소련의 원조는 에티오피아에 유리한 쪽으로 전쟁의 판도를 바꾸었다. 1978년 3월에 마지막 소말리아 군대가 철수하기 시작하면서 오가덴 전쟁이 끝났다.

멩기스투는 이제 자신의 이미지를 다듬기 위한 작업에 착수했다. 1978년 4월에 쿠바를 방문한 그는 도착이 3시간이나 지연되고 산발적으로 비가 내리는데도 공항을 출발해 주된 의전 장소까지 25킬로미터를 이동하는 동안 도로변에 늘어선 쿠바인 수천 명의 환영을 받았다.[20]

몇몇 목격자는 이 행사에서 개인숭배의 시작을 보았다. 몇 주 뒤에 오가덴을 방문했을 때 멩기스투는 가는 곳마다 수많은 군중의 환영을 받았다. 특히 소말리아 군대에 맞서 싸운 도시 디레다와에 도착했을 때는 〈너무 기뻐서 노래를 부르고 혁명적인 표어를 연호하는〉 최대 10만 명에 육박하는 주민들의 환영을 받았다. 신문은 멩기스투 의장이 어린아이들에게서 꽃다발을 받는 사진이나 초석을 놓는 사진 또는 군대를 사열하는 사진 등으로 도배되었다. 그는 떠날 때도 군악대와 의장대, 현지 최고위 지도부 전체의 배웅을 받았다.[21]

멩기스투는 피델 카스트로를 자신의 본보기로 삼아 전투복과 군화, 베레모 차림으로 허리에 리볼버 권총을 차고 다녔다. 자신을 지칭하는 말도 쿠바인의 칭호에 맞추어 바꾸었는데 언론은 그를 〈혁명군 최고 사령관〉이나 임시 군사 행정 협의회 의장, 각료 평의회 의장 등으로 불렀다.

다른 무엇보다 그는 제국 시절의 행태를 되풀이했다. 그의 집무실이 위치한 황궁은 쇠줄에 묶인 치타부터 사자상과 제복을 입은 하인에 이르기까지 마치 여전히 하일레 셀라시에가 거주하기라도 하는 것처럼 옛 모습 그대로 유지 및 운영되고 있었다. 멩기스투가 국가를 대표

해서 받은 선물은 황제가 받은 선물과 나란히 전시되었
다. 사람을 만날 때도 금박을 입힌 의자나 높이 올린 연
단에 혼자 따로 앉았다. 황제의 초상화가 걸려 있던 자리
에 그의 초상화가 걸렸으며 때로는 액자 위쪽에 왕관이
새겨진 옛날 액자가 그대로 사용되기도 했다. 사자의 으
르렁거리는 소리가 들리는 황궁 건물과 정원은 메넬리크
2세의 머리글자인 에티오피아 문자 〈M〉으로 장식된 쇠
창살 울타리로 둘러싸여 있었다.[22]

황제 치하에서 통치는 언제나 그 주체가 강조되었고
이런 방식은 혁명 초기에 몇 년 동안 얼굴도 없고 실체도
없이 뒤에서 조종하던 데르그의 방식보다 국민들의 기대
에 훨씬 부합했다. 신문사들은 으레 신문 1면의 좌측 상
단에 황제가 외국 사절의 방문을 받거나 일단의 학생들
에게 강연하는 사진들을 게재해 온 터였다. 그리고 이제
는 멩기스투의 사진이 그 자리를 채우고 있었다.[23]

황제가 제국의 외곽 지역에 행차함으로써 지방 행정관
을 방심하지 못하게 한 것처럼 멩기스투도 전국을 순회
했다. 1979년 들어서 초반 몇 개월 동안 한 번에 몇 주의
일정으로 남부와 서부의 행정 지역들을 방문했다. 그의
방문을 받은 지역 대표들은 하나같이 경쟁적으로 의장을
찬양했다. 에티오피아 서부에 위치한 월레가의 최고 행
정관 네구시 판타 역시 〈미래를 내다볼 줄 아는 현명한
혁명 지도부〉를 열렬히 환영했다. 어떤 관리들은 의장을

향한 〈진심 어린 사랑〉을 표현하기도 했다. 마치 황제처럼 멩기스투는 조언을 제공하면서 지방관을 비롯해 병원장과 농업 전문가, 공장장 등에게 하나같이 〈내밀한 혁명적 교시〉를 내렸다.[24]

두려움은 찬양을 불러왔다. 멩기스투는 전선을 방문할 때 병사들이 보는 앞에서 훈장을 몰수하고 계급을 한두 단계씩 강등시킴으로써 사령관들에게 창피를 주기로 유명했다. 몇몇은 바로 그 자리에서 처형되기도 했다.[25]

1979년 무렵에는 모든 공식 방문이 잘 훈련된 일종의 의식으로 자리 잡았다. 현지 주민들은 의무적으로 출석해야 했을 뿐 아니라 지도자를 향해 환호하고, 그의 표어를 큰 소리로 외치고, 그의 초상화를 들어야 했다. 군악대가 혁명가를 연주하는 가운데 멩기스투는 헬리콥터를 타고 하늘에서 내려오고는 했다. 그가 수도에서 약 600킬로미터 떨어진 고잠 지역의 한 트랙터 공장을 방문했을 때는 〈미래를 내다볼 줄 아는 혁명적인 공산주의 지도자 멩기스투 동지〉의 도착 사실이 확성기에서 방송되었다. 늘 그렇듯 맨 먼저 어린아이들이 꽃을 선물했다. 멩기스투는 공장에 이어 구내식당을 둘러보았다. 곳곳에 그의 초상화가 걸려 있었음은 물론이다. 이후에는 연설이 진행되었고 악수를 주고받았으며 선물이 증정되었고 사진 촬영이 이어졌다. 때로는 시가 낭송되기도 했다. 멩기스투가 티그레이의 한 유서 깊은 수도원을 방문했을 때도 그랬는데 수도원의 사제는 다음과 같은 자작시를 낭송했다. 〈검은 별이 여기 오시네, 일출처럼 이글거리고 태양처럼 환히 빛나는 모습으로, 검은 별이 여기 오시네, 마치 유성처럼.〉[26]

1974년부터 멩기스투는 데르그 소속 위원 수십 명을 죽인 터였다. 살아남은 사람들은 두려움 속에 살아야 했다. 그는 늘 이번에는 누가 자신에게 등을 돌릴지 몰라서 전전긍긍했다. 그가 그들의 절대적인 충성을 확신할 수 없어서 불안했다면 그들도 그의 의도를 몰라서 불안하기는 마찬가지였다. 그들 모두는 경험을 통해 그가 아침에는 가장 친한 친구였다가도 저녁이 되면 그들을 잡아먹을 수 있음을 알고 있었다. 그를 진심으로 존경하든 안 하든 다른 사람들 앞에서는 그에게 환호할 수밖에 없었다. 그렇게 사람들은 모두 위선자로 변해 갔고 그럴수록 쿠데타를 조직하기는 점점 더 힘들어졌다.

데르그 위원들은 멩기스투의 지시에 의문을 제기하지 않는 법을 배웠다. 오히려 그의 연설을 적극적으로 인용했다. 선별된 인용문을 담은 소책자도 퍼졌다. 멩기스투의 지혜가 담긴 말로 대중 연설을 시작하는 것은 하나의 표준이 되었다. 멩기스투의 연설 작가 중 한 명인 바알루 기르마에게 중요한 행사에서 인용할 만한 문구를 제공해 달라는 요청이 쏟아졌다. 바알루는 미시간 주립 대학교에서 석사 학위를 받은 언론인 출신이었고 이전에는 황제의 연설문을 담당한 터였다. 그는 1977년에 정보부 사무차관으로서 지도자에 대한 과도한 찬양을 널리 퍼뜨리는 일에 매진했다.[27]

혁명 초기에 멩기스투는 데르그의 명목상 우두머리 역할을 했던 아만 안돔과 테페리 반티의 초상화를 인쇄하거나 내거는 행위를 수년간 금지했다. 오가덴 전쟁에서 승리하자 모든 정부 기관과 모든 지역 공동체 사무실, 사립이나 공립에 상관없이 모든 공장과 기업에 그의 초상화가 내걸렸다. 심지어 식당이나 술집에서도 그의 초상화를 볼 수 있었다. 이러한 현상 역시 공포에 의해 촉발된 것이었다. 지역 당 간부들은 그를 모든 곳에 존재하도록 만들 책임이 있었고 그들의 지시에 따르지 않는 시설에 대해서는 따로 목록까지 만들어 두었다.[28]

멩기스투 초상화는 1976년부터 주기적으로 개최된 대중 집회에서 마르크스와 엥겔스, 레닌 초상화와 나란히 위치했다. 혁명 달력에서 가장 중요한 날은 국경절이라고도 불리는 혁명 기념일이었고 보통은 9월 11일이나 12일에 해당되는 에티오피아 달력의 둘째 날과도 우연히 맞아 떨어졌다. 과거에는 종교적인 축일인 에티오피아 달력상 둘째 날을 축하하기 위한 인파가 아디스아바바로 몰렸지만 이제는 도시 지역 위원회가 사람들을 동원했으며 동원에 불응한 사람들에게는 벌금을 부과했다. 모든 것이 세심하게 연출되면서 혁명 광장에 마련된 연단 위에서 도금한 의자에 앉아 환하게 웃는 지도자 앞으로 수천 명이 의무적으로 행진하거나 꽃수레를 끌어야 했다. 붉은색이 두드러지게 사용된 행사 현장에는 도처에 별과 현수막, 낫, 망치가 보였다. 1977년 행사에는 15만 명이 참여했다. 의장의 연설이 끝나는 순간 대포를 이용해 공중으로 쏜 현수막이 펼쳐졌고 작은 낙하산에 매달린 채 천천히 땅으로 떨어졌다. 머리 위로는 비행기들이 편대 비행을 선보였다.[29]

모든 마르크스 레닌주의 정권에서 그렇지만 두 번째로 중요한 행사는 노동절이었다. 이외에도 지도자의 변덕 때문에 수없이 많은 행사가 열렸다. 단결 대회, 승리 대회, 전쟁 대회, 평화 대회 등의 이름으로 진이 빠질 정도로 자주 대회가 개최되었다. 1979년에는 국제 아동의 해를 기념하기 위해 아디스아바바에 있는 경기장에서 2만 명의 어린아이들이 멩기스투가 지켜보는 가운데 오리걸음을 걸어야 했다. 멩기스투는 여가 시간에 장난 삼아서 군인들에게 차려 자세로 운동장을 행진하도록 시키기도 했다.[30]

1976년까지 에티오피아에는 헌법은 고사하고 의회나 정당조차 없었다. 사실상 모든 권력이 멩기스투에게 집중되어 있었다. 그는 데르그에 의지했고 데르그는 대략 28만 명에 달하는 군대에 더해서 도시 지역 위원회와 농민 연합의 느슨한 조직망을 활용했다. 하지만 에티오피아가 사회주의로 나아가는 과정을 이끌고 진정한 프롤레타리아 독재를 완성할 잘 훈련되고 충성스러운 조직이 없었다.[31]

1979년 12월에 멩기스투는 머리글자를 따서 COPWE라고 불린 에티오피아 노동자당 조직 위원회라는 준비 기구를 설립했다. 마르크스 레닌주의를 전파하고 소련 공산당을 본보기로 삼아 공산주의 전위 정당을 처음부터 완전히 새로 만들기 위함이었다. 멩기스투 본인은 입선 규칙과 조건을 결정할 책임을 맡아 중앙 위원회와 (정치국과 비슷한) 집행 위원회, 사무국의 모든 구성원을 직접 임명했다. 하나같이 그의 충직한 지지자들이었고 그와 친한 친구들도 일부 포함되었다. 그들 중 누구도 실질적인 자기 사람을 보유한 인물은 없었다. 심지어 몇몇은 적색 테러 시기에 동료를 배신하는 바람에 많은 사람의 불신을 받고 있었다. 멩기스투는 에티오피아 노동자당 조직 위원회 의장으로서 조직 위원회와 정부 사이를 중재했다. 조직 위원회는 〈혁명이 위협받는 상황을 피하기 위해 필요한 모든 조치를 취할 것〉이라고 다짐했다. 그들이 가장 먼저 보인 행보 중 하나는 다른 모든 정치 기구를 금지하는 것이었다.[32]

처음 몇 해 동안 조직 위원회는 모든 잠재적인 후보를 꼼꼼하게 확인하면서 6,000개가 넘는 비밀 조직을 구축했다. 중앙 위원회와 마찬가지로 비밀 조직도 군과 경찰 출신이 대다수였다. 물론 그로 인한 부작용도 있었다. 신념보다 충성심을 중시한 까닭에 대다수 당원들이 마르크스 레닌주의에 대해 피상적인 지식밖에 없다는 점이었다. 이론 교육을 위해 소련과 동유럽에 파견되기도 했지만 역사가 크리스토퍼 클래펌의 표현을 빌리자면 그들은 여전히 〈이데올로기에 대체로 무지한〉 상태였다.[33]

조직 위원회는 도시 지역 위원회와 농민 연합을 비롯하여 모든 정부 기관에 대한 통제를 확고히 했다. 아울러 소련에 있는 기구들을 모방해서 에티오피아 여성 혁명 연합과 에티오피아 청년 혁명 기구 같은 새로운 기구를 설립했다.

조직 위원회가 전국으로 지배력을 확장함에 따라 사회주의라는 이름으로 그 어느 때보다 급진적인 프로그램들이 시행되었다. 멩기스투는 군이 마르크스 이론을 참고하지 않더라도 집산화를 실시함으로써 농촌에서 훨씬 많은 잉여 농산물을 징발할 수 있음을 알았다. 몇 년도 지나지 않아 약 700만 가구가 이제는 정부 기관이 된 농민 연합에 소속되었다. 농민 연합은 농민에게 곡물 할당량을 부과하고 그들이 수확한 곡물을 국가가 정한 가격으로 국가에 판매하도록 강제했다. 농민들에게 무자비하게 세금을 부과했을 뿐 아니라 강제로 동원해 집에서 멀리 떨어진 사회 기반 시설 공사 현장에서 무보수로 일하게 했

다. 농민 연합은 그들을 국가의 소작인으로 전락시켰다.[34]

1982년 5월에 드디어 『자본론』이 암하라어로 출판되었다. 6개월 뒤에는 동독에서 기증한 카를 마르크스 모습을 한 거대한 붉은 화강암 덩어리가 아디스아바바 대학의 정문을 지키게 되었다. 뒤이어 1983년에는 레닌 동상이 기증되었는데 소련에서 대량 생산된 7미터 높이의 해당 동상은 국제연합 아프리카 경제 위원회 바로 앞에 설치되었다. 시선은 지평선을 향해 단단히 고정한 채 한쪽 다리를 구부려 앞으로 내밀어서 미래로 나아가는 길에 발을 걸치고 있는 모습이었다.[35]

5년간의 준비 작업을 끝으로 멩기스투는 에티오피아 노동자당을 정식으로 출범할 준비가 완료되었다고 생각했다. 지방에 당 지부들이 설치되고 모두가 멩기스투의 〈필수 불가결하고 결단력 있는 지도력〉을 의무적으로 찬양하는 가운데 1984년 7월에 마침내 인민 혁명의 새로운 장이 열렸다. 이제는 그의 초상화가 정중앙에 걸렸고 그 왼쪽으로 마르크스와 엥겔스, 레닌의 초상화가 위치했으며 오른쪽에는 붉은 별이 위치했다.[36]

진짜 행사는 1984년 9월에 혁명 10주년 기념일 행사와 함께 거행될 예정이었다. 2년 전에 평양을 방문했던 멩기스투는 북한이 그들의 국경절을 기념하며 보여 준 규모를 모방하기로 결심했다. 평양에서 돌아올 때 그와 함께 온 고문단은 행사를 위해 수도를 한껏 치장했고 멩기스투와 마르크스주의를 찬양하는 수백 개의 개선문과 오벨리스크, 광고판을 세웠다. 상업적인 간판은 전부 제거되었고 거대한 혁명 표어가 현대적인 건물들을 장식했다. 의무나 다름없는 붉은색으로 칠한 수킬로미터의 골함석 담장이 사람들의 시선으로부터 빈민가를 가려 주었다.[37]

수많은 공산주의 독재자들이 애지중지한 사회주의 리얼리즘 양식으로 지은 거대한 전당 대회 회당이 경축 행사를 일주일 앞두고 문을 열었다. 조직 위원회는 한때 의회가 사용했던 우아한 아르 데코 양식 건물의 외부를 1979년부터 적갈색으로 다시 칠하고 철제 대문에 망치와 낫 문양을 새로 새겨 넣어 사용하고 있었다. 그에 비하면 새로운 건물은 혁명을 달성함으로써 주어진 일종의 기념물이나 다름없었다. 게다가 주 회의실은 총 3,500석의 좌석에 동시통역 기능을 제공하는 최신 기술까지 갖추고 있었다. 건물 외부의 석조 외장을 제외한 모든 것이 핀란드에서 수입된 최고 자재로 지어졌다. 대금은 현금으로 지급되었다.[38]

에티오피아 노동자당 당원들은 9월 10일에 열린 첫 회의에서 만장일치로 〈미래를 내다볼 줄 아는 지도자〉를 중앙 위원회 서기장에 선출했고 〈멩기스투 하일레 마리암 동지의 혁명적인 지도력과 함께 전진하라〉라는 구호를 충실히 이행할 것을 인민 앞에 서약했다. 한 정치국 위원이 앞으로 나와 엄숙한 표정으로 의장의 전기를 낭독하고 〈훌륭하고 관대한 에티오피아의 구세주〉로서 그의 일생을 예수의 재림에 비유했다. 멩기스투는 연설에 사용될 단어들을 미리 하나하나 확인해 놓고도 지극히 공손한 태도로 자신은 그런 찬사를 받을 자격이 없다고 우물거리며 겸손을 떨었다.[39]

전당 대회 회당보다 더욱 인상적인 것은 〈우리의 투쟁 기념탑〉이라고 명명된 티글라친 기념탑으로, 북한 사람들이 설계한 하늘 높이 솟은 석비였다. 석비는 높이가 50미터에 달했고 꼭대기에는 붉은 별이 놓여 있었다. 석비의 양면에 복잡하게 새겨진 구리 재질의 부조는 황제의 몰락부터 인민을 이끌고 사회주의 미래를 향해 나아가는 멩기스투 하일레 마리암에 이르기까지 혁명의 역사를 보여 주었다.[40]

9월 초에는 북한 고문들이 대규모 군중에게 행진을 연습시키느라 아디스아바바의 주요 대로가 며칠 동안 폐쇄되었다. 연습에 나오지 않거나 지시를 따라오지 못하는 사람들은 두들겨 맞거나 투옥되거나 식량 배급을 받지 못해 굶어야 했다.

국경절 행사가 대대적으로 거행되었다. 7만여 명의 학생과 농민, 군인 등이 거대한 크기의 마르크스와 레닌, 멩기스투 포스터를 들고 〈멩기스투 하일레 마리암 동지의 혁명적인 지도력과 함께 전진하라〉라는 혁명 구호를 외치면서 혁명 광장에 마련된 사열대 앞을 행진했다. 군사력을 과시하기 위한 수백 대의 탱크와 장갑차, 로켓 발사대가 우르릉거리는 소리와 함께 광장을 가로질렀다. 그럼에도 가장 눈길을 끈 것은 하늘을 향해 불끈 쥔 왼쪽 주먹을 들어 올린 멩기스투의 대형 동상과 동상을 실은 꽃수레였다. 꽃수레에는 〈멩기스투 하일레 마리암의 현명하고 혁명적인 지도력 없으면 우리의 투쟁은 성공할 수 없다〉라는 또 다른 구호가 장식되어 있었다.[41]

혁명이 일어나고 몇 년 뒤에 민족학 박물관에 있던 종교적 전시품은 전부 수거되어 창고에 보관되었지만 정작 새로운 정권과 관련된 전시품은 거의 보이지 않던 참이었다. 그러던 중 혁명 10주년 기념행사의 일환으로 특별 전시회가 문을 열면서 마침내 과거를 바라보는 통일된 시각을 제시했다. 이를테면 에티오피아는 고대 인류 시절부터 아두와 전투와 황제의 축출에 이르기까지 끊임없는 진화를 거쳐 멩기스투라는 인물에 이르러 진화의 절정을 이룬 진보와 구원의 역사를 가진 나라였다.[42]

대부분의 평가에 따르면 이 국경절 행사에는 미화로 약 5000만 달러에서 1억 달러의 비용이 들었을 것으로 추산되었다.[43] 행사가 시작되기 이전부터도 이미 수백 만 명의 국민이 굶주리고 있던 상황이었다. 에티오피아는 가난한 나라였고 엄격한 사회주의 경제는 전혀 도움이 되지 않았다. 강제 징병과 내전은 취약한 농촌 지역을 더욱 취약하게 만들었다. 1974년부터 1984년까지 1인당 곡물 생산량이 15퍼센트 감소했음에도 치솟는 군사비를 충당하기 위해 곡물 징발량은 더 늘어났다. 1983년에 일부 지역이 이례적으로 극심한 가뭄을 겪으면서 기근의 첫 번째 신호가 나타났다. 1984년 여름이 되자 월로 지방에서만 수천 명이 죽어 갔다. 마을마다 거리에서 구걸을 하거나 황량한 들판 옆에서 죽기만 기다리는 굶주린 주민들이 넘쳐났다. 정권은 외국 기자들에게 사람들이 잘 살고 있는 집단 농장을 보여 주면서 위기 상황을 은폐했다. 평소 반항적인 북부 지방이 기근의 영향을 받았기 때문에 저항 세력에 동조한 지역 주민들을 굶어 죽도록 방치함으로써 위기를 이용하기도 했다. 1984년 9월에 멩기스투가 혁명 10주년 기념식에서 5시간에 걸쳐 군중에게 연설하고 있을 즈음에는 약 700만 명이 아사 직전에 몰려 있었다.[44]

1984년 4월에 BBC 뉴스에서 생리 식염수 링거 주사를 맞는 비쩍 마른 어린아이들의 끔찍한 모습이 방송된 뒤로 기근은 국제적인 관심을 촉발했다. 세계적인 캠페인이 벌어지고 구호 기금으로 수백만 달러가 모금되었다. 1985년 2월에 마침내 멩기스투가 국영 방송에 출연해 가뭄 때문에 에티오피아가 심각한 위기에 직면했다고 발표했다. 그는 해결책으로 기근에 시달리는 북쪽 지방의 주민들에게 남쪽의 보다 비옥한 평원으로 이주해 재정착할 것을 요구했다. 정권은 도움을 가장해서 반항적인 지역의 인구 집단 전체를 멀리 떨어진 다른 곳으로 강제로 이주시켰다. 50만 명이 넘는 사람들이 재배치되는 과정에서 많은 사람이 폭력을 동반한 위협에 노출되었다. 재정착에 이어 〈토지의 마을 소유화〉라고 알려진 또 다른 제도가 시행되면서 상황은 더욱 나빠졌다. 이 제도는 여기저기에 분산된 각각의 가정을 국가가 모든 것을 통제하는 조직적인 마을에 모여 살도록 하는 집산화의 또 다른 이름이었다. 대다수 전문가들의 추산에 따르면 1983년부터 1985년까지 지속된 기근으로 적어도 50만 명이 목숨을 잃은 터였다.[45]

대규모 식량 원조의 대상이 민간인에서 군인으로 바뀌었다. 혁명의 영향으로 다양한 해방 운동 단체가 등장하면서 1977년 이후 계속 내전이 맹위를 떨치고 있었다. 오로모 해방 전선과 티그라이 인민 해방 전선, 아파르 해방 전선도 이런 단체들 중 하나였다. 그들은 모두 황폐한 북쪽 지역에 자리 잡고 있었다. 데르그의 입장에서 가장 위협적인 적은 에리트레아 인민 해방 전선이었다. 1977년 여름에 소말리아와 전쟁이 한창일 때 멩기스투는 모든 침략자에 맞선 〈국민 총력전〉을 촉구했다. 하지만 쿠바와 소련의 지원으로 오가덴 전쟁에서 승리하자 이제는 북부의 분리 독립 운동을 단호하게 응징하기로 했다. 그는 1982년에 붉은 별 작전이라는 이름으로 정규군의 절반 이상을 투입한 대규모 군사 작전을 펼쳤다. 그러나 작전은 완전히 실패했다. 동부의 고원과 달리 북부 지방의 험준한 산맥과 위태로운 절벽, 암석으로 뒤덮인 황량한 평원 등이 유격대원들에게 이상적인 지형을 제공했기 때문이었다.[46]

멩기스투는 내각의 대부분을 임시로 에리트레아의 수도인 아스마라로 옮긴 채 직접 작전을 지휘했다. 하지만 혁명 초기에 데르그를 장악할 때 도움이 되었던 바로 그 자질들이 이제는 그에게 약점으로 작용했다. 그는 방대한 규모를 자랑하는 그의 군대가 수적인 우세만으로도 충분히 승리할 것으로 믿었고, 그래서 명확한 전략도 없이 전쟁에 나섰다. 그렇지만 막상 반란군을 그들의 산속 본거지에서 몰아내는 데 실패하자 휘하의 장군들을 무능력자에 반역자라고 비난하면서 멋대로 처형했다. 그는 아무도 믿지 않았다. 군 최고 사령부 주변에 정치 지도원들을 배치해 감시망을 구축했다. 능력보다 충성심이 더 중요하게 여겨지면서 아첨꾼들과 기회주의자들이 승진했다.[47]

붉은 별 작전이 소모전 양상으로 전개되면서 수십만 명의 청년들과 소년들이 강제로 군대에 징집되었다. 그들은 제대로 먹지도 못한 채 대체로 얻어맞기만 한 뒤에 세계에서 가장 잘 훈련된 반란군과 싸우도록 전장에 투입되었다. 1980년대 중반에 이르러 내전과 기근은 정권의 영속적인 특징으로 여겨지게 되었다.[48]

30만 병력과 120억 달러에 달하는 소련의 군사 지원에도 불구하고 정권은 다양한 저항 조직의 맹공격 아래 무너지기 시작했다. 1988년 3월에 에리트레아 저항군은 사헬 지대 한가운데에 참호와 벙커를 설치해 강화한 전략적 요새 도시 아파베에서 결정적인 승리를 거두었다. 알라메인 전투 이후로 아프리카에서 벌어진 가장 대규모 전투였다. 약 2만 명에 달하는 정부군이 죽거나 포로로 잡히면서 전쟁의 균형이 깨졌다. 몇 달 뒤 멩기스투가 무기를 구하기 위해 동독을 방문하느라 자리를 비운 상태에서 그의 선임 장교가 쿠데타를 일으켰다. 쿠데타는 실패로 끝났지만 일반 사병의 탈영 비율이 증가하는 결과로 이어졌다. 1990년 2월에 에리트레아인들이 홍해 연안의 마사와 항구로 돌격했을 때는 소련 정부조차 믿음을 잃고 분쟁에서 손을 떼기로 결정했다. 고르바초프는 멩기스투에게 개혁을 권유했다.

에리트레아 인민 해방 전선의 주도 아래 다양한 게릴라 전사들은 이제 전진하기 시작했고 1990년 말에 아디스아바바의 외곽에 다다랐다. 이후 몇 달 동안 멩기스투는 어느 순간에는 저항 선언을 했다가도 어느 순간에는 음울한 모습으로 자살을 암시하는 등 갈수록 현실과 괴리된 모습을 보여 주었다. 1991년 4월 16일에 그는 라디오 연설을 통해 배신자들과 외국의 음모자들을 큰 소리로 비난했다. 사흘 뒤에는 〈조국을 온전한 상태로 보호하기 위해) 총동원령을 선포했다. 그는 자신의 칭호는 모두 고수하면서도 수석 각료들을 교체하는 광폭 행보를 보였지만 아무 소용이 없었다. 그는 5월 21일에 수도를 몰래 빠져나가 소형 비행기로 국경을 넘어 나이로비로 도망쳤다. 그곳에서 짐바브웨로 넘어갔고 짐바브웨의 로버트 무가베 대통령이 그의 망명을 받아주었다.[49]

정권이 사라지는 데는 몇 주도 걸리지 않았다. 멩기스투가 도주하기 이전부터도 저항 세력이 남쪽으로 이동함에 따라 그의 권력은 허공으로 사라지고 있었다. 그의 포스터가 훼손되고 일부는 총알 자국으로 벌집이 되었다. 레닌 동상도 받침대에서 끌어내려졌다. 당 기관지의 1면 상단에서는 더 이상 멩기스투의 말이 보이지 않았다. 혁명 광장을 장식했던 수많은 표어와 별은 페인트로 가려졌다. 광장에는 한때 멩기스투의 사진이 걸렸던 녹슨 비계만 남아 있었다.[50]

멩기스투는 전쟁과 기근과 집산화로 초래된 폐허의 흔적만 남겼을 뿐 그 어떤 영속적인 제도나 이데올로기도 남기지 못했다. 자기 멋대로 권력을 휘두르면서 자신의 허락 없이는 어떠한 의사 결정도 이루어질 수 없도록 만들었다. 그가 그토록 공들여 설립한 당 또한 개인적인 통치 기구에 불과했다. 혁명의 화신을 자처하던 그가 도주하면서 혁명도 사라졌다.

후기

아디스아바바시(市)가 운영하는 한 자동차 정비소에
는 레닌 동상이 잡초와 빈 석유 드럼통에 둘러싸인 채 똑
바로 누워 있다. 그를 만나러 오는 사람은 거의 없다. 지
역 노동자들은 동상을 찾아온 사람들에게 그를 깨우지
말라고 경고한다.[1]

레닌 동상은 거대하고 무거웠다. 동상을 받침대에서
끌어내리는 일은 어려운 작업이었다. 밧줄로는 흔들 수
도 없었기 때문에 중장비가 동원되어야 했다. 물론 정비
소에 있는 동상이 처음으로 끌어내려진 동상은 아니었
다. 1989년 11월에 베를린 장벽이 무너진 뒤로 1,000명
의 레닌이 철거되었다. 때로는 망치 공격을 받거나 머리
가 잘렸으며 가끔은 그냥 내팽개쳐지기도 했다. 다른 폭
군들의 동상도 파괴되었다. 알바니아 전역에서 승리감에
도취된 군중은 40년간 그 나라를 지배한 엔베르 호자의

동상을 향해 달려들었다. 수십 년 동안 초상화와 포스터, 표어가 내걸리고 흉상과 동상이 세워졌지만 이제는 시류가 바뀌었다.

이런 변화는 많은 관찰자를 충격에 빠뜨렸다. 독재자들은 그들의 동상과 마찬가지로 절대로 흔들리지 않는다고 그동안 생각해 왔기 때문이다. 독재자들은 국민의 영혼을 사로잡고 그들의 사고를 조작했다. 국민에게 일종의 마법을 걸었다. 물론 마법 같은 것은 존재하지 않았다. 대신 두려움이 존재했으며 그 두려움이 증발하는 순간 그동안 쌓아 올린 모든 것이 붕괴되었다. 차우셰스쿠의 경우에는 그 순간이 분 단위까지 정확하게 포착되었다. 바로 1989년 12월 21일에 공산당 본부 앞에서 시위대가 그에게 저항하자 그가 말을 더듬은 순간이었다. 하지만 막상 그 순간이 오기까지는 수십 년이 걸렸다.

공포 없는 우상화는 없다. 20세기의 정점에서 전 세계 수억 명의 사람들은 폭력을 동반한 위협으로 권력을 유지한 지도자들을 찬양하는 일에 억지로 동조할 수밖에 없었다. 마오쩌둥이나 김일성 치하에서 지도자의 이름을 조롱하는 행위는 강제 노동 수용소로 보내질 충분한 사유가 되었다. 지시에 맞추어서 울거나 환호하거나 함성을 지르지 못하면 중형에 처해졌다. 무솔리니나 차우셰스쿠 치하의 편집가들은 무엇이 되고 무엇이 되지 않는지 매일 지침을 받았다. 스탈린 치하의 작가나 시인, 화가 등은 그들의 찬양이 충분히 진실되게 보이지 않을 수 있다는 생각에 전전긍긍했다.

〈개인숭배〉라는 용어가 지도자를 미화하는 모든 노력을 가리키는 말로 사용되는 순간 현대 독재 정권에서 일어난 일들은 별것 아닌 일이 된다. 민주적으로 선출된 대통령이나 총리가 자신의 이미지를 포장하거나, 자신을 칭송하며 노래하는 어린아이들 앞에서 포즈를 취하거나, 자신의 이름을 금화에 새기거나, 자신의 주변을 아첨꾼들로 채우면 정치적인 구설에 휘말린다. 이런 행위들이 자기도취적이거나 심지어 악의적으로 비치면서 혐오감을 불러일으킬 수는 있지만 그렇다고 숭배는 아니다. 지지자들에게 지도자를 천재라고 선언하게 하는 것 역시 숭배가 아니다. 숭배의 첫 단계에서 독재자는 자신에게 반대하는 사람들을 굽실거리게 만들고 다른 사람들 앞에서 자신에게 경의를 표하도록 만들 수 있을 만큼 충분한 영향력을 가져야 한다. 그럼에도 개인숭배가 충분히 진행되면 이제는 누가 독재자를 지지하고 누가 반대하는지 아무도 확신할 수 없는 상황이 된다.

집안의 3세로 2011년부터 북한을 통치하는 김정은이 바로 그런 경우이다. 그는 2015년에 몇몇 장성과 자신의 고모부를 포함해서 약 일흔 명의 고위급 관리들을 처형한 뒤 자신의 초상화가 새겨진 배지를 핵심 측근들에게 나누어 주었다. 같은 해에 전국 곳곳에는 김씨 일가에 바치는 동상이 세워졌다. 김일성과 마찬가지로 김정은도 전국을 순회하며 현장에서 즉석으로 교시를 내리고 그의 수행단은 그가 하는 말을 한마디도 빼놓지 않고 열성적으로 받아 적는다. 그는 할아버지처럼 걷고 할아버지처럼 웃는다. 심지어 자신의 할아버지처럼 생겼다.[2]

김정은은 1989년 이후로 불붙은 민주주의의 확산세에도 불구하고 번창한 수많은 독재자들 가운데 한 명에 불과하다. 시리아에서는 2000년에 아들 아사드가 아버지 아사드의 자리를 물려받았다. 〈겸손한 시골 의사〉 프랑수와 뒤발리에가 연상될 정도로 바샤르 알 아사드는 처음에 〈온화한 안과 의사〉의 모습을 보였다. 그러나 이내 그 의사는 공포 문화를 퍼뜨렸고 철권으로 반대 의견을 억누르면서 시리아를 온통 자신의 사진으로 뒤덮었다.[3]

새로운 독재자들도 나타났다. 21세기의 초반 몇 해 동안 터키는 활발한 민간 사회와 비교적 개방적인 언론 정책을 바탕으로 민주주의가 뿌리를 내리는 듯 보였다. 그런 와중에 레제프 타이이프 에르도안이 등장했다. 2014년에 대통령으로 선출된 그는 강력한 국가 지도자로서 이미지를 쌓기 시작했다. 2016년에는 실패한 쿠데타를 구실로 모든 반대자들을 탄압했고 언론인과 학자, 변호사, 공무원을 포함해서 수만 명을 정직시키거나 해고하거나 감옥에 넣었다. 여기에 더해 반대파를 숙청하는 바로 그 순간에도 자신을 미화했다. 그의 연설은 하루에도 몇 번씩 텔레비전에서 방송되었고 그의 얼굴은 수많은 벽을 도배하다시피 했으며 그의 지지자들은 그를 두 번째 예언자로 비유했다. 터키는 20세기를 지배한 완전히 무르익었던 독재와 아직 차이가 있지만 단지 시간 문제일 뿐이다.[4]

문화 대혁명 이후에 중국 공산당은 당헌을 명시적으로 수정해서 〈모든 형태의 개인숭배〉를 금지하고 보다 큰 책무를 향해 느리지만 거침없이 나아갔다. 하지만 정권은 다시 독재를 향하고 있다. 2012년에 당 총서기로 선출된 시진핑의 첫 행보는 가장 강력한 정적 중 일부를 모욕하거나 투옥하는 것이었다. 그런 뒤 반부패 운동이라는 이름으로 수십만 명의 당원을 징계하거나 숙청했다. 이제 막 걸음마를 시작한 시민 사회의 싹을 제거하려는 시진핑 정권의 결연한 노력으로 변호사와 인권 운동가, 언론인, 종교 지도자 등 수천 명이 감금되거나, 추방되거나, 투옥되었다.[5]

선전 기구는 시진핑을 끊임없이 우상화했다. 2017년 11월에 중요한 전당 대회를 앞두고 허베이(河北)성의 성도에만 약 4,500대의 확성기가 설치되어 사람들에게 〈시진핑 주석을 중심으로 굳게 단결할 것〉을 촉구했다. 당 기구는 그에게 〈창조적인 지도자〉, 〈당의 핵심인 동시에 인민의 행복을 위해 일하는 머슴〉부터 〈위대한 국가 지도자〉, 〈새 시대의 현대화 설계자〉에 이르기까지 일곱 개의 칭호를 주었다. 베이징에서는 〈당신을 따르는 것은 태양을 따르는 것〉이라는 가사가 포함된 새로운 노래가 선보였다. 그의 사진이 인쇄된 장신구와 배지, 포스터는 어디에나 즐비하다. 같은 해에 그의 사상집은 학생들이 필수적으로 읽어야 할 교재가 되었다. 공포와 찬양은 밀접하게 연결되어 있어서 온라인 메시지를 통해 개인적으로 〈모든 조직의 수장〉을 비꼬는 행위조차 2년의 징역형이 부과될 수 있는 흉악 범죄로 취급된다. 2018년 3월에 열린 전국 인민 대표 대회에서 그의 임기 제한을 철폐하는 문제를 둘러싸고 진행된 투표가 절대다수의 찬성으로 통과되면서 그는 종신 국가 주석이 되었다.[6]

하지만 김정은을 제외하면 오늘날의 독재자들은 자국민에게 공포를 주입하고자 했던 20세기 절정기의 선배들과 많은 차이가 있다. 그럼에도 〈민주주의의 죽음〉이나 〈자유주의의 종말〉을 선언하는 책들이 한 달이 멀다 하고 출간된다. 최근 10여 년 동안 전 세계 곳곳에서 민주주의의 격이 낮아지고 비록 일부지만 가장 견고한 의회 민주주의 국가에서조차 자유의 수준이 후퇴했음은 부인할 수 없는 사실이다. 격언에도 있듯이 자유를 얻으려면 끊임없는 감시가 필요한 법인데 그러자면 권력을 도난당하기 쉽기 때문이다.

감시는 우울한 어떤 것이 아니다. 아주 조금만 역사를 돌아보아도 20세기와 비교하면 오늘날은 독재가 내리막

길을 걷고 있음을 알 수 있다. 무엇보다 개인숭배로 자신을 둘러싸는 독재자들은 필연적으로 그들을 둘러싼 추종자들이 만들어 낸 환상을 굳게 믿게 되면서 자신만의 세계에 빠지는 경향이 있다. 그리고 결국 혼자서 모든 중요한 결정을 내리게 된다. 그들은 나라 안팎을 가리지 않고 도처에 적이 있다고 믿는다. 자만심과 피해망상이 커지면서 이미 손에 쥔 권력을 빼앗기지 않기 위해 보다 많은 권력을 추구한다. 하지만 그들이 내리는 판단에 의해 너무나 많은 것이 좌우되기 때문에 때로는 아주 사소한 계산 착오도 치명적인 결과를 초래해 정권이 흔들릴 수 있다. 결국 독재자에게 가장 큰 위협은 국민과 독재자 자신이다.

선별된 참고문헌

기록 보관소

ACS 이탈리아 국가 기록 보관소, 로마
ANR 루마니아 국가 기록 보관소, 부쿠레슈티
BArch 독일 연방 기록 보관소, 베를린
GDPA 광둥성 기록 보관소, 광저우
GSPA 간쑤성 기록 보관소, 란저우
HBPA 허베이성 기록 보관소, 스자좡
Hoover 후버 연구소 도서관 및 기록 보관소, 팔로 알토
MfAA 독일 연방 외무부 정치 문서 보존소, 베를린
MAE 프랑스 외무부, 파리
NARA 미국 국립 기록 보관소, 워싱턴
NMA 난징시 기록 보관소, 난징
OSA 오픈 소사이어티 아카이브, 중부유럽 대학교, 부다페스트
PRO 영국 국립 기록 보관소, 런던
RGANI 러시아 문학예술 기록 보관소, 모스크바
RGASPI 러시아 사회정치 기록 보관소, 모스크바
SMA 상하이시 기록 보관소, 상하이

2차 문헌

Abbott, Elizabeth, *Haiti: The Duvaliers and Their Legacy,* New York:

McGraw-Hill, 1988.

Altman, Linda Jacobs, *Shattered Youth in Nazi Germany: Primary Sources from the Holocaust,* Berkeley Heights, NJ: Enslow Publishers, 2010.

Andrieu, Jacques, 'Mais que se sont donc dit Mao et Malraux? Aux sources du mao ïsme occidental', *Perspectives chinoises,* no. 37 (Sept. 1996), pp. 50–63.

Applebaum, Anne, *Iron Curtain: The Crushing of Eastern Europe, 1944–1956,* New York: Doubleday, 2012.

Arendt, Hannah, *The Origins of Totalitarianism,* New York: Harvest Book, 1973.

Armstrong, Charles, *The North Korean Revolution: 1945–50,* Ithaca, NY: Cornell University Press, 2002.

Baberowski, Jörg, *Scorched Earth: Stalin's Reign of Terror,* New Haven, CT: Yale University Press, 2016.

Baczko, Bronisław, 'La fabrication d'un charisme', *Revue européenne des sciences sociales,* 19, no. 57 (1981), pp. 29–44.

Balázs, Apor, Jan C. Behrends, Polly Jones and E. A. Rees (eds), *The Leader Cult in Communist Dictatorships: Stalin and the Eastern Bloc,* Houndmills, Basingstoke: Palgrave Macmillan, 2004.

Barber, John, 'The Image of Stalin in Soviet Propaganda and Public Opinion during World War 2' in John Garrard and Carol Garrard (eds), *World War 2 and the Soviet People,* New York: St Martin' Press, 1990, pp. 38–49.

Baxa, Paul, '"Il nostro Duce": Mussolini's Visit to Trieste in 1938 and the Workings of the Cult of the Duce', *Modern Italy,* 18, no. 2 (May 2013), pp. 117–28.

Behrends, Jan C., 'Exporting the Leader: The Stalin Cult in Poland and East Germany (1944/45–1956)' in Apor Balázs, Jan C. Behrends, Polly Jones and E. A. Rees (eds), *The Leader Cult in Communist Dictatorships: Stalin and the Eastern Bloc,* Houndmills, Basingstoke: Palgrave Macmillan, 2004, pp. 161–78.

Beevor, Antony, *The Fall of Berlin 1945,* London: Penguin Books, 2002.

412

Berman, Stephen Jay, 'Duvalier and the Press', MA in Journalism dissertation, University of Southern California, 1974.

Ben-Ghiat, Ruth, *Fascist Modernities: Italy, 1922–1945,* Berkeley, CA: University of California Press, 2001.

Berneri, Camillo, *Mussolini grande attore,* Pistoia: Edizioni dell'Archivio Famiglia Berneri, 1st edn 1934, 2nd edn 1983.

Bessel, Richard, 'The Rise of the NSDAP and the Myth of Nazi Propaganda', *Wiener Library Bulletin,* 33, 1980, pp. 20 – 29.

Bessel, Richard, 'Charismatisches Führertum? Hitler's Image in der deutschen Bevö lkerung' in Martin Loiperdinger, Rudolf Herz and Ulrich Pohlmann (eds), *Fü hrerbilder: Hitler, Mussolini, Roosevelt, Stalin in Fotografie und Film,* Munich: Piper, 1995, pp. 14 – 26.

Bevan, Robert, *The Destruction of Memory: Architecture at War,* London: Reaktion Books, 2006.

Binet, Laurence (ed.), *Famine et transferts forcés de populations en Ethiopie 1984–1986,* Paris: Médecins Sans Frontières, 2013.

Biondi, Dino, *La fabbrica del Duce,* Florence: Vallecchi, 1967.

Blake, Robert and Wm Roger Louis (eds), *Churchill,* Oxford: Clarendon Press, 2002.

Bonnell, Victoria E., *Iconography of Power: Soviet Political Posters Under Lenin and Stalin,* Berkeley, CA: University of California Press, 1998.

Bonsaver, Guido, *Censorship and Literature in Fascist Italy,* Toronto: University of Toronto Press, 2007.

Boterbloem, Kees, *Life and Times of Andrei Zhdanov, 1896 – 1948,* Montreal: McGill-Queen's Press, 2004.

Bramsted, Ernest K., *Goebbels and National Socialist Propaganda 1925–1945,* East Lansing: Michigan State University Press, 1965.

Brandenberger, David, 'Stalin as Symbol: A Case Study of the Personality Cult and its Construction' in Sarah Davies and James Harris (eds), *Stalin: A New History,* Cambridge: Cambridge University Press, 2005, pp. 249 – 70.

Brooks, Jeff rey, *Thank You, Comrade Stalin!: Soviet Public Culture from Revolution to Cold War,* Princeton: Princeton University Press, 2000.

Bühmann, Henning, 'Der Hitlerkult. Ein Forschungsbericht' in Klaus Heller and Jan Plamper (eds), *Personenkulte im Stalinismus: Personality Cults in Stalinism,* Göttingen: Vandenhoeck and Ruprecht, 2004, pp. 109–57.

Burke, Peter, *The Fabrication of Louis XIV,* New Haven, CT: Yale University Press, 1992.

Calvino, Italo, 'Il Duce's Portraits', *New Yorker,* 6 Jan. 2003, p. 34.

Campbell, Ian, *The Addis Ababa Massacre: Italy's National Shame,* London: Hurst, 2017.

Cannistraro, Philip, *La fabbrica del consenso: Fascismo e mass media,* Bari: Laterza, 1975.

Chang, Jung and Jon Halliday, *Mao: The Unknown Story,* London: Jonathan Cape, 2005.

Chaussy, Ulrich and Christoph Püschner, *Nachbar Hitler: Führerkult und Heimatzerstörung am Obersalzberg,* Berlin: Christoph Links Verlag, 2007.

Chinese Propaganda Posters: From the Collection of Michael Wolf, Cologne: Taschen, 2003.

Chen Jian, *China's Road to the Korean War,* New York: Columbia University Press, 1996.

Chirot, Daniel, Modern Tyrants: *The Power and Prevalence of Evil in Our Age,* Princeton: Princeton University Press, 1996.

Clapham, Christopher, *Transformation and Continuity in Revolutionary Ethiopia,* Cambridge: Cambridge University Press, 1988.

Cohen, Arthur A., *The Communism of Mao Tse-tung,* Chicago: University of Chicago Press, 1964.

Cohen, Yves, 'The Cult of Number One in an Age of Leaders', *Kritika: Explorations in Russian and Eurasian History,* vol. 8, no. 3 (Summer 2007), pp. 597–634.

Coox, Alvin D., *Nomonhan: Japan Against Russia 1939,* Palo Alto, CA: Stanford University Press, 1988.

Corner, Paul, *The Fascist Party and Popular Opinion in Mussolini's*

Italy, Oxford: Oxford University Press, 2012.

Corvaja, Santi, *Hitler and Mussolini: The Secret Meetings,* New York: Enigma Books, 2008.

Courtois, Stéphane et al. (eds), *The Black Book of Communism: Crimes, Terror, Repression,* Cambridge, MA: Harvard University Press, 1999.

Cushway, Eric H., 'The Ideology of François Duvalier', MA dissertation, University of Alberta, 1976.

David-Fox, Michael, *Showcasing the Great Experiment: Cultural Diplomacy and Western Visitors to the Soviet Union, 1921–1941,* Oxford: Oxford University Press, 2011.

Davies, Sarah, *Popular Opinion in Stalin's Russia: Terror, Propaganda and Dissent, 1934–1941,* Cambridge: Cambridge University Press, 1997.

de Waal, Alex, *Evil Days: Thirty Years of War and Famine in Ethiopia,* New York: Human Rights Watch, 1991.

de Felice, Renzo, *Mussolini il Fascista,* vol. 1, *La conquista del potere, 1921–1925,* Turin: Giulio Einaudi, 1966.

Dee, Bleecker, 'Duvalier's Haiti: A Case Study of National Disintegration', doctoral dissertation, University of Florida, 1967.

Deletant, Dennis, *Ceauşescu and the Securitate,* London: Hurst, 1995.

Deletant, Dennis, *Communist Terror in Romania: Gheorghiu-Dej and the Police State, 1948–1965,* New York: St Martin's Press, 1999.

Demick, Barbara, *Nothing to Envy: Ordinary Lives in North Korea,* New York: Spiegel and Grau, 2009.

Diederich, Bernard and Al Burt, *Papa Doc: Haiti and its Dictator,* London: Bodley Head, 1969.

Diederich, Bernard, *The Price of Blood: History of Repression and Rebellion in Haiti Under Dr. François Duvalier, 1957–1961,* Princeton, NJ: Markus Wiener, 2011.

Diggins, John Patrick, *Mussolini and Fascism: The View from America,* Princeton: Princeton University Press, 1972.

Dikötter, Frank, *Mao's Great Famine: The History of China's Most Devastating Catastrophe, 1958–1962,* London: Bloomsbury, 2010.

Dikötter, Frank, *The Tragedy of Liberation: A History of the Chinese Revolution, 1945–1957,* London: Bloomsbury, 2013.

Dikötter, Frank, *The Cultural Revolution: A People's History, 1962–1976,* London: Bloomsbury, 2016.

Diller, Ansgar, *Rundfunkpolitik im Dritten Reich,* Munich: Deutscher Taschenbuch Verlag, 1980.

Donham, Donald L., 'Revolution and Modernity in Maale: Ethiopia, 1974 to 1987, *Comparative Studies in Society and History,* 34, no. 1 (Jan. 1992), pp. 28–57.

Duggan, Christopher, *Fascist Voices: An Intimate History of Mussolini's Italy,* Oxford: Oxford University Press, 2013.

Durandin, Catherine, *Ceauşescu, vérités et mensonges d'un roi communiste,* Paris: Albin Michel, 1990.

Ennker, Benno, 'The Origins and Intentions of the Lenin Cult' in Ian D. Thatcher (ed.), *Regime and Society in Twentieth-Century Russia,* Houndmills, Basingstoke: Macmillan Press, 1999, pp. 118–28.

Evans, Richard J., 'Coercion and Consent in Nazi Germany', *Proceedings of the British Academy,* 151, 2006, pp. 53–81.

Evans, Richard J., *The Third Reich in Power,* London: Penguin, 2006.

Evans, Richard J., *The Third Reich at War,* London: Penguin, 2009.

Eyal, Jonathan, 'Why Romania Could Not Avoid Bloodshed' in Gwyn Prins (ed.), *Spring in Winter: The 1989 Revolutions,* Manchester: Manchester University Press, 1990, pp. 139–62.

Falasca-Zamponi, Simonetta, *Fascist Spectacle: The Aesthetics of Power in Mussolini's Italy,* Berkeley, CA: University of California Press, 2000.

Farnsworth, Robert M., *From Vagabond to Journalist: Edgar Snow in Asia, 1928–1941,* Columbia, MO: University of Missouri Press, 1996.

Feigon, Lee, *Mao: A Reinterpretation,* Chicago: Ivan R. Dee, 2002.

Fest, Joachim C., *Hitler,* Boston, MA: Houghton Mifflin Harcourt, 2002.

Festorazzi, Roberto, *Starace. Il mastino della rivoluzione fascista,* Milan: Ugo Mursia, 2002.

Figes, Orlando, *The Whisperers: Private Life in Stalin's Russia,* New

York: Picador, 2007.

Fisher, Mary Ellen, *Nicolae Ceauşescu: A Study in Political Leadership,* Boulder, CO: Lynne Rienner Publishers, 1989.

Fitzpatrick, Sheila, *Everyday Stalinism. Ordinary Life in Extraordinary Times: Soviet Russia in the 1930s,* Oxford: Oxford University Press, 1999.

Foot, John, *Italy's Divided Memory,* Houndmills, Basingstoke: Palgrave Macmillan, 2009.

Franz-Willing, Georg, *Die Hitlerbewegung. Der Ursprung, 1919– 1922,* Hamburg: R.v. Decker' Verlag G. Schenck, 1962, 2nd edn 1972.

Fritz, Stephen G., *Ostkrieg: Hitler's War of Extermination in the East,* Lexington, KT: University Press of Kentucky, 2011.

Gabanyi, Anneli Ute, *The Ceauşescu Cult: Propaganda and Power Policy in Communist Romania,* Bucharest: The Romanian Cultural Foundation Publishing House, 2000.

Gao Hua, *Hong taiyang shi zenyang shengqi de. Yan'an zhengfeng yundong de lailong qumai* (How did the red sun rise over Yan'an? A history of the Rectifi cation Movement), Hong Kong: Chinese University Press, 2000.

Gao Wenqian, *Zhou Enlai: The Last Perfect Revolutionary,* New York: PublicAff airs, 2007.

Gentile, Emilio, *The Sacralisation of Politics in Fascist Italy,* Cambridge, MA: Harvard University Press, 1996.

Giorgis, Dawit Wolde, *Red Tears: War, Famine and Revolution in Ethiopia,* Trenton, NJ: Red Sea Press, 1989.

Girard, Philippe, *Haiti: The Tumultuous History — From Pearl of the Caribbean to Broken Nation,* New York: St Martin' Press, 2010.

Glantz, David, *Stumbling Colossus: The Red Army on the Eve of World War,* Lawrence, KA: University Press of Kansas, 1998.

Goncharov, Sergei N., John W. Lewis and Xue Litai, *Uncertain Partners: Stalin, Mao, and the Korean War,* Stanford, CA: Stanford University Press, 1993.

Grangereau, Philippe, *Au pays du grand mensonge. Voyage en Corée,*

Paris: Payot, 2003.

Gundle, Stephen, Christopher Duggan and Giuliana Pieri (eds), *The Cult of the Duce: Mussolini and the Italians,* Manchester: Manchester University Press, 2013.

Haff ner, Sebastian, *The Meaning of Hitler,* London: Phoenix Press, 1979.

Han, Hongkoo, 'Wounded Nationalism: The Minsaengdan Incident and Kim Il-sung in Eastern Manchuria', University of Washington, doctoral disertation, 1999.

Harden, Blaine, *The Great Leader and the Fighter Pilot: A True Story About the Birth of Tyranny in North Korea,* New York: Penguin Books, 2016.

Hasler, August Bernhard, 'Das Duce-Bild in der faschistischen Literatur', *Quellen und Forschungen aus italienischen Archiven und Bibliotheken,* vol. 60, 1980, pp. 421–506.

Hastings, Max, *The Korean War,* New York: Simon&Schuster, 1987.

Hatch, David Allen, 'The Cult of Personality of Kim Il-Song: Functional Analysis of a State Myth', doctoral dissertation, Washington, DC: The American University, 1986.

Hayes, Romain, *Subhas Chandra Bose in Nazi Germany: Politics, Intelligence, and Propaganda, 1941–1943,* London, Hurst, 2011.

Heinl, Robert D. and Nancy Gordon Heinl, *Written in Blood: The Story of the Haitian People, 1492–1995,* Lanham, MD: University Press of America, 1998.

Held, Joseph (ed.), *The Cult of Power: Dictators in the Twentieth Century,* Boulder, CO: East European Quarterly Press, 1983.

Heller, Klaus and Jan Plamper (eds), *Personenkulte im Stalinismus: Personality Cults in Stalinism,* Göttingen: Vandenhoeck and Ruprecht, 2004.

Henze, Paul B., *Layers of Time: A History of Ethiopia,* London: Hurst, 2000.

Herbst, Ludolf, *Hitler's Charisma. Die Erfindung eines deutschen Messias,* Frankfurt am Main: S. Fischer Verlag, 2010.

Herz, Rudolf, *Hoffmann & Hitler: Fotografie als Medium des Führer*

Mythos, Munich: Klinkhardt and Biermann, 1994.

Hollander, Paul, *Political Pilgrims: Western Intellectuals in Search of the Good Society,* London: Routledge, 2017.

Hollander, Paul, *From Benito Mussolini to Hugo Chavez: Intellectuals and a Century of Political Hero Worship,* Cambridge: Cambridge University Press, 2017.

Hoyt, Edwin P., *Mussolini's Empire: The Rise and Fall of the Fascist Vision,* New York: Wiley, 1994.

Hughes-Hallett, Lucy, *Gabriele d'Annunzio: Poet, Seducer, and Preacher of War,* London: 4th Estate, 2013.

Hung Chang-tai, 'Mao's Parades: State Spectacles in China in the 1950s', *China Quarterly,* no. 190 (June 2007), pp. 411–31.

Hunter, Helen-Louise, *Kim Il-song's North Korea,* Westport, CT: Praeger Publishers, 1999.

Hupp, Kimberly, '"Uncle Joe" What Americans thought of Joseph Stalin before and after World War II', doctoral dissertation, University of Toledo, 2009.

Iezzi, Frank, 'Benito Mussolini, Crowd Psychologist', *Quarterly Journal of Speech,* 45, no. 2 (April 1959), pp. 167–9.

Imbriani, Angelo M., *Gli italiani e il Duce: Il mito e l'immagine di Mussolini negli ultimi anni del fascismo (1938–1943),* Naples: Liguori, 1992.

Jin Dalu, *Feichang yu zhengchang: Shanghai 'wenge' shiqi de shehui bianqian* (The extraordinary and the ordinary: Social change in Shanghai during the Cultural Revolution), Shanghai: Shanghai cishuchubanshe, 2011.

Johnson, Paul Christopher, 'Secretism and the Apotheosis of Duvalier', *Journal of the American Academy of Religion,* 74, no. 2 (June 2006), pp. 420–45.

Kallis, Aristotle, *The Third Rome, 1922–43: The Making of the Fascist Capital,* Houndmills, Basingstoke: Palgrave Macmillan, 2014.

Kebede, Messay, *Ideology and Elite Conflicts: Autopsy of the Ethiopian Revolution,* Lanham, MD: Lexington Books, 2011.

Keil, Thomas J., *Romania's Tortured Road toward Modernity,* New

York: Columbia University Press, 2006.

Keller, Edmund J., *Revolutionary Ethiopia, Bloomington,* IN: Indiana University Press, 1988.

Kershaw, Ian, *Hitler, 1889–1936:* Hubris, London: Allen Lane, 1998.

Kershaw, Ian, *The 'Hitler Myth': Image and Reality in the Third Reich,* Oxford: Oxford University Press, 2001.

King, David, *The Commissar Vanishes: The Falsification of Photographs and Art in Stalin's Russia,* New York: Metropolitan Books, 1997.

Kirkpatrick, Ivone, *Mussolini: Study of a Demagogue,* New York: Hawthorn Books, 1964.

Klibansky, Raymond (ed.), *Benito Mussolini's Memoirs 1942–1943,* New York: Howard Fertig, 1975.

König, Wolfgang, 'Der Volksempfänger und die Radioindustrie. Ein Beitrag zum Verhältnis von Wirtschaft und Politik im National-sozialismus' in *Vierteljahrschrift für Sozial-und Wirtschafts-geschichte,* 90, no. 3 (2003), pp. 269–89.

Koon, Tracy H., *Believe, Obey, Fight: Political Socialization of Youth in Fascist Italy, 1922–1943,* Chapel Hill, NC: University of North Carolina Press, 1985.

Kopperschmidt, Josef (ed.), *Hitler der Redner,* Munich: Wilhelm Fink Verlag, 2003.

Korn, David A., *Ethiopia, the United States and the Soviet Union,* Carbondale, IL: Southern Illinois University Press, 1986.

Kotkin, Stephen, *Stalin: Paradoxes of Power, 1878–1928,* New York: Penguin Press, 2014.

Kotkin, Stephen, *Stalin: Waiting for Hitler, 1929–1941,* New York: Penguin Press, 2017.

Kraus, Richard Curt, *Brushes with Power: Modern Politics and the Chinese Art of Calligraphy,* Berkeley, CA: University of California Press, 1991.

Ladany, Laszlo, *The Communist Party of China and Marxism, 1921–1985: A Self-Portrait,* London: Hurst, 1988.

Lankov, Andrei, *Crisis in North Korea: The Failure of De-Stalinization, 1956,* Honolulu: University of Hawai' Press, 2005.

Lankov, Andrei, *From Stalin to Kim Il Sung: The Formation of North Korea, 1945–1960,* New Brunswick, NJ: Rutgers University Press, 2002.

Lankov, Andrei, *North of the DMZ: Essays on Daily Life in North Korea,* Jefferson, NC: McFarland, 2007.

Lankov, Andrei, *The Real North Korea: Life and Politics in the Failed Stalinist Utopia,* Oxford: Oxford University Press, 2013.

Leese, Daniel, *Mao Cult: Rhetoric and Ritual in China's Cultural Revolution,* Cambridge: Cambridge University Press, 2011.

Li Rui, *Dayuejin qin liji* (A witness account of the Great Leap Forward), Haikou: Nanfang chubanshe, 1999.

Li Rui, *Lushan huiyi shilu* (A true record of the Lushan plenum), Hong Kong: Tiandi tushu youxian gongsi, 2nd edn, 2009.

Li Zhisui, *The Private Life of Chairman Mao: The Memoirs of Mao's Personal Physician,* New York: Random House, 1994.

Lim Un, *The Founding of a Dynasty in North Korea: An Authentic Biography of Kim Il-song,* Tokyo: Jiyu-sha, 1982.

Locard, Henri, *Pol Pot's Little Red Book: The Sayings of Angkar,* Bangkok: Silkworm Books, 2004.

Lundahl, Mats, 'Papa Doc: Innovator in the Predatory State', *Scandia,* 50, no. 1 (1984), pp. 39 –78.

MacFarquhar, Roderick and Michael Schoenhals, *Mao's Last Revolution,* Cambridge, MA: Harvard University Press, 2006.

Machiavelli, Niccolo, *The Prince,* translated by Tim Parks, London: Penguin Books, 2009.

Mack Smith, Denis, *Mussolini,* London: Weidenfeld & Nicolson, 1981.

Mack Smith, Denis, 'Mussolini: Reservations about Renzo De Felice's Biography', *Modern Italy,* 5, no. 2 (2000), pp. 193 –210.

Marcus, Harold G., *A History of Ethiopia,* Berkeley, CA: University of California Press, 1994.

Marquis, John, *Papa Doc: Portrait of a Haitian Tyrant 1907–1971,* Kingston: LMH Publishing Limited, 2007.

Martin, Bradley K., *Under the Loving Care of the Fatherly Leader: North Korea and the Kim Dynasty,* New York: Th omas Dunne

Books, 2004.

McNeal, Robert H., *Stalin: Man and Rule,* New York: New York University Press, 1988.

Medvedev, Roy, *Let History Judge: The Origins and Consequences of Stalinism,* New York: Knopf, 1972.

Melograni, Piero, 'The Cult of the Duce in Mussolini's Italy', *Journal of Contemporary History,* 11, no. 4 (Oct. 1976), pp. 221–37.

Merridale, Catherine, *Ivan's War: The Red Army 1939–45,* London: Faber and Faber, 2005.

Mocanescu, Alice, 'Surviving 1956: Gheorge Gheorghiu-Dej and the "Cult of Personality" in Romania' in Apor Balázs, Jan C. Behrends, Polly Jones and E. A. Rees (eds), *The Leader Cult in Communist Dictatorships: Stalin and the Eastern Bloc,* Houndmills, Basingstoke: Palgrave Macmillan, 2004, pp. 246–60.

Moorhouse, Roger, 'Germania: Hitler's Dream Capital', *History Today,* 62, issue 3 (March 2012).

Moseley, Ray, Mussolini: *The Last 600 Days of Il Duce,* Lanham, MD: Taylor Trade Publishing, 2004.

Munro, Martin, *Tropical Apocalypse: Haiti and the Caribbean End,* Charlottesville, VA: University of Virginia Press, 2015.

Murck, Alfreda (ed.), *Mao's Golden Mangoes and the Cultural Revolution,* Zurich: Scheidegger and Spiess, 2013.

Myers, Brian R., 'The Watershed that Wasn't: Re-Evaluating Kim Il-sung's "Juche Speech" of 1955', *Acta Koreana,* 9, no. 1 (Jan. 2006), pp. 89–115.

Nagorski, Andrew, *The Greatest Battle: Stalin, Hitler, and the Desperate Struggle for Moscow that Changed the Course of World War II,* New York: Simon & Schuster, 2008.

Nagorski, Andrew, *Hitlerland: American Eyewitnesses to the Nazi Rise to Power,* New York: Simon & Schuster, 2012.

Nathan, Andrew J., 'Foreword' in Li Zhisui, *The Private Life of Chairman Mao: The Memoirs of Mao's Personal Physician,* New York: Random House, 1994, pp. vii–iv.

Neiberg, Michael, *Potsdam: The End of World War II and the*

Remaking of Europe, New York: Basic Books, 2015.

Nicholls, David, 'Haiti: The Rise and Fall of Duvalierism', *Third World Quarterly,* vol. 8, no. 4 (Oct. 1986), pp. 1239−52.

Nitz, Wenke, *Führer und Duce: Politische Machtinszenierungen im nationalsozialistischen Deutschland und im faschistischen Italien,* Cologne: Böhlau Verlag, 2013.

Oberdorfer, Don, *The Two Koreas: A Contemporary History,* Reading, MA: Addison−Wesley, 1997.

Overy, Richard, *Russia's War: A History of the Soviet Effort: 1941–1945,* Harmondsworth: Penguin Books, 1997.

Pacepa, Mihai, *Red Horizons: The True Story of Nicolae and Elena Ceauşescus' Crimes, Lifestyle, and Corruption,* Washington, DC: Regnery Publishing, 1990.

Pantsov, Alexander V. and Steven I. Levine, *Mao: The Real Story,* New York: Simon & Schuster, 2012.

Paul, Gerhard, *Aufstand der Bilder. Die NS-Propaganda vor 1933,* Bonn: Dietz, 1990.

Person, James F., 'North Korea's chuch'e philosophy' in Michael J. Seth, *Routledge Handbook of Modern Korean History,* London: Routledge, 2016, pp. 705−98.

Pipes, Richard, *The Russian Revolution,* New York: Vintage Books, 1991.

Pipes, Richard, *Communism: A History of the Intellectual and Political Movement,* London: Phoenix Press, 2002.

Pisch, Anita, 'The Personality Cult of Stalin in Soviet Posters, 1929 −1953: Archetypes, Inventions and Fabrications' doctoral dissertation, Australian National University, 2014.

Plamper, Jan, *The Stalin Cult: A Study in the Alchemy of Power,* New Haven: Yale University Press, 2012.

Plewnia, Margarete, *Auf dem Weg zu Hitler: Der 'völkische' Publizist Dietrich Eckart,* Bremen: Schünemann Universitätsverlag, 1970.

Plöckinger, Othmar, *Geschichte eines Buches. Adolf Hitler's 'Mein Kampf' 1922–1945,* Munich: Oldenbourg Verlag, 2006.

Polyné, Millery, *From Douglass to Duvalier: U. S. African Americans,*

Haiti, and Pan Americanism, 1870–1964, Gainesville, FL: University of Florida Press, 2010.

Rabinbach, Anson and Sander L. Gilman (eds), *The Third Reich Sourcebook,* Berkeley, CA: University of California Press, 2013.

Radchenko, Sergey and David Wolff, 'To the Summit via Proxy-Summits: New Evidence from Soviet and Chinese Archives on Mao's Long March to Moscow, 1949', *Cold War International History Project Bulletin,* no. 16 (winter 2008), pp. 105 –82.

Reid, Richard J., *Frontiers of Violence in North-East Africa: Genealogies of Conflict since c.1800,* Oxford: Oxford University Press, 2011.

Rivoire, Mario, *Vita e morte del fascismo,* Milan: Edizioni Europee, 1947.

Rees, E. A., 'Leader Cults: Varieties, Preconditions and Functions' in Apor Balázs, Jan C. Behrends, Polly Jones and E. A. Rees (eds), *The Leader Cult in Communist Dictatorships: Stalin and the Eastern Bloc,* Houndmills, Basingstoke: Palgrave Macmillan, 2004, pp. 3 –26.

Rolf, Malte, 'A Hall of Mirrors: Sovietizing Culture under Stalinism', *Slavic Review,* 68, no. 3 (Fall 2009), pp. 601 –30.

Rolf, Malte, 'Working towards the Centre: Leader Cults and Spatial Politics 'in Apor Balázs, Jan C. Behrends, Polly Jones and E. A. Rees (eds), *The Leader Cult in Communist Dictatorships: Stalin and the Eastern Bloc,* Basingstoke: Palgrave Macmillan, 2004, pp. 141 –59.

Rotberg, Robert I., *Haiti: The Politics of Squalor,* Boston: Houghton Mifflin, 1971.

Ryang, Sonia, *Writing Selves in Diaspora: Ethnography of Autobiographics of Korean Women in Japan and the United States,* Lanham, MD: Lexington Books, 2008.

Salisbury, Harrison, *The 900 Days: The Siege of Leningrad,* New York, Cambridge, MA: Da Capo Press, 1985.

Santoro, Lorenzo, *Roberto Farinacci e il Partito Nazionale Fascista 1923–1926,* Soveria Mannelli: Rubbettino, 2008.

Scalapino, Robert A. and Chong-sik Lee, *Communism in Korea. Part I: The Movement,* Berkeley, CA: University of California Press, 1972.

Schlenker, Ines, *Hitler's Salon: The Große Deutsche Kunstausstellung at the Haus der Deutschen Kunst in Munich 1937–1944, Bern: Peter Lang AG, 2007.*

Schmitz, David F., *The United States and Fascist Italy, 1922–1940,* Chapel Hill, NC: University of North Carolina Press, 1988.

Schmölders, Claudia, *Hitler's Face: The Biography of an Image,* Philadelphia: University of Pennsylvania Press, 2005.

Schneider, Wolfgang, *Alltag unter Hitler,* Berlin: Rowohlt Berlin Verlag, 2000.

Schram, Stuart R., 'Party Leader or True Ruler? Foundations and Signifi cance of Mao Zedong' Personal Power' in Stuart R. Schram (ed.), *Foundations and Limits of State Power in China,* London: School of Oriental and African Studies, 1987, pp. 203 – 56.

Schrift, Melissa, *Biography of a Chairman Mao Badge: The Creation and Mass Consumption of a Personality Cult,* New Brunswick, NJ: Rutgers University Press, 2001.

Sedita, Giovanni, *Gli intellettuali di Mussolini: La cultura fi nanziata dal fascismo,* Florence: Casa Editrice Le Lettere, 2010.

Sebag Montefiore, Simon, *Stalin: The Court of the Red Tsar,* New York: Knopf, 2004.

Semmens, Kristin, *Seeing Hitler's Germany: Tourism in the Third Reich,* Houndmills, Basingstoke: Palgrave Macmillan, 2005.

Service, Robert, *Stalin: A Biography,* Basingstoke: Macmillan, 2004.

Siani-Davies, Peter, *The Romanian Revolution of December 1989,* Ithaca, NY: Cornell University Press, 2007.

Sobanet, Andrew, 'Henri Barbusse, Official Biographer of Joseph Stalin', *French Cultural Studies,* 24, no. 4 (Nov. 2013), pp. 359 – 75.

Sohier, Estelle, 'Politiques de l'image et pouvoir royal en Éthiopie de Menilek II à Haylä Sellasé (1880 – 1936)', doctoral dissertation, University of Paris 1, 2007.

Sösemann, Bernd, 'Die Macht der allgegenwärtigen Suggestion. Die

Wochensprüche der NSDAP als Propagandamittel', *Jahrbuch 1989,* Berlin: Berliner Wissenschaftliche Gesellschaft, 1990, pp. 227 – 48.

Sösemann, Bernd, *Propaganda: Medien und Öffentlichkeit in der NS-Diktatur,* Stuttgart: Franz Steiner Verlag, 2011.

Stratigakos, Despina, *Hitler at Home,* New Haven, CT: Yale University Press, 2015.

Suh, Dae‐sook, *Kim Il-sung: The North Korean Leader,* New York: Columbia University Press, 1988.

Sun, Judy and Greg Wang, 'Human Resource Development in China and North Korea' in Th omas N. Garavan, Alma M. McCarthy and Michael J. Morley (eds), *Global Human Resource Development: Regional and Country Perspectives,* London: Routledge, 2016, pp. 86 – 103.

Sweeney, John, *The Life and Evil Times of Nicolae Ceausescu,* London: Hutchinson, 1991.

Szalontai, Balázs, *Kim Il Sung in the Khrushchev Era: Soviet-DPRK Relations and the Roots of North Korean Despotism, 1953–1964,* Stanford: Stanford University Press, 2006.

Tareke, Gebru, *The Ethiopian Revolution: War in the Horn of Africa,* New Haven, CT: Yale University Press, 2009.

Taubman, William, *Khrushchev: The Man and his Era,* London, Free Press, 2003.

Taylor, Jay, *The Generalissimo: Chiang Kai-shek and the Struggle for Modern China,* Cambridge, MA: Harvard University Press, 2009.

Tiruneh, Andargatchew, *The Ethiopian Revolution 1974–87,* Cambridge: Cambridge University Press, 1993.

Tismaneanu, Vladimir, *Stalinism for All Seasons: A Political History of Romanian Communism,* Berkeley, CA: University of California Press, 2003.

Tola, Babile, *To Kill a Generation: The Red Terror in Ethiopia,* Washington: Free Ethiopia Press, 1989.

Tucker, Robert C., 'The Rise of Stalin's Personality Cult', *American Historical Review,* 84, no. 2 (April 1979), pp. 347 – 66.

Tucker, Robert C., 'Memoir of a Stalin Biographer', *Princeton Alumni Weekly,* no. 83, 3 Nov. 1982, pp. 21 – 31.

Ventresca, Robert A., *Soldier of Christ: The Life of Pope Pius XII,* Cambridge, MA: Harvard University Press, 2013.

Ullrich, Volker, *Hitler: Ascent 1889–1939,* New York: Alfred Knopf, 2016.

Vasilieva, Larissa, *Kremlin Wives,* New York: Arcade Publishing, 1992.

Wang, Helen, *Chairman Mao Badges: Symbols and Slogans of the Cultural Revolution,* London: British Museum, 2008.

Wedeen, Lisa, *Ambiguities of Domination: Politics, Rhetoric, and Symbolism in Contemporary Syria,* Chicago: University of Chicago Press, 1999.

Weintraub, Stanley, *Journey to Heartbreak: The Crucible Years of Bernard Shaw,* New York: Weybright and Talley, 1971.

Weintraub, Stanley, 'GBS and the Despots', *Times Literary Supplement,* 22 Aug. 2011.

Werth, Alexander, *Russia at War, 1941–1945: A History,* New York: Skyhorse Publishing, 2011.

White, Lynn T. III, *Policies of Chaos: The Organizational Causes of Violence in China's Cultural Revolution,* Princeton: Princeton University Press, 1989.

Wilson, Verity, 'Dress and the Cultural Revolution' in Valerie Steele and John S. Major (eds), *China Chic: East Meets West,* New Haven, CT: Yale University Press, 1999, pp. 167 – 86.

Wingrove, Paul, 'Mao in Moscow, 1949 – 50: Some New Archival Evidence', *Journal of Communist Studies and Transition Politics,* 11, no. 4 (Dec. 1995), pp. 309 – 34.

Wolff, David, "One Finger's Worth of Historical Events": New Russian and Chinese Evidence on the Sino-Soviet Alliance and Split, 1948 – 1959', *Cold War International History Project Bulletin,* Working Paper no. 30 (Aug. 2002), pp. 1 – 74.

Wylie, Raymond F., *The Emergence of Maoism: Mao Tse-tung, Ch'en Po-ta, and the Search for Chinese Theory, 1935–1945,* Palo Alto, CA: Stanford University Press, 1980.

Yurchak, Alexei, 'Bodies of Lenin: The Hidden Science of Communist Sovereignty', *Representations,* no. 129 (Winter 2015), pp. 116 – 57.

Zeleke, Elleni Centime, 'Addis Ababa as Modernist Ruin', *Callaloo,* 33, no. 1 (Spring 2010), pp. 117 – 35.

Zewde, Bahru, *A History of Modern Ethiopia,* London: James Currey, 2001.

주

서문

1   W. M. Thackeray, *The Paris Sketch Book,* London: Collins' Clear-Type Press, 1840, p. 369.

2   Peter Burke, *The Fabrication of Louis XIV,* New Haven, CT: Yale University Press, 1992.

3   일례로 훌륭한 저작인 Lisa Wedeen, *Ambiguities of Domination: Politics, Rhetoric, and Symbolism in Contemporary Syria,* Chicago: University of Chicago Press, 1999의 논고를 보라; Yves Cohen, 'The Cult of Number One in an Age of Leaders', *Kritika: Explorations in Russian and Eurasian History,* vol. 8, no. 3 (Summer 2007), pp. 597 – 634도 참조.

4   Andrew J. Nathan, 'Foreword' in Li Zhisui, *The Private Life of Chairman Mao: The Memoirs of Mao's Personal Physician,* New York: Random House, 1994, p. x.(『모택동의 사생활』, 손풍삼 옮김, 고려원, 1995)

5   Ian Kershaw, *The 'Hitler Myth': Image and Reality in the Third Reich,* Oxford: Oxford University Press, 2001.

6   Stephen F. Cohen, *Rethinking the Soviet Experience: Politics and History since 1917,* Oxford: Oxford University Press, 1985, p. 101.

7   Paul Hollander, *Political Pilgrims: Western Intellectuals in Search*

of the Good Society, London: Routledge, 2017; Paul Hollander, *From Benito Mussolini to Hugo Chavez: Intellectuals and a Century of Political Hero Worship,* Cambridge: Cambridge University Press, 2017.

8   Henri Locard, *Pol Pot's Little Red Book: The Sayings of Angkar,* Bangkok: Silkworm Books, 2004, p. 99.

1장 무솔리니

1   Aristotle Kallis, *The Third Rome, 1922–43: The Making of the Fascist Capital,* Houndmills, Basingstoke: Palgrave Macmillan, 2014, p. 245.

2   Christopher Duggan, 'The Internalisation of the Cult of the Duce: The Evidence of Diaries and Letters' in Stephen Gundle, Christopher Duggan and Giuliana Pieri (eds), *The Cult of the Duce: Mussolini and the Italians,* Manchester : Manchester University Press, 2013, p. 130.

3   ACS, SPD, CO, b. 2762, f. 509819.

4   ACS, SPD, b. 386, f. 142471, 29 April 1933, b. 386, f. 142484, 6 June 1933; b. 2773, Dec. 1938.

5   Herman Finer, *Mussolini's Italy,* New York: Holt and Co., 1935, p. 298.

6   Denis Mack Smith, 'Mussolini, Artist in Propaganda: The Downfall of Fascism', *History Today,* 9 no. 4 (April 1959), p. 224.

7   Peter Neville, *Mussolini,* Abingdon: Routledge, 2015, p. 46.

8   Ivone Kirkpatrick, *Mussolini: Study of a Demagogue,* New York: Hawthorn Books, 1964, p. 89; Denis Mack Smith, *Mussolini,* London: Weidenfeld & Nicolson, 1981, p. 39.

9   Emilio Gentile quoted in Lucy Hughes-Hallett, *Gabriele d'Annunzio: Poet, Seducer, and Preacher of War,* London: 4th Estate, 2013, loc. 179.

10   Kirkpatrick, *Mussolini,* pp. 98 – 9.

11   Mack Smith, *Mussolini,* p. 54.

12   위의 책, pp. 54 – 5; Kirkpatrick, *Mussolini,* p. 151; *The Times,* 28 October 1929, p. 14.

13 Kirkpatrick, *Mussolini,* p. 156; George Slocombe, *The Tumult and the Shouting,* Kingswood: Windmill Press, 1936, p. 148.

14 Kirkpatrick, *Mussolini,* p. 176.

15 위의 책, pp. 107 and 200 – 202.

16 Quinto Navarra, *Memorie del cameriere di Mussolini,* Milan: Longanesi, 1972, pp. 17 – 18; Dino Biondi, *La fabbrica del Duce,* Florence: Vallecchi, 1967, p. 96.

17 Navarra, *Memorie del cameriere di Mussolini,* p. 173.

18 Guido Bonsaver, *Censorship and Literature in Fascist Italy,* Toronto: University of Toronto Press, 2007, pp. 19 – 20.

19 Mussolini's speech to the Chamber, 3 January 1925, Patrick G. Zander, *The Rise of Fascism: History, Documents, and Key Questions,* Santa Barbara, CA: ABC–Clio, 2016, p. 140.

20 Bonsaver, *Censorship and Literature in Fascist Italy,* pp. 20 – 21; Mack Smith, *Mussolini,* p. 87.

21 William Bolitho, *Italy under Mussolini,* New York: Macmillan, 1926, p. 107; 무솔리니가 국가에 대해 언급한 유명한 표현이 처음 등장한 곳은 'Per la medaglia dei benemeriti del commune di Milano', 28 October 1925, Benito Mussolini, *Opera Omnia,* Florence: La Fenice, 1956, vol. 21, p. 425.

22 Bolitho, *Italy under Mussolini,* p. 107.

23 Kirkpatrick, *Mussolini,* p. 244; Mack Smith, *Mussolini,* p. 102.

24 ACS, SPD, Carteggio Ordinario, b. 234, f. 2795, pp. 19731 – 6, May 1923; Lorenzo Santoro, *Roberto Farinacci e il Partito Nazionale Fascista 1923–1926,* Soveria Mannelli: Rubbettino, 2008, pp. 197 – 8.

25 Mack Smith, *Mussolini,* pp. 102 – 3; Mario Rivoire, *Vita e morte del fascismo,* Milan: Edizioni Europee, 1947, p. 107.

26 Augusto Turati, *Una rivoluzione e un capo,* Rome: Libreria del Littorio, 1927, pp. 35 and 143; Partito Nazionale Fascista, *Le origini e lo sviluppo del fascismo, attraverso gli scritti e la parola del Duce e le deliberazioni del P.N.F. dall'intervento alla marcia su Roma,* Rome : Libreria del Littorio, 1928, p. xiii.

27 Navarra, *Memorie del cameriere di Mussolini,* pp. 197 – 9.

28 Percy Winner, 'Mussolini: A Character Study', *Current History*, 28, no. 4 (July 1928), p. 526; Bolitho, *Italy under Mussolini*, p. 62; Slocombe, *The Tumult and the Shouting*, p. 149.

29 Camillo Berneri, *Mussolini grande attore*, Pistoia: Edizioni dell'Archivio Famiglia Berneri, 1st edn 1934, second edn 1983, pp. 25 – 6; Mack Smith, *Mussolini*, p. 124.

30 William Sloane Kennedy, *Italy in Chains*, West Yarmouth, MA: Stonecraft Press, 1927, p. 18; Henri Béraud, *Ce que j'ai vu à Rome*, Paris: Les Editions de France, 1929, p. 38; Rivoire, *Vita e morte del fascismo*, p. 99.

31 Adrian Lyttelton, *The Seizure of Power: Fascism in Italy, 1919– 1929*, London: Weidenfeld & Nicolson, 2nd edn, 1987, p. 401.

32 Béraud, *Ce que j'ai vu à Rome*, pp. 37 – 42; 무솔리니의 이미지에 대해서 Simonetta Falasca-Zamponi, *Fascist Spectacle: The Aesthetics of Power in Mussolini's Italy*, Berkeley, CA: University of California Press, 2000도 참조.

33 Margherita Sarfatti, *The Life of Benito Mussolini*, London: Butterworth, 1925, pp. 29 – 30, 44 and 230.

34 Berneri, *Mussolini grande attore*, pp. 26 – 8; Vincenzo de Gaetano, *Il libro dell'Avanguardista*, Catania: Societ a Tip. Editrice Siciliana, 1927, pp. 45 – 6; also Sckem Gremigni, *Duce d'Italia*, Milano, Istituto di Propaganda d'Arte e Cultura, 1927.

35 Navarra, *Memorie del cameriere di Mussolini*, pp. 110 – 12, 124 – 5 and 135; Emil Ludwig, *Talks with Mussolini*, Boston: Little, Brown, and Co., 1933, p. 80; Kirkpatrick, *Mussolini*, p. 159.

36 Winner, 'Mussolini: A Character Study', p. 525.

37 René Benjamin, *Mussolini et son peuple*, Paris: Librairie Plon, 1937, p. 235; Maurice Bedel, *Fascisme An VII*, Paris: Gallimard, 1929, pp. 18 – 19; Berneri, *Mussolini grande attore*, p. 43.

38 Navarra, *Memorie del cameriere di Mussolini*, p. 161; Romain Hayes, *Subhas Chandra Bose in Nazi Germany: Politics, Intelligence and Propaganda, 1941–1943*, London, Hurst, 2011, pp. 9 – 10; Robert Blake and Wm Roger Louis (eds), *Churchill*, Oxford: Clarendon Press, 2002, p. 258; Edwin P. Hoyt,

Mussolini's Empire: The Rise and Fall of the Fascist Vision, New York: Wiley, 1994, p. 115; John Patrick Diggins, *Mussolini and Fascism: The View from America,* Princeton: Princeton University Press, 1972도 참조; David F. Schmitz, *The United States and Fascist Italy, 1922–1940,* Chapel Hill, NC: University of North Carolina Press, 1988.

39 Roberto Festorazzi, *Starace. Il mastino della rivoluzione fascista,* Milan: Ugo Mursia, 2002, p. 71.

40 Piero Melograni, 'The Cult of the Duce in Mussolini's Italy', *Journal of Contemporary History,* 11, no. 4 (Oct. 1976), pp. 221 – 4; Winner, 'Mussolini: A Character Study', p. 518도 참조.

41 Berneri, *Mussolini grande attore,* p. 54; Kirkpatrick, Mussolini, p. 161.

42 Tracy H. Koon, Believe, *Obey, Fight: Political Socialization of Youth in Fascist Italy, 1922–1943,* Chapel Hill, NC: University of North Carolina Press, 1985, pp. 111 – 12; Mack Smith, *Mussolini,* pp. 175 – 6; G. Franco Romagnoli, *The Bicycle Runner: A Memoir of Love, Loyalty, and the Italian Resistance,* New York: St Martin's Press, 2009, p. 48 .

43 매수된 일간지들의 목록 출처는 ACS, MCP, Reports, b. 7, f. 73; 모토의 출처는 ACS, MCP, Gabinetto, b. 44, f. 259, 'Motti del Duce'; 치아노와 괴벨스 사이에 오간 정보에 대해서는 Wenke Nitz, *Führer und Duce: Politische Machtinszenierungen im nationalsozialistischen Deutschland und im faschistischen Italien,* Cologne: Böhlau Verlag, 2013, p. 112 참조.

44 Bonsaver, *Censorship and Literature in Fascist Italy,* pp. 61 and 124; 조반니 세디타는 신문과 개인 모두에게 보조금을 주기 위해 6억 3200만 리라가 사용되었을 것으로 추산한다; Giovanni Sedita, *Gli intellettuali di Mussolini: La cultura fi nanziata dal fascismo,* Florence: Casa Editrice Le Lettere, 2010, p. 17; Asvero Gravelli, *Uno e Molti: Interpretazioni spirituali di Mussolini,* Rome: Nuova Europa, 1938, pp. 29 and 31; 그라벨리가 받은 보조금이 기록된 자료는 an appendix published in Sedita, *Gli intellettuali di Mussolini,* p. 202.

45   Philip Cannistraro, *La fabbrica del consenso: Fascismo e mass media,* Bari: Laterza, 1975, pp. 228–41.

46   Navarra, *Memorie del cameriere di Mussolini,* pp. 114–15.

47   Franco Ciarlantini, *De Mussolini onzer verbeelding,* Amsterdam: De Amsterdamsche Keurkamer, 1934, p. 145.

48   Paul Baxa, '"Il nostro Duce": Mussolini's Visit to Trieste in 1938 and the Workings of the Cult of the Duce', *Modern Italy,* 18, no. 2 (May 2013), pp. 121–6; Frank Iezzi, 'Benito Mussolini, Crowd Psychologist', *Quarterly Journal of Speech,* 45, no. 2 (April 1959), p. 167.

49   Iezzi, 'Benito Mussolini, Crowd Psychologist', pp. 167–9.

50   Stephen Gundle, 'Mussolini's Appearances in the Regions' in Gundle, Duggan and Pieri (eds), *The Cult of the Duce,* pp. 115–17.

51   Koon, *Believe, Obey, Fight,* p. 30; Dino Alfieri and Luigi Freddi (eds), *Mostra della Rivoluzione Fascista,* Rome: National Fascist Party, 1933, p. 9; Dino Alfieri, *Exhibition of the Fascist Revolution: 1st Decennial of the March on Rome,* Bergamo: Istituto Italiano d'Arti Grafiche, 1933.

52   Edoardo Bedeschi, *La giovinezza del Duce: Libro per la gioventù italiana,* 2nd edn, Turin: Società Editrice Internazionale, 1940, p. 122; August Bernhard Hasler, 'Das Duce-Bild in der faschistischen Literatur', *Quellen und Forschungen aus italienischen Archiven und Bibliotheken,* vol. 60, 1980, p. 497; Sofia Serenelli, 'A Town for the Cult of the Duce: Predappio as a Site of Pilgrimage' in Gundle, Duggan and Pieri (eds), *The Cult of the Duce,* pp. 95 and 101–2.

53   ACS, SPD CO, b. 869, f. 500027/IV, 'Omaggi mandati a V.T.'.

54   Kirkpatrick, *Mussolini,* p. 170; 오늘날에도 여전히 많은 속간을 볼 수 있다; Max Page, *Why Preservation Matters,* New Haven, CT: Yale University Press, 2016, pp. 137–8 참조; Ludwig, *Talks with Mussolini,* p. 121.

55   Mack Smith, *Mussolini,* p. 136; Kirkpatrick, *Mussolini,* pp. 275–6; Eugene Pooley, 'Mussolini and the City of Rome' in Gundle, Duggan and Pieri (eds), *The Cult of the Duce,* pp. 209–24도 참조.

56 Michael Mann, *The Dark Side of Democracy: Explaining Ethnic Cleansing,* Cambridge: Cambridge University Press, 2015, p. 309; Dominik J. Schaller, 'Genocide and Mass Violence in the "Heart of Darkness": Africa in the Colonial Period' in Donald Bloxham and A. Dirk Moses, *The Oxford Handbook of Genocide Studies,* Oxford: Oxford University Press, 2010, p. 358; Mack Smith, Mussolini, p. 171도 참조.

57 Kirkpatrick, *Mussolini,* pp. 288 – 9.

58 Jean Ajalbert, *L'Italie en silence et Rome sans amour,* Paris: Albin Michel, 1935, pp. 227 – 8.

59 Mack Smith, *Mussolini,* pp. 190 and 197.

60 Ruth Ben-Ghiat, *Fascist Modernities: Italy, 1922–1945,* Berkeley, CA: University of California Press, 2001, p. 216; Ian Campbell, *The Addis Ababa Massacre: Italy's National Shame,* London: Hurst, 2017; 그라치아니와 관련한 일화가 언급된 곳은 Navarra, *Memorie del cameriere di Mussolini,* p. 202.

61 하나만 예로 들면 앙리 술리에라는 기자는 수천 스위스 프랑을 받고 아디스아바바를 방문했다; ACS, MCP, Gabinetto, b. 10.

62 Romagnoli, *The Bicycle Runner,* p. 48; ACS, SPD, Carteggio Ordinario, b. 386, f. 142470, 23 Aug. 1936.

63 Kirkpatrick, *Mussolini,* pp. 331 – 2.

64 Santi Corvaja, *Hitler and Mussolini: The Secret Meetings,* New York: Enigma Books, 2008, pp. 27 – 8; Alfred Rosenberg, *Das politische Tagebuch Alfred Rosenbergs aus den Jahren 1934/35 und 1939/40: Nach der photographischen Wiedergabe der Handschrift aus den Nurnberger Akten,* Munich: Deutscher Taschenbuch Verlag, 1964, p. 28.

65 Kirkpatrick, *Mussolini,* pp. 350 – 54.

66 Galeazzo Ciano, *The Ciano Diaries, 1939–1943,* Safety Harbor, FL: Simon Publications, 2001, pp. 43 – 4 and 53.

67 Mack Smith, *Mussolini,* pp. 230 and 249.

68 Ciano, *The Ciano Diaries, 1939 – 1943,* p. 138.

69 위의 책, p. 223, p. 222; Mack Smith, *Mussolini,* pp. 237 and 240 – 43도 참조.

70 Renzo de Felice, *Mussolini il Fascista,* vol. 1, *La conquista del potere, 1921–1925,* Turin: Giulio Einaudi, 1966, p. 470; 무솔리니 의 고립에 대해서는 Navarra, *Memorie del cameriere di Mussolini,* pp. 45‒6, and Kirkpatrick, *Mussolini,* p. 167 참조.

71 Navarra, *Memorie del cameriere di Mussolini,* pp. 140 and 203; Ciano, *The Ciano Diaries, 1939–1943,* pp. 18‒19.

72 Mack Smith, *Mussolini,* pp. 240‒47.

73 Melograni, 'The Cult of the Duce in Mussolini's Italy', p. 221.

74 Duggan, 'The Internalisation of the Cult of the Duce', pp. 132‒3.

75 Emilio Gentile, *The Sacralisation of Politics in Fascist Italy,* Cambridge, MA: Harvard University Press, 1996, pp. 151‒2.

76 Emilio Lussu, *Enter Mussolini: Observations and Adventures of an Anti-Fascist,* London: Methuen & Co., 1936, p. 169; Romagnoli, *The Bicycle Runner,* p. 67.

77 Christopher Duggan, *Fascist Voices: An Intimate History of Mussolini's Italy,* Oxford: Oxford University Press, 2013, pp. 177 and 257‒8; Ajalbert, *L'Italie en silence et Rome sans amour,* p. 231; Paul Corner, *The Fascist Party and Popular Opinion in Mussolini's Italy,* Oxford: Oxford University Press, 2012, pp. 200 and 250.

78 Mack Smith, *Mussolini,* p. 239.

79 Ciano, *The Ciano Diaries,* 1939‒1943, p. 264.

80 ACS, MCP, Gabinetto, b. 43, pp. 39 ff, 20 Nov. 1940, Mack Smith, *Mussolini,* p. 260; 은밀한 라디오 방송과의 싸움에 대해서는 ACS, MCP, Gabinetto, b. 44, f. 258, p. 29.

81 Kirkpatrick, *Mussolini,* pp. 494‒5; Ciano, *The Ciano Diaries, 1939–1943,* p. 583.

82 Kirkpatrick, *Mussolini,* p. 515.

83 Winner, 'Mussolini: A Character Study', p. 526; ACS, MCP, Gabinetto, b. 44, f. 258, 12 March 1943, p. 5.

84 Angelo M. Imbriani, *Gli italiani e il Duce: Il mito e l'immagine di Mussolini negli ultimi anni del fascismo (1938–1943),* Naples: Liguori, 1992, pp. 171‒6.

85 Robert A. Ventresca, *Soldier of Christ: The Life of Pope Pius XII,*

Cambridge, MA: Harvard University Press, 2013, p. 192.

86 Imbriani, *Gli italiani e il Duce,* pp. 184−5.

87 Mack Smith, *Mussolini,* p. 298.

88 Gentile, *The Sacralisation of Politics in Fascist Italy,* p. 152; Italo Calvino, 'Il Duce's Portraits', *New Yorker,* 6 Jan. 2003, p. 34; John Foot, *Italy's Divided Memory,* Houndmills, Basingstoke: Palgrave Macmillan, 2009, p. 67.

89 Ray Moseley, *Mussolini: The Last 600 Days of Il Duce,* Lanham, MD: Taylor Trade Publishing, 2004, p. 2.

90 Romagnoli, *The Bicycle Runner,* p. 259.

2장 히틀러

1 H. R. Trevor-Roper (ed.), *Hitler's Table Talk 1941–1944,* New York: Enigma Books, 2000, p. 10.

2 Margarete Plewnia, *Auf dem Weg zu Hitler: Der 'völkische' Publizist Dietrich Eckart,* Bremen: Schünemann Universitätsverlag, 1970, p. 84.

3 Adolf Hitler, *Mein Kampf,* Munich: Franz Eher Verlag, 1943, p. 235.

4 Ernst Hanfstaengl, *Unheard Witness,* Philadelphia: Lippincott, 1957, pp. 34−7; 청중의 규모에 관한 자료는 Volker Ullrich, *Hitler: Ascent 1889–1939,* New York: Alfred Knopf, 2016, p. 95.

5 Plewnia, *Auf dem Weg zu Hitler,* pp. 69 and 84−90.

6 Ian Kershaw, *Hitler, 1889–1936: Hubris,* London: Allen Lane, 1998, pp. 162−3; Plewnia, *Auf dem Weg zu Hitler,* p. 81.

7 Georg Franz-Willing, *Die Hitlerbewegung. Der Ursprung, 1919–1922,* Hamburg: R.v. Decker's Verlag G. Schenck, 1962, 2nd edn 1972, pp. 124−8 and 218−19.

8 Hanfstaengl, *Unheard Witness,* p. 70; Rudolf Herz, *Hoffmann & Hitler: Fotografie als Medium des Führer Mythos,* Munich: Klinkhardt and Biermann, 1994, pp. 92−3 and 99.

9 Plewnia, *Auf dem Weg zu Hitler,* p. 90; Ullrich, *Hitler,* p. 113; Ludolf Herbst, *Hitlers Charisma. Die Erfi ndung eines deutschen Messias,* Frankfurt am Main: S. Fischer Verlag, 2010, pp. 147−9.

10 Hanfstaengl, *Hitler,* p. 86.

11 William L. Shirer, *The Rise and Fall of the Third Reich: A History of Nazi Germany,* New York: Simon & Schuster, 50th anniversary reissue, 2011, pp. 75-6.

12 Adolf Hitler, *Mein Kampf,* p. 116; 예언자라는 용어가 등장한 곳은 Georg Schott, *Das Volksbuch vom Hitler,* Munich: Herrmann Wiechmann, 1924 and 1938, p. 10.

13 Ullrich, *Hitler,* p. 189.

14 Heinrich Hoffmann, *Hitler Was My Friend: The Memoirs of Hitler's Photographer,* London: Burke, 1955, pp. 60-61.

15 Claudia Schmölders, *Hitler's Face: The Biography of an Image,* Philadelphia: University of Pennsylvania Press, 2009, p. 87; Herz, *Hoffmann & Hitler,* pp. 162-9.

16 Hoffmann, *Hitler Was My Friend,* pp. 61-3.

17 Ullrich, *Hitler,* pp. 199-202.

18 Joseph Goebbels, *Tagebücher 1924–1945,* edited by Ralf Georg Reuth, Munich: Piper Verlag, 1992, vol. 1, p. 200; Ullrich, *Hitler,* p. 208.

19 Ullrich, *Hitler,* p. 217.

20 Hitler, *Mein Kampf,* p. 96; Joseph Goebbels, *Die zweite Revolution: Briefe an Zeitgenossen,* Zwickau: Streiter-Verlag, 1928, pp. 5-8; Joseph Goebbels, *Der Angriff,* Munich: Franz Eher Verlag, 1935, pp. 214-16에 재간된 'Der Führer', 22 April 1929; Ernest K. Bramsted, *Goebbels and National Socialist Propaganda 1925–1945,* East Lansing, MI: Michigan State University Press, 1965, pp. 195-201도 참조.

21 Ullrich, *Hitler,* pp. 222-3.

22 Herbst, *Hitlers Charisma,* p. 215; *The Times,* 10 June 1931, p. 17; Richard Bessel, 'The Rise of the NSDAP and the Myth of Nazi Propaganda', *Wiener Library Bulletin,* 33, 1980, pp. 20-29.

23 Ullrich, *Hitler,* pp. 281-2.

24 Heinrich Hoffmann, *Hitler wie ihn keiner kennt,* Munich: Heinrich Hoffmann, 1935 (1st edn 1932); Herz, *Hoffmann & Hitler,* pp. 245-8도 참조.

25 Bramsted, *Goebbels and National Socialist Propaganda,* pp. 202 – 4; Emil Ludwig, *Three Portraits: Hitler, Mussolini, Stalin,* New York: Longmans, Green and Co., 1940, p. 27.

26 Gerhard Paul, *Aufstand der Bilder. Die NS-Propaganda vor 1933,* Bonn: Dietz, 1990, pp. 204 – 7.

27 Ullrich, *Hitler,* pp. 330 – 31.

28 Richard J. Evans, 'Coercion and Consent in Nazi Germany', *Proceedings of the British Academy,* 151, 2006, pp. 53 – 81.

29 위의 책.

30 BArch, R43II/979, 31 March, 2 and 10 April 1933.

31 BArch, R43II/979, 18 Feb., 7, 8, 11 March 1933; R43II/976, 7 April and 3 July 1933.

32 BArch, NS6/215, p. 16, Circular by Martin Bormann, 6 Oct. 1933.

33 Konrad Repgen and Hans Booms, *Akten der Reichskanzlei: Regierung Hitler 1933–1938,* Boppard: Harald Boldt Verlag, 1983, part 1, vol. 1, p. 467; BArch, R43II/959, 5 and 13 April 1933, 29 Aug. 1933, pp. 25 – 6 and 48.

34 Richard Bessel, 'Charismatisches Führrertum? Hitlers Image in der deutschen Bevölkerung' in Martin Loiperdinger, Rudolf Herz and Ulrich Pohlmann (eds), *Führerbilder: Hitler, Mussolini, Roosevelt, Stalin in Fotografie und Film,* Munich: Piper, 1995, pp. 16 – 17.

35 Ullrich, *Hitler,* p. 474.

36 *Deutschland-Berichte der Sozaldemokratischen Partei Deutschlands (Sopade) 1934–1940,* Salzhausen: Verlag Petra Nettelbeck, 1980, vol. 1, 1934, pp. 275 – 7; John Brown, *I Saw for Myself,* London: Selwyn and Blount, 1935, p. 35도 참조.

37 Victor Klemperer, *I Will Bear Witness: A Diary of the Nazi Years 1933–1941,* New York: The Modern Library, 1999, p. 82.

38 연설을 찾을 수 있는 자료는 Rudolf Hess, 'Der Eid auf Adolf Hitler', *Reden,* Munich: Franz Eher Verlag, 1938, pp. 9 – 14이고 연설에 대한 반응은 *Deutschland-Berichte der Sopade,* 1934, pp. 470 – 72 참조.

39 Hitler, *Mein Kampf,* p. 387.

40 BArch, NS22/425, 30 Aug. 1934, p. 149; 2주 뒤 사진들 일부가 파

괴되고 있다는 보도가 나온 뒤 히틀러의 사진이 비율과 크기에서 월
등하다면 다른 지도자의 사진을 걸어도 된다는 새 회람이 돌았다; p.
148, 14 Sept. 1934 참조; 1935년 대회의 슬로건에 대해서는 Louis
Bertrand, *Hitler*, Paris: Arthème Fayard, 1936, p. 45 참조.

41 *Deutschland-Berichte der Sopade*, 1934, pp. 10 – 11, 471 –2, 482
and 730 –31.

42 Joseph Goebbels, *'Unser Hitler!' Signale der neuen Zeit. 25
ausgewèhlte Reden von Dr. Joseph Goebbels*, Munich: NSDAP,
1934, pp. 141 –9; Bramsted, *Goebbels and National Socialist
Propaganda 1925–1945*, pp. 204 –5도 참조.

43 Bernd Sösemann, 'Die Macht der allgegenwärtigen Suggestion.
Die Wochensprüche der NSDAP als Propagandamittel', *Jahrbuch
1989*, Berlin: Berliner Wissenschaftliche Gesellschaft, 1990, pp.
227 –48; Victor Klemperer, *To the Bitter End: The Diaries of
Victor Klemperer 1942–1945*, London: Weidenfeld & Nicolson,
1999, p. 106.

44 Wolfgang Schneider, *Alltag unter Hitler*, Berlin: Rowohlt Berlin
Verlag, 2000, p. 83; BArch, R58/542, p. 30, *Frankfurter Zeitung*, 25
Aug. 1938; p. 32, *Berliner Börsen Zeitung*, 7 Sept. 1938; p. 38,
Völkischer Beobachter, 6 Nov. 1938.

45 Othmar Plöckinger, *Geschichte eines Buches. Adolf Hitlers "Mein
Kampf" 1922–1945*, Munich: Oldenbourg Verlag, 2006, pp. 414 –
15; BArch, R4901/4370, 6 Feb. and 5 April 1937.

46 Ansgar Diller, *Rundfunkpolitik im Dritten Reich*, Munich:
Deutscher Taschenbuch Verlag, 1980, pp. 62 –3.

47 Goebbels, *Tagebücher 1924–1945*, p. 772.

48 라디오의 갯수와 비용에 대해서는 Wolfgang König, 'Der
Volksempfänger und die Radioindustrie. Ein Beitrag zum
Verhältnis von Wirtschaft und Politik im Nationalsozialismus' in
Vierteljahrschrift für Sozial-und Wirtschaftsgeschichte, 90, no. 3
(2003), p. 273 참조; *Deutschland-Berichte der Sopade*, 1934, pp.
275 –7; 1936, p. 414; 1938, p. 1326; Klemperer, *I Will Bear
Witness*, p. 155.

49 Stephan Dolezel and Martin Loiperdinger, 'Hitler in Parteitagsfilm

und Wochenschau' in Loiperdinger, Herz and Pohlmann, *Führerbilder*, p. 81.

50 이동식 극장에 대해서는 Richard J. Evans, *The Third Reich in Power*, London: Penguin Books, 2006, p. 210 참조.

51 Hoffmann, *Hitler Was My Friend*, p. 70; Herz, *Hoffmann & Hitler*, p. 244.

52 Ines Schlenker, *Hitler's Salon: The Große Deutsche Kunstausstellung at the Haus der Deutschen Kunst in Munich 1937–1944*, Bern: Peter Lang AG, 2007, p. 136.

53 A. W. Kersbergen, *Onderwijs en nationaalsocialisme*, Assen: Van Gorcum, 1938, p. 21.

54 Annemarie Stiehler, *Die Geschichte von Adolf Hitler den deutschen Kindern erzählt*, Berlin-Lichterfelde: Verlag des Hauslehrers, 1936, p. 95; Kersbergen, *Onderwijs en nationaalsocialisme*, p. 22.

55 Paul Jennrich, *Unser Hitler. Ein Jugend-und Volksbuch*, Halle (Saale), Pädagogischer Verlag Hermann Schroedel, 1933, p. 75; Linda Jacobs Altman, *Shattered Youth in Nazi Germany: Primary Sources from the Holocaust*, Berkeley Heights, NJ: Enslow Publishers, 2010, p. 95.

56 Rudolf Hoke and Ilse Reiter (eds), *Quellensammlung zur österreichischen und deutschen Rechtsgeschichte*, Vienna: Böhlau Verlag, 1993, p. 544.

57 Despina Stratigakos, *Hitler at Home*, New Haven, CT: Yale University Press, 2015, pp. 24–46.

58 Albert Speer, *Inside the Third Reich*, New York: Macmillan, 1970, p. 103; Christa Schroeder, *Er war mein Chef: Aus dem Nachla β der Sekretärin von Adolf Hitler*, Munich: Langen Müller, 1985, p. 71.

59 Stratigakos, *Hitler at Home*, p. 59.

60 위의 책, p. 84.

61 Kristin Semmens, *Seeing Hitler's Germany: Tourism in the Third Reich*, Houndmills, Basingstoke: Palgrave Macmillan, 2005, pp. 56–68; BArch, R43II/957a, 10 Oct. 1938, pp. 40–41.

62 Ulrich Chaussy and Christoph Püschner, *Nachbar Hitler.*

Führerkult und Heimatzerstörung am Obersalzberg, Berlin: Christoph Links Verlag, 2007, pp. 141 – 2; David Lloyd George, 'I Talked to Hitler' in Anson Rabinbach and Sander L. Gilman (eds), *The Third Reich Sourcebook,* Berkeley, CA: University of California Press, 2013, p. 77 – 8.

63   Chaussy and Püschner, *Nachbar Hitler,* p. 142.

64   Andrew Nagorski, *Hitlerland: American Eyewitnesses to the Nazi Rise to Power,* New York: Simon & Schuster, 2012, pp. 84 – 6.

65   Kershaw, *Hubris,* p. 590; Max Domarus, *Hitler: Reden und Proklamationen 1932–1945,* Leonberg: Pamminger, 1988, p. 606.

66   *Deutschland-Berichte der Sopade,* 1936, pp. 68 – 70; W. E. B. Du Bois, 'What of the Color-Line?' in Oliver Lubrich (ed.), *Travels in the Reich 1933–1945: Foreign Authors Report from Germany,* Chicago: University of Chicago Press, 2010, p. 143.

67   *Deutschland-Berichte der Sopade,* 1936, pp. 68 – 70, 141, 409, 414 and 419; Domarus, *Hitler,* p. 643.

68   William L. Shirer, *Berlin Diary,* New York: Alfred Knopf, 1942, p. 86.

69   *Deutschland-Berichte der Sopade,* 1937, pp. 139 – 40, 143 – 6, 603, 606, 1224 and 1531.

70   위의 책, pp. 1528 and 1531.

71   Ullrich, *Hitler,* p. 736; Kershaw, *Hitler: Nemesis,* pp. 110 – 12.

72   Klemperer, *I Will Bear Witness,* p. 29; Goebbels, 'Geburtstag des Führers', 19 April 1939, *Die Zeit ohne Beispiel,* Munich: Franz Eher Verlag, 1942, p. 102; *The Times,* 20 April 1939.

73   'Aggrandizer's Anniversary', *Time magazine,* 1 May 1939; Speer, *Inside the Third Reich,* p. 149.

74   'Aggrandizer's Anniversary', *Time magazine,* 1 May 1939.

75   Roger Moorhouse, 'Germania: Hitler's Dream Capital', *History Today,* 62, issue 3 (March 2012); Speer, *Inside the Third Reich,* p. 69.

76   Goebbels, *Tagebücher 1924–1945,* pp. 1319 – 20; Sebastian Haffner, *The Meaning of Hitler,* London: Phoenix Press, 1979, p. 34(『히틀러에 붙이는 주석』, 안인희 옮김, 돌베개, 2014); Kershaw,

Hitler: Nemesis, p. 184.

77 Klemperer, *I Will Bear Witness*, p. 305; *Deutschland-Berichte der Sopade*, 1938, pp. 406 – 7; Speer, *Inside the Third Reich*, p. 148.

78 *Deutschland-Berichte der Sopade*, 1939, p. 450; BArch, R43II/963, 15 Feb. 1939, p. 56.

79 *Deutschland-Berichte der Sopade*, 1938, pp. 1056 – 7.

80 *Deutschland-Berichte der Sopade*, 1939, p. 442.

81 Evans, *The Third Reich in Power*, p. 704.

82 Shirer, *Berlin Diary*, p. 201; Hoffman, *Hitler Was My Friend*, p. 115.

83 Hoffman, *Hitler Was My Friend*, p. 115.

84 Shirer, *Berlin Diary*, p. 205; Klemperer, *I Will Bear Witness*, p. 315; C. W. Guillebaud, 'How Germany Finances The War', *Spectator*, 29 December 1939, p. 8.

85 Shirer, *Berlin Diary*, p. 241.

86 위의 책, p. 320.

87 Shirer, *Berlin Diary*, p. 336; Goebbels, *Tagebücher 1924–1945*, p. 1450; 히틀러의 지시 사항에 대해서는 BArch, R55/20007, July 1940, pp. 8 –9 참조; Stephen G. Fritz, *Ostkrieg: Hitler's War of Extermination in the East*, Lexington, KT: University Press of Kentucky, 2011, p. 31도 참조.

88 Richard J. Evans, *The Third Reich at War*, London: Penguin, 2009, pp. 136 – 8.

89 Shirer, *Berlin Diary*, pp. 454 – 5.

90 히틀러의 공보 담당자였던 에른스트 한프슈텡글은 후에 미국으로 건너가 히틀러가 미국에 대한 전략적 비전이 부족했다고 거듭 언급했다; Hanfstaengl, *Unheard Witness*, pp. 37 and 66 참조.

91 Evans, *The Third Reich at War*, p. 424.

92 위의 책, p. 507; Schroeder, *Er war mein Chef*, pp. 74 – 5.

93 Bramsted, *Goebbels and the National Socialist Propaganda 1925–1945*, pp. 223 – 4.

94 Evans, *The Third Reich at War*, pp. 421 – 2.

95 위의 책, pp. 422 – 3; Ulrich von Hassell, *The von Hassell Diaries: The Story of the Forces against Hitler inside Germany, 1938–*

1945, Boulder, CO: Westview Press, 1994, p. 304.

96 BArch, NS18/842, 17 July 1942, p. 38.

97 Hoffmann, *Hitler Was My Friend,* p. 227; Speer, *Inside the Third Reich,* p. 473.

98 Evans, *The Third Reich at War: 1939–1945,* p. 714; Klemperer, *To the Bitter End,* p. 387.

99 Speer, *Inside the Third Reich,* p. 473.

100 Evans, *The Third Reich at War,* p. 732; Hans J. Mallaquoi, *Destined to Witness: Growing up Black in Nazi Germany,* New York: HarperCollins, 2001, p. 251; Klemperer, *To the Bitter End,* p. 458; Joachim C. Fest, *Hitler,* Boston, MA: Houghton Mifflin Harcourt, 2002, pp. 753–4도 참조.

101 Antony Beevor, *The Fall of Berlin 1945,* London: Penguin Books, 2002, p. 415.

3장 스탈린

1 Henri Béraud, *Ce que j'ai vu à Moscou,* Paris: Les Editions de France, 1925, pp. 46–7.

2 Richard Pipes, *The Russian Revolution,* New York: Vintage Books, 1991, pp. 808–12 .

3 위의 책, p. 814.

4 위의 책, p. 815.

5 Robert Service, *Stalin: A Biography,* Houndmills, Basingstoke: Macmillan, 2004, p. 132 (『스탈린 강철 권력』, 윤길순 옮김, 교양인, 2007); Eugene Lyons, *Stalin: Czar of all the Russians,* New York: J. B. Lippincott, 1940, p. 287; Stephen Kotkin, *Stalin: Paradoxes of Power, 1878–1928,* New York: Penguin Press, 2014, p. 424.

6 Kotkin, *Stalin: Paradoxes of Power,* p. 534.

7 Fernand Corcos, *Une visite à la Russie nouvelle,* Paris: Editions Montaigne, 1930, pp. 404–5; Benno Ennker, 'The Origins and Intentions of the Lenin Cult' in Ian D. Thatcher (ed.), *Regime and Society in Twentieth-Century Russia,* Houndmills, Basingstoke: Macmillan Press, 1999, pp. 125–6.

8 Alexei Yurchak, 'Bodies of Lenin: The Hidden Science of

Communist Sovereignty', *Representations,* no. 129 (Winter 2015), pp. 116 – 57; Béraud, *Ce que j'ai vu à Moscou,* p. 45.

9   Kotkin, *Stalin,* p. 543; Robert H. McNeal, *Stalin: Man and Rule,* New York: New York University Press, 1988, pp. 90 – 93.

10   Service, *Stalin,* pp. 223 – 4.

11   예를 보려면 RGASPI, 17 Oct. 1925, 558-11-1158, doc. 59, p. 77.

12   'Stalin's Word', *Time magazine,* 27 April 1925.

13   Kotkin, *Stalin,* p. 648.

14   Eugene Lyons, *Assignment in Utopia,* London: George G. Harrap, 1938, p. 173; Service, *Stalin,* p. 259.

15   Alexander Trachtenberg, *The History of May Day,* New York: International Pamphlets, 1931.

16   Lyons, *Assignment in Utopia,* pp. 102 – 3.

17   Service, *Stalin,* pp. 265 – 7.

18   Lyons, *Assignment in Utopia,* pp. 206 – 7; 스탈린의 50번째 생일을 기념하기 위해 1929년 12월 21일에 발행된 『프라우다』 특별판에서 스탈린은 마르크스와 레닌의 〈진정한 후계자〉이고 프롤레타리아 당의 〈지도자〉라고 칭송되었다: RGASPI, 558-11-1352, 21 Dec. 1929, doc. 8; Jeff rey Brooks, *Thank You, Comrade Stalin!: Soviet Public Culture from Revolution to Cold War,* Princeton: Princeton University Press, 2000, pp. 60 – 61도 참조.

19   RGASPI, 558-11-1352, doc. 1, 19 Dec. 1929; 'Stalin', *The Life of Stalin: A Symposium,* London: Modern Books Limited, 1930, pp. 12 – 14도 참조.

20   Lazar Kaganovich, 'Stalin and the Party'; Sergo Ordzhonikidze, 'The "Diehard" Bolshvik', 두 자료 모두 재출간된 출처는 *The Life of Stalin,* pp. 40 and 87 – 9.

21   Lyons, *Assignment in Utopia,* pp. 265 – 6; 1929년의 포스터들에 관해서는 James L. Heizer, 'The Cult of Stalin, 1929 – 1939', doctoral dissertation, University of Kentucky, 1977, p. 55 참조. Sarah Davies, *Popular Opinion in Stalin's Russia: Terror, Propaganda and Dissent, 1934–1941,* Cambridge: Cambridge University Press, 1997, p. 147에 재인용.

22   〈원한을 품은 승리자〉라는 표현은 스티븐 코트킨의 날카로운 분석에

서 나온다. *Stalin,* pp. 474 and 591; 하지만 코트킨은 유서가 진짜로 레닌의 작품이었다고 믿지 않는다.

23 Leon Trotsky, *My Life,* New York: Charles Scribner, 1930, pp. 309, 378 and 398.

24 Avel Yenukidze, 'Leaves from my Reminiscences' in *The Life of Stalin,* pp. 90 – 96.

25 Lyons, *Assignment in Utopia,* pp. 381 – 91; 'Russia: Stalin Laughs!', *Time magazine,* 1 Dec. 1930.

26 'Soso was Good', *Time magazine,* 8 Dec. 1930.

27 Stanley Weintraub, 'GBS and the Despots', *Times Literary Supplement,* 22 Aug. 2011 참조.

28 Emil Ludwig, *Nine Etched from Life,* New York: Robert McBride, p. 348; 앙리 바르뷔스의 심사에 대한 출처는 Michael David-Fox, *Showcasing the Great Experiment: Cultural Diplomacy and Western Visitors to the Soviet Union, 1921–1941,* Oxford: Oxford University Press, 2011, pp. 231 – 2, as well as Jan Plamper, *The Stalin Cult: A Study in the Alchemy of Power,* New Haven, CT: Yale University Press, 2012, p. 133; 두 자료 모두 돈 거래가 있었다는 언급은 하지 않으며 이에 대한 자료는 RGASPI, 558-11-699, 12 Oct. 1933, doc. 6, pp. 53 – 4; André Gide, 'Retouches a mon "Retour de l'URSS"' in *Souvenirs et Voyages,* Paris: Gallimard, 2001, pp. 803 – 71, quoted in Andrew Sobanet, 'Henri Barbusse, Official Biographer of Joseph Stalin', *French Cultural Studies,* 24, no. 4 (Nov. 2013), p. 368; 스탈린이 전기 집필을 위해 접근한 다른 외국 작가들에 대해서는 Roy Medvedev, 'New Pages from the Political Biography of Stalin' in Robert C. Tucker (ed.), *Stalinism: Essays in Historical Interpretation,* New Brunswick, NJ: Transaction, p. 207, note 9 참조.

29 Henri Barbusse, *Stalin: A New World seen through One Man,* London: John Lane, 1935, pp. viii and 291.

30 이 사항에 대해서는 무엇보다도 David-Fox, *Showcasing the Great Experiment* 참조.

31 Emil Ludwig, *Three Portraits: Hitler, Mussolini, Stalin,* New York: Longmans, Green and Co., 1940, p. 104.

32   Lyons, *Assignment in Utopia,* pp. 340 – 42.

33   동상에 대한 언급의 출처는 Corcos, *Une Visite à la Russie Nouvelle,*
      p. 117, 농촌에 대해서는 Malcolm Muggeridge, box 2, Hoover
      Institution Archives, 'Russia, 16.9.1932-29.1.1933', p. 125.

34   Service, *Stalin,* pp. 312 – 13 and 360.

35   Richard Pipes, *Communism: A History of the Intellectual and
      Political Movement,* London: Phoenix Press, p. 66.

36   〈작은 스탈린〉에 대해서는 Malte Rolf, 'Working towards the
      Centre: Leader Cults and Spatial Politics' in Apor Balázs, Jan C.
      Behrends, Polly Jones and E. A. Rees (eds), *The Leader Cult in
      Communist Dictatorships: Stalin and the Eastern Bloc,* Houndmills,
      Basingstoke 참조: Palgrave Macmillan, 2004, p. 152; E. A. Rees,
      'Leader Cults: Varieties, Preconditions and Functions' in Balázs et
      al., *The Leader Cult in Communist Dictatorships,* p. 10; Sheila
      Fitzpatrick, *Everyday Stalinism. Ordinary Life in Extraordinary
      Times: Soviet Russia in the 1930s,* Oxford: Oxford University
      Press, 1999, pp. 30 – 31; 루미안체프는 1934년 2월에 스탈린을 천
      재라고 불렀다. *XVII s'ezd Vsesojuznoj Kommunisticheskoj Partii,
      26 janvarja – 10 fevralja 1934,* Moscow: Partizdat, 1934, p. 143
      참조; 개인 숭배에 대해서는 Jörg Baberowski, *Scorched Earth:
      Stalin's Reign of Terror,* New Haven, CT: Yale University Press,
      2016, pp. 224 – 7 참조.

37   Larissa Vasilieva, *Kremlin Wives,* New York: Arcade Publishing,
      1992, pp. 122 – 4.

38   Brooks, *Thank You, Comrade Stalin!,* p. 106; John Brown, *I Saw
      for Myself,* London: Selwyn and Blount, 1935, p. 260.

39   Malte Rolf, 'A Hall of Mirrors: Sovietizing Culture under
      Stalinism', *Slavic Review,* 68, no. 3 (Fall 2009), p. 601.

40   Lyons, *Stalin,* p. 215.

41   Rolf, 'A Hall of Mirrors', p. 610; Anita Pisch, 'The Personality
      Cult of Stalin in Soviet Posters, 1929 – 1953: Archetypes,
      Inventions and Fabrications', doctoral dissertation, Australian
      National University, 2014, p. 135.

42   Brooks, *Thank You, Comrade Stalin!,* pp. 69 – 77; Pisch, 'The

Personality Cult of Stalin in Soviet Posters', p. 69.

43 아브뎬코와 메홀리스의 만남이 언급된 자료는 Davies, *Popular Opinion in Stalin's Russia,* p. 149; 방송에 대한 보도는 Eugene Lyons, 'Dictators into Gods', *American Mercury,* March 1939, p. 268.

44 Lyons, 'Dictators into Gods', p. 269.

45 Nadezhda Mandelstam, *Hope against Hope: A Memoir,* New York: Atheneum, 1983, p. 420; RGASPI, 558-11-1479, doc. 36, pp. 54 - 6.

46 Simon Sebag Montefiore, *Stalin: The Court of the Red Tsar,* New York: Knopf, 2004, p. 164; *SSSR. Sezd Sovetov (chrezvychajnyj) (8). Stenografi cheskij otchet, 25 nojabrja - 5 dekabrja 1936 g.,* Moscow: CIK SSSR, 1936, p. 208; Sergo Ordzhonikidze, *Izbrannye stat'i i rechi, 1918–1937,* Moscow: Ogiz, 1945, p. 240.

47 David Brandenberger, 'Stalin as Symbol: A Case Study of the Personality Cult and its Construction' in Sarah Davies and James Harris (eds), *Stalin: A New History,* Cambridge: Cambridge University Press, 2005, pp. 249 - 70; 대표적인 저작 David King, *The Commissar Vanishes: The Falsifi cation of Photographs and Art in Stalin's Russia,* New York: Metropolitan Books, 1997도 참조.

48 Kees Boterbloem, *The Life and Times of Andrei Zhdanov, 1896– 1948,* Montreal: McGill-Queen's Press, 2004, pp. 176 - 7 and 215.

49 RGASPI, 558-11-1354, 20 Nov. 1939, pp. 29 - 34; 모든 편지의 출처는 document 21.

50 혁명 박물관의 요청은 RGASPI, 558-11-1354, 29 July 1940, document 15, 전시된 선물의 목록이 나오는 자료는 document 15.

51 'Foreign Statesmen Greet Stalin on 60th Birthday', *Moscow News,* 1 Jan. 1940.

52 Andrew Nagorski, *The Greatest Battle: Stalin, Hitler, and the Desperate Struggle for Moscow that Changed the Course of World War II,* New York: Simon & Schuster, 2008, pp. 16 - 17.

53 Service, *Stalin,* p. 403; David Glantz, *Stumbling Colossus: The Red Army on the Eve of World War,* Lawrence, KA: University

Press of Kansas, 1998도 참조.

54 Service, *Stalin,* p. 409.

55 Anna Louise Strong, quoting a report from Erskine Caldwell in her *The Soviets Expected It,* New York: The Dial Press, 1942, p. 39; Alexander Werth, *Russia at War, 1941–1945: A History,* New York: Skyhorse Publishing, 2011, p. 165.

56 Victoria E. Bonnell, *Iconography of Power: Soviet Political Posters Under Lenin and Stalin,* Berkeley, CA: University of California Press, 1998, p. 252; Service, *Stalin,* p. 451; Richard E. Lauterbach, *These Are the Russians,* New York: Harper, 1944, p. 101.

57 Werth, *Russia at War,* p. 595; John Barber, 'The Image of Stalin in Soviet Propaganda and Public Opinion during World War 2' in John Garrard and Carol Garrard (eds), *World War 2 and the Soviet People,* New York: St Martin's Press, 1990, p. 43.

58 Plamper, *The Stalin Cult,* p. 54.

59 Michael Neiberg, *Potsdam: The End of World War II and the Remaking of Europe,* New York: Basic Books, 2015, p. 58; Paul Hollander, *Political Pilgrims: Western Intellectuals in Search of the Good Society,* London: Routledge, 2017, p. 1; Kimberly Hupp, '"Uncle Joe": What Americans thought of Joseph Stalin before and after World War II', doctoral dissertation, University of Toledo, 2009.

60 Mandelstam, *Hope against Hope,* p. 345.

61 사상자 수치는 Timothy C. Dowling (ed.), *Russia at War: From the Mongol Conquest to Afghanistan, Chechnya, and Beyond,* Santa Barbara, CA: ABC-Clio, vol. 1, 2015, p. 172; Richard Overy, *Russia's War: A History of the Soviet Effort: 1941–1945,* Harmondsworth: Penguin Books, 1997, p. 291; Catherine Merridale, *Ivan's War: The Red Army 1939–45,* London: Faber and Faber, 2005, p. 3.

62 Werth, *Russia at War,* p. 369.

63 Merridale, *Ivan's War,* pp. 67, 117−18 and 136; Beevor, *The Fall of Berlin 1945,* p. 424.

64 Beevor, *The Fall of Berlin 1945,* p. 107.

65 Isaac Deutscher, *Stalin: A Political Biography,* New York: Vintage Books, 1949, p. 466; Beevor, *The Fall of Berlin 1945,* pp. 425 – 6.

66 Service, *Stalin,* p. 543; Brandenburg, 'Stalin as Symbol', pp. 265 – 70; *Iosif Vissarionovich Stalin. Kratkaya biografiya,* Moscow: OGIZ, 1947, pp. 182 – 222.

67 Service, *Stalin,* pp. 508 and 564.

68 Anne Applebaum, *Iron Curtain: The Crushing of Eastern Europe, 1944–1956,* New York: Doubleday, 2012; Jan C. Behrends, 'Exporting the Leader: The Stalin Cult in Poland and East Germany (1944/45 – 1956)' in Balázs et al., *The Leader Cult in Communist Dictatorships,* pp. 161 – 78.

69 'Mr. Stalin 70 Today, World Peace Prizes Inaugurated', *The Times,* 21 Dec. 1949, p. 4; 'Flags And Lights For Mr. Stalin Birthday Scenes in Moscow', *The Times,* 22 Dec. 1949, p. 4.

70 RGASPI, 558-4-596, 1950; McNeal, *Stalin,* pp. 291 – 2도 참조.

71 RGASPI, 558-11-1379, doc. 2 and 4; list dated 22 April 1950 in RGASPI, 558-11-1420도 참조; RGASPI, 558-4-596, 1950.

72 Service, *Stalin,* p. 548; Overy, *Russia's War,* pp. 288 and 302; Roy Medvedev, *Let History Judge: The Origins and Consequences of Stalinism,* New York: Knopf, 1972.

73 Harrison E. Salisbury, 'The Days of Stalin's Death', *New York Times,* 17 April 1983; Brooks, *Thank You, Comrade Stalin!,* p. 237.

4장 마오쩌둥

1 마오쩌둥의 모스크바 방문에 대해서는 Paul Wingrove, 'Mao in Moscow, 1949 – 50: Some New Archival Evidence', *Journal of Communist Studies and Transition Politics,* 11, no. 4 (Dec. 1995), pp. 309 – 34 참조; David Wolff, '"One Finger's Worth of Historical Events": New Russian and Chinese Evidence on the Sino-Soviet Alliance and Split, 1948 – 1959', *Cold War International History Project Bulletin,* Working Paper no. 30 (Aug. 2002), pp. 1 – 74; Sergey Radchenko and David Wolff, 'To the Summit via Proxy-Summits: New Evidence from Soviet and Chinese Archives on

Mao's Long March to Moscow, 1949', *Cold War International History Project Bulletin,* no. 16 (Winter 2008), pp. 105 – 82.

2 *New York Times,* 15 May 1927.

3 Mao Zedong, 'Report on an Investigation of the Peasant Movement In Hunan', March 1927, *Selected Works of Mao Zedong,* Beijing: Foreign Languages Press, 1965, vol. 1, pp. 23 – 4.

4 Alexander V. Pantsov and Steven I. Levine, *Mao: The Real Story,* New York: Simon & Schuster, 2012, pp. 206, 242 and 248.

5 Mao Zedong, 'On Tactics against Japanese Imperialism', 27 Dec. 1935, translated in Stuart Schram, *Mao's Road To Power: Revolutionary Writings, 1912–49,* Armonk, NY: M. E. Sharpe, 1999, vol. 5, p. 92.

6 Alvin D. Coox, *Nomonhan: Japan Against Russia 1939,* Palo Alto, CA: Stanford University Press, 1988, p. 93.

7 Yang Kuisong, *Mao Zedong yu Mosike de enen yuanyuan* (마오쩌둥과 모스크바), Nanchang: Jiangxi renmin chubanshe, 1999, p. 21; Pantsov and Levine, *Mao,* p. 293.

8 Jung Chang and Jon Halliday, *Mao: The Unknown Story,* London: Jonathan Cape, 2005, p. 192. (『마오: 알려지지 않은 이야기들』, 황의방 외 옮김, 까치글방, 2006)

9 Edgar Snow, *Red Star over China: The Classic Account of the Birth of Chinese Communism,* New York: Grove Press, 1994, p. 92. (『중국의 붉은 별』, 홍수원 옮김, 두레, 1995)

10 Lee Feigon, *Mao: A Reinterpretation,* Chicago: Ivan R. Dee, 2002, pp. 67 – 9.

11 Feigon, Mao, p. 67; Robert M. Farnsworth, *From Vagabond to Journalist: Edgar Snow in Asia, 1928–1941,* Columbia, MO: University of Missouri Press, 1996, p. 222.

12 Pantsov and Levine, *Mao,* p. 296.

13 Jay Taylor, *The Generalissimo: Chiang Kai-shek and the Struggle for Modern China,* Cambridge, MA: Harvard University Press, 2009, p. 169.

14 Pantsov and Levine, *Mao,* p. 324.

15 RGASPI, 17-170-128a, Georgii Dimitrov, Report to Stalin on the

Sixth Plenum of the Central Committee of the CCP, 21 April 1939, pp. 1–3; Dmitrii Manuilsky on pp. 14–43 의 보고서 참조.

16 Pantsov and Levine, *Mao*, p. 331; Arthur A. Cohen, *The Communism of Mao Tse-tung*, Chicago: University of Chicago Press, 1964, pp. 93–5.

17 Gao Hua, *Hong taiyang shi zenyang shengqi de. Yan'an zhengfeng yundong de lailong qumai* (붉은 태양은 어떻게 떠올랐는가? 옌안 정풍 운동의 역사), Hong Kong: Chinese University Press, 2000, p. 580.

18 Gao, *Hong taiyang shi zenyang shengqi de*, p. 530; Chen Yung-fa, *Yan'an de yinying* (옌안의 그림자), Taipei: Institute of Modern History, Academia Sinica, 1990도 참조.

19 Gao, *Hong taiyang shi zenyang shengqi de*, p. 593.

20 Gao Wenqian, *Zhou Enlai: The Last Perfect Revolutionary*, New York: PublicAffairs, 2007, p. 88.

21 Raymond F. Wylie, *The Emergence of Maoism: Mao Tse-tung, Ch'en Po-ta, and the Search for Chinese Theory, 1935–1945*, Palo Alto, CA: Stanford University Press, 1980, pp. 205–6; Gao, *Hong taiyang shi zenyang shengqi de*, pp. 607–9; Li Jihua, 'Dui Mao Zedong geren chongbai de zisheng' (마오쩌둥 개인숭배의 확대), *Yanhuang chunqiu*, no. 3 (March 2010), pp. 40–45; Theodore H. White and Annalee Jacoby, *Thunder out of China*, London: Victor Gollanz, 1947, p. 217.

22 PRO, FO 371/35777, 1 Feb. 1943, p. 21.

23 Stuart R. Schram, 'Party Leader or True Ruler? Foundations and Significance of Mao Zedong's Personal Power' in Stuart R. Schram (ed.), *Foundations and Limits of State Power in China*, London: School of Oriental and African Studies, 1987, p. 213.

24 Frank Dikötter, *The Tragedy of Liberation: A History of the Chinese Revolution, 1945–1957*, London: Bloomsbury, 2013, pp. 16–17. (『해방의 비극』, 고기탁 옮김, 열린책들, 2016)

25 Dikötter, *The Tragedy of Liberation*, pp. 3 and 22–3.

26 PRO, FO 371/92192, 20 Nov. 1950, p. 19; Robert Guillain, 'China under the Red Flag' in Otto B. Van der Sprenkel, Robert Guillain

and Michael Lindsay (eds), *New China: Three Views,* London: Turnstile Press, 1950, pp. 91 – 2; 초상화 전시에 관한 지침에 대해서는 SMA, 9 Sept. 1952, A22-2-74, pp. 6 – 7; 29 Dec. 1951, B1-2- 3620, p. 61 참조; Hung Chang-tai, 'Mao's Parades: State Spectacles in China in the 1950s', *China Quarterly,* no. 190 (June 2007), pp. 411 – 31.

27   Dikötter, *The Tragedy of Liberation,* pp. 134 – 7.

28   위의 책, p. 83.

29   위의 책, pp. 47 – 8.

30   위의 책, pp. 99 – 100.

31   위의 책, p. 190; William Kinmond, *No Dogs in China: A Report on China Today,* New York: Thomas Nelson, 1957, pp. 192 – 4.

32   John Gitting, 'Monster at the Beach', *Guardian,* 10 April 2004.

33   이 주제를 다룬 대표적 저작은 Cohen, *The Communism of Mao Tse-tung;* 학식 있는 하버드 대학 교수들이 〈마르크스 이론의 중국화〉에 대해 조예 깊은 책들을 집필했기 때문에 저자는 당연히 소외되었다.

34   Valentin Chu, *The Inside Story of Communist China: Ta Ta, Tan Tan,* London: Allen & Unwin, 1964, p. 228.

35   Richard Curt Kraus, *Brushes with Power: Modern Politics and the Chinese Art of Calligraphy,* Berkeley, CA: University of California Press, 1991 참조.

36   Chow Ching-wen, *Ten Years of Storm: The True Story of the Communist Regime in China,* New York: Holt, Rinehart and Winston, 1960, p. 81.

37   Dikötter, *The Tragedy of Liberation,* p. 227.

38   William Taubman, *Khrushchev: The Man and his Era,* London, Free Press, 2003, pp. 271 – 2.

39   Dikötter, *The Tragedy of Liberation,* pp. 275 – 6.

40   Pang Xianzhi and Jin Chongji (eds), *Mao Zedong zhuan, 1949–1976* (A biography of Mao Zedong, 1949 – 1976), Beijing: Zhongyang wenxian chubanshe, 2003, p. 534; Li Zhisui, *The Private Life of Chairman Mao: The Memoirs of Mao's Personal Physician,* New York: Random House, 1994, pp. 182 – 4.

41   Dikötter, *The Tragedy of Liberation,* p. 291.

42 GSPA, Mao's speech on 10 March 1958 at Chengdu, 91-18-495, p. 211.

43 Li Rui, *Dayuejin qin liji* (대약진 운동 목격담), Haikou: Nanfang chubanshe, 1999, vol. 2, p. 288.

44 Frank Dikötter, *Mao's Great Famine: The History of China's Most Devastating Catastrophe, 1958–1962,* London: Bloomsbury, 2010, p. 20. (『마오의 대기근』, 최파일 옮김, 열린책들, 2017)

45 위의 책, pp. 22-3.

46 Li Rui, *Lushan huiyi shilu* (루산 회의 실록), Hong Kong: Tiandi tushu youxian gongsi, 2nd edn, 2009, pp. 232 and 389-90; Li, *The Private Life of Chairman Mao,* p. 381.

47 Li, *Lushan huiyi shilu,* p. 232.

48 Gao, *Zhou Enlai,* pp. 187-8; Liu Tong, 'Jieshi Zhongnanhai gaoceng zhengzhi de yiba yaoshi: Lin Biao biji de hengli yu yanjiu' (중난하이의 고급 정치를 이해하는 열쇠: 린뱌오 노트의 정리와 연구), paper presented at the International Conference on Chinese War and Revolution in the Twentieth Century, Shanghai Communications University, 8-9 Nov. 2008.

49 Dikötter, *Mao's Great Famine,* p. 102.

50 위의 책, pp. 116-23.

51 Frank Dikötter, *The Cultural Revolution: A People's History, 1962–1976,* London: Bloomsbury, 2016, p. 12 참조. (『문화 대혁명』, 고기탁 옮김, 열린책들, 2017)

52 *The People's Daily,* 7 Feb. 1963이 Cohen, *The Communism of Mao Tse-tung,* p. 203에서 재인용됨.

53 David Milton and Nancy D. Milton, *The Wind Will Not Subside: Years in Revolutionary China, 1964–1969,* New York: Pantheon Books, 1976, pp. 63-5; Jacques Marcuse, *The Peking Papers: Leaves from the Notebook of a China Correspondent,* London: Arthur Barker, 1968, pp. 235-46도 참조.

54 Lu Hong, *Junbao neibu xiaoxi: 'Wenge' qinli shilu* (해방군보의 내부자 이야기), Hong Kong, Shidai guoji chubanshe, 2006, pp. 14-17; Daniel Leese, *Mao Cult: Rhetoric and Ritual in China's Cultural Revolution,* Cambridge: Cambridge University Press,

2011, pp. 111 – 13.

55 Li, *The Private Life of Chairman Mao,* p. 412; Lynn T. White III, *Policies of Chaos: The Organizational Causes of Violence in China's Cultural Revolution,* Princeton: Princeton University Press, 1989, pp. 194 – 5, 206, 214 – 16.

56 Letter by D. K. Timms, 6 Oct. 1964, FO 371/175973; Laszlo Ladany, *The Communist Party of China and Marxism, 1921– 1985: A Self-Portrait,* London: Hurst, 1988, p. 273도 참조.

57 Dikötter, *The Cultural Revolution,* p. xi.

58 위의 책, pp. 71 – 4.

59 위의 책, pp. 107 – 9.

60 Chang Jung, *Wild Swans: Three Daughters of China,* Clearwater, FL: Touchstone, 2003, p. 413. (『대륙의 딸』, 황의방 외 옮김, 까치글방, 2006)

61 Dikötter, *The Cultural Revolution,* p. 89.

62 PRO, FO 371-186983, Leonard Appleyard to John Benson, 'Manifestations of the Mao Cult', 28 Sept. 1966.

63 Louis Barcata, *China in the Throes of the Cultural Revolution: An Eye Witness Report,* New York: Hart Publishing, 196, p. 48.

64 SMA, 11 Dec. 1967, B167-3-21, pp. 70 – 3; NMA, Instructions from the Centre, 5 April and 12 July 1967, 5038-2-107, pp. 2 and 58 – 9.

65 HBPA, Directive from the Ministry of Trade, 30 Aug. 1966, 999-4-761, p. 149.

66 SMA, 2 May 1967, B182-2-8, pp. 5 – 8.

67 Helen Wang, *Chairman Mao Badges: Symbols and Slogans of the Cultural Revolution,* London: British Museum, 2008, p. 21.

68 PRO, FCO 21/41, Donald C. Hopson, 'Letter from Beijing', 7 Oct. 1967.

69 예를 보려면 Pamela Tan, *The Chinese Factor: An Australian Chinese Woman's Life in China from 1950 to 1979,* Dural, New South Wales: Roseberg, 2008, p. 131.

70 PRO, FCO 21/19, Percy Cradock, 'Letter from Peking', 3 June 1968.

71 SMA, B103-4-1, 11 July 1967, pp. 1-3; B98-5-100, 9 Dec. 1969, pp. 10-11; B109-4-80, 1 Aug. 1968, p. 31; 상하이의 동상들에 대해서 참고할 자료는 Jin Dalu, *Feichang yu zhengchang: Shanghai 'wenge' shiqi de shehui bianqian* (비범한 사람들과 평범한 사람들: 문화 대혁명 시기 상하이의 사회 변천), Shanghai: Shanghai cishu chubanshe, 2011, vol. 2, pp. 198-228.

72 Dikötter, *The Cultural Revolution*, pp. 240-41.

73 'Zhongyang zhuan'an shencha xiaozu "guanyu pantu, neijian, gongzei Liu Shaoqi zuixing de shencha baogao" ji "pantu, neijian, gongzei Liu Shaoqi zuizheng"' (Report on Liu Shaoqi by the Central Case Examination Group), 18 Oct. 1968, Cultural Revolution Database; 내가 약간의 수정을 거쳐 번역본을 발췌한 자료는 Milton and Milton, *The Wind Will Not Subside*, pp. 335-9; 전국 대표 대회의 구성에 대해서는 Roderick MacFarquhar and Michael Schoenhals, *Mao's Last Revolution*, Cambridge, MA: Harvard University Press, 2006, pp. 292-3 참조.

74 GDPA, 296-A2.1-25, Report on Shanghai, 7 March 1973, pp. 189-98; PRO, FCO 21/962, Michael J. Richardson, 'Naming of Streets', 26 Jan. 1972.

75 Chang and Halliday, *Mao*, p. 583.

76 Chang, *Wild Swans*, p. 651.

77 Jean Hong, interview, 7 Nov. 2012, Hong Kong; Rowena Xiaoqing He, 'Reading Havel in Beijing', *Wall Street Journal*, 29 Dec. 2011.

78 Ai Xiaoming interviewed by Zhang Tiezhi, 22 Dec. 2010, Guangzhou.

79 Wu Guoping interviewed by Dong Guoqiang, 1 Dec. 2013, Zongyang county, Anhui.

5장 김일성

1 Robert A. Scalapino and Chong-sik Lee, *Communism in Korea. Part I: The Movement*, Berkeley, CA: University of California Press, 1972, pp. 324-5; Lim Un, *The Founding of a Dynasty in North Korea: An Authentic Biography of Kim Il-song*, Tokyo:

Jiyu-sha, 1982, p. 149.

2   Hongkoo Han, 'Wounded Nationalism: The Minsaengdan Incident and Kim Il-sung in Eastern Manchuria', University of Washington, doctoral disertation, 1999, p. 347.

3   Han, 'Wounded Nationalism', pp. 365−7; Scalapino and Lee, *Communism in Korea,* pp. 202−3; Dae-sook Suh, *Kim Il-sung: The North Korean Leader,* New York: Columbia University Press, 1988, pp. 37−47.

4   Charles Armstrong, *The North Korean Revolution: 1945–50,* Ithaca, NY: Cornell University Press, 2002, chapter 2.

5   Lim, *The Founding of a Dynasty in North Korea,* p. 152.

6   Bradley K. Martin, *Under the Loving Care of the Fatherly Leader: North Korea and the Kim Dynasty,* New York: Thomas Dunne Books, 2004, p. 53; Armstrong, *The North Korean Revolution,* p. 223; John N. Washburn, 'Russia Looks at Northern Korea', *Pacific Affairs,* 20, no. 2 (June 1947), p. 160 .

7   Armstrong, *The North Korean Revolution,* p. 150; 백만 명이라는 추산치의 출처는 Byoung-Lo Philo Kim, *Two Koreas in Development: A Comparative Study of Principles and Strategies of Capitalist and Communist Third World Development*으로 Martin, *Under the Loving Care of the Fatherly Leader,* p. 56에서 재인용됨.

8   David Allen Hatch, 'The Cult of Personality of Kim Il-Song: Functional Analysis of a State Myth', doctoral dissertation, Washington, DC: The American University, 1986, pp. 106−9.

9   Benoit Berthelier, 'Symbolic Truth: Epic, Legends, and the Making of the Baekdusan Generals', 17 May 2013, Sino-NK.

10   Hatch, 'The Cult of Personality of Kim Il-Song', pp. 83 and 104.

11   Chen Jian, *China's Road to the Korean War,* New York: Columbia University Press, 1996, p. 110; Sergei N. Goncharov, John W. Lewis and Xue Litai, *Uncertain Partners: Stalin, Mao, and the Korean War,* Stanford: Stanford University Press, 1993, pp. 142−5.

12   Max Hastings, *The Korean War,* New York: Simon & Schuster, 1987, p. 53; Hatch, 'The Cult of Personality of Kim Il-Song', p. 153.

13   Suh, *Kim Il-sung,* pp. 123−6; Lim, *The Founding of a Dynasty in*

North Korea, p. 215.

14 Hatch, 'The Cult of Personality of Kim Il-Song', pp. 159 – 60.

15 Scalapino and Lee, *Communism in Korea,* pp. 428 – 9.

16 Andrei Lankov, *The Real North Korea: Life and Politics in the Failed Stalinist Utopia,* Oxford: Oxford University Press, 2013, pp. 37 – 9.

17 Blaine Harden, *The Great Leader and the Fighter Pilot: A True Story About the Birth of Tyranny in North Korea,* New York: Penguin Books, 2016, pp. 6 – 7; Suh, *Kim Il-sung,* pp. 127 – 30; Andrei Lankov, *From Stalin to Kim Il Sung: The Formation of North Korea, 1945–1960,* New Brunswick, NJ: Rutgers University Press, 2002, pp. 95 – 6.

18 MfAA, A 5631, Information Report from Embassy, 23 March 1955, pp. 63 – 4 참조.

19 MfAA, A 5631, Information Report from Embassy, 23 March 1955, p. 54; RGANI, 5-28-411, Diary of Ambassador V. I. Ivanov, 21 March 1956, pp. 165 – 8; 유리 안에 보관된 바위에 관해 언급한 자료는 Horst Kurnitzky, *Chollima Korea: A Visit in the Year 23,* Lulu Press Inc., 2006 (first published in 1972), p. 19.

20 Hatch, 'The Cult of Personality of Kim Il-Song', pp. 172 – 5; Hunter, *Kim Il-song's North Korea,* p. 13.

21 Hatch, 'The Cult of Personality of Kim Il-Song', pp. 176 – 80.

22 RGANI, 5-28-410, pp. 233 – 5; 이 문서가 번역된 출처는 Gary Goldberg in 'New Evidence on North Korea in 1956', *Cold War International History Project Bulletin,* no. 16 (Fall 2007/Winter 2008), pp. 492 – 4.

23 RGANI, 5-28-412, 30 May 1956, pp. 190 – 96; 이 문서가 번역된 또 다른 출처는 Gary Goldberg in 'New Evidence on North Korea in 1956', *Cold War International History Project Bulletin,* no. 16 (Fall 2007/Winter 2008), p. 471; 이 사건에 대해서는 Andrei Lankov, *Crisis in North Korea: The Failure of De-Stalinization, 1956,* Honolulu: University of Hawai'i Press, 2005 참조; Balázs Szalontai, *Kim Il Sung in the Khrushchev Era: Soviet-DPRK Relations and the Roots of North Korean Despotism, 1953–1964,*

Stanford, CA: Stanford University Press, 2006.

24 Lankov, *Crisis in North Korea,* p. 154.

25 위의 책, pp. 152 - 4.

26 의아하게도 2차 자료에는 성분 제도가 마오쩌둥 치하에서 고안된 제도에 근거한다는 명확한 인정이 좀처럼 없다; 일례로 Judy Sun and Greg Wang, 'Human Resource Development in China and North Korea' in Thomas N. Garavan, Alma M. McCarthy and Michael J. Morley (eds), *Global Human Resource Development: Regional and Country Perspectives,* London: Routledge, 2016, p. 92 참조; 박해에 관해서는 Lankov, *Crisis in North Korea,* p. 164 참조.

27 Lankov, *Crisis in North Korea,* p. 182.

28 RGANI, 5-28-314, Letter from S. Suzdalev, Ambassador of the Soviet Union, to N. T. Fedorenko, 23 March 1955, pp. 13 - 15; RGANI, 5-28- 412, 10 May 1956, Report of conversation of I. Biakov, First Secretary of the Soviet Embassy, with director of Museum of the History of the Revolutionary Struggle of the Korean People, pp. 249 - 52; BArch, DY30 IV 2/2.035/137, Information Bulletin, 14 March 1961, p. 72.

29 Suh, *Kim Il-sung,* pp. 168 - 71.

30 BArch, DY30 IV 2/2.035/137, Information Bulletin, 14 March 1961, pp. 72 - 3 and 79; Hatch, 'The Cult of Personality of Kim Il-Song', pp. 183 - 92도 참조; 공식적인 자리에 나오지 않은 것에 대해서는 Suh, *Kim Il-sung,* p. 187 참조.

31 MfAA, A 7137, Information on National Day, 16 Sept. 1963, pp. 45 - 9.

32 1955년 12월의 연설에 대해서는 Brian R. Myers, 'The Watershed that Wasn't: Re-Evaluating Kim Il-sung's "Juche Speech" of 1955', *Acta Koreana,* 9, no. 1 (Jan. 2006), pp. 89 - 115를 읽어 보라.

33 James F. Person, 'North Korea's chuch'e philosophy' in Michael J. Seth, *Routledge Handbook of Modern Korean History,* London: Routledge, 2016, pp. 705 - 98.

34 MfAA, C 1088/70, Ingeborg Göthel, Report on Information, 29 July 1966, p. 100.

35 Person, 'North Korea's chuch'e philosophy', pp. 725 - 67; MfAA,

G-A 344, 10 Nov. 1967, Letter from Embassy, pp. 1 - 7, 숙청과 함께 개인숭배가 증가한 사실을 지적한다.

36 MfAA, C 1092/70, Information Report from Embassy, 19 Aug. 1968, pp. 19 - 20; PRO, FCO 51/80, 'North Korea in 1968', 3 July 1969, p. 13; FCO 21-307, 'Kim Il-sung, the "Prefabricated Hero"', 3 June 1967.

37 Suh, *Kim Il-sung*, p. 197; PRO, FCO 51/80, 'North Korea in 1968', 3 July 1969, p. 13.

38 MfAA, C 1088/70, Ingeborg Göthel, Report on May Day, 5 May 1967, pp. 55 - 8.

39 MfAA, C 1088/70, Hermann, Information Report from the Embassy, 5 Jan. 1968, pp. 76 - 7 as well as Ingeborg Göthel, Report on Information, 3 Nov. 1967, pp. 16 - 17; Ingeborg Göthel, Information Report from Embassy, 22 Sept. 1967, pp. 18 - 19; C 1023/73, Information Report from Embassy, 22 May 1968, pp. 98 - 9; 전용 학습실에 대해서는 Rinn-Sup Shinn et al., *Area Handbook for North Korea*, Washington: U.S. Government Printing Office, 1969, p. 276도 참조.

40 MfAA, C 1088/70, Ingeborg Göthel, Report on May Day, 5 May 1967, pp. 55 - 8; Ingeborg Göthel, Report on Information, 3 Nov. 1967, pp. 16 - 17.

41 Suh, *Kim Il-sung*, pp. 231 - 4.

42 MfAA, G-A 347, Barthel, Report on Discussion with Samoilov, 17 May 1972, pp. 16 - 18; Suh, *Kim Il-sung*, p. 242도 참조.

43 'Talk to the Officials of the Propaganda and Agitation Department of the Central Committee of the Workers', 29 October 1971, document from the Korean Friendship Association website retrieved on 15 January 2016; Suh, *Kim Il-sung*, p. 319.

44 Harrison E. Salisbury, *To Peking and Beyond: A Report On The New Asia*, New York: Quadrangle Books, 1973, p. 207; Suh, *Kim Il-sung*, p. 319.

45 MfAA, C 6877, 6 March 1972, pp. 76 - 7; MfAA, G-A 347, Letter from Embassy, 11 Jan. 1972, p. 14.

46 Salisbury, *To Peking and Beyond*, pp. 208 - 9; Suh, *Kim Il-sung*,

pp. 316 – 17도 참조; 두 자료 모두 박물관의 연면적이 24만 제곱미터라고 언급하는데 이 공간에 92개 전시관이 들어가기 어려워 보인다; 5만 제곱미터라는 수치의 출처는 Helen-Louise Hunter, *Kim Il-song's North Korea,* Westport, CT: Praeger Publishers, 1999, p. 23.

47 MfAA, C 6877, 6 March 1972, pp. 76 – 7; Sonia Ryang, *Writing Selves in Diaspora: Ethnography of Autobiographics of Korean Women in Japan and the United States,* Lanham, MD: Lexington Books, 2008, p. 88.

48 Salisbury, *To Peking and Beyond,* pp. 208 – 9; Suh, *Kim Il-sung,* pp. 316 – 19.

49 SMA, B158-2-365, 20 Dec. 1971, pp. 107 – 111 and B163-4-317, 1 Dec. 1971, pp. 134 – 5; 이후의 배지에 대한 개략적 설명은 Andrei Lankov, *North of the DMZ: Essays on Daily Life in North Korea,* Jefferson, NC : McFarland, 2007, pp. 7 – 9 참조.

50 Suh, *Kim Il-sung,* pp. 270 – 71.

51 MfAA, C 6877, Information Bulletin, 28 April 1972, pp. 66 – 7.

52 Salisbury, *To Peking and Beyond,* pp. 196 – 7 and 204 – 5.

53 위의 책, pp. 214 and 219.

54 MfAA, C 315/78, 8 April 1970, pp. 155 – 8.

55 Suh, *Kim Il-sung,* p. 262.

56 Lim, *The Founding of a Dynasty in North Korea,* p. 269; Suh, *Kim Il-sung,* pp. 267 – 8.

57 Suh, *Kim Il-sung,* pp. 267 – 8.

58 Philippe Grangereau, *Au pays du grand mensonge. Voyage en Corée,* Paris: Payot, 2003, pp. 134 – 7; Hunter, *Kim Il-song's North Korea,* p. 22.

59 C 6926, Kirsch, Letter from Embassy, 21 Nov. 1975, pp. 1 – 3.

60 Suh, *Kim Il-sung,* pp. 278 – 82.

61 Hans Maretzki, *Kim-ismus in Nordkorea: Analyse des letzten DDRBotschafters in Pjöngjang,* Böblingen: Anika Tykve Verlag, 1991, pp. 34 and 55; Lankov, *North of the DMZ,* pp. 40 – 41.

62 Don Oberdorfer, *The Two Koreas: A Contemporary History,* Reading, MA: Addison-Wesley, 1997, pp. 341 – 2; Barbara Demick, *Nothing to Envy: Ordinary Lives in North Korea,* New

York: Spiegel and Grau, 2009, pp. 100 – 101.

6장 뒤발리에

1 아이티의 초기 역사에 관해서는 Philippe Girard, *Haiti: The Tumultuous History – From Pearl of the Caribbean to Broken Nation,* New York: St Martin's Press, 2010 참조.

2 Eric H. Cushway, 'The Ideology of François Duvalier', MA dissertation, University of Alberta, 1976, pp. 79 and 96 – 7; Martin Munro, *Tropical Apocalypse: Haiti and the Caribbean End,* Charlottesville, VA: University of Virginia Press, 2015, p. 36.

3 John Marquis, *Papa Doc: Portrait of a Haitian Tyrant 1907–1971,* Kingston: LMH Publishing Limited, 2007, p. 92.

4 Paul Christopher Johnson, 'Secretism and the Apotheosis of Duvalier', *Journal of the American Academy of Religion,* 74, no. 2 (June 2006), p. 428; Cushway, 'The Ideology of François Duvalier', pp. 78 – 83.

5 François Duvalier, *Guide des 'Oeuvres Essentielles' du Docteur François Duvalier,* Port-au-Prince: Henri Deschamps, 1967, p. 58.

6 Trevor Armbrister, 'Is There Any Hope for Haiti?', *Saturday Evening Post,* 236, no. 23 (15 June 1963), p. 80; Bleecker Dee, 'Duvalier's Haiti: A Case Study of National Disintegration', doctoral dissertation, University of Florida, 1967, p. 70도 참조.

7 NARA, RG 59, Box 3090, Gerald A. Drew, 'Political Situation in Haiti', 3 Aug. 1957.

8 Bernard Diederich, *The Price of Blood: History of Repression and Rebellion in Haiti Under Dr. François Duvalier, 1957–1961,* Princeton, NJ: Markus Wiener, 2011, pp. 17 – 18.

9 NARA, RG 59, Box 3090, Gerald A. Drew, 'Political Situation in Haiti', 3 Aug. 1957.

10 Mats Lundahl, 'Papa Doc: Innovator in the Predatory State', *Scandia,* 50, no. 1 (1984), p. 48.

11 MAE, 96QO/24, Lucien Félix, 'Conférence de presse de Duvalier', 4 Oct. 1957; MAE, 96QO/24, Lucien Félix, 'Un mois de pouvoir du président Duvalier', 22 Nov. 1957; NARA, RG 59, Box 3090,

'Harassment of Haitian Labor Leaders', 10 Jan. 1958; Virgil P. Randolph, 'Haitian Political Situation', 30 Jan. 1958.

12 *Haiti Sun,* 24 Dec. 1957, p. 11; Louis E. Lomax, 'Afro Man Chased out of Haiti', *Baltimore Afro-American,* 15 Oct. 1957; Stephen Jay Berman, 'Duvalier and the Press', MA in Journalism, University of Southern California, 1974, p. 28.

13 NARA, RG 59, Box 3090, Virgil P. Randolph, 'Haitian Political Situation', 30 Jan. 1958; Louis E. Lomax, ' Afro Man Chased out of Haiti', *Baltimore Afro-American,* 15 Oct. 1957.

14 MAE, 96QO/24, Lucien Félix, 'Un mois de pouvoir du pr é sident Duvalier', 22 Nov. 1957; NARA, RG 59, Box 3090, 'Harassment of Haitian Labor Leaders', 10 Jan. 1958; Virgil P. Randolph, 'Haitian Political Situation', 30 Jan. 1958.

15 MAE, 96QO/25, Lucien Félix, telegram, 13 March 1958; NARA, RG 59, Box 3090, Virgil P. Randolph, 'Haitian Political Situation', 30 Jan. 1958.

16 NARA, RG 59, Box 3092, Virgil P. Randolph, 'Joint Weeka No. 32', 6 Aug. 1958; MAE, 96QO/25, 'Lucien Félix, 'Le coup de main du 29 juillet 1958', 31 July 1958.

17 Robert D. Heinl and Nancy Gordon Heinl, *Written in Blood: The Story of the Haitian People, 1492–1995,* Lanham, MD: University Press of America, 1998, p. 572; Robert I. Rotberg, *Haiti: The Politics of Squalor,* Boston: Houghton Mifflin, 1971, pp. 215 – 16.

18 MAE, 96QO/25, Lucien Félix, 'La nouvelle constitution de la République d'Haiti', 17 April 1958; Lundahl, 'Papa Doc', p. 60.

19 Elizabeth Abbott, *Haiti: The Duvaliers and Their Legacy,* New York: McGraw-Hill, 1988, pp. 91 –2.

20 Bernard Diederich and Al Burt, *Papa Doc: Haiti and its Dictator,* London: Bodley Head, 1969, p. 139; Rotberg, *Haiti,* p. 218.

21 Lundahl, 'Papa Doc', p. 60.

22 MAE, 96QO/25, Lucien Félix, 'La situation politique et économique en Haiti', 3 Feb. 1959; 'Voyage du Président', 18 March 1959.

23 NARA, RG 59, Box 3092, 'Joint Weeka No. 22', 5 June 1959;

NARA, RG 59, Box 3093, Gerald A. Drew 'Embtel 423', 3 June 1959; Rotberg, *Haiti,* p. 218.

24 NARA, RG 59, Box 3093, Gerald A. Drew, 'President François Duvalier Resumes Active Duty', 7 July 1959.

25 NARA, RG 59, Box 3091, Philip P. Williams, 'Executive-Legislative Relations', 23 Sept. 1959; Rotberg, *Haiti,* pp. 220-21.

26 NARA, RG 59 Box 7, Caspar D. Green, 'Memorandum', United States Operations Mission, 13 May 1960.

27 MAE, 96QO/26, 'Evolution vers l'extrémisme de gauche', 9 Aug. 1960; also Charles le Genissel, 'Arrestation de M. Clément Barbot', 6 Aug. 1960; NARA, RG 59, Box 1633, Letter to Secretary of State from Haitian Ambassador, 15 July 1960; 'Civilian Militia Palace Parade', *Haiti Sun,* 7 Dec. 1960, pp. 1 and 20.

28 MAE, 96QO/26, 'Bulletin Mensuel d'Information', 13 April 1961; NARA, RG 59, Box 1633, Letter to Secretary of State from Haitian Ambassador, Charles Wm Thomas, 'Haiti Re-Elects President', 9 May 1961.

29 NARA, RG 59, Box 1633, David. R Thomson, 'Political Events in Haiti', 21 May 1961.

30 MAE, 96QO/26, Charles le Genissel, 'Prestation de serment du docteur Duvalier', 25 May 1961; NARA, RG 59, Box 1634, Ambassy Port-au-Prince, 'Joint Weeka No. 21', 26 May 1961.

31 NARA, RG 59, Box 3922, 'Joint Weeka No. 29', 20 July 1963; Berman, 'Duvalier and the Press', p. 57.

32 Dee, 'Duvalier's Haiti', pp. 154-7; Diederich, *Papa Doc,* pp. 216-17; Berman, 'Duvalier and the Press', p. 62.

33 MAE, 96QO/27, Charles le Genissel, 'Mesures exceptionelles', 29 Aug. 1963; NARA, RG 59, Box 3922, 'Joint Weeka No. 38', 22 Sept. 1963.

34 Rotberg, Haiti, p. 233; NARA, RG 59, Box 3923, Norman E. Warner, 'Duvalier Speech on September 30, 1963', 8 Oct. 1963; *Hispanic American Report,* vol. 16, no. 8 (Sept. 1963), p. 869; NARA, RG 59, Box 1634, 'Joint Weekas No. 24 and 29', 16 June

and 21 July 1961.

35 MAE, 96QO/54, 'Présidence à vie', 13 April 1964; Dee, 'Duvalier's Haiti', pp. 177 – 8.

36 NARA, RG 59, Box 2262, 'Joint Weeka No. 26', 26 June 1964; NARA, RG 59, Box 2263, 'Build-Up Begins for May 22 Celebrations', 20 May 1964.

37 Jean Fourcand, *Catéchisme de la révolution*, Port-au-Prince: Imprimerie de l'Etat, 1964, p. 17.

38 NARA, RG 59, Box 2262, 'Joint Weeka No. 38', 18 Sept. 1964.

39 Rotberg, *Haiti*, pp. 239 – 42.

40 Richard West, 'Haiti: Hell on Earth', *New Statesman*, 29 April 1966, 프랑스어로 번역된 자료는 MAE, 96QO/54, 'Articles et documents', 12 – 19 Aug. 1966; 'Crushing a Country', *Time magazine*, 27 Aug. 1965; 기아 보고서 NARA, RG 59, Box 2263, 'Joint Weeka No. 46', 12 Nov. 1965.

41 Rotberg, Haiti, p. 243; Millery Polyné, *From Douglass to Duvalier: U. S. African Americans, Haiti, and Pan Americanism, 1870–1964*, Gainesville, FL: University of Florida Press, 2010, p. 190.

42 Rotberg, *Haiti*, p. 344; Michel Soukar, *Un général parle: Entretien avec un Chef d'état-major sous François Duvalier*, Port-au-Prince: Le Natal, 1987, p. 56.

43 NARA, RG 59, Box 2263, 'Joint Weeka No. 25', 20 June 1965.

44 NARA, RG 59, Box 2263, 'Joint Weeka No. 46', 12 Nov. 1965.

45 Rotberg, Haiti, p. 247; NARA, RG 59, Box 2263, 'Joint Weeka No. 16', 24 April 1966.

46 NARA, RG 59, Box 2263, 'Joint Weeka No. 16', 24 April 1966; Confidential telegram to Department of State, 26 April 1966.

47 NARA, RG 59, Box 2263, 'Joint Weeka No. 24', 19 June 1966.

48 NARA, RG 59, Box 2263, 'Alleged Statement by Haile Sellasie', 8 May 1966.

49 NARA, RG 59, Box 2263, Confidential telegram to Department of State, 9 June 1966; 'Duvalier October 26 Speech', 18 Dec. 1966.

50 NARA, RG 59, Box 2263, 'Joint Weeka No. 30', 31 July 1966; 'Joint

Weeka No. 36', 9 Sept. 1966.

51 NARA, RG 59, Box 2263, 'Joint Weeka No. 30', 31 July 1966;
'Confidential Report', 2 Sept. 1966; NARA, RG 59, Box 2172, 'Joint
Weeka No. 43', 29 Oct. 1967.

52 NARA, RG 59, Box 2263, 'Joint Weeka No. 30', 31 July 1966;
'Confidential Report', 2 Sept. 1966.

53 NARA, RG 59, Box 2172, 'Joint Weeka No. 15', 16 April 1967;
'The Birthday Blowout', *Time magazine,* 28 April 1967.

54 Abbott, Haiti, p. 144; 'Coming to a Boil', *Time magazine,* 25 Aug.
1967.

55 NARA, RG 59, Box 2172, 'Joint Weeka No. 25', 25 June 1967;
Abbott, *Haiti,* p. 145도 참조.

56 NARA, RG 59, Box 2172, 'Joint Weeka No. 11', 19 March 1967;
NARA, RG 59, Box 2172, 'Joint Weeka No. 37', 24 Sept. 1967;
NARA, RG 59 Box 5, 'Haiti', 26 Sept. 1967.

57 NARA, RG 59, Box 2173, 'Duvalier Speaks Extemporaneously
Again', 5 Nov. 1967; 'Joint Weeka No. 37', 24 Sept. 1967.

58 라디오에 대해서는 NARA, RG 59, Box 2172, 'Joint Weeka No. 2',
14 Jan. 1968 참조.

59 Rotberg, *Haiti,* pp. 350 – 66.

60 NARA, RG 59, Box 2172, 'Trip Report: Northwest Department of
Haiti', 29 Dec. 1968.

61 Rotberg, *Haiti,* p. 235.

62 MAE, 96QO/56, Philippe Koening, 'La rébellion du 24 avril', 10
June 1970; 'Action anti-communiste', 30 April 1969; Abbott,
Haiti, p. 152; Marquis, *Papa Doc,* p. 264.

63 MAE, 96QO/73, Philippe Koenig, 'Haiti après la mort du
Président François Duvalier', 28 April 1971; NARA, RG 59, Box
2346, 'Political/ Economic Summary No. 3', 21 Feb. 1971;
'Political/Economic Summary No. 8', 8 May 1971.

7장 차우셰스쿠

1 'Obituary: Anca Petrescu', *Daily Telegraph,* 1 Nov. 2013; Robert
Bevan, *The Destruction of Memory: Architecture at War,* London:

Reaktion Books, 2006, pp. 127 – 31.

2 John Sweeney, *The Life and Evil Times of Nicolae Ceauşescu,* London: Hutchinson, 1991, pp. 44 – 51.

3 Dennis Deletant, *Communist Terror in Romania: Gheorghiu-Dej and the Police State, 1948–1965,* New York: St Martin's Press, 1999.

4 Alice Mocanescu, ' Surviving 1956: Gheorghe Gheorghiu-Dej and the "Cult of Personality" in Romania' in Apor Balázs, Jan C. Behrends , Polly Jones and E. A. Rees (eds), *The Leader Cult in Communist Dictatorships: Stalin and the Eastern Bloc,* Houndmills, Basingstoke: Palgrave Macmillan, 2004, p. 256; 'Rumania: Want amid Plenty', *Time magazine,* 8 June 1962.

5 Mary Ellen Fisher, *Ceauşescu: A Study in Political Leadership,* Boulder, CO: Lynne Rienner Publishers, 1989, pp. 49 – 52; Vladimir Tismaneanu, *Stalinism for All Seasons: A Political History of Romanian Communism,* Berkeley, CA: University of California Press, 2003, p. 176.

6 Fisher, *Ceauşescu,* p. 69.

7 MAE, 201QO/167, Jean-Louis Pons, '50eme anniversaire de Mr. Ceausescu', 30 Jan. 1968.

8 Fisher, *Ceauşescu,* pp. 133 – 9.

9 위의 책, pp. 143 – 5.

10 Sweeney, *The Life and Evil Times of Nicolae Ceausescu,* p. 95.

11 엄밀히 말해 게오르기우데지 중앙 위원회 출신으로 생존해 있던 또 한 명의 지도자로 에밀 보드라나스가 있었지만 그는 병중이라 전당 대회에 참석하지 않았다; Fisher, *Ceauşescu,* pp. 154 – 7.

12 Fisher, *Ceauşescu,* pp. 92 – 3; OSA, 300-8-3-5811, 'Nicolae Ceausescu and the Politics of Leadership', 29 March 1973, pp. 16 – 18.

13 ANR, 2574-72-1971, Minutes of the Executive Committee (Politburo) meeting, 25 June 1971, p. 11.

14 위의 자료.

15 위의 자료, pp. 45 – 6; OSA, 300-8-47-188-23, Rumanian Situation Report, 13 July 1971, pp. 9 – 11.

16 Fisher, *Ceauşescu*, p. 126.

17 OSA, 300-8-47-188-23, Rumanian Situation Report, 13 July 1971, pp. 9 - 11; 〈새로운 인간〉을 언급한 사람은 당서기 포페스쿠이다; OSA, 300-8-47-188-24, Rumanian Situation Report, 20 July 1971, p. 13 참조.

18 차우셰스쿠와 일리에스쿠의 언쟁이 언급된 자료는 Sweeney, *The Life and Evil Times of Nicolae Ceausescu*, p. 102.

19 Michel-Pierre Hamelet, *Nicolae Ceausescu: Présentation, choix de textes, aperçu historique, documents photographiques*, Paris: Seghers, 1971.

20 ANR, 2898-19-1976, List of books on Nicolae Ceauşescu published abroad, 4 March 1976, pp. 1 - 6; OSA, 300-8-47-201-3, 'Situation Report', 9 Feb. 1978, p. 9.

21 ANR, 2898-10-1973, Note of the Foreign Relations Section, 28 May 1973, pp. 12 - 13.

22 정확한 액수는 750만 리라였다; ANR, 2898-21-1971, Note of the Foreign Relations Section of the Central Committee, 4 Sept. 1971, p. 102 참조; Günther Heyden, Report on a visit to the Romanian Institute for Historical and Social-Political Studies, 27 Sept. 1971, DY 30/IVA 2/20/357, pp. 377 - 8도 참조.

23 OSA, 300-8-3-5811, 'Nicolae Ceausescu and the Politics of Leadership', 29 March 1973, pp. 3 - 15.

24 ANR, 2574-31-1974, Transcript of the Executive Committee (Politburo) of the Central Committee meeting, 27 March 1974, p. 50 - 59.

25 Sweeney, *The Life and Evil Times of Nicolae Ceausescu*, p. 105.

26 Fisher, *Ceauşescu*, pp. 184 - 5 and 212 - 13; Anneli Ute Gabanyi, *The Ceauşescu Cult: Propaganda and Power Policy in Communist Romania*, Bucharest: The Romanian Cultural Foundation Publishing House, 2000, pp. 17 - 18; Thomas J. Keil, *Romania's Tortured Road toward Modernity*, New York: Columbia University Press, 2006, p. 301.

27 ANR, 2898-19-1976, List of books on Nicolae Ceauşescu published abroad, 4 March 1976, pp. 1 - 6.

28 OSA, 300-8-3-5850, 'Ceausescu's Ideological Role is Strengthened', 29 July 1976, pp. 1-9.

29 위의 자료, p. 7.

30 OSA, 300-8-47-201-3, 'Situation Report', 9 Feb. 1978, p. 2.

31 OSA, 300-8-47-201-3, 'Situation Report', 9 Feb. 1978, p. 3; PRO, FCO 28/3444, R. A. Burns, 'President Ceau ş escu's 60th Birthday', 8 Feb. 1978, pp. 4-5.

32 OSA, 300-8-47-201-3, 'Situation Report', 9 Feb. 1978, pp. 6-10.

33 PRO, FCO 28/3407, R. L. Secondé, 'President Ceausescu of Romania: A Summary', 24 April 1978, pp. 4-5; Sweeney, *The Life and Evil Times of Nicolae Ceausescu*, pp. 111-20.

34 파체파의 차우셰스쿠 정권을 비판하는 회고록의 이름은 다음과 같다 *Red Horizons: The True Story of Nicolae and Elena Ceausescus' Crimes, Lifestyle, and Corruption*, Washington, DC: Regnery Publishing, 1990.

35 ANR, 2898-28-1977, Inventories of foreign medals and decorations awarded to Elena and Nicolae Ceaușescu, 21 Nov. 1977, pp. 1-16.

36 동독에서 피르불레스쿠 사건을 언급한 자료는 BArch, DY 30/IV 2/2.035/52, 23 Nov. 1979, pp. 2-7; Fisher, *Ceaușescu*, p. 240도 참조.

37 Jonathan Eyal, 'Why Romania Could Not Avoid Bloodshed' in Gwyn Prins (ed.), *Spring in Winter: The 1989 Revolutions*, Manchester: Manchester University Press, 1990, pp. 149-50.

38 OSA, 300-8-47-204-10, 'Situation Report', 22 July 1980, pp. 2-5; MAE, 1929INVA/4629, Pierre Cerles, Ambassador's Report, 22 Dec. 1980.

39 MAE, 1929INVA/4630, 'Situation en Roumanie', 20 Dec. 1980.

40 Sweeney, *The Life and Evil Times of Nicolae Ceausescu*, pp. 130-33.

41 OSA, 300-8-3-5914, Anneli Maier, 'Anniversary of the 1965 RCP Congress', 11 Aug. 1982, pp. 1-4.

42 BArch, DY 30/11599, June 1982, pp. 87-9.

43 MAE, 1930INVA/5471, Michel Rougagnou, 'Célébration du

vingtième anniversaire', 23 July 1985.

44 ANR, 2898-80-1984, Rules for displaying the official portrait of Nicolae Ceauşescu, 7 March 1984, pp. 1 - 4; ANR, 2989-21-1984, Note on the new ABECEDAR, 1984, p. 8.

45 ANR, 2898-32-1985, Report on special programmes dedicated to the sixty-fifth anniversary of the foundation of the communist party, 1985, pp. 1 - 4.

46 David Binder, 'The Cult of Ceausescu', *New York Times,* 30 Nov. 1986.

47 ANR, 2898-36-1984, Transcript of a meeting between Nicolae Ceauşescu and representatives of the Union of Visual Artist, 18 Sept. 1984, pp. 2 - 6.

48 Lucian Boia, *Romania: Borderland of Europe,* London: Reaktion Books, 2001, pp. 288 - 90.

49 Gabriel Ronay, 'Romania Plans Village Blitz', *Sunday Times,* 23 May 1988; OSA, 300-8-47-212-11, 'The Rural Resettlement Plan', 16 Sept. 1988, p. 13.

50 Binder, 'The Cult of Ceausescu'.

51 MAE, 1930INVA/5471, Michel Rougagnou, 'Célébration du vingtième anniversaire', 23 July 1985; Sweeney, *The Life and Evil Times of Nicolae Ceausescu,* pp. 157 - 8.

52 Sweeney, *The Life and Evil Times of Nicolae Ceausescu,* p. 158.

53 수치의 출처는 MAE, 1930INVA/5471, Michel Rougagnou, 'La vie du parti dans l'entreprise', 6 Oct. 1983.

54 MAE, 1930INVA/4630, Pierre Cerles, 'Le communisme à la roumaine', 24 May 1978.

55 OSA, 300-8-47-211-1, 'Ceausescu Rejects Soviet-Style Reform', 6 Feb. 1980, pp. 3 - 6.

56 Sweeney, *The Life and Evil Times of Nicolae Ceausescu,* pp. 172 - 4.

57 MAE, 1935INVA/6478, Jean-Marie Le Breton, 'Campagne d'élections', 16 Nov. 1989.

58 Peter Siani-Davies, *The Romanian Revolution of December 1989,* Ithaca, NY: Cornell University Press, 2007, pp. 81 - 2; Emma

Graham-Harrison, "I'm Still Nervous", Says Soldier who Shot Nicolae Ceausescu', *Guardian,* 7 Dec. 2014.

8장 멩기스투

1   Estelle Sohier, 'Politiques de l'image et pouvoir royal en Éthiopie de Menilek II à Haylä Sellasé (1880 – 1936)', doctoral dissertation, University of Paris 1, 2007, pp. 159 – 69.

2   PRO, FCO 31/1829, Willie Morris, 'Annual Review for 1974', 6 Feb. 1975.

3   Bahru Zewde, *A History of Modern Ethiopia,* London: James Currey, 2001, p. 234.

4   PRO, FCO 31/1829, Willie Morris, 'Annual Review for 1974', 6 Feb. 1975.

5   위의 자료.

6   Richard J. Reid, *Frontiers of Violence in North-East Africa: Genealogies of Conflict since c.1800,* Oxford: Oxford University Press, 2011, p. 174; Christopher Clapham, *Transformation and Continuity in Revolutionary Ethiopia,* Cambridge: Cambridge University Press, 1988, p. 41.

7   Shambel Tesfaye Reste Mekonnen, *Misikirnet be Derg Abalat* (Testimonies of Derg members), Addis Ababa, 2007, p. 164; PRO, FCO 31/2093, D. M. Day, 'Mengistu', 15 June 1977.

8   *Ethiopian Herald,* 21 Dec. 1974 and 30 Jan. 1975; Paul B. Henze, *Layers of Time: A History of Ethiopia,* London: Hurst, 2000, p. 290; Andargatchew Tiruneh, *The Ethiopian Revolution 1974–87,* Cambridge: Cambridge University Press, 1993, pp. 102 – 3.

9   Begashaw Gobaw Tashu, *Yecoloel Mengistu Haile Maryam ena Yederggemenawoch* (Secrets of Mengistu Haile Mariam and the Derg), Addis Ababa: Far East Trading, 2008, p. 220.

10   Babile Tola, *To Kill a Generation: The Red Terror in Ethiopia, Washington,* DC: Free Ethiopia Press, 1989, pp. 38 – 9; PRO, FCO 31-2098, 'Annual Review for 1976', 3 Jan. 1977.

11   *Ethiopian Herald,* 29 Sept. 1976; PRO, FCO 31/2098, 'Annual Review for 1976', 3 Jan. 1977; Henze, *Layers of Time,* p. 291.

12 Eshetu Wendemu Hailesselasie, *Heiwot Be Mengistu Betemengist* (멩기스투 시절의 궁전 생활), Addis Ababa: Zed Printing House, 2010, pp. 81 – 90.

13 *Ethiopian Herald,* 5 Feb. 1977.

14 Feseha Desta, *Abyotuna Tezetaye* (내가 기억하는 혁명), Addis Ababa: Tsehay Asatami Derejet, 2008, p. 80; Geset Techane (필명 Zenebe Feleke), *Neber* (Was), Addis Ababa: Hetemet Alfa Asatamewoch, 2007, p. 238; Baalu Girma, *Oromay* (끝), Addis Ababa: Mankusa Asatami, 1983, pp. 21 and 50.

15 Fekreselasie Wegderes, *Egnana Abyotu* (우리와 혁명), Addis Ababa: Tsehay Akefafay Derejet, 2006, pp. 75 – 6; Baalu, *Oromay,* pp. 24 and 50 – 54.

16 *Ethiopian Herald,* 5 Feb. 1977; Begashaw, *Yecoloel Mengistu Haile Maryam,* p. 291.

17 Marina and David Ottaway, *Ethiopia: Empire in Revolution,* New York: Africana Publishing, 1978, pp. 142 – 6; Judith Ashakih, *Gift of Incense: A Story of Love and Revolution in Ethiopia,* Trenton, NJ: Red Sea Press, 2005, p. 290; Stéphane Courtois et al. (eds), *The Black Book of Communism: Crimes, Terror, Repression,* Cambridge, MA: Harvard University Press, 1999, p. 691.

18 'Farewell to American Arms', *Time magazine,* 9 May 1977.

19 David A. Korn, *Ethiopia, the United States and the Soviet Union,* Carbondale, IL: Southern Illinois University Press, 1986, pp. 28 – 9.

20 NARA, RG 59, 1978STATE106159, 26 April 1978.

21 PRO, FCO 31–2251, C. M. Carruthers, 'Leading Personalities of Ethiopia', 19 May 1978; NARA, RG 59, 1978ADDIS02129, 11 May 1978.

22 NARA, RG 59, 1979ADDIS01388, 19 April 1979; Donald L. Donham, 'Revolution and Modernity in Maale: Ethiopia, 1974 to 1987 ', *Comparative Studies in Society and History,* 34, no. 1 (Jan. 1992), p. 43.

23 Paul Henze archives, Hoover Institution, box 71, 'A Communist Ethiopia?', 1981.

24 NARA, RG 59, 1979ADDIS01388, 19 April 1979.

25 Shambel, *Misikirnet be Derg Abalat,* p. 327.

26 Habtamu Alebachew, *Ye Kesar Enba* (시저의 눈물), Addis Ababa: Far East Trading Publishing, 2007, pp. 122, 142 – 3, 145 and 150.

27 Dawit Wolde Giorgis, *Red Tears: War, Famine and Revolution in Ethiopia,* Trenton, NJ: Red Sea Press, 1989, p. 58; BArch, DY 30/IV 2/2.035/127, Report on Propaganda, 4 April 1978, pp. 253 – 6; 바알루는 이 장의 다른 부분에서도 인용한『끝*oromay*』이라는 비판적 회고록의 저자로 1984년에 실종됐다. 살해된 것으로 추정된다.

28 Dawit Shifaw, *The Diary of Terror: Ethiopia 1974 to 1991,* Bloomington, IN: Trafford Publishing, 2012, p. 72; Begashaw, *Yecoloel Mengistu Haile Maryam ena Yederggemenawoch,* p. 378.

29 Paul Henze archives, Hoover Institution, box 68, 'Revolution Day', 12 Sept. 1977, pp. 16 – 17; 벌금이 언급된 곳은 PRO, FCO 31-2093, D. M. Day, 'Mengistu', 15 June 1977; Giorgis, *Red Tears,* p. 59도 참조.

30 MAE, 326QONT/28, Pierre Nolet, 'Chronique mensuelle', 11 Dec. 1979; Habtamu, *Ye Kesar Enba,* p. 122.

31 MAE, 326QONT/28, 'Note: Situation intérieure de l'Ethiopie', 27 Feb. 1981.

32 Clapham, *Transformation and Continuity in Revolutionary Ethiopia,* pp. 70 – 77.

33 위의 책, p. 77.

34 François Jean, *Éthiopie: Du bon usage de la famine,* Paris: Médecins Sans Frontières, 1986, pp. 21 – 5; Harold G. Marcus, *A History of Ethiopia,* Berkeley, CA: University of California Press, 1994, pp. 204 – 5.

35 BArch, DY 30/11498, 6 May 1982, p. 12; BArch, DY 30/27158, 3 Dec. 1982, p. 3; PRO, FCO 31-3895, D. C. B. Beaumont, 'Meeting of EC Ambassadors', 23 Sept. 1983.

36 *Ethiopian Herald,* 6 and 26 July 1984.

37 Henze, *Layers of Time,* pp. 306 – 7; Paul Henze archives, Hoover Institution, box 72, 'Communist Ethiopia: Is it Succeeding?', Jan. 1985; 북한 사람 〈수백 명〉이 언급된 곳은 Giorgis, *Red Tears,* p. 135; 1982년의 북한 여행에 대해서는 p. 59도 참조.

38 Paul Henze archives, Hoover Institution, box 71, 'A Communist Ethiopia?', 1981; Korn, *Ethiopia, the United States and the Soviet Union*, pp. 122–3.

39 *Ethiopian Herald*, 4 and 7 Sept. 1984; 전기가 언급된 곳은 Giorgis, Red Tears, p. 172.

40 Korn, *Ethiopia, the United States and the Soviet Union*, pp. 122–3.

41 'Ethiopians Mark 10th Anniversary of Socialist Revolution', *United Press International*, 12 Sept. 1984; *Ethiopian Herald*, 16 Sept. 1984.

42 MfAA, C 1852, Travel Report, April 1978, p. 58; Donham, 'Revolution and Modernity in Maale', p. 29.

43 Korn, *Ethiopia, the United States and the Soviet Union*, pp. 123–4.

44 Henze, *Layers of Time*, p. 307; Paul Henze archives, Hoover Institution, box 72, 'Communist Ethiopia: Is it Succeeding?', Jan. 1985; box 73, 'Exploiting Famine and Capitalizing on Western Generosity', March 1986, p. 91; Korn, *Ethiopia, the United States and the Soviet Union*, pp. 124–6.

45 Laurence Binet (ed.), *Famine et transferts forcés de populations en Ethiopie 1984–1986*, Paris: Médecins Sans Frontières, 2013; Alex de Waal, 'Is the Era of Great Famines Over?', *New York Times*, 8 May 2016.

46 Gebru Tareke, *The Ethiopian Revolution: War in the Horn of Africa*, New Haven, CT: Yale University Press, 2009, pp. 218–61.

47 Charles Mitchell, '"Operation Red Star": Soviet Union, Libya back Ethiopia in Eritrean War', 20 March 1982, UPI; Messay Kebede, *Ideology and Elite Conflicts: Autopsy of the Ethiopian Revolution*, Lanham, MD: Lexington Books, 2011, pp. 307–24.

48 Alex de Waal, *Evil Days: Thirty Years of War and Famine in Ethiopia*, New York: Human Rights Watch, 1991, pp. 302–7.

49 Henze, *Layers of Time*, pp. 327–9.

50 Paul Henze archives, Hoover Institution, box 68, 'Travel Diary, 1991 June'.

후기

1   Elleni Centime Zeleke, 'Addis Ababa as Modernist Ruin', *Callaloo,* 33, no. 1 (Spring 2010), p. 125.

2   'How Kim Jong Un Builds his Personality Cult', *The Economist,* 8 June 2017.

3   Joseph Willits, 'The Cult of Bashar al-Assad', *Guardian,* 1 July 2011.

4   Kadri Gursel, 'The Cult of Erdogan', *Al-Monitor,* 6 Aug. 2014.

5   Tom Phillips, 'Xi Jinping: Does China Truly Love "Big Daddy Xi" – or Fear Him?', *Guardian,* 19 Sept. 2015.

6   Rowan Callick, 'No Turning Back the Tide on Xi Jinping Personality Cult', *Australian,* 25 Nov. 2017; Viola Zhou, '"Into the Brains" of China's Children: Xi Jinping's "Thought" to Become Compulsory School Topic', *South China Morning Post,* 23 Oct. 2017; Jamil Anderlini, 'Under Xi Jinping, China is Turning Back to Dictatorship', *Financial Times,* 11 Oct. 2017.

감사의 말

이 프로젝트에 대해 희미하나마 아이디어를 얻은 때는 대학 1학년생 시절이던 1981년이었다. 당시 나는 제네바 대학교에서 은사이신 브로니슬라브 바슈코 교수님이 시대를 앞서 스탈린 우상화 문제를 다룬 주목할 만한 논문 「카리스마의 제조」를 접하게 되었다. 바슈코 교수님은 문화 역사학의 선구자이셨다. 나는 교수님의 논문이 나의 역사학 접근 방식에 당시 내가 인식했던 것보다 더 큰 영향을 주었음을 뒤늦게나마 인정하고자 한다.

개인숭배에 관한 글을 쓰는 것은 위험한 작업일 수 있다. 무솔리니를 연구하는 역사학자들은 모두 카밀리오 베르네리에게 많은 신세를 지고 있는데 그는 1934년에 『위대한 배우 무솔리니』라는 제목의 빛나는 연구서를 출간하고 3년 뒤 스페인에서 추정컨대 스탈린의 사주를 받은 공산주의자들에게 살해당했다. 위대한 독재자들은 자주 위대한 작가들의 관심을 끌었다. 내가 독재자들을 주제로 작업하면서 즐거웠던 것 중 하나는 그 글이 당대에 쓰였든 나중에 쓰였든 상관없이 많은 재능 있는 작가들과 함께할 수 있었다는 점이었다. 내가 그들에게 진 빚은 부족하나마 미주에 표시했다.

나는 유럽 전역의 기록 보관소에서 많은 시간을 보냈지만 차우셰스쿠의 정보에 대해 비교할 수 없는 지식을 가진 연구자 슈테판 보소미투의 도움 없이는 절대로 루마니아 국립 기록 보관소의 문서들을 이해할 수 없었을 것이다. 아디스아바바에서는 에요브 기르마가 암하라어로 쓰인 회고록 수십 편을 인내심 있게 빠짐없이 읽어 주었고 젠 승연 리는 북한의 선전 자료들과 관련해 도움을 주었다. 20세기의 전쟁, 혁명, 평화에 대해 거의 무한대에 가까운 양의 자료를 찾을 수 있는 후버 연구소에서는 도서관과 기록 보관실 직원들이 아낌없는 도움을 주었다.

로버트 페컴은 내게 피터 버크의 『루이 14세의 제작』을 빌려주어 이미지와 권력의 역사에 대해 다시금 관심을 갖게 해주었다. 많은 사람이 초고를 읽고 의견을 주었다. 특히 피터 베어, 게일 버로우스, 크리스토퍼 허턴, 피터와 가브리엘 케네디 부부, 프랑수아 콜런, 안드레이 란코프, 노먼 내이마크, 로버트 페컴, 프리실라 로버츠, 로버트 서비스, 파실 테스파예, 블라디미르 티스마네아누에게 감사한다. 이야기와 자료를 관대하게 제공해 준 폴 S. 차, 미하이 크로이토르, 브라이언 패럴, 샌더 길먼, 폴 그레고리, 폴 홀랜더, 진 홍, 마크 크레이머, 미셸 쿵, 제임스 퍼슨, 아미르 위너, 아르네 웨스타드에게도 매우 감사한다.

　편집가인 런던의 마이클 피시윅과 뉴욕의 앤턴 뮬러, 교열 담당자 리처드 콜린스를 비롯해 블룸스버리의 마리골드 애트키, 클로이 포스터, 제니스타 테이트 알렉산더, 프란체스카 스터리얼, 리리드 켄드릭에게 신세를 졌다. 저작권 대리인인 뉴욕의 앤드루 아일리와 런던의 세라 칼판트에게 고마움을 전한다. 아내 게일 버로우즈에게 늘 그렇듯 사랑을 담아 감사한다.

　　　　　　　　　　　2018년 12월 홍콩에서

찾아보기

484

옮긴이 **고기탁** 한국외국어대학교 불어과를 졸업했으며, 펍헙 번역그룹에서 전업 번역가로 일한다. 옮긴 책으로는 『해방의 비극』, 『문화 대혁명』, 『야망의 시대』, 『부모와 다른 아이들』, 『이노베이터의 탄생』, 『사회 참여 예술이란 무엇인가』, 『공감의 진화』, 『멋지게 나이 드는 기술』, 『민주당의 착각과 오만』, 『중국과 협상하기』 등이 있다

독재자가 되는 법
히틀러부터 김일성까지, 20세기의 개인숭배

발행일   2021년 3월 1일 초판 1쇄
         2022년 6월 1일 초판 3쇄

지은이   **프랑크 디쾨터**
옮긴이   **고기탁**
발행인   **홍예빈 · 홍유진**
발행처   **주식회사 열린책들**

경기도 파주시 문발로 253 파주출판도시
전화 031-955-4000 팩스 031-955-4004
www.openbooks.co.kr

ISBN 978-89-329-2089-4 03900